U0054142

奈米半導體級 *Nano or Semiconductor Industry*

廠務科技
與管理

馬榮華◎著

The Technology and Management of Facility System

楊序

　　約在三十年前有一部名為《聯合縮小軍》的科幻電影，敘述將載有一群醫療人員的潛艇縮小，小到可用一般注射筒送進人體血管，進入心臟進行治療，這個當年「縮小」的幻想，以現代的眼光來看，就是奈米科技；也是二十一世紀的經濟新希望，它是改變產業結構，生活方式的第四次工業革命。奈米是量度單位，一奈米是十億分之一公尺。如果繞地球一周的距離設定為一米的話，奈米則僅有一顆玻璃彈珠的直徑大小而已。這樣的觀念與科技的突破，帶來的革命性產品，逐漸改變未來人類的生活方式。

　　此類技術的應用突破，勢必影響國防科技的發展。縱觀歷史演進，科技的優越性經常轉成軍事優勢，舉凡科技發達的國家，其軍事力量亦然。因此各主要軍事大國相繼投入大量的人力及經費從事研究，推動軍用奈米技術開發，美國開發奈米的經費中即有一半左右來自國防部門。

　　應用奈米，將是企業提昇產品品質與個人提昇職場競爭力的發展趨勢；預測未來奈米科技產業將遍及各界，其工業製程暨運轉維護管理相關問題，亦隨之而來。本書作者馬榮華老師學識淵博，才思敏銳，已然意識到未來大量奈米環境管理的重要，深入考量奈米工廠產製操控方面的工安與相關法規，而完成本書之編撰；思慮深遠，誠表欽佩。值此出版之際，特以序文致敬。

陸軍軍官學校校長

楊國強　　中將

自序

　　奈（nano）是一種數量級，源自拉丁文的「矮小、侏儒」之意。奈米（nanometer）表示十億分之一公尺，約一至十幾個原子直徑之譜，是非常微小的空間尺度。奈米科技主要研究分類包括：奈米物理學、奈米化學、奈米材料學、奈米生物學、奈米電子學、奈米加工學、奈米力學等七個獨立相對的分支領域。奈米技術與奈米材料的價值遠遠高過黃金，其價值體系構成原因在於：一、奈米科技與產品運用更多的知識、技術，有更高的工作效率；二、運用相同時間與設備，卻更低廉的資源與成本，產生更多的價值。奈米科技的製作技術與生產過程對於自然資源的開發，乃至於生產對象與方式本身都深具開創性，而技術與知識高度密集的奈米技術使用更小型、省能、智慧、反應空間範圍更小，卻更有效率的生產工具，因此意味製程環境工業安全衛生將受到更多保障，受污染物理或化學反應危害將大為降低，但工作環境管理、廠務技術與知識的要求也將遠比以往更加嚴苛。

　　對於奈米級廠務科技起步較晚的台灣，雖然基礎技術與設備已逐漸完備，但一般民眾對於奈米級環境科技的認知與認同度未明，本書完整說明奈米級廠務原理與技術、建造與施工、安全衛生與設施環境管理，可使讀者充分認識奈米級廠務技術及工安衛管理，這將是企業提昇產品品質與創新價值、個人邁入奈米科技職場優勢與競爭力的重要發展方向。

馬榮華

第一篇

緒　論

CHAPTER 1

奈米科技的發展與應用

1-1 奈米科技簡介

「微小化」已是二十一世紀科技發展中的一項重要課題，而奈米科技就是以這個主題為導向的科技。奈米科技不單單只是一門學科，它所牽涉包含的層面非常的廣泛，舉凡奈米材料的製備與應用、奈米元件的製作、奈米感測器晶片及監視奈米材料品質的儀器設備，及有關生物、環境、材料、物理、醫療技術等，均為奈米科技發展中重要的一環。1996 年諾貝爾化學獎得主 Smalley 於 1999 年美國參議院奈米科技聽證會上強調，「奈米科技對未來人類健康及生活福祉之貢獻，絕對不亞於本世紀為電子產品、醫學影像、電腦輔助工程、人造高分子材料的總合貢獻」，可見奈米科技對未來科技發展是多麼重要。

隨著科技發展日新月異，反應慢、笨重的材料已日漸被淘汰，取而代之的是反應速度較快且體積微小的奈米材料。近年來科學家在製備奈米元件材料已有相當的進展，如場發射器、單電子電晶體、巨磁電阻層等材料元件晶片（如圖 1-1 所示），已可以做到比人類毛髮甚至蛋白質分子還要小的尺寸，可見微小化的奈米產品已不再是人類遙不可及的夢想。

何謂奈米材料？所謂奈米材料泛指粒子尺寸大小在 $1 \sim 100 \mathrm{nm}$（nanometer $= 10^{-9}\mathrm{m}$）範圍內的材料，概稱為奈米材料，此長度可以是粒子直徑、晶粒尺寸、鍍層厚度或電子元件中導線的寬度，廣義而言，材料或其賴以形成的建構單元（building block），其三度空間特徵尺寸中，至少有一度在奈米層次，也就是 $1 \sim 100$ 奈米範圍內，即屬於奈米材料的研究範圍。奈米材料主要探討與掌握材料組成（composition）、結構（structure）、性質（property）及性能（performance），以及上述四者之間的關係為其主軸，實現人工砌造材料（artificially tailored materials）的期望或由直接原子堆積（atom by atom）出材料。在製備奈米材料方面主要分為二種方式，物理方式通常利用微影蝕刻（lithography）、乾濕式蝕刻（etching）等蝕刻方

法，即所謂的由上而下（top down）的方法來製備奈米粒子，科學家認為光
刻法極限將在 0.07 微米左右，用離子（ion beam）或電子束（electron
beam）可以改進蝕刻技術極限縮小至 0.01 微米，要製備比 0.01 微米更小的
材料尺寸，就必須改變蝕刻技術方法。化學方式通常所用的方法是利用由
下而上（bottom up）的方法，也就是以原子或分子為基本單位，利用溶液
微胞局限、電解、生物模板、溶膠、凝膠、化學氣相沉積（Chemical Vapor
Deposition, CVD）等方法，漸漸往上成長成奈米粒子。

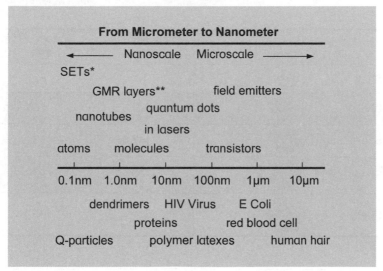

註：* ：single electron transistors。
　 ** ：giant magnetoresistant。

🔵 圖 1-1　奈米材料、元件、生物細胞及病毒等相對尺寸大小位置圖

　　不管是物理性質或是化學性質，奈米材料性質均與塊材（bulk mater-
ials）有著相當大的差異性：❶尺寸減小效應：可提升元件的密度、降低單
一成本，並能增進其元件性能與容量，材料的特徵尺寸降低至奈米層次時，
將表現出不同於塊材般的性質，尤其趨近量子效應（quantum effect）顯著

的尺寸大小時，材料展現不同於傳統材料的新奇性質及更優異的性能。❷體積效應：當奈米粒子的尺寸與傳導電子的 de Broglie 波長相當或更小時，週期性的邊界條件被破壞，物理、化學性質發生很大變化。❸表面積效應：指奈米材料表面原子與總原子數之比例，隨粒徑變小而急遽增大，將導致性質上的變化（如圖 1-2 所示）。❹量子尺寸效應：粒子尺寸下降至一定值時，費米能階附近的電子能階由準連續能階變為分立能階的現象，稱為量子尺寸效應。

　　以下我們將分項略加說明。

Full-shell Clusters		Total Number of Atoms	Surface Aton (%)
1 Shell		13	92
2 Shells		55	76
3 Shells		147	63
4 Shells		309	52
5 Shells		561	45

粒徑（nm）	包含原子總數（個）	表面原子所占比例
20	2.5×10^5	10
10	3.0×10^4	20
5	4.0×10^3	40
2	2.5×10^2	80
1	30	99

圖 1-2　表面積效應

1. 在催化性質方面

由於奈米粒子體積非常小，材料表面原子與整體材料原子的個數比例值就變得非常顯著，而固體表面原子的熱穩定性與化學穩定性都要比內部原子要差得多，所以表面原子的多寡代表了催化的活性，即大表面積是一個好觸媒材料的基本要素，如 Fe／ZrO_2奈米觸媒可提昇 CO ＋H_2反應成烴類的催化能力。

2. 在光學性質方面

當材料尺寸小至某一程度，也就是粒子小於塊材的激子半徑（exciton length），此時奈米材料會有量子限量化的效應（quantum confinement effect），量子點（quantum dots）會像原子與分子一樣具有不連續的能階，且變化粒子大小時，能隙（energy gap）也會因粒子大小不同而不同。經科學家理論計算，量子點、量子線（quantum wires）、量子井（quantum well）、塊材，它們在能階密度（density of state）上均不相同（如圖 1-3 所示），這代表了它們可能在光學性質上亦有不尋常的差異，另外由於奈米粒徑小於一般紫外光、可見光或紅外光波長，所以造成粒子對光的反射及散射能力大減，因此如Al_2O_3、$\gamma\text{-}Fe_2O_3$、TiO_2等奈米材料均可作透明及隱身的材料。

3. 在磁性方面

奈米鐵、鈷、鎳合金具有強的磁性，其磁紀錄密度可達 4×10^6 至 40×10^6Oe／mm^3，且其雜訊比極高。此外，Fe_3O_4奈米粒子粒子間磁性的互相干擾極弱，利用適當的表面活性劑，將其分散於液體時可成為強磁性的磁流體，其應用於鐵性雜質的連續分離。

4. 在複合材料方面

奈米材料的加入，可以提昇材料的剛性、抗拉、抗折、耐熱、自身防燃性等性質，如我們加入少許黏土於尼龍與聚亞醯胺，可以

使吸濕性改善,可降低一半水氣的穿透性。

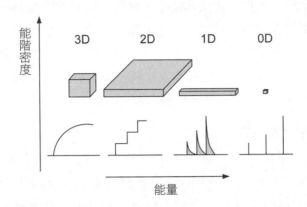

圖 1-3　不同維度尺寸材料的能階密度與能量關係圖

5. 在感測方面

奈米粒子所製成的感測器,由於表面活體性增加造成訊號敏感性變強,另一方面,粒徑小導致孔隙度縮小,導致訊號傳遞迅速不受干擾,大大增強訊雜比。

6. 在電子傳遞方面

例如,半導體量子線會有電導量子化現象,使得原本傳統導線歐姆電阻觀念已不再適用,奈米級的絕緣層性質也會因電子穿隧現象(tunneling effect)而失去絕緣功用,超微小結構的電容量非常小,一個電子進去就會改變它的電位等,最後如磁、機械性、熔點等其他物理化學性質,奈米材料均亦與塊材有著全然不同的性質。

1-2　奈米科技應用

由於奈米材料許多性質與塊材不同，所以在開發奈米材料領域上，往往有著令人驚奇的發現，如碳奈米管有優越的場發射（field emission）性質，可作場發射顯示器電子供應源；奈米複合材料補強高分子，使材料達到較佳的狀態；奈米半導體光學性質如硒化鎘半導體粒子隨粒徑大小、形狀變化而有所不同，利用此性質可調變所希望的光源波長等。以下我們就簡介幾種奈米材料在光電、醫學、工業、學術上的研究、奈米元件（nano-devices）的發展、掃描探針顯微鏡（scanning probe microscope）及超高速計算機的一些可能應用方向。

碳奈米管

在微觀尺度上石墨是碳原子以 sp^2 鍵結而成的片狀或稱為層狀結構，是一般筆芯或電極的材料，它平凡無奇，且價值低廉。可是若我們把石墨平面捲曲成所謂的碳奈米管（carbon nanotubes），其價值便不可同日而語，原本以公斤計價的石墨，變成 1 公克要價 1,000 美金碳奈米管。第一次碳奈米管的發現是在 1991 年，由日本 NEC 公司飯島澄男（S. Iijima），在穿透式電子顯微鏡（Transmission Electron Microscope, TEM）下，觀察碳的團簇（cluster）時，意外發現有碳奈米管的存在，此後，關於碳奈米管的研究便被大量發表在各種科學期刊上，其特殊性質也逐一的被發現，如導熱性 23.2W-1 與鑽石相當，可以應用在緊密的電路空間裡將高熱量散布出來；楊氏係數（Young's Module）約 1 terapascals，是碳纖維的 8 倍、鋼的 5 倍，1996 年諾貝爾化學獎得主 R. E. Smalley 教授就曾表示，如果將碳奈米管和銅纜做成支架，強度可以支撐一個從地表拔地而起至位於 2 萬 2000 英哩高空上的太空平台；導電性則隨不同的捲曲方式而改變，有如導電度 10^{-3}～

$10^{-4}\Omega$-cm 類似鍺半導體,也有 $5.1\times10^{-6}\Omega$-cm 與銅金屬相當,所以若碳奈米管品質控制得當,我們可以將其做成奈米導線或是奈米半導體;單層碳奈米管(single-wall carbon nanotubes)在室溫時可以吸附大量的氫氣,可以應用在航太與汽車工業上當燃料電池的氫氣儲存槽(hydrogen storage medium for fuel cell);也由於碳奈米管具彈性且細長的優點,可以作為微碳針或微電極,改良原子力顯微鏡(Atomic Force Microscope, AFM)或掃描穿隧電子顯微鏡(Scanning Tunneling Microscope, STM)所用的碳針易損壞導致達不到原子解析度的困難。碳奈米管另一項性質,就是碳奈米管具有低的導通電場、高發射電流密度以及高穩定性,結合場發射顯示器(Field Emission Display, FED)技術,便可實現傳統陰極射線管(Cathode Ray Tube, CRT)扁平化的可能性,不但保留了陰極射線管影像品質,並具有體積薄小及省電優點。

奈米高分子複合材料

奈米高分子複合材料為一種分散尺寸小於 1 奈米的無機物補強高分子性質的複合材料,由於大的無機物分散相表面積和高分子間有強烈的吸引力,使得此種高分子複合材料比原始高分子在剛性性質上大幅提昇,氣體阻氣性、熱膨脹係數下降,且較耐溶劑腐蝕等優越特性。由於它有上述的優異性,所以可以被廣泛的應用在一般民生工業上,如資電器材、汽車零組件、耐油性材料與耐磨耗材料;在纖維工業上,如工業刷毛、濾布、繩索,具有提昇剛性、強度、耐溫熱特性;在包裝材料上應用,如保鮮膜、生鮮食品包裝,充分利用奈米材料耐熱性、阻氧性、透明特性等;在塗布工業,材料耐黃變、高附著性、防蝕、電著塗料均是未來奈米阻絕性之最佳應用;在電子封裝產業中,將積體電路晶片加以密封保護,並將完成封裝元件是一個重要的課題,而破壞封裝主因常是脫層或爆米花現象(popcorn effect),那都是構裝材料樹脂在吸水後水氣膨脹與樹脂熱膨脹係數和矽晶片、金屬熱膨脹係數差異過大所致,因此提昇高分子耐吸濕性、耐熱

性、降低高分子與矽晶片和金屬熱膨脹係數差異，為精密封裝材料發展趨勢，而奈米高分子材料正是可以解決上述所述之特性。

半導體奈米粒子光電性質

當粒子小到一個尺寸時，科學家稱這尺寸大小為一波爾激子長度（Bohr exciton length），此時粒子的光學及能階，會朝向與分子類似的性質，能帶（energy band）會有量子限量化效應，而不是連續的能帶，且當晶體粒子變得更小時，其能隙（band gap）會變得愈來愈大，造成材料光電性質有很大的改變。所以若我們將粒子尺寸大小控制得當，則我們可以只變化半導體粒子尺寸，就可以調變我們所希望光波長了。除了圓球型的奈米晶體有特殊性質外，奈米線的製造及其光學研究在近幾年來也蓬勃發展，2001 年，美國加州大學柏克萊分校（University of California Berkeley）楊培東博士在著名《科學》期刊發表將氧化鋅奈米線成長在具特殊晶面氧化鋁（sapphire）基材上，成功的以氧化鋅奈米線製成室溫紫外光奈米雷射。

奈米生化醫療科技

微系統科技的發展是日新月異，產品的尺寸已可到達奈米境界，這門技術應用到生物醫學界，漸漸已成了不可或缺的診斷治療工具，從心律調節器、人造心臟瓣膜、探針、生化感測器（biosensor）、各種導管、助聽器、大腦內視鏡、奈米內服藥物（nanomedicine）等等，皆是造成革命性醫療的新方法。美國太空總署（NASA）就以研究太空人進入太空後，利用奈米醫學進行體內偵測，除因太空中無醫生可診療外，也因太空中輻射較在地表上高出 2 萬 5 千倍，所以必須有自我偵測及治療等機制。德國 IMM（Institute fur Mikrotechnik Mainz）研究所自壓克力玻璃導出一種凝膠電泳晶片（gel-electrophorese-chips），可使蛋白質無所遁形。瑞典的斯德哥爾摩皇家科技研究所（Royal Institute of Technology in Stockholm）研發出一種血

壓計，可直接進入心臟血管中測量血壓。奈米生化材料在抗癌研究上也有不少斬獲，由 A. Jordan 博士領導的研究團隊發現一定大小的奈米氧化鐵（Fe_2O_3）粒子配合外加磁場加熱誘導可殺死癌細胞。用糖衣包裹氧化鐵粒子偽裝，可以成功逃過人體免疫細胞的攻擊而安然進入腫瘤組織內，加上交換磁場，在維持治療部位 45～47℃的溫度下，氧化鐵粒子便可殺死腫瘤細胞。如果之後改變磁場方向，它們便會順著磁場方向到下一個腫瘤區去，繼續殺死惹人厭的癌細胞分子。諸如此類，奈米科技的應用將會是生化醫療一個新的里程碑。

用分子製成的開關

休士頓萊斯大學奈米科學與技術中心（Rice University's Center for Nanoscale Science & Technology in Houston）的 J. M. Tour 及其研究夥伴利用奈米線接連官能基化（如乙烯基）的苯環做成的單層分子元件，當溫度冷卻到 60K 時，我們穩定外加電壓，此時分子並沒有電流通過，但當電壓加到達臨界電壓（threshold voltage）時，此時電流突然彈生，且當電壓繼續增加，電流迅速的下降，分子元件展現與傳統矽半導體元件不同的開關（switch）行為。由於分子有 2 個穩定的氧化狀態（oxidation states），Tour 認為，它們可以形成「0」（絕緣狀態）、「1」（導電狀態），所以可以當作分子記憶體元件。

用碳奈米管製成的元件

不是所有分子計算（molecular computing）都必須倚靠逐步的有機合成研究才可以達到，哈佛大學化學家 C. M. Lieber 和他的研究夥伴，則探求單層碳奈米管如何運用在元件上，如開關及作為讀寫訊息的線。首先，Lieber 在導電的基材上鍍一層薄的絕緣層，然後將一組平行排列的奈米管放於絕緣層上，且在與奈米管成直角的正上方再置入另一組與底下奈米管沒有接

觸約距離 5nm 的平行奈米管，之後在每一個奈米管邊緣都連接上金屬當電極，當上下兩個交錯的奈米管沒有接觸時，連接抵抗裝置（junction resistance）此時變得非常高，是為「off」狀態。相對的，當上面的奈米管正好接觸到下層的奈米管時，此時連接抵抗裝置迅速降低，是為「on」。所以若外加脈衝偏壓（voltage pulses）於奈米管交錯的電極上，使奈米管產生靜電排斥或吸引力，如此就可以控制奈米管有無接觸，也就是說可做成一個 on 及 off 的開關。Lieber 指出，這些交錯排列的管子，不僅僅可用來當作邏輯運算元件，還可能被當成非揮發性隨機存取記憶體（RAM）。他進一步指出，1 平方公分的晶片，可以容納 1,012 奈米管製成的元件，比 Pentium 製成的 1 平方公分晶片所容納的元件（107～108）高出許多。每一個奈米管所做成的記憶體元件可以儲存一個點（bit），比起現行動態隨機存取記憶體（DRAM）需要一個電晶體及電容才能存取一個點，或是靜態隨機存取記憶體（SRAM）需 4 到 6 個電晶體存取一個點都好得多。經實驗及計算建議，用奈米管所做的隨機存取記憶體其操作開關頻率為 100 GHz，比起現行 Intel 所做成的晶片超過 100 倍。

掃描探針顯微術

不像傳統的顯微鏡只直接提供物件的影像而已，掃描探針顯微術如 STM，已可以達原子解析度（atomic-scale）的表面形貌影像（surface contour map）。STM 是將金屬探針非常靠近導體樣品表面（約 1 nm），此時外加小偏壓於探針上，電子獲得小能量而穿隧（tunneling）於這兩個表面間隙。由於穿隧電流與樣品和探針的距離有很大的關係（當探針拉離表面約 1A，電流將降低約 10 倍），所以藉著監視穿隧電流，我們可以很快得到樣品三度空間的資訊及立視圖（elevation map），不過 STM 有一個大的限制，就是樣品必須為導電材料。與 STM 相似，AFM 利用探針與物種表面間作用力關係來顯示影像。AFM 有接觸和非接觸兩種作用力模式，其中接觸模式是利用探針針尖與樣品原子核排斥力，為顯示影像的因素，而非接觸模

式是探求探針針尖與樣品間的靜電力或是凡得瓦力來顯示影像。AFM 另一個功用就是因為探針的針尖非常小，所以可以當作刻化奈米模板的工具。

超高速計算機

奈米電子學技術發展的一個重要目標是製造超高速計算機，自從 1946 年世界第一台電子計算機誕生以來，計算機技術發展迅速，中央處理器（CPU）的速度愈來愈快、體積愈來愈小、價格也愈來愈便宜。雖然莫爾由此總結出了著名的莫爾定律（即每隔 18 個月計算機的性能就會提昇 1 倍），可是愈來愈多的科學家已經認識到在傳統計算機的基礎上大幅度提高計算機性能的可能性已經愈來愈小，同時障礙也愈來愈大，想要繼續維持莫爾定律有效性則必須從基本原理上尋找計算機發展的突破點才是正確的方法。很多科學家在探討利用生物晶片、神經網路晶片……等來實現計算機發展的突破，但更多的科學家把他們的目光投向了計算機的最基本的物理原理上，並認為未來光子、量子、分子計算機為代表的新技術將推動新一輪超級計算機技術革命。

超導計算機

所謂的超導是指有些材料在接近絕對零度時電流在該材料中的流動沒有任何阻力。英國劍橋大學 （Cambridge University）物理學家約瑟夫遜（Brian David Josephson）於 1962 年提出了超導隧道效應原理，用約瑟夫遜超導隧道效應元件製成的計算機就成為所謂的超導計算機，其耗能僅為半導體元件所製成之計算機的幾千分之一，而且它執行一個指令也比半導體元件的計算機快得多（只需的時間只有十億分之一秒）。

分子計算機

生物分子計算機是奈米生物學技術的一個重要研究領域，其主要研究目標是尋找或創造一些特定的生物分子，並期待這些生物分子能夠更加速

完成計算機的基本運算和儲存功能，未來將代替目前的半導體計算機中央處理器和記憶體，另外科學家們也認為：分子計算機是實現計算機每秒數萬億次計算的有效方法。

分子計算機的運行靠的是分子晶體可以接收以電荷形式存在的信息，並以更為有效的方式進行組織排列，藉由分子具有的奈米級的尺寸，分子計算機的體積將急劇減小，而且其耗能可以大大減少並能更長期地儲存大量的數據。

最先提出計算化學（分子計算機）概念的美國西北大學（Northwestern University）的波普爾（John A. Pople）獲得了 1998 年的諾貝爾化學獎。

加州大學洛杉磯分校（UCLA）和惠普公司（HP）研究小組曾在《科學》雜誌上撰文中表示：「已經製作出分子電路的基礎元件……分子「邏輯門」元件，這種分子元件能夠根據電路中的信號進行邏輯判斷並控制門元件的開關。」

美國橡樹嶺國家實驗室採用把一種在菠菜中含有的微小蛋白質分子附著於金箔的表面，並用控制分子排列方向的辦法製造出分子「邏輯門」元件，這種蛋白質可在光照的幾萬分之一秒的時間內產生感應電流。研究顯示：「以蛋白質分子為材料製造的分子計算機，不僅體積小、質量輕、耗能小、環境適應力強，而且運算速度和資訊儲存能力比現有的計算機要高出數億倍，同時具有和人腦一樣非常優越的分析、判斷、聯想、記憶……等智能。」

美國、日本、歐洲、俄羅斯……等都在生物分子計算機的原型元件和系統方面進行了大量的研究工作並取得大的進展。例如，美國、俄羅斯研製的細菌視紫紅蛋白質計算機處理器，該生物材料具有非常獨特的熱、光、化學、物理……等特性和良好的穩定性，其奇特的光學循環特性可以用於資訊的儲存，有可能代替當今計算資訊處理和儲存的作用。因為它所用的生物材料可利用通過基因技術改造後的細菌大量生產，所以生物分子計算機的造價比半導體計算機的造價要低很多，因此據估計，美國在 3～5 年內能大批量生產這種計算機。

科學家也正在探討利用遺傳物質 DNA 研製其有全新概念的 DNA 生物

分子計算機，DNA 含有大量的遺傳密碼基因，這些基因通過生物化學反應傳遞著遺傳資訊並一代傳給一代，DNA 計算機將利用 DNA 分子這些獨特的遺傳資訊傳遞方式來實現計算機的計算功能。DNA 分子中的密碼相當於儲存的數據，DNA 分子之間可以在某種胸作用下瞬間完成生物化學反應，從一種基因代碼變為另一種基因代碼。若將反應前的基因代碼作為系統的輸入數據，將反應後的基因代碼作為運算結果，則只要控制得當就可以利用這種反應過程製成 DNA 計算機。由於分子反應的 DNA 計算機運算速度極快，所以（科學家認為）幾天的運算量就可相當於計算機問世以來世界上所有計算機的總計算量。另外，由於每個 DNA 分子都含有大量的基因，DNA 分子的儲存容量將是十分巨大的，例如，$1m^3$ 的 DNA 溶液可儲存 1 萬億億比特的數據，這將超過目前所有計算機記憶體容量的總和，而且 DNA 計算機的耗能卻小的出奇，只有普通半導體計算機的 10 億分之一。2001 年 11 月 22 日以色列科學家在《自然》科學雜誌上宣布他們已經研製出一種由 DNA 分子構成的微型分子計算機，1 萬億個這樣的計算機僅一滴水那樣大。

生物分子計算機是人們長久以來的夢想，它的實現將可徹底實現當今計算機無法真正實現的模糊推理和神經網路運算的功能，而這些都是人工智慧的重大瓶頸之一。

光子計算機

光子計算機利用光子取代電子進行數據運算、傳輸、儲存……等功能，通常它是由雷射和反透射鏡組成的陣列來進行數據處理，其中不同波長的光代表不同的數據，這遠勝於電子計算機中僅通過電子 0 和 1 的兩個狀態變化進行約二進位運算，所以光子計算機可以對複雜度更高且計算量更大的任務實現快速的平行處理，而使運算速度在目前的基礎上呈指數上升。1990 年美國貝爾實驗室宣布研製出世界上第一台光子計算機，其所採用砷化鉀光學開關的運算速度可達每秒 10 億次；雖然與理論上的光子計算機還有一定的差距，但已經顯示出其強大的潛力。

量子計算機

將量子力學和計算機結合起來的可能性是由美國著名物理學家費曼在1982 年首次提出的，隨後英國牛津大學（Oxford University）物理學家多伊奇（David Deutsch）於 1985 年初步闡述量子計算機的概念，並指出量子平行處理技術會使量子計算機比傳統的圖靈計算機（英國數學家圖靈於 1936 年提出的計算數學模型）功能更大。量子計算機是利用處於多現實態的原子作為數據進行運算，2000 年美國 IBM 公司和史丹佛大學聯合研製出了目前世界上最先進的僅利用 5 個原子作為處理器和記憶體的量子計算機，而且首次證明量子計算機的計算速度明顯高於當時所知的任何超高速計算機，甚至比當今運算最快的超級計算機至少要快 1 億倍以上。以原子或分子為基本結構的量子計算機是基於量子位〔即利用處於量子態的電子向上自旋（up-spin）和向下自旋（down-spin）來分別代表 0 和 1〕，因此在運算時，量子計算機可以不像傳統的計算機那樣必須按順序將所有的數值逐一相加，而是能夠同時完成所有數值的加法，就是這一特點使得量子計算機具有極強大的運算功能。因為具有數百個量子位量子計算機可以同時進行幾十億次運算，所以量子計算機一問世就被評選為當年（2000 年）世界十大科技新聞。

1-3　各國推動奈米科技及產業之研發現況

美國前總統柯林頓曾宣布一項 2001 年 5 億美元的預算，投入奈米技術研究，有人把這項計畫稱為「曼哈頓」計畫，相較於 2000 年經費，增加了83%。美國布希政府，在 2002 年的預算仍將奈米技術推動方案（National Nanotechnology Initiative, NNI）列為重要項目之一，編列了 5.189 億美元來推動國家奈米科學、工程與技術之研發。加州大學校區設立加州奈米系統機構（California Nanosystems Institute），從事奈米整合領域研究發展，企業與加州政府提供 4 年的研究經費高達 2.6 億美元。

　　歐盟決定 2002～2006 年 5 年內投入 13 億歐元，建立歐洲研究園區，支持歐盟各國的奈米技術、新製程方面的研究及智慧型材料，根據歐盟2000年 8～10 月間的調查，歐洲已高達 54 個有關奈米技術的合作研究網，其中有 29 個國家網，25 個為國際網。德國已建立或改組 6 個政府與企業聯合的研發中心，並啟動國家級的研究計畫。法國則最近決定投資 8 億法郎建立一座擁有 3,500 人的微米／奈米技術發明中心，配備最先進的儀器設備和無塵室，並成立微米奈米技術之部門，專門負責專利的申請和幫助研究人員建立創新企業。

　　早在 70 年代，日本政府與企業即開始在零組件朝超精細與超微小的方向發展。1981 年日本啟動世界第一個關於超微粒子研究的 5 年計畫，1985年「奈米結構研究工程」成為日本之國家正式研究課題。三菱綜合研究所預測到 2005 年，奈米技術的市場將達到 8 兆日圓，到 2010 年，將達到 19兆日圓，他們認為，奈米技術與資訊技術、生物技術不同，不是某一領域的單一技術，而是一項主要的基礎技術，由此發展的奈米資訊、奈米工學、奈米生物與奈米材料等都將對未來世界有著重要的影響。

　　奈米科技可說是 21 世紀的新產業革命動力，目前國內半導體廠商也積極將 IC 推進到奈米領域，希望藉由奈米技術的發展，將台灣半導體產業由代工升級至領先地位。此外奈米新材料及量子理論的應用，可為聲、光、電磁與熱等領域之技術發展帶來新的前景；另外利用奈米技術研發生物晶片，將可取代生理檢查時繁雜的處理檢驗工作，病變的基因與細胞也可利用奈米技術修護，使其恢復正常與健康。經濟部技術處決定自 2002 年起，5 年內投資新台幣 80～100 億新台幣發展「奈米科技」，2002 年預算先投入 6 億元，2003 年投資累積到 18 億元，希望 5 年內開發出能夠待機 100 天的大哥大電池、體積比現有小 100 倍的光通訊元件、性能高且價格成本低100 倍的顯示器、速度快 100 倍且電能消耗低 100 倍的奈米晶片。在未來10～15 年間，政府將極力爭取奈米產業所帶來的市場商機，包括奈米技術應用於材料與製程，10 年後每年預估可創造 3,400 億美元，應用在電子半導體產業每年可創造 3 千億美元。

CHAPTER 2

奈米製程概述

奈米科技從何而來？早在四十年前美國諾貝爾獎得主發現了原子、分子可作為材料後，便為這項技術開啟了新的世界。然而，實際應用卻是在1980年至1990年代間的事。特別是1990年代後，由於半導體集積度愈來愈細，美日半導體業界正競相開發一百奈米的設計技術，可預見數年後，將逼近原子尺度的元件。當物質接近奈米尺度時，不僅尺寸大幅微小化，其物理與化學特性也和巨觀特性有很大的差異，許多從前無法解決的難題將一一消失，取代以全新的課題。半導體工業至發展以來，進度相當快速，以目前國內半導體製程來說，各大廠皆以0.13微米作為高階製程的指標，而微米（10^{-6}）仍只是一千個奈米（10^{-9}）大小，因此0.13微米只是130奈米而已，與奈米尺寸還差一大截，積體電路的製程精度一般用最小線寬來表示。

三十年來計算機晶片的速度和集積度都提高了約18,000倍，製程從1971年的10um縮小到今天的0.13um（＝130nm），用於積體電路加工的光刻精度提高了約76倍，今天各種晶片上的平均電晶體數已高達每平方厘米660萬個以上。因此，國內半導體在製程上愈做愈窄，其實就是往奈米發展，便可突破半導體的製程極限。積體電路的生產製程包括了前段製程和後段製程，前段製程如圖2-1所示，可分為：*1.*晶體成長與晶片準備；*2.*磊晶（epitaxy）；*3.*沉積（deposition）；*4.*氧化（oxidation）；*5.*擴散（diffusion）；*6.*離子植入（ion implantion）；*7.*光罩與顯影（mask & lighograph）；*8.*蝕刻（etching）；*9.*金屬蒸鍍（evaporation）；*10.*晶片測試。晶片測試以後的封裝，稱為後段製程，如圖2-2，包括：*1.*晶片切割（dying saw）；*2.*晶粒篩選（die sort）；*3.*黏晶粒（die bond）；*4.*銲線（wire bond）；*5.*同形覆蓋（conformal coat）；*6.*封蓋與壓模（seal & molding）；*7.*測試；*8.*成品。

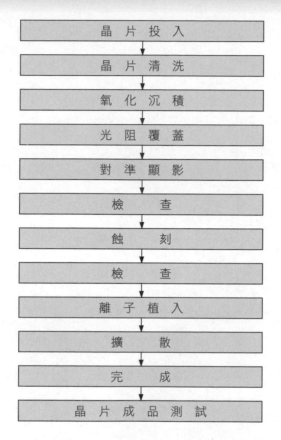

圖 2-1　積體電路前段製造流程

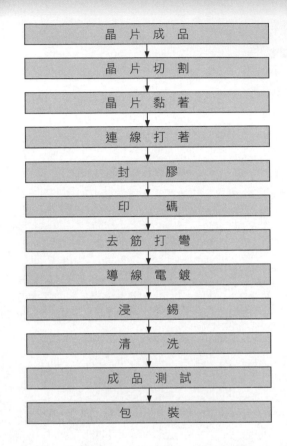

```
┌─────────────────────┐
│    晶 片 成 品       │
└─────────────────────┘
          ↓
┌─────────────────────┐
│    晶 片 切 割       │
└─────────────────────┘
          ↓
┌─────────────────────┐
│    晶 片 黏 著       │
└─────────────────────┘
          ↓
┌─────────────────────┐
│    連 線 打 著       │
└─────────────────────┘
          ↓
┌─────────────────────┐
│    封     膠         │
└─────────────────────┘
          ↓
┌─────────────────────┐
│    印     碼         │
└─────────────────────┘
          ↓
┌─────────────────────┐
│    去 筋 打 彎       │
└─────────────────────┘
          ↓
┌─────────────────────┐
│    導 線 電 鍍       │
└─────────────────────┘
          ↓
┌─────────────────────┐
│    浸     錫         │
└─────────────────────┘
          ↓
┌─────────────────────┐
│    清     洗         │
└─────────────────────┘
          ↓
┌─────────────────────┐
│    成 品 測 試       │
└─────────────────────┘
          ↓
┌─────────────────────┐
│    包     裝         │
└─────────────────────┘
```

圖 2-2　積體電路後段製造流程（封裝製程）

2-1　半導體製造廠前段製程

　　半導體的製造方法被稱為「照相與沖洗的反覆操作」。利用照相製版技術將 IC 電路描繪於晶片之上，電路的必要部分以熱處理過程把不純物質混入，而製成有目的性質的半導體。讓此過程經幾次反覆操作而完成 IC。在照相製版工程被用來描繪 IC 電路的光罩（mask）即相當於底片，晶片則

相當於相紙。

　　一般來說，光罩與晶片並不在半導體工廠內製造，而向專門製造商訂製。圖 2-1 所示的 IC 製造流程，即不包括光罩、晶片的製造，而只利用其完成品而已，圖 2-2 為 IC 封裝製程。

晶片的表面氧化

　　將數十片晶片並列排在電氣爐管（furnace）內，一面流入氧氣（O_2），一面加熱至 1,000℃ 上下，在晶片的表面就能長出一層氧化矽（SiO_2）膜。此氧化矽膜是絕緣層也是作為表面保護膜，在往後的工程中，將完成重要的任務。

光阻劑的塗敷

　　在晶片氧化膜上塗上所謂光阻劑（photo resist）的一種感光劑，此光阻劑必須均勻地塗在晶片的全部表面上，每一地方的厚度都要一樣。這個方法是利用轉軸將晶片高速的轉動，再從晶片的上方將光阻劑滴下，利用晶片在高速迴轉下所產生的離心力把光阻劑廣被於晶片之上，並且達到均一的厚度。

感光、顯影

　　把塗上感光劑的晶片置於有描繪各電子元件電路之光罩下方，以紫外線曝光，就如同沖洗相片一樣的過程。將曝光完成的晶片顯影的圖樣，與光罩上相同的電路被完全的顯現在晶片之上。最後，依照電路圖的圖樣（pattern）開孔。

蝕刻與光阻去除

　　將晶片置於氫氟酸（HF）溶液中，無光阻覆蓋的氧化膜部分即被開孔，這個部分製程稱之為蝕刻，接下來就是利用強力溶劑把光阻劑除去，此時電路會全部出現在氧化膜之上，而開孔部分更處處可見，開孔部分的

材質是矽晶而非氧化膜，這個部分稱之為窗口。

1. 深紫外光蝕刻技術

隨著積體電路的集積度愈來愈高，電晶體的尺寸和積體電路的最小線寬愈來愈小，莫爾定律受到了極大的挑戰：因為（根據莫爾定律的發展趨勢）十年後的 2010 年微電子元件的尺寸和積體電路的最小線寬都將小於 100nm，達到現代微電子學光刻加工技術的極限（物理限制），使現行的半導體工藝很難再有所作為。縮小電晶體的尺寸和線寬的基本方法在於改進光刻技術（photo-lithography）：使用更短波長的曝光光源，經掩模曝光把蝕刻在矽片上的電晶體做得更小，連接電晶體的導線做得更細來實現。但是當對積體電路最小線寬的要求達到 100nm 時，現行的光刻技術將無能為力而面臨失敗。在光刻技術中最小線寬的加工取決於所選用的光波的波長（光刻的光斑直徑等於半波長）。目前光刻中使用的光波是深紫外光（deep ultraviolet）（其波長為 248nm），它的光刻的理論極限是100nm，所以現行的光刻技術將無法加工小於 100nm 的最小線寬。

2. 超紫外光蝕刻技術

由於提高光刻精度的趨勢所影響，人們不斷探索和開發具有更短波長的穩定光源，目前美國和日本的多家晶片製造公司和國立研究所正在開發使用超紫外光雷射光光源的光刻技術（extreme uitra-violet lithography）。雖然使用波長更短的超紫外光有機會使光刻的最小線寬達到 70nm 以下，但是由於超紫外光很容易被空氣吸收，所以只能在真空中使用，這對大規模工業應用來說無疑是一個非常不利的因素，於是超紫外光光刻技術目前還在實驗室研製階段。

3. 電子束蝕刻技術

電子束蝕刻技術的束斑直徑可以做得很小，其蝕刻的精度可以滿足 10nm 最小線寬的要求，蝕刻時它也不需要掩模板，因而不存在

矽片和掩模板之間的平行度問題，但是電子束蝕刻的致命缺陷是蝕刻速度太慢而無法滿足大規模生產的需要，因此它通常只能用來製作光刻加工的掩模板。

4. 常用的晶片蝕刻方法技術

目前常用的晶片蝕刻方法技術參數對照如**表 2-1**。

表 2-1　常用晶片蝕刻方法的技術參數對照表

蝕刻方法	蝕刻精度	蝕刻時間／片
深紫外光	100 奈米	1～5 分鐘
X 光	50 奈米	2 分鐘
電子束	10 奈米	24 小時

5. SPM 奈米加工技術

沒有束斑直徑和平行度要求的 SPM 奈米加工技術將來極有可能成為未來超大規模積體電路加工的首選工具中扮演非常重要的角色，因為使用 SPM 可以加工出各種不同尺度的奈米結構。雖然從加工的精度來說，SPM 優於現行的任何光刻技術和電子束蝕刻技術，因為 SPM 可以加工小到單個原子的結構（約 0.3nm），但是用 SPM 來加工未來的積體電路同樣面臨加工速度的問題。

擴散及離子植入

接下來的步驟是經由窗口混入不純物，如前所述，將不純物混入純粹的矽晶片內，依不純物的性質及份量可以獲得不同特性的半導體。根據此理論有計畫地將電路集聚而製作IC，所使用的不純物有磷（P）、砷（As）及硼（B）。把在氧化膜開孔的晶片置於電氣爐管之內，一面保持在 1,000℃ 的高溫，一面讓含有不純物的氣體流入，如此一來，不純物即會經由窗口滲入矽晶片之內。當然，有氧化膜的部分，不純物無法滲入，依此不純物

的滲入部分與無滲入部分，半導體即被配置了。這個方法被稱之為熱擴散法。相對地，另一方法稱為離子植入法（ion implanter）；將不純物硼或砷轉化成帶電的離子狀態，以高能量的方式打入晶片之內。如果使用這個方法，可以用電子的測定、調節不純物的打入量，因為可以達到更精密的控制，最近這個方法已經成為主流。

化學蒸鍍成膜

IC 製造就是將目前為止的工程經過幾次反覆的操作，也就是把各種電路或不同性質的半導體集聚。擴散或離子植入的過程完畢，為了將下一個電路印製在晶片表面，而製作矽晶被覆膜，在晶片上，將前述之光阻劑塗上、沖洗、顯影、蝕刻，這幾個步驟被反覆地操作。利用氣體的反應在晶片長膜的方法稱為化學蒸鍍（Chemical Vapor Deposition, CVD），適用於IC製作的各種製程。

鋁蒸鍍、表面保護

電路如果完成即進行配線，通常是利用鋁真空蒸鍍，電路配線完畢階段，其表面利用保護膜覆蓋，電路表面被保護後，空氣的潔淨度即趨於緩和，此時晶片被送至組裝工程。另外，組裝工程的說明在此省略。

2-2 半導體製造廠後段製程

由晶圓廠製造出來之晶片做完測試後，晶片接著會先至晶片針測修補區，此區在測試晶片的良率及做修補的工作，測試結束後，就開始封裝的工作。封裝完後繼續進行後續的測試，如：FT1、Burn-in Test、FT2、FT3、目檢等，在一切測試皆通過的情形下，才裝箱入庫出貨。

晶片偵測修補

進行晶片功能偵測與修補（wafer sorting & repair）的工作，此工作進行的概念可說明如下：若將未切割前的 IC（一般稱之為 die）放大來看，其包含了很多區域（Block），再將區域放大來看，其為一陣列的形式，陣列中的每一格，稱之為 Cell，它作為儲存的工作。一般晶片的製造通常都會做一些備用之 Cell。由於晶片製造時，不保證每個 Cell 皆是良好的，因此在晶片測試機台中會測試到某些 Cell 是不良的。若由於某些不良 Cell 就整片 IC 報廢掉，是可惜的，因此可利用雷射修補的機台作修補的工作。

晶片包裝

封裝廠的生產流程可分為晶片研磨（grinding），研磨後將晶片貼上一層膠，稱之為 blue tape，以防止晶片在切割後，die 會移動。接著進行晶片切割（sawing），切割完後送入導線架（lead frame），上架後塗上銀膠並烘烤，於是 die 便已貼上，接著便進行打線的工作，將每個接點（pin）以金線（gold wire）接上；打線後一般會做覆膜的保護工作。覆膜後進行封膠，整個樹脂以壓模的方式直接壓到整個 IC 上；封膠後做蓋印，接著進行測試的工作。測試時若發現產品特性不符，再將其重新蓋印即可。蓋印後烘烤將油墨烘乾，接著將導線架上每個接點間之結線打斷。由於接點是以銅為材料做成，為防止其氧化故須電鍍上一層錫鉛。接著去邊成型，並做一些簡單的抽樣測試後便封裝。

進行 FT1、預燒測試與 FT2

在 FT1（Final Test 1）測試中要將 open/short/leakage 的 IC 挑出，以避免在預燒測試中發生問題，在預燒測試中，IC 是串聯在電路板上，若其中有一 IC open，則整排 IC 便無法測出電流，若其中有一 IC 為 short，則造成通過的電流過大，而將某些較弱的 IC 燒壞。故在晶片經包裝成成品後，所進行之初步電性測試，要將包裝時造成之不良（如 Leak, Open）的 IC 挑

出。預燒測試是以最差的工作條件，在 IC 平穩期下，將不良的 IC 挑出，增加出貨時的良率。產品在經過 Burn-In 流程後，即進行 FT2（Final Test 2）測試，其測試在於將 Burn-In 後產生之不良之 IC 挑出，同時也在此時將產品的速度（speed）分出，通常以高溫（85℃，3 分鐘）的條件下分類，所以在 FT2 測試時，應特別注意其測試之正確性。

蓋印、FT3、目檢與品質管制

蓋印（marketing）的不良品可能有印碼反蓋、印字空洞、印碼傾斜、印字橋接、雙重印碼等，這些皆需重新蓋印。FT3（Final Test 3）為於常溫與低溫下進行測試，這是產品測試的最後一道程序，在模擬 PC 使用者的條件下，確定產品在出貨前的可靠性。目檢（visual inspection）是檢視 IC 的本體、腳及蓋印是否不良。品質管制（QC）之動作在每個站都有，依照允收品質水準（Acceptable Quality Level, AQL）對每批貨進行抽測。

後段製程上需經過下列程序：一、保持空調系統達於溫濕度的要求；二、靜電破壞與防治；三、電力供電品質與防止諧波現象；四、氣體系統的控制；五、水處理系統與六、監控系統。茲分別簡單說明如下：

空調系統──溫溼度要求

空氣調節之主要功用在於增進人員舒適感；使動植物獲得一最佳之生存環境；工業產品及加工過程之需要。空調環境之要求包括：溫度及溼度；空氣之清淨度（如潔淨室之要求）。

半導體後段測試廠之空調主要供應可區分為：

1. 生產區空調種類
　　(1)冰水系統（如 AHU、F/C 系統）。
　　(2)冷卻水系統（如 PKG 等）。

2. 辦公區空調
　　　辦公區空調（以一般空調為主，無特別溫溼度要求）使用 F/C 系

統。**表2-2**為後段廠生產區溫溼度之要求，由於在爐區作高溫測試，要控制溫度不甚容易，因此只要求其溫度在 30℃ 以下即可，原則上溫度的設定以機台及 IC 的工作環境所需為主。

表 2-2　生產區溫濕度要求

區域 （Area）	晶片測試 （Wafer Sort）	測試（Package） 預燒（Burn-In） 蓋印（Marking） 目檢（Final V/M）	預燒爐區 （Burn-In oven）	庫房 （Ware Ho- use）
溫度 （Temperature）	23±2℃	23±2℃ － 5℃	Max 30℃	Max 26℃
濕度 （Humidity）	Max 60%	Max 70%	－－	Max 70%

3.潔淨室之清淨度規格

後段廠之要求為**表 2-3**的 10,000 等級，但其中溼度要求改為 60% 以下，照度要求改為 800。

表 2-3　美國聯邦標準 209A 潔淨室規格

等級	微 粒 子（CR）			壓力 （mmAq）	溫度（℃）			濕度（%）			氣流 換氣 次數	照度 （lux）
	大小 （μm）	（個/ft³）	（個/L）		範圍	推薦值	誤差	最高	最低	誤差		
100	0.5 以上	100 以下	3.5 以下	1.25 以上	19.4 │ 25	22.2	±2.8 特殊 情況 時為 ±0.14	45	30	±10 特殊情 況時為 ±5	層流 方式 0.45 m/s ±0.1 m/s 亂流 方式 20 次/h 以上	1,080 │ 1,620
10,000	0.5 以上 5.0 以上	10,000 以下 65 以下	350 以下 2.0 以下									
100,000	0.5 以上 0.5 以上	100,000 以下 700 以下	3,500 以下 700 以下									

4.潔淨室之氣流方式

潔淨室之氣流方式如**表** 2-4 所示。

表 2-4　潔淨室之氣流方式

項目	基本流動（溫濕度控制裝置省略）	特徵	室內清淨度	最終空氣過濾器之性能	換氣次數
非層流方式（亂流方式）		傳統的空調，只在換氣設備之吹出口處裝 HEPA 空氣過濾器者，清淨度不均勻。	等級 10,000～300,000，有時為 1,000。	依室內清淨度等級而異，一般使用 DOP 捕集效率為 99.97%、97%左右者。	15～50 次/h

5.代表性空調方式之構成及特徵

代表性空調方式之構成及特徵如**表** 2-5 所示。

表 2-5　空調方式之構成及特徵

分類	空調方式	方式概要
空氣	單一風管方式風量一定方式（CAV）	利用空調機將空調空氣經由風管送到各室方式。為減小風管而以高速送風者謂之高速風管方式。一般為低速風管方式。為將空調空氣之吸出溫度和負荷狀態相配合而改變之方式，吹出風量一定。用在測試、目檢、蓋印等區。
空氣＋水	風管機組方式2 管方式3 管方式4 管方式	冷溫水供給各室組內，利用風扇吸入室內空氣施予熱交換後再吹到室內之方式。冷溫水供給方式有 2 管、3 管、4 管等，後兩者可同時施予冷暖房。
冷熱源	箱型方式（水冷式）	空調機器內裝置有小型冷凍機，依直膨式監管，加熱式盤管將空調過之空氣直接或經由風管送到各室內之方式。

 靜電破壞與防治

1. 靜電對工業的影響

(1)積體電路的基本需求：體積小、多功能、速度快。

(2)元件特性：

　　優點：線路間距短，故能縮短路徑，速度增快。

　　　　　線路面積小，縮小體積。

　　缺點：線路間距短，耐壓降低。

　　　　　線路面積小，耐流容量減少。

(3)電子元件的致命殺手：靜電電場、靜電電流。

2. 日常生活中各種行為所產生的靜電

　　如**表 2-6** 所示，可知在半導體產業，相對溼度在 65～95% 的工作環境下，走過地毯後，身上會有 1,500 伏特以上的靜電，這些靜電會破壞 IC，打穿 IC 的接腳。

表 2-6　日常生活中各種行為所產生的靜電

活動情形	靜電強度（Volt）	
	10～30%相對濕度	65～95%相對濕度
走過地毯	35,000	1,500
走過塑膠地板	12,000	250
在椅子上工作	6,000	100
拿起塑膠文件夾、袋	7,000	600
拿起塑膠袋	20,000	1,000
工作椅墊摩擦	18,000	1,500

3. 靜電敏感的電子元件

　　如**表 2-7** 所示，可知上述走過地毯的動作，下列所有電子元件皆無法負荷，故靜電須小心防治。

4.靜電的物理現象

有關靜電的物理現象有三種,分列如下:

(1)庫侖定律:對電子元件的影響是,其會吸附灰塵,在晶圓的過程中若有灰塵被吸附到晶圓上,則 IC 的阻抗會因為此灰塵而有改變,造成 IC 可能報廢。

表 2-7　各種晶片的破壞電壓

晶片種類	靜電破壞電壓（Volts）
VMOS	30～1,800
MOSFET	100～200
GaaSFET	100～300
EPROM	100
JFET	140～7,000
SAW	150～500
OP-AMP	190～2,500
μ-CMOS（INPUT PROTECT）	250～3,000

(2)電場破壞:一粒子帶有電荷（Q）,其所產生的電壓 $V = Q/C$,其中 C 為電容,此電場有可能打穿目前積體電路的絕緣層,而破壞絕緣,絕緣被破壞後,整顆 IC 便報廢了。

(3)放電電流:有一電荷強到一個程度時,會產生靜電放電的效果,放電電流會將電路導體如 IC 的接腳等燒融掉。

由以上可歸納出靜電的基本物理特性為:

・吸引或排斥的力量。

・與大地間有電位差。

・會產生放電電流。

這三種情形,即可能對電子元件造成:

・元件吸附灰塵,改變線路間的阻抗,影響元件的功能與壽命。

・因電場或電壓破壞元件之絕緣或導體,使元件不能工作。

・因瞬間之電場或電流產生的熱，元件受傷，或許仍能工作但壽命受損。

5.靜電防護要領

(1)在靜電安全區域使用安裝靜電敏感元件。

(2)用靜電遮蔽容器運送靜電敏感元件。

6.完整的靜電防護工作應具備事項

(1)完整的靜電安全工作區域。

(2)適當的靜電遮蔽容器。

(3)工作人員具備有安全的防護觀念。

(4)警示客戶（包含元件裝配人員、設備使用人員、維護人員），使客戶不致因不知道而造成破壞。

電力供應品質──諧波現象

諧波的概念為，週期波中的某一頻率的波形並不平滑，造成其合成波波形畸變，將此畸變的合成波稱為諧波。奇數波與偶數波疊加會產生非對稱諧波而奇數波與奇數波疊加會產生對稱諧波。諧波現象的產生主要來自非線性元件如變壓器、變頻器等等，當輸入正弦電壓至一線性元件，其輸出電流亦為正弦波，但輸入正弦電壓至一非線性元件，則其輸出電流並不為正弦波，而可能為其他奇怪波形。

諧波的另一現象為諧波潮流，諧波潮流為一電流，會往阻抗較小的地方流動，由於其會四處流動，有時甚至會流出至別家廠房，或從別家廠房流入。諧波造成的影響主要有四：

1.造成設備誤動作，因為電流的突升突降，使得機台跳機。

2.造成 LC 共振，而可能燒掉一些設備如穩壓器等。

3.諧波為虛功率，因此會降低用電品質的有效功率。

4.加速電力設備劣化。

要避免諧波引起共振有四個方法：

1. 串聯電抗器：約6%的電感，使得整個系統呈電感性以避免LC共振。

2. 並聯濾波器：在最靠近產生諧波設備附近，並聯一經過對整個系統考量而設計的濾波器，使其吸收掉整個諧波電流。

3. 改變相位操作：例如，改變變壓器接法等，也可抑制一些諧波。

4. 使用主動濾波器：即產生一反諧波電流以抵消諧波電流，不過此方法較少人使用，由於機台設備成本很高。

氣體系統

氣體系統主要包括四部分：

1. CDA：空氣經過空氣壓縮機壓縮之後，輸送至空氣儲存槽，先經過一過濾器做除水、除油的動作後，送進乾燥器做大量水分去除，此時要求其露點溫度為－70℃，之後再經過一過濾器作除塵，然後再送至現場使用。

2. 真空：使用設備為水封式真空泵，真空是使用在晶片針測區，利用其作吸取晶片的動作。

3. 液態氮：主要使用在測試區T5362、T5365的機台上，以作低溫測試用。液氮管路是使36%的鎳合金作成的真空雙套管，其能保溫48小時。須注意的是液氮的二個重要特性，一是其沸點低，二是其膨脹比率很高，因此常造成管路末端的液氮氣化，使得氣體回灌，造成液態流率降低，解決辦法為在管路末端加裝一排氣閥，將氣態氮排出以維持正常的液氮流率。

4. 氣態氮：其功能主要在 air emergency backup，萬一 CDA 中途當機時，可用氣態氮來補充；用來作晶片與 IC 的保存。

純水系統

1. **用途範圍**

(1)提供後段生產之晶片測試區清洗晶片用。

(2)提供後段生產處廠務處螺旋式空氣壓縮機內部冷卻循環用水。

(3)提供後段生產蓋印區蓋印機之氫氧燄製造設備冷卻用水。

2. 出口壓力：3kg/cm²。

3. 入水水溫：＜ 44℃。

4. 水質：＞ 10MΩ。

 監控系統

1. PLC 控制：主要負責室內溫溼度監測和廠務系統監測控制。茂矽以 RS-485 架構 PLC 網路，RS-485 其可達到 1,200m 的傳輸距離且有較快的傳輸速度，在一 RS-485 的網路上可以使用 32 個控制器。例如，RS-485 的網路架構，其為並聯的方式，當距離過遠或訊號太弱，會加上一個放大器（repeater），最後利用 RS-232/RS-485 的變壓器，將資料送入電腦。

2. 冰機監控：主要在做自動切換、事故啟動備用冰機和自動加減機的功能。

3. 電力品質監測：主要在監測台電的供應主饋線的穩態、暫態和諧波現象，以得知其電力品質是否符合要求。

廠務系統與潔淨室

半導體產業是一個勞力密集、技術密集,同時也是資本密集的工業。六吋廠建廠花費可能高達 200 億,廠務系統即達 40 億。製成設備的費用所占比例將愈來愈貴,以倍數成長。半導體產品週期短至半年,變化極快。目前八吋晶圓已開始量產,進入十二吋晶圓的時代後,廠務系統之成本將更高,半導體廠務所扮演的角色是提供 IC 工廠生產設備所需的環境,工作範圍大致可分為五大類:

1. 冷凍空調系統、無塵室、製成冷卻水系統、製成真空系統、廠房真空系統。

2. 冷/熱超純水系統、廢水處理系統、廠房供水系統、製成清洗系統。

3. 供氣系統、中央化學品供應系統。

4. 電力系統、中央監控系統、CCTV 系統、安全系統。

5. 建築本體、土木工程、標準認證。

半導體廠務工作的性質、特性及所需扮演的角色在半導體廠亦相當重要,多數人以為廠務工作為一支援系統,其實為缺一不可的部分。它的工作範圍亦可分為:空調、儀電、氣體化學品、水處理、建築五大類。廠務工作的主要特性是全面穩定供應半導體所需要的環境,以提昇產品的良率;因此廠務工作的影響也是全面性的。廠務工作內容包括:機具的正常運轉與維修保養;廠房的規劃與施工;研究省能技術,以降低運轉成本。廠務工作的目標是提供高品質、高良率且高穩定的製程環境,並使廠房的設計、安置更有彈性,以便於製程變更規劃或設計;使生產不致於停擺;因此廠務需具備有前瞻性的眼光、紮實的學識與豐富的經驗,才能使複雜的廠務工作,按部就班進行。

廠務人員應具備之技能包括:一、專業技能:電力、控制、化工、環保、機械、冷凍空調、材料;二、一般技能:文書處理、繪圖、工程管理。

3-1 潔淨室簡介

　　潔淨室（clean room）目前已是半導體工業和生物化學、醫藥、食品界等不可或缺的重要設施。近幾年來，由於技術的創新和發展，對於產品的高精度化、細微化的需求更加迫切，如超大積體電路（VLSI）及極大型積體電路（ULSI）的製造，已經成為世界各國在科技上發展的重要項目，我國也不例外，然而在積體電路、太空航空儀器、光學機器等，對於空氣中的懸浮粒子、粉塵等污染物極為敏感，並且對於產品的品質、可靠度及良率的高低有很大的影響。

　　潔淨室空調系統會因為需求等級的不同而有所差異，在設計上面也會有很大的不同。以一個 IC 片的前段製程大約需 400 個步驟，大約需 2 個月時間才能完成全部製程。在繁雜的生產過程中，如何提昇良率是一個重要的課題。因為若良率不良則所生產之 IC 將減少。主要原因就是在製程中有污染物，造成 IC 的破壞。其污染物泛指任何一個情況、過程、材料、效應會造成產品的破壞，品質受到影響。因此污染物的控制，事先規劃就很重要。其控制包括：潔淨室溫濕度的控制、振動的控制、水的控制、化學品的控制、電磁波的控制與電位差的控制。茲分別說明如下：

潔淨室溫濕度的控制

　　在所有廠務系統中，以潔淨室最為重要的部分。如**表 3-1** 所示，為美國聯邦 209D 標準，於潔淨室中在黃光區的要求相當嚴格，如**表 3-2** 所示，其要求到 Class 1，因為其為生產區。而維修區因為沒有必要，所以通常只要做到 Class 1,000，相差很大。**表 3-3** 為工業用潔淨室之等級（Industrial Clean Room, ICR），**表 3-4** 為生物及醫學用潔淨室之等級（Biological Clean Room, BCR）。

表 3-1　美國聯邦 209D 標準

粒徑＼等級	1	10	100	1,000	10,000	100,000
0.1μm	35	350				
0.2μm	7.5	75	750			
0.3μm	3	30	300			
0.5μm	1	10	100	1,000	10,000	100,000

註：每立方呎（ft³）空間內，所允許之粒子數上限值。

表 3-2　潔淨室之溫、濕度與潔淨度的要求

區域	等級	溫度	相對濕度
製 程 區	1	22±0.3℃	43±3%
黃 光 區	1	22±0.1℃	43±3%
工作人員區	10	22±0.3℃	43±3%
維 修 區	1,000	22±2.0℃	43±5%
製程走道區	10	22±0.3℃	43±3%

表 3-3　工業用潔淨室之等級

製程／潔淨度	等級				備註
晶體成長					
磊　晶					
薄膜沉積					
氧化、擴散					
離子植入					不同等級微塵粒徑
照　像					1：0.1μm
蝕　刻					10：0.1μm
金屬蒸（濺）鍍					100：0.3μm
晶片測試					1,000：0.5μm
半製品保存					
裝配、包裝					

表 3-4　生物及醫學用潔淨室之等級

產業分類	製程／潔淨度	等級			
		100	1,000	10,000	100,000
生醫技術	製藥製程	━━			
	注射液及其封瓶	━━			
	血液、林嘉氏液、疫苗之保存	━━━━			
	無菌手術室	━━━━			
	一般手術室			━━	
	恢復室、外科加護病房			━━	
	內科加護病房			━━	
	無菌病房	━━━━			
	新生兒、早產兒室	━━			
	無菌室	━━━━			
	手術用器具保管	━━			
	無菌動物實驗	━━━━			
	細菌實驗	━━			
	藥劑室	━━━━			
	一般病房			━━━━	
	診療室				━━
食品、釀造	牛乳、酒、乳酸菌飲料	━━━━			
	冷飲飲料的裝瓶及封蓋製程	━━━━━━			
	乳製品、點心的包裝製程				━━
	切片火腿的製造	━━━━			
	蘑菇種類	━━━━			
	食品肉加工		━━━━━━		

在潔淨室內為了使顆粒保持在 0.12μm 以下，潔淨室內需保持一定風速。美國的設計值為 90fpm，而台灣為考慮能源節約，其設計值為 70fpm，以保持黃光區在 Class 1。在潔淨室中和晶圓有關的設備置於樓上，而真空泵、氣體儲存櫃放在樓下，如此將空間縮小且有效利用空間。其中通常一樓高度由 2m 延伸至 4m 使電氣一層，氣體一層。為了保持潔淨室內部正

壓,即需外氣空調箱,亦同時做濕度控制。

無塵室可分為A、B、C三種型式。

A型式為從製程區出來的空氣和外氣混合後,混合空氣經由維修區經過向上,再經由前過濾器或乾盤管、ULPA過濾器,然後進入製程區,其動力由風扇供應,如此循環不已,其特點為:

1. 高品質。

2. 彈性較差。

3. 穩定性良好。

4. 維修容易。

5. 僅需小功率風扇,故效率高。

6. 噪音低。

7. 振動大。

8. 容易控制溫度、濕度。

9. 製造成本大。

10. 運轉成本低。

B型式為從製程區和維修區出來的空氣和外氣混合後,經由一個消音器、乾盤管、風車,再經一個消音器之後,經由過濾裝置再進入製程區和維修區,其特點如下:

1. 高品質。

2. 彈性佳。

3. 穩定性好。

4. 維修最容易。

5. 因需較大的風車,故效率較低。

6. 因加裝消音器,故噪音低。

7. 振動小。

8. 溫度、濕度容易控制。

9. 建廠成本低。

10. 運轉成本最高。

　　C 型式為自製程區和維修區出來的空氣和外氣混合後，經一前過濾器之後直接經由 FFU 而進入製程區和維修區。其中 FFU 為一風車和一過濾器的裝置，可因需要而移動，其特點如下：

    1. 高品質。

    2. 彈性最佳。

    3. 穩定性良好。

    4. 最不易維修。

    5. 使用較小風車，故效率佳。

    6. 噪音小。

    7. 振動大。

    8. 溫度、濕度容易控制。

    9. 建造成本最低。

    10. 運轉成本高。

　　潔淨室外氣的前處理，亦相當重要。例如，1～4 M 的前處理共包括四階段：第一道為去除較大顆粒粉塵，第二道為中性能的過濾器，第三道為活性碳吸附劑，主要在於吸收異味，但實際上無塵室內部的異味大都是在內部所產生，因其內部有化學品等產生異味的物品。最後再經由一道高性能過濾器而進入風車之後再經一超高性能過濾器才進入無塵室。通常無塵室各區域有其規格，**表 3-5** 列出八吋晶圓無塵室規格。

振動的控制

　　通常在設計時振動防治是相當困難的，例如，在新竹科學園區外面有高速公路經過，車子開得又快，大約在 9 至 10Hz 就有一個尖峰，故其振動及噪音是難以防治，還好其值並不大，而台南科學園區就曾經因鄰近高鐵經過所造成的振動進行改善計畫。

　　常影響振動的三大因素為位移、速度、加速度，是故以此三個因素針對 X、Y、Z 三個方向測量該方向的振動頻譜。

表 3-5　潔淨室溫、濕度與潔淨度之要求

Area Name	Class (AS/OPE) 0.1μm	AB Temperature (℃)	AB Humidity (%RH)	AB Light (LUX)	AB Noise (NC)	Vibration (P-9, 2 – 70Hz)
Phto	0.1	23±0.2	45±2	> 500	< 58	<0.1GAL, < 0.1μm
Etching Diffusion Thin Film	0.1	23±0.3	45±2	> 600	< 58	<0.5GAL, < 0.5μm
Etching Service Diffusion Service Thin Flim Service	1,000	23±2.0	45±10	> 400	< 58	<0.5GAL, < 0.5μm
Central Corridor	1/10	23±0.5	45±5	> 400	< 58	<0.5GAL, < 0.5μm
Primeter Corridor	1,000	23±2.0	45±5	> 350	< 58	—
Supporting Room	1,000	23±2.0	45±5	> 350	< 58	—

　　噪音一般可分為高頻的噪音和低頻的噪音。高頻率的噪音通常由軸流風車所產生，但這種高頻的噪音對人體而言，只是造成耳朵的不舒服而已。而且高頻率的噪音容易消除。而低頻率的噪音就不同了，它通常是因共振性所產生的噪音，是屬於結構性噪音，不但難消除，亦會使人感到不舒服。

　　為了防治噪音，半導體廠的對策是增加質量來吸收能量，至少增加厚度 1～1.5 米。一個半導體廠總重至少 15 萬噸，相當兩艘航空母艦的重量。

　　而在黃光區內為了防止噪音，便用隔子樑將該區和其他區域分隔開來。其基礎也打得比較厚。如此獨立起來，比較不受其他區域的影響或受大地、廠務設備、冰水主機、壓縮機的影響。

　　其他廠務設備在防振消音上亦需加以注意。如泵浦需加大基礎來吸收振動及噪音，為了避免風車的噪音傳到風管，故利用帆布做為接頭，以消除空氣產生的振動。而管路若要穿透結構體時要加軟性材料或儘量避免。

水的控制

半導體製程中需要大量的水，但若水中有顆粒，則在清洗晶圓時，顆粒會滯留在晶圓上，造成短路現象。因此水中顆粒的管制是相當重要。另外，水中 TOC 的含量若過多，則容易在晶圓上起化學變化，造成不良影響。此外，水的純度亦為要求的重點，即針對各離子的濃度控制在可接受的濃度以下。目前有的濃度控制甚至可以做到 ppb 以下。目前台灣原水之水質分析如**表 3-6** 所示。

表 3-6　台灣原水之水質分析

成分名稱／組成	單位	原水水質
酸鹼度	pH 值	7.0～7.6
電導度（Conductivity）	μS/cm	240～370
鈣離子（Calcium ion, Ca^{2+}）	ppm as $CaCO_3$	80～90
鎂離子（Magnesium ion, Mg^{2+}）	ppm as $CaCO_3$	30～35
鈉離子（Sodium ion, Na^+）	ppm as $CaCO_3$	20～60*
鉀離子（Potassium ion, K^+）	ppm as $CaCO_3$	2.4～3.6
總陽離子濃度（Total Cation）	ppm as $CaCO_3$	132～189
碳酸根（Carbonate, CO_3^{2-}）	ppm as $CaCO_3$	70～90
硫酸根（Sulfate, SO_4^{2-}）	ppm as $CaCO_3$	45～64
氯離子（Chloride, Cl^-）	ppm as $CaCO_3$	16～33
硝酸根（Nitrate, NO_3^-）	ppm as $CaCO_3$	< 2.0
總陰離子濃度（Total Anion）	ppm as $CaCO_3$	132～189
鐵離子（Iron ion, Fe^{9+}）	ppm	0.05～0.5
錳離子（Manganese ion, Mn^{9+}）	ppm	< 0.02
總矽量（Total Silica, SiO_2）	ppm	5.0～10.0**
溶解二氧化碳（Dissolved CO_2）	ppm	9.8～12.6**
氯氣，臭氧（Cl_2, O_3 etc.）	ppm	0.2～1.2
總有機碳含量（Total Organic Carbon, TOC）	ppm	1.1～2.5
污泥指數（Slit Density Index, SDI）		6.0～6.7
溫度（Temperature）	℃	15～27

註：* 計算值，為了離子之平衡（calculated value for ion equilibrium）。
　　** 假設值（assumed values）。

以上因素會隨著季節變化，如豐水期、枯水期、梅雨季、颱風天……等，而有顯著之差異。超純水的處理流程為在原水槽的原水先經濾砂過濾，後進入逆滲透薄膜過濾，再進入真空抽氣塔、抽掉水中所含的 TOC 和 CO_2，之後進入混合箱降低離子含量。最後由 UF 打到生產線使用。**表 3-7** 所列為八吋晶圓廠 DI 水的規格。

表 3-7　八吋晶圓廠 DI 水的規格

Instrument	Cold DI	Hot DI	Unit
Particle>0.1μm 　　　　>0.085μm 　　　　>0.03μm	<　1 <　5 < 10	<　50 < 100	pcs/ml
Bacteria	0.1	0	colonies/100ml
TOC	< 3	< 5	ppb
Resistivity （at 25）	> 18.2	17（at 25℃）	MΩ
Silicate	< 1	< 2	ppb
Dissolved Oxygen	< 5	< 5	ppb
Na K Zn Cu Fe	< 0.01 < 0.01 < 0.01 < 0.05 < 0.05		ppb ppb ppb ppb ppb
Cl	< 0.01		ppb
Temperature	22±2	80±2	℃

化學品的控制

因為化學品是直接和晶圓接觸的，因此如何製造出乾淨的化學品是很重要的。但是不管如何的精煉，化學品內顆粒依然存在，尤其是硫酸，因為黏滯性大，所以比其他的酸更難純化。

在化學品的純化，以前都是使化學品直接通過過濾器過濾。而目前大

多以蒸餾法處理。其實化學品最好是用氣體態來使用，如此較易處理。**表3-8** 所示為晶圓廠之化學系統所要求規格。

表 3-8　晶圓廠之化學系統要求規格

	0.1μm	0.2μm
H_3PO_4	<50 pcs/ml	<20 pcs/ml
HCl	<50 pcs/ml	<20 pcs/ml
H_2SO_4	<50 pcs/ml	<20 pcs/ml
H_2O_2	<50 pcs/ml	<20 pcs/ml
NH_4OH	<50 pcs/ml	<20 pcs/ml
NMD^{-3}	<50 pcs/ml	<20 pcs/ml
49%HF	<50 pcs/ml	<20 pcs/ml
5%HF	<50 pcs/ml	<20 pcs/ml
1%HF	<50 pcs/ml	<20 pcs/ml
BD/C Acid	<50 pcs/ml	<20 pcs/ml
HNO_3/HF	<50 pcs/ml	<20 pcs/ml
SOLVENT	<50 pcs/ml	<20 pcs/ml

通常一個六吋廠需要輸送包括酸、鹼和溶液共約 16 種化學品。隨著製程的不同，其輸送種類亦不同。然而化學品輸送系統可分別兩種，一種為壓力式，另一種為泵浦式。在泵浦式中，化學品先經過一個過濾器過濾之後儲存在儲存筒。當機台需要化學品時，產生一個訊號同時到閥箱和打開泵浦而將所需化學品送至所需機台使用。而壓力式和泵浦式的不同在於壓力式沒有泵浦，在得到訊號時，壓力式只是將閥門打開而已。

電磁波的控制

在工廠很多廠務人員為了配線方便，通常會留了很多的電線，以便日後使用，但因電線繞在一起形成線圈，會形成 EMI，即電磁波。而很多敏

感的設備會因電磁波效應而莫名當掉,尤其是控制的東西愈多時愈容易發生。因此身為廠務人員應特別注意 EMI 的效應。

電位差的控制

當人員在生產區內行走速度過快時,不小心時會碰到設備,摩擦產生靜電,造成顆粒帶電,而容易附在晶圓上造成短路。因此通常隔間牆板都要求做到使顆粒無法附著及可導電,在高架地板除了要求承載力外,亦要求導電性要好。

3-2　潔淨室的定義與分類

為將一定空間範圍內之空氣中的微塵粒子、有害空氣、細菌等之污染物排除,並將室內之溫濕度、潔淨度、室內壓力、氣流速度與氣流分布、噪音振動及照明、靜電控制在某一需求範圍內,而所給予特別設計之房間。

亦即是不論外在之空氣條件如何變化,室內均能具有維持原先所設定要求之潔淨室、溫濕度及壓力等性能之特性。從另一角度看,潔淨室之定義,亦可以潔淨室等級之不同而定義:即潔淨度 1 級(class1)表示每立方英呎室內之空氣所含有大或等於 0.5um 之微塵粒子不超過 1 顆;潔淨度 10 級則為不超過 10 顆,潔淨度 100 級、1,000 級⋯⋯依此類推。

潔淨室之狀態

1. 完工時潔淨室狀態(as-built cleanroom facility):指建築物已完工,且已配妥必要的附屬設施(如水、電氣、照明及空調工程等),但尚未安裝生產設備且無人狀態的潔淨室。
2. 休息中潔淨室狀態(at-rest cleanroom facility):指生產設備已安裝

妥當,且運轉中,但無人狀態的潔淨室。

3. 生產中潔淨室狀態(operational cleanroom facility):指有人且一切均正常作業狀態的潔淨室。

潔淨室之分類與比較

一般潔淨室我們可依其空氣流動方式和使用環境、場所或目的之不同,而作如下之分類:

1. 紊流式

空氣由空調箱經風管與潔淨室內之空氣過濾器(HEPA)進入潔淨室,並由潔淨室兩旁隔間牆板或高架地板回風。氣流非直線型運動而成不規則之亂流或渦流狀態。此型式適用於潔淨室等級1,000〜100,000級,其優點是構造簡單、系統建造成本低、潔淨室之擴充比較容易,同時在某些特殊用途場所,可併用無塵工作台,而提高潔淨室等。缺點則為因亂流而造成微塵粒子於室內空間飄浮不易排出,易污染製程上之產品,同時若系統停止運轉而再啟動,欲達需求之潔淨度,往往須耗時相當長一段時間。如圖 3-1 即為紊流式(turbulent flow)潔淨室構造型式。

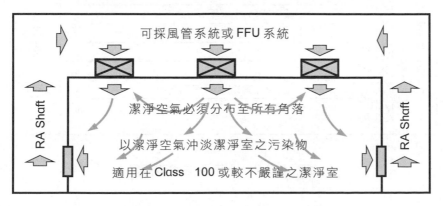

可採風管系統或 FFU 系統

RA Shaft

潔淨空氣必須分布至所有角落

以潔淨空氣沖淡潔淨室之污染物

適用在 Class 100 或較不嚴謹之潔淨室

RA Shaft

圖 3-1 紊流式潔淨室構造型式

2.層流式

　　層流式（laminar）空氣氣流運動成一均勻之直線形，空氣由覆蓋率100%之過濾器進入室內，並由高架地板或兩側隔牆板回風，此型式適用於潔淨室等級需求較高之環境使用，一般其潔淨室等級為Class 1～100。此型式可分為兩種：水平層流式及垂直層流式，如圖3-2～3-3所示。水平式空氣自過濾器單方向吹出，由對邊牆壁之回風系統回風，塵埃隨風向排於室外，一般在下游側污染較嚴重，其優點是構造簡單，運轉後短時間內即可變成穩定。缺點則為建造成本比亂流式高，室內空間不易擴充。垂直層流式房間天花板完全以HEPA過濾器覆蓋，空氣由上往下吹，可得較高之潔淨度，在製程中或工作人員所產生的塵埃可快速排出室外而不會影響其他工作區域，其優點為管理容易運轉短時間內即可達穩定狀態，不易為作業狀態或作業人員所影響，缺點是構造成本較高，彈性運用空間較困難，天花板上之吊架占相當大空間，維修更換過濾器較麻煩。

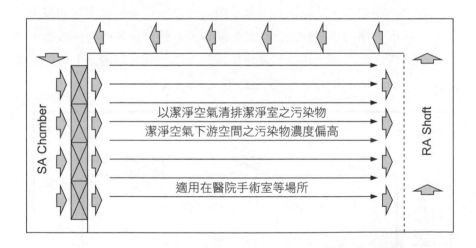

以潔淨空氣清排潔淨室之污染物
潔淨空氣下游空間之污染物濃度偏高

適用在醫院手術室等場所

SA Chamber

RA Shaft

　　圖 3-2　水平層流式潔淨室

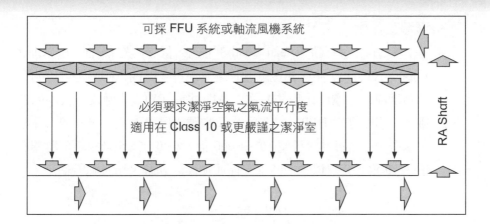

可採 FFU 系統或軸流風機系統

必須要求潔淨空氣之氣流平行度
適用在 Class 10 或更嚴謹之潔淨室

RA Shaft

圖 3-3　垂直層流式潔淨室

 潔淨室設備型式之流場分析

1. 潔淨隧道

依生產作業流程，將大空間設計成一隧道型之潔淨室，走道區為低層次潔淨區，而工作面區域被設計為高層次潔淨區（Class 1～100），以確保產品品質。方式是依生產流程設計，日後如需變更生產流程，可能較缺乏變通性。

2. 潔淨管道

為節省成本，對於自動化（無人）的生產線上，以整體式之 ULPA+FAN，在生產線正上方，串接成一潔淨管道（clean tube）空間，適潔淨度 1～100。

3. 潔淨作業檯

在 FS-209B（1973 年）中被稱為 Work Station，以水平單向流或垂直單向流方式，構成一整體式的高層次潔淨作業檯（clean bench）（Class 1～100），如圖 3-4。

4.潔淨工作棚

潔 淨 工 作 棚（clean booth）在 較 低 層 次 潔 淨 室（Class 1,000～100,000）中，為在亂流式之潔淨室空間內以防靜電之透明塑膠布圍成一小空間，以防靜電之透明軟質 PVC 簾圍成一較小的區域，採用獨立之 HEPA 或 ULPA 及空調送風機而組成為一較高級之潔淨空間，一般其等級為 10～1,000 級，高度在 2.5 米左右，覆蓋面積約 10 平方公尺以下，四支支柱並加裝活動輪，可為彈性使用。

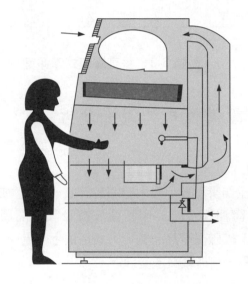

圖 3-4　潔淨作業檯

資料來源：廠務設施教學研究。

5.潔淨灣

為防止不同等級區域或不同作業區，因人、物移動所產生的交叉污染（cross contamination），將各潔淨室獨立隔離，而以低層次潔淨度（Class 100,000～1,000,000）之走道作為人、物移動之空間。所有潔淨室類似海灣中之各個船塢，各有獨立使用權，故稱為潔淨

灣（clean bay）。在各潔淨室之壁面，可因應需要而裝設遞物箱
（pass box），以便聯繫。

氣流速度對潔淨室的影響

　　非單向流潔淨室，乾淨氣流由出風口，以 1～3m/s 之速度吹出，以誘
引室內的髒空氣，作全體性的稀釋換氣，使室內之微粒子濃度降低，且儘
量避免使室內產生的微粒子再度飛揚擴散。因此，需有適當的氣流速度；
氣流速度過大會增加室內微粒子的擴散程度，若速度太低，則無法達到除
塵淨化的效果。空氣中的微粒子，粒徑約在 0.001μm～100μm 左右，其自然
重力沉降速度如表 3-9 所示，粒徑愈小，沉降速度愈慢，甚至浮游在大氣中，
粒徑＜ 10μm 的微粒子通常屬於浮游性粒子，須藉助適當的氣流將之帶走。

表 3-9　粒徑大小與沉降速度之關係

粒徑（μm）	100	50	20	10	5	3	1	0.1	0.01
沉降速度（cm/s）	45	15	3	0.6	0.15	0.05	0.007	1.8×10^{-4}	1.5×10^{-5}

　　對於單向流（擴散角度＜ 15°，且各點風速≦平均風速±20%），HEPA
面積約需≧80%天花板總面積，而回風動洞板面積約需≧60%總地板面積。
在室內截面積之平均氣流速度為 0.25～0.35m/s，理論上，塵埃不會再擴散，
而是被氣流直接帶走，但由於天花板有照明、消防、框架設備等，地板上
亦有機器、桌櫃等，並不易達到 HEPA 面積≧80%天花板總面積及洞板面
積≧60%總地板面積之理想，故仍有微粒子渦捲氣流（eddy）的現象。

CHAPTER 4

超潔淨無塵室

在製程環境條件中，溫度、濕度、潔淨度、噪音、振動等對良品率、品質及信賴度影響最大的因素就是潔淨度了。原因是 VLSI 集積度愈高，線寬愈小，大約線寬十分之一的塵埃即會對產品造成不良影響。因此對線寬 1μm 的 1M DRAM 而言，0.1μm 的塵埃必須除去，如表 4-1 所示。

表 4-1　VLSI　DRAM 環境要求

環境要求 VLSI 集積度	最小線寬	高潔淨度	溫濕度	振動	靜電
16k bit	5μm	0.3～0.5μm 100 個/ft³	21～25±0.5℃ 35～60%R.H.	以全周數帶（3～100Hz）5～6μm	--
64k bit	2μm	0.2～0.3μm 10 個/ft³	21～25±0.2℃ 45±5%R.H.	以低周數帶（30Hz 以下）2μm 以下	靜電中和
256k bit	1.5μm	0.1～0.2μm 50～100 個/ft³	21～25±0.1℃ 45±5%R.H.	以低周數帶（30Hz 以下）2μm	靜電中和
1M bit	0.8μm	0.05～0.1μm 10 個/ft³	21～25±0.1℃ 45±3%R.H.	以低周數帶（30Hz 以下）1μm 以下	靜電中和

4-1　超潔淨無塵室組成

面板系統式無塵室

無塵室構成條件之一即是將工廠分隔為若干個單元，各單元之間以硬纖維板或 PVC 板隔開。其要素為氣密性，以防止塵埃的洩漏。像這種面板系統的無塵室在 19,751 人已達到潔淨度 10,000 甚或 1,000 的等級了。隨著 IC 集積度的提高，室內溫度的微小變化也會影響矽晶片的脹縮，而使影像圖案造成偏差，因此隔間系統改為使用專用面板，斷熱性為重要考慮因素。

目前用來做為無塵室的面板材料，多以鋁或不鏽鋼板，加以壓克力系或聚酯（PE）系熱化樹脂彩色塗裝。而用於酸鹼製程則多用鋼皮上塗裝佛例氟系樹酯。

無塵室內裝材料的條件如下：

1. 不發塵、不發霉、不發臭及不沾臭。
2. 無毒、耐藥品、耐水且防水，經年不劣化。
3. 不發生靜電且難帶電。
4. 不易積存塵埃且容易清潔。
5. 不因溫濕度變化或振動而變形或破裂。

符合以上條件的面板系統材料如下：

1. 鋁或不鏽鋼為支柱或吊架。
2. 牆壁或天花板的表面材是石膏或蜂巢板。也有使用彩色鋁板、彩色不鏽鋼板或氟銅板。
3. 彩色鋼板彩色塗裝是使用丙烯系壓克力或環氧系或聚酯系等熱硬化材料，經過二次以上的烤漆塗裝。
4. 面板內部充填有玻璃棉以提高斷熱性而且不吸濕，或是用碳酸發材以使其難燃。
5. 表面材一般要經過下列測試：密著性、硬度（大約相當於 2H 或 3 H 的鉛筆）、耐鹽水浸蝕、耐酸鹼、耐光、耐氣候變化等。
6. 硬質 PU 發泡體的斷熱性：當材質厚度為 42mm 時，面板熱傳導率約為 0.45Kcal/mh℃。蕊材熱傳導率為 0.018Kcal/mh℃。

至於面板無塵室的結構則須符合以下條件：

1. 無間隙、氣密，接合處以矽膠密封。
2. 不易集塵、易打掃、除污垢。室內無凹凸物或死角。如有必要可水洗、可消毒。
3. 有斷熱性，可以維持溫度濕度條件。
4. 易變更結構、布置，易維修。
5. 工程費、運轉費、維持費等符合經濟效益。

6.天花板及吊裝設備堅固可承受風管、照明器具、火災警鈴及偵煙器、HEPA 過濾器等的負荷。

7.門要氣密而且附固定箱，以便室外的工作人員容易察覺災難的發生。在氣浴櫃或衣室的門更應該採用雙門而且附固定窗，當其中之一扇門打開時，另一扇門受控制必定關緊，以防止塵埃侵入。

8.傳遞箱一定是兩面透明，連鎖制動，兩側材料光滑不沾塵。

9.照明器具崁在天花板中，日光燈管理在燈罩中以免積塵，燈罩底部設計上大小成斜面不易沾塵。

10.電源開關、插頭、對講機等應預先裝面板內。

11.天花板及吊索的面板本身重量、照明器具、空氣過濾器的負荷，還要能承受 2～3 人的重量，因為進行各項維修工作時，應儘量不要打擾室內作業人員。

面板系統無塵室的發展已由固定面板式成為可動面板的方式，同時配合無塵風道使用，整個面板系統含天花板、壁板、地板柵等。可使用的空間不及室內總空間的一半。為提高潔淨度，頂部加裝全面垂直層流 HEPA 過濾器。小型機器放置於無塵操作台。

無塵室的演進及附屬設備

全面下吹式無塵室

全面下吹式無塵室可以有良好的超潔淨和均一的氣流。但是當工廠規模增大時，HEPA 過濾器所需要的數量非常大、費用驚人、電力消耗也很可怕。而且此室容易發生氣流堆積，如工作桌、機器的背對氣流面。所有進入此室的人員的發塵都會影響潔淨度，如果適當調整地板吸入柵，可以改良下吸性能，但是仍有相當的困難。

此時過濾器的安裝有二種方法，若為上方維修方式，其有效吹出面積約 90%，過濾器的接續框架有死角，會發生渦流。而若為下方維修方式，

HEPA 過濾器的有效吹出面積只有 70%，過濾器下面需要安裝多孔整流網，使潔淨空氣均勻分散，因而製程區的有效吹出面積可達 100%，死角完全消除，但是缺點是整流網上易堆積塵埃。在全面下吹無塵室內要注意過濾器的安裝、隔間以及生產設備的安裝等，以免發生亂流或渦流而降低了潔淨度。

1. HEPA 過濾器之間的間隔或 HEPA 過濾器和壁面之間的距離不要太遠，有時為了節省少裝幾個過濾器，反而造成了嚴重的污染。
2. 工作桌的形狀有稜角，造成部分氣流的死角。
3. 低潔淨區間（如作業區）的氣壓大於高潔淨區間（如製程區），塵埃被迫進入高潔淨區。
4. 不同潔淨等級的區只有部分的隔間，此時要看相鄰兩個區域的風壓高低相互關係而定。
5. 室內有加熱器，使鄰近空氣受熱上升造成逆流，因而破壞了全室的氣流的均一性。

無塵風道

無塵風道是用來加強工作區的潔淨管制。和全面下吹式比較，它的優點有：

1. 節省大量過濾器，安裝費用減少很多。
2. 作業區潔淨度可提高到 0.1μm 少於 10 粒／立方呎。
3. 以模組組合可彈性擴充生產線的規模。
4. 局部防塵、局部空調因此節省能源。
5. 維修可自後面的保存區輕易執行。
6. 無須由天花板上懸吊，建築結構工程簡易很多。

無塵風道系統，為提高效益，應將入氣先經過空調處理。風道下方加裝柵欄以使回風順暢。模組中間的過濾器放置位置和 HEPA 過濾器等，以消除二模組間的死角及渦流。為節省能源，可使用單模組或使用循環回風系統。

　　無塵風道內依潔淨度及工作性質可分為：製程區、作業區及維護區。製程區從作業區的 7%左右污染將侵入，因此生產設備應後移。有關製程的詳細情形將於稍後的無塵操作間敘述。作業區是利用垂直層流，風量部分由無操作間提供風扇。作業區的 HEPA 過濾器應依全面層流的方式安裝。因為 HEPA 過濾器在無塵風道的地板最好都做成柵欄，以使發塵迅速除去。維護區位於生產設備的後備區域。其間配置有排氣風管、排水管、藥液供輸管、電源、監控設備、真空及壓縮幫浦等。各種管路都以不同顏色區別之。維護區和製程區在同一平面，因而維修方便多了，而且大多的維修工作都不會影響或只局部影響製程的進行。

　　操作台或生產設備表面氣流分流點，應該設在潔淨空間的三分之二程度後面，使得即使作業人動手作業，操作台表面的氣流從製程內部流到作業區，因而使塵埃排出。氣流的合流將偏靠維護區，大部分的氣流將流到製程區的後面，作業員操作所引起的塵埃將被帶到後面，工作台因而全面污染，如此良品率勢必降低。

無塵操作間

　　構成無塵風道的基本單元是無塵操作間，其主要作用使製程區域的潔淨度有更好的控制。其組成為：

　　1. HEPA 過濾器，採用液狀密封、固形密封或真空吸著式密封。

　　2. 照明燈。

　　3. 防塵眼孔，防止灰塵堆積並使作業員工作方便。

　　4. 循環風扇。

　　5. 冷卻乾燥管。

　　6. 前面板。

　　7. 後面板。

　　8. 開關、過濾器、壓差錶。

　　9. 吸音、保溫裝置。

　　在使用無塵操作時，桌的尺寸及放置必須適當，以發揮最大的效益。

則為：

1. 利用潔淨氣流，迅速把作業區內所發生的塵埃排出，以免造成塵埃殘留。

2. 不使通路區的塵埃殘留。

3. 不使渦流、亂流造成溫度不均。

4. 使用最小風速，以節省能源。

各製程的最適合風速，設計時要考慮：

1. 配合生產設備及作業內容的需要。

2. 節省送風電力。通路區的吹出氣流速度一般為作業部氣流速度的 1/2 左右，這是考慮在通路部分的發塵回收至地板面或作業區背面的回流口所必要的最小氣流。

　　吹出氣流速度必須平衡，以減少作業區域的溫度不均和防止塵埃的滯留，風速的變動上下限應該是±15%以內，方法是在 HEPA 過濾器的初級端附加整流板。用防靜電布製成的前面壁，是為了防止 HEPA 過濾吹出氣流與通路氣流的交界所發生的渦流。使得通路中的塵埃跑到作業區，內垂壁高度宜 30～509cm。地板面到後面吸入孔上端的位置的高度，為了是要控制下吹垂直氣流到達的距離。孔面積須要使回流氣流的速度在 2m/s 以下，如氣流速度太大會發生向後面的偏流，增大通過氣流壓力損失，並產生切風及噪音。HEPA 過濾器吹出的潔淨氣流，要以一定的比率分配到後面吸入孔或地板面吹入孔。它的目的是防止通路塵埃侵入作業區，並迅速把作業區的發塵排至通路。大約向後吸入孔的排出風量為吹出潔淨氣流的 75～80%，而向通路地板面吸入孔的排出風量則為 20～25%。機器與後面間隔是為了防止渦流所引起的塵埃滯留。此時過濾器的安裝也有上方維修及下方維修二種方式，其優缺點和全面垂直層流方式相似。

無塵工作台

1. 水平層流工作台

層流由後方水平向前吹。可提供 0.3μm 粒子 100 級的工作環境。噪音標準大約 65±5dB。照明度為 125±20 呎－燭光。風速 90 呎/分±20%。工作台材質可以為不鏽鋼或 PVC。

2.垂直層流工作台

氣流由上至下，其潔淨度、噪音、照度都和水平式相似。它的優點是可使作業員免除毒煙或有害塵埃的危害。風簾也使工作區域不受鄰近環境的污染。

氣浴櫃

氣浴櫃是用來使人員進入無塵室前吹掉塵埃的設備，空氣由送風機吹入 HEPA 過濾器，經百葉窗式的吹風口吹風。地板柵欄做為回風口。使用時人員應高舉雙手，緩緩轉動以使全身上下都能接受到吹洗的效果。

氣浴櫃的空氣過濾系統包括：粗過濾器、次級過濾器及 HEPA 過濾器。風速大約為 5000 呎／分，照明的亮度大約為 100 呎－燭光。

空壓調節器

用以調節無塵室內外氣壓差，使室內壓力稍高以避免污染空氣自室外侵入室內。

化學煙櫃

為了維護作業安全。減少污染、改良環境衛生並且提高工作效率，工作時所產生的廢氣及有毒煙霧必須排除。半導體製程如晶片清洗、工具及材料前處理等多處用到化學煙櫃。

空氣過濾器

空氣過濾器應該具備捕捉粒子的能力及不易脫落粒子的性能。空氣過

濾器能夠捕捉粒子是因為下列數種原因：

　　1. 濾膜篩選：粒子大於濾膜的孔徑會被阻擋在濾膜的表面。

　　2. 靜電沉積：帶電的粒子會帶相反電荷的濾膜所吸引而無法通過膜。

　　3. 撞擊：粒子流動快因撞擊而附在濾膜表面或內部。

　　4. 直接阻截：粒子進入濾膜後，因孔道彎曲而使粒子附著於濾膜孔道的彎曲處。

　　5. 擴散沉積：粒子和流體分子碰撞而減速，因而和濾膜孔道內壁接觸並附著的機會增大。

　　基於以上原因，孔道為 0.1μm 的濾膜可以捕捉 0.1μm 以下的粒子。大致上說來 0.01μ 以下的粒子主要由擴散效用捕捉粒子，粒徑 0.1μm 以上主要由撞擊及阻截捕捉粒子。粒徑在 0.01μm～0.1μm 之間擴散和阻截均無法發揮其最大功能。因此粒徑 0.05μm 的粒子成為無塵室中最難處理的塵埃了。

　　過濾器因材質、構造、組成之潔淨度等都會有脫粒子的現象。氣體和化學藥品等的過濾器所用的濾膜是氟化塑膠材料。一個完整過濾器包括：濾膜、濾膜支撐層、墊圈、外殼等部分。這些構成材料任何一部分發生化學相容性不良時就有可能產生粒子污染。VLSI 製程多處常時間接觸反塵氣體、強酸、強鹼或高溫。因此用於 VLSI 製程過濾器均採用 all-teflon 過濾器。

　　一般較大流量的過濾器都採用折疊式的膜，以增加過濾面積，濾膜正反兩面各有一層纖維墊當作支持物。這樣的構造容易再掉落，甚至支持層的較短纖維也會脫落。因此高級過濾器採用鑄成型的支持盤，堅固不曲伸，可減少因壓衝所產生的粒子污染。過濾器常發現的污染物包括：粒子、濕氣及各種陰離子，因此過濾器應該經過沖洗、加熱烤乾、真空烘烤，在乾燥的氮氣環境中包裝。VLSI 製程中所用的各種流體包括：環境空氣、製程氣體、化學藥品，以及超純水等都須要在管線上適當地點安裝各種過濾器，空氣過濾網的性能分類如**表 4-2** 所示。

表 4-2　空氣過濾網之性能分類

空氣過濾網	適用灰塵直徑（μm）	適用灰塵濃度（mg/m²）	壓力損失（mmAq）	遇阻效果（%）	過濾網材料	用途
去粗塵之空氣過濾網	5≦	0.1～0.7	3～20	70～90（重量法）	合成纖維玻璃纖維	外氣處理中、高性能過濾網前端用
中性能空氣過濾網	1≦	0.1～0.6	8～25	70～90（比色法）	合成纖維玻璃纖維	高性能過濾網之前端用
準高性能空氣過濾網	1≧	0.3≧	15～25	80≦（.0.3μmDOP）	玻璃紙	潔淨度級別 10 萬～30 萬之最終過濾網
高性能空氣濾網（.0.3μm）	1≧	0.3≧	25～50	99.97≦（.0.3μmDOP）	玻璃紙	潔淨度級別 100～1 萬之最終過濾網
生物工程過濾網（.0.3μmDOP）	1≧	0.3≧	25～50	99.97≦（.0.3μmDOP）	玻璃紙	同上，抗菌用處理過濾網
高性能空氣過濾網（0.1μm）	0.1～1.0	0.1≧	25～50	99.99957≦（.0.1μmDOP）	特殊玻璃紙	潔淨度級別 1～100 之最終過濾網

無塵室的空調系統

　　由於 VLSI 製程特性的不同，黃光室需要超精密溫濕度控制。擴散或氧化因製程溫度甚高，氣流及溫度必定隨高溫而改變。化學洗淨、濕蝕刻等因抽風機排氣量大，要注意排氣量的平衡及室內壓力的維持。化學氣相沉積、磊晶及離子植入等則因排氣中含大量有害氣體，因此要有適當的除毒製置。

　　潔淨室與一般的空調最大的不同有以下幾點：

　　1. 溫濕度的要求比一般空調低。

　　2. 對空氣品質的要求較嚴格。

　　3. 恆溫恆濕的控制。

　　4. 外氣量與換氣次數大。

5. 潔淨室空調系統 24 小時全天運轉。

6. 氣流分布需均勻。

7. 運轉的成本相當的高。

8. 需與鄰近的區域維持壓差。

半導體工廠的空調設備要注意以下各項因素：

1. 空氣過濾器：一般採用 HEPA 或 ULPA 二種。而為了減輕高級過濾器的粉塵負荷，通常加裝前濾及中間過濾器。

2. 氣流方式：一般採用垂直層流、水平層流或無塵風道。

3. 氣流速度：其快慢間接影響風管的粗細及設計。全面垂直層流應該在 0.3m/s 以上。

4. 天花板高度：一般採用 3.0m，如此時風速度為 0.3m/s，則換氣次數每小時要 432 次。

和空壓機同時使用以完成空調效果的是冷凍系統。冷凍系統可分為機械冷凍系統和非機械冷凍系統，可分為下列六種：

1. 吸收式冷凍系統：利用固體吸收劑易吸收氣態冷媒，加熱後釋放冷媒之特性，達到冷凍的效果。

2. 熱電式冷凍系統。

3. 噴氣式冷凍系統：利用水蒸發來吸熱，來產生冷凍效果。

4. 磁性冷凍系統。

5. 消耗冷凍系統。

6. 渦流冷凍系統：利用高壓空氣噴入渦流管內，因急速旋轉、膨脹，而產生兩種不同溫度的氣體。

而機械式冷凍系統則是利用壓縮機、冷凝器、冷媒控制器及蒸發器等交互作用以完成冷凍作用。而近年來因為電力不足，尖峰用電吃緊，因此有所謂的蓄冰空調系統產生。

4-2 潔淨室技術及其未來動向

　　要生產 300mm² 以上大晶片尺寸元件，並考量降低成本問題時，勢必採用 12～15 英吋之晶片，要加工直徑 30 公分以上之晶片，除了製程設備需要改變外，設置之場所及晶片之移動與輸送之環境，即所謂超級潔淨室（super clean room）之構造，也必須以嶄新的考量與概念，去做規劃與設計。

　　對潔淨化技術有關的最重要問題之一，仍為成本問題；以國內已量產的 16M DRAM 而言，其最小加工尺寸為 0.4μm，小至幾乎與可見光之波長同程度，比較之下 4M DRAM 與可見光之最大波長略同，而 1M DRAM 約為其 1.5 倍大小，對其微細加工所需之技術障礙亦如指數關係之升高，故開發量產之成本亦隨之增加，因此若欲以比第一代產品更低的 BIT 單價來生產，仍須一段時間的努力，這是因為超潔淨室技術與其要求較傳統潔淨室更為嚴格的緣故，以下就對此技術作一介紹：

Giga Bit 記憶體生產所必要之超潔淨室環境

　　欲量產 Giga Bit 元件的環境，必須是可以在零缺陷、零故障之條件下處理 0.1μm 電路圖型（pattern），300～350mm² 晶片尺寸的潔淨室，除了必須的製程設備外，需具備能輸送 12～15 英吋大口徑晶片之 Clean Auto Stocker，及無人傳送設備；由實際經驗顯示，附著在晶片表面之微粒大半是由製程設備而來，因此如何消除製程設備內之發塵，以防此電路圖型之缺陷，也是重要的課題。為了達到 Giga Bit 時代所需之條件，必須在超潔淨室內裝設設備更完善的自動系統（Factory Automation System），為解決上述種種問題，並檢討目前使用中之潔淨室及將來之動向，所需考量的各種課題如下：

微米對策與過濾器之問題

最新開發之 ULPA（Ultra Low Penetration Air）過濾器，如 Ultra Gore-tex Filter 之類，已可有效過濾 0.05μm 之微粒，其過濾成效可達99.999999%，微粒之捕捉效率幾乎可達到 100%，對 16M 及 64M 之製程技術，已可充分達到淨化空氣之效果，但為了 Giga Bit 製程之良率，必須再開發出能捕捉 0.0.1μm 之過濾器。

成本問題

空氣淨化方面，最重要的是成本問題，成本包括設備成本與運轉成本，每單位面積的潔淨室建設成本與 1M 時代比較，在 16～64M 時代需要兩倍以上，其中空調排風系統設備的費用約占了全部建設成本的 50%，相當可觀，因此在 Giga Bit 時代來臨之際，必須在儘量減少建設成本的前提下，加強研發提昇空氣潔淨度之低成本系統；以運轉成本而言，在潔淨室全體運轉費用中，為了維持必要的潔淨度所需的空調系統運轉費用達 70%，是故，如何降低空氣淨化（潔淨室運轉）費用，實為重要問題。

空氣成分之控制問題

以目前使用中與建設中之潔淨室系統而言，對氣體污染物質之控制，普遍較微粒污染之控制來的疏忽，目前雖自外氣處理中用 Filter Air Washer 等設施除去不純物、氣體污染物質，但到了 16～64M 及 Giga Bit 時代，即有必要對環繞晶片表面的空氣中之殘留不純物氣體加以控制，這也是最近開始受到重視的問題；大氣中的微量化學成分，有SO_x、H_2S、HCl、NO_x等化合物，而潔淨室中使用之無機藥品、顯影用的有機藥品，亦會產生極微量的擴散，這些微量化學氣體若附著在晶片表面時，會產生某種程度的化學變化，而影響良率，故亦是面臨 Giga Bit 時代來到所需面對的問題。

晶片清洗問題

在 IC 製造中，蝕刻或清洗均為不可或缺的重要製程，也直接或間接地影響到環境到環境之淨化，過去業界曾考慮使用電漿處理方法，以達到全面乾燥化，但目前亦有重視濕式處理方法的趨勢，將來的 Giga Bit 時代，此趨勢可能會更顯著，其原因有二：

1. 使用化學藥品處理，比採用電漿處理方法有較多的材料選擇性，且無放射線損傷之虞。

2. 化學液體的浸透能力，能有效地去除晶片表面之微粒，以及乾式處理方法不能去除之大型微粒。

因此未來濕式處理方法將繼續維持其重要性，但在潔淨化的處理上，尚有許多問題待克服：第一，化學藥品中所含微粒太多，目前使用於 IC 製程的化學藥品，經測試仍發現有數個至十餘個/ml，0.2μm 以上之微粒，將使污染情況更為嚴重，因此目前雖在各種重要藥液循環管中裝了微細過濾器，但到了 Giga Bit 製程時，必須裝設更微細之過濾器，以防止影響製程之微粒的侵透；同樣地，對於濕式處理最後清洗用超純水之過濾，也是非常重要，IC 製程用的超純水，雖經過逆滲透膜之過濾及離子交換，已快到了技術的極限，但實際上經過測試，在 1 公升超純水中，尚殘留著數百個 0.2μm 以上之微粒，因此目前的濕式處理方式必須再加以改善，方可應用在下一世代的 Giga Bit 製程上。

自動化系統之問題點

欲使 IC 製程達到零污染，減少人工，並達到高良率、量產的目的，必須藉助自動化系統，但在自動化方面，必須配合產品之種類、生產規模、生產型態等因素，如此即牽涉到建廠成本及運轉成本等問題，因此超潔淨室將來的動向，必須規劃「融合理想的自動化設施之超潔淨環境系統」，以因應將來的深次微米製程，潔淨室之自動化，除了製造間自動輸送與設備間自動輸送系統的改善外，完全單片化之N₂氣體，或由真空輸送隨送隧

道之之自動化系統，以及配合 SMIF（Standard Mechanical Interface）系統之 Mini-Clean Environmental System 等之局部區域型潔淨化系統，也需要加以考量及規劃；以目前的動向而言，將所需要的潔淨區域局部，只有晶片之輸送途徑作為超潔淨空間，其他如 Service Area 等區域即不必有超高的潔淨度，以降低投資與運轉成本。

潔淨室空氣循環系統之趨勢

以往大規模之潔淨室，空氣循環系統大都採用中央循環系統（Central Recirculation System），使用大型馬達送風機，雖然大型馬達及風車本身效率佳，但因噪音大，必須加裝消音器，且靜壓損失大，耗電較多，如此則投資費用大，且機械室也得加大，而且因其風量固定，如要重新規劃或升級時，也較有困難，因此後來加以改善，改採製程區域與維修區域不同風速的隧道型系統，如此可略改善耗電情形，但要重新規劃或升級的困難仍在。

在半導體廠中，Class 1 超潔淨室之空調通風設備的能源消耗約占全廠能源的 55%，比製程等設備還大，因此欲節約能源，必須先從改善空調通風系統著手。

為了節約能源，並使潔淨室之空氣循環系統更有彈性，以利將來可能的重新規劃或升級，且考量到平常的維修方便，近來的超潔淨室大都採用 FFU（Fan Filter Unit）系統，此系統的優點包括：

1. 比傳統的大型軸流式送風機噪音低，不需大型消音設備，可大量節省能源。
2. 基本的風車都有十年以上的運作實績，機組之可靠性極高。
3. 因採用個別分散方式，故隨製程設備配置或規模之變更，可隨時重新配置或增設機組，彈性較大。
4. 可由專用之控制及監視系統，作單機或機組群之監控。
5. 採用小型馬達與送風機，重量輕，較易作更換及維修工作。
6. 初期投資成本較低。
7. 天花板上裝 FFU 之空間（Fan Chamber）為負壓。

故對 Ceiling Grid 之密封問題，不必多加顧慮，且在潔淨室運轉中，也可以進行更換機組或過濾器，但 FFU 系統仍有如下一些缺點：

1. 裝設機組數量太多，監控系統較雜。
2. 因採用小型馬達及風車，本身效率較差。

近來日本方面已研發出新型的 FMU（Fan Module Unit）系統，其開發目的為：

1. 送風機風量之適化，與送風機效率之提高，因而使運轉費用降低。
2. 由於空氣過濾室之共有，而使氣流分布均勻化，且提高更改彈性。
3. 因送風機組安裝容易，可縮短工期維修安全，且較快速。

21 世紀的潔淨室技術

無變動生產技術

晶圓的表面加工處理，很容易受到各種原因影響其結果，於是業者著手設計並實現了各種改良技術，即為可完全控制影響製程條件之各種因素，並完全保證製程結果之所謂「無變動生產」（Fluctuation Free Manufacturing）的條件；為達到上述目的，需要下列要件：

1. 超潔淨度的製程（ultra clean processing）。
2. 超潔淨度的晶圓表面（ultra clean wafer surface）。
3. 完整參數均可控制的製程（prefect parameter controlled processing）。

如圖 4-1 所示，目標為以合理成本完全控制所有變數之生產線，控制下列四種變數要因，最終目的為使其成為可免除檢查晶圓表面之生產體系。

1. 超級潔淨室技術。
2. 超純水、超高純度化學品，及超高純度氣體之供給技術。
3. 低成本、高性能之設備，應盡可能具備共通化、標準化之 insitu-chamber-cleaning 機能，使每次製程條件完全相同。
4. 可抑制不純物原子、分子吸著，及自然氧化膜成長之 N_2 環境晶圓輸送系統。

$$性能指數 = \frac{工廠壽命}{開工時間} \times \frac{設備數量}{工廠面積}$$

$$\times \frac{設備變動率 \times 生產晶片數 \times 晶片價格價格}{運轉成本 \times 建設成本}$$

＊開工時間＝自建設完了至滿載生產開始時間

🔴 圖 4-1　超潔淨室工廠建設考量

　　為了有效率地推展這樣廣泛的技術之開發及實用化，有必要制訂出統一的「性能指數」，**圖 4-2** 即為性能指數定義之提案，應儘可能將此性能指數擴大，並將其技術往全部領域上展開，因此在可能之範圍內，將共通化、標準化、生產性及操動率高之小型設備，儘可能多台設置在小面積內，且不需停止生產線，維修容易，且維修次數少，使工廠壽命延長，是故為了充分發揮上述特點，必須要有自由性之設備配置（layout），也就是需要無柱子構造之潔淨工廠，因此理想之工廠為圓形單柱式（Round Structure Single Column Factory）。

🧪 工廠必須以「絕對不停」為前提

　　今後之超潔淨室工廠，在氣體化學品、超純水供應系統上除了超高純度的要求外，其流量、壓力組成等也必須是無變動且絕對不停之系統。原有之超純水系統必須做定期的 H_2O_2 殺菌與高溫殺菌，因此在使用點（use point）之後，馬上於分配線中注入 O_3，並在一次純水槽出口除 O_3，即可做 In-Line 之殺菌。

　　目前 HCl、HBr 等腐蝕性氣體配管系統，經數月後即需重新裝配，因此有必要減少腐蝕性氣體中之水分，並且需將不鏽鋼管內壁以 Cr_2O_3 做表面，或於焊接施工時防止在下側堆積 Mn 等方法，以克服腐蝕問題，而且可維持 10～20 年高性能運轉，總之，今後對於超潔淨室工廠，要設計附屬設施時，「絕對不停」將是必要之條件。

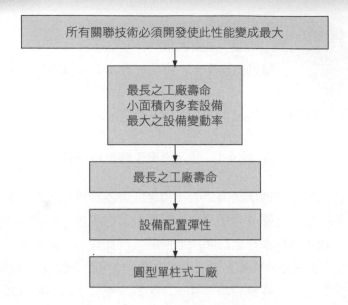

圖 4-2　性能指數定義之提案

第二篇

廠務技術與工程管理

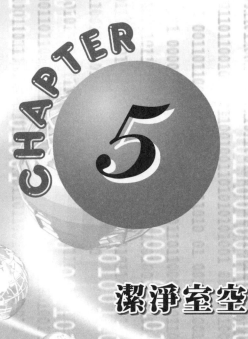

CHAPTER

5

潔淨室空調系統

潔淨室起源於第二次世界大戰前,當時對於飛機精密零件及軸承之加工與組裝,其過程是在一乾淨的環境下進行,以減少因零件的故障而引起重大的事故。第二次世界大戰期間,電子零件問世,其生產與製程對於環境的要求更為嚴苛,而第二次世界大戰期間,以原子彈開發為目的的曼哈頓計畫裡,為除去放射性微粒子所做的超高性能過濾器(HEPA filters)的開發成功,使得潔淨室的理念與技術遂逐漸成熟。

5-1 潔淨室懸浮微粒的污染特性

由於積體電路的特徵尺寸(feature size)小,線路的面積大,製程的步驟多,因此微粒容易造成對積體電路的傷害。表 5-1 列出動態隨機記憶體的代表特徵及尺寸,所謂特徵尺寸指的是基材平面上電路圖型之尺寸,特徵尺寸愈小,在積體電路上可以製作的組件就愈多。

表 5-1 動態隨機記憶體之技術趨勢

Capacity (bits)	1k	4k	16k	64k	256k	1M	4M	16M
Minimum lateral Feature size (microns)	11	8	5	3	2	1.3	0.8	0.5
Chip area (mm²)	14.5	--	15	21	42	57	90	116
Lithography levels	--	--	7	8	10	11	12	15
Junction depth (microns)	1.3	--	0.8	0.5	0.35	0.2	0.15	0.1
Gate oxide Thickness (microns)	0.12	0.10	0.075	0.05	0.035	0.025	0.02	0.015

由微粒造成的缺陷與粉塵附著機構

微粒在積體電路上造成的缺陷(defects)很多。有時微粒本身便是缺陷,造成金屬導體間之架橋而短路的現象;或者微粒也可能造成一電路之開路現象。

微粒在積體電路的製造過程中也可能留下一些缺陷。例如,在蝕刻過程中,薄膜上的微粒會使其下層的薄膜未蝕刻掉;或是基材上的微粒,會使得在離子植入或擴散導入雜質時,在微粒上形成無雜質區。在光阻過程中,微粒造成的缺陷也很普遍。例如,光阻層上的微粒會留下孔洞,使微粒處之光罩作用無效(對下層薄膜而言),最後下層薄膜在微粒造成的孔洞處會受到蝕刻或不應該的雜質導入(doping)。或者在光阻去除時,微粒下的光阻應被除去而未除去,可能會留下金屬導體間短路之現象。

以上所討論者為微粒與半導體元件之物理性交互作用而產生之缺陷。這些缺陷造成電路之致命損害,或稱致死效果(killing effect),它與微粒及特徵尺寸間的相對尺寸有關。半導體業者視大於特徵尺寸的十分之一(或五分之一或四分之一)以上之微粒,才可能造成致死效果。以特徵尺寸 0.5μm 為例,當微粒直徑在 0.05μm 以上時,即可能造成致死效果。但是即使微粒粒徑小於特徵尺寸之十分之一,仍可能造成致死效果,其途徑有三:薄層內微粒之交互作用、化學性交互作用以及微粒誘發比原尺寸大的缺陷。如表 5-1 所示,DRAM 內 MOS 晶體閘之接點(junctions)及氧化層(oxide layers)之厚度比最小特徵尺寸小很多,如接點僅為最小特徵尺寸之三分之一至十分之一之間,而閘氧化層厚度約比最小特徵尺寸小 2 個數量級左右。因此在薄膜層間之微粒交互作用是第一個十分之一最小特徵規則(1/10 minimum feature size rule)之例外。亦即微粒即使小於最小特徵尺寸之十分之一時,亦可能造成致死效果。

十分之一規則之第二個例外為微粒與線路間的化學反應,致使薄膜之完整性(integrity)產生問題。這個問題的例子之一是當二氧化矽氧化膜由高溫氧化形成時,微粒與薄膜產生化學反應使微粒長成原來尺寸之 2～25 倍,而造成缺陷,且成長之倍數與微粒之化學成分,初始粒徑及氧化溫度及時間有關。另外的例子為由於高濃度的局部離子污染(或局部之高電導度區)而使得二氧化矽薄膜產生電場誘發的短路,而高濃度的離子污染是由矽上面之微粒在氧化過程中所產生者。因此由於化學性之反應而發生致死之效應時,原微粒之尺寸可以小於十分之一最小特徵尺寸,這是第二個

十分之一最小特徵尺寸規則之例外情形。

第三個十分之一最小特徵尺寸規則之例外情形是微粒造成之物理性交互作用，而使其影響大於其本身之尺寸，如二氧化矽薄膜內之錐狀缺陷便是。氧化膜蝕刻後作出矽基材接點之窗口時，產生錐狀缺陷的情形，錐型底部為 0.2μm 寬，錐型高度與氧化膜相同；微粒可能在光阻洗出電路圖型後，氧化層上沉積之微粒產生遮蔽效應，使其氧化膜在蝕刻時未被除去而留下錐狀缺陷，可能造成晶圓光阻之凹陷或異常生長以及粉塵碳化物擴散至元件內部等缺陷。

由以上之討論可知，幾乎所有粒徑大小之微粒均有可能造成積體電路之致死效果。愈小的微粒與晶圓間之凡得爾吸引力比起其他力量而言愈強，愈難以自晶圓上清除，且有時晶圓上的次微米微粒的量反而會因清洗過程之化學品或氣體不潔而增加。因此，最佳的策略是先防止微粒沉積於晶圓上，潔淨室便是提供一個無懸浮微粒污染之環境。首先空氣經由高效率微粒過濾器或超低穿透空氣過濾器，過濾掉其中的大部分微粒，乾淨的空氣在潔淨室中循環以掃除室內產生之微粒。潔淨室內維持正壓，使室外之微粒不會滲入室內。要維持潔淨室內正壓，需用室外空氣不斷補充自潔淨室洩露出的空氣。此外，亦需瞭解粉塵附著機構，以採取有效的防止方法，表 5-2 所示為包括了單純的重力沉降機構、利用凡得瓦吸引力而附著、靜電力吸引附著機構、附著在表面水分之機構、粉塵附著在晶片上之油分上，以及粉塵深入晶片構造之機構。

表 5-2　粉塵之附著機構

1. 重力沉降、單純附著	可目視看到的大粒徑微粒子
2. 利用凡得瓦吸引力而附著	1μm 以下的微粒子
3. 靜電力吸引附著	利用靜電而附著，其附著度尚在研究中
4. 附著在表面水分上	往往在濕製程中附著
5. 粉塵附著在晶片上之油分上	往往由真空泵浦產生
6. 粉塵深入晶片構造	即使用洗淨亦無法除去

微粒之可能來源

　　根據過去國外的研究文獻，與在科學園區半導體廠潔淨室內之微粒採樣分析數據顯示，潔淨室外之氣懸浮微粒仍可能滲入潔淨室內，其路徑不外乎：一、由濾材之直接穿透；二、濾材損壞造成針孔而產生微粒洩露；三、濾材上補提的微粒脫落（shedding）；四、潔淨室內局部負壓造成微粒滲入。防止室外微粒污染進入潔淨室最好之方法，以每年定期檢查濾材之洩露最為實際有效，但需採用適當的微粒量測儀器，其中以在次微米粒徑範圍之數粒效率（counting efficiency）高者應該較適用。

　　大氣中所存在的微粒物質，有別於在工作場所中因機械操作或製程產生之較單純的微粒，它們的物化特性比較複雜。細微粒（粒徑＜ 2.5μm）大致上又可分成細核型（nuclei mode）與累積型（accumulation mode）。在細核型的微粒直徑在 0.005～0.1μm 之間，以數目濃度來講最高，但是以質量濃度來講時卻只占大氣微粒的幾個百分數而已。細核型微粒主要是由燃燒製程的熱蒸氣冷凝而成，或大氣中的物質核凝而成。

　　累積型的微粒，直徑在 0.1～1μm 間，以體積或表面積而言都占了一個極大的比例。這些微粒通常由細核型的微粒膠結而成，或是因為蒸氣核凝或凝結於現有之小微粒而長大到這個粒徑範圍。累積型名稱的由來是因為微粒在這個粒徑範圍最難被去除，因此最容易累積。粗粒型（coarse mode）微粒是由於機械過程所產生的，粒徑＞ 2.5μm，包括人為及自然產生之粉塵。

　　由於化學分析方法以及微粒粒徑測量儀器的進步，現在已經可以測出微粒質量濃度與粒徑分布的關係。在細微粒中主要的微粒成分為硫酸鹽、銨鹽、硝酸鹽、鉛、煤灰以及凝態的碳氫化合物。通常在都會區有半數以上的細微粒是二次（衍生）污染物。有毒之大氣物質如 As、 Se、Cd、Zn，其他金屬微粒和多環芳香族化合物也大多集中於此細粒中。在粗粒（粒徑＞ 2.5μm）中主要的成分為地殼構成物質如 Fe、Al、Ca、Si 等，粗微粒主

要來自於火山爆發、揚塵、一次排放、海水飛沫等。

　　由室外微粒滲入潔淨室內之微粒，應以 0.1～0.5μm 粒徑之累積型微粒居多，這是因為潔淨室之 HEPA 或 ULPA 高效率過濾器之穿透率，在此粒徑範圍時最大，且室外微粒也在此粒徑範圍之數目濃度最高之緣故。室外之大微粒（粒徑 > 0.5μm），容易因慣性衝擊而被 HEPA 或 ULPA 捕捉，因此在正常狀況下太大或太小之室外微粒物質不易在潔淨室內被發現。

　　除了上述 0.1～0.5μm 之室外微粒物質可能會穿透濾層進入潔淨室之外，潔淨室內的污染源本身造成產品缺陷十分值得重視。潔淨室內 0.5μm 以上粒徑之粗微粒，主要是由機械磨耗或人員所產生者，包括**表 5-3**、**表 5-4** 所示的各項。在晶圓上之粗微粒由於工作人員產生者占了很大的比率，將近一半（46%）。

表 5-3　潔淨室內產生之微粒污染來源（粒徑 > 0.5μm）

·　Skin flakes, dandruff, hair pieces
·　Cosmetics, powders
·　Sneezes, coughs
·　Clothing pieces, paper pieces
·　Sand and soil from shoes and floor
·　Mechanical wear and abrasion of bearings
·　Droplets shed by rotating machinery
·　Particles shaken from surfaces
·　Any breakup of large objects into small particles

表 5-4　100 等級之潔淨室之晶圓上之粗微粒可能來源

來源	百分比
· Human	46
· Dust-free garments	8
· Cleaning materials	4
· Photoresist pieces	12
· Silicon, quartz	22
· Other	8
total	100

小於 0.1μm 之潔淨室內細微粒污染物，如表 5-5 所示，大部分均為加溫、燃燒、冷凝過程所產生者。此小微粒，有可能因核凝及膠結而長成 0.1～0.5μm 範圍內之微粒。

表 5-5　小於 0.1μm 之潔淨室內細微粒可能來源

· Furnaces and heaters
· Hot components on circuit boards
· Electric motors
· Hot bearings
· Flames
· Hot lights
· Microscope lamps

潔淨室空氣過濾效率之測試方法

潔淨室空氣過濾設備效率之測試方法有下列三種，分別為 DOP 法、比色法與重量法，說明如下：

1. DOP 法

鄰苯二甲酸二辛酯（Dioctyl Phthalate, DOP）是一種化學物質，

其霧化後所產生的 0.3μm 粒子，是美國軍方標準（MIL.STD.-282）測試高效率濾網（HEPA）之效率的方法（日本稱為捕集率）。此法近似日本之光散亂法（Light Scatting Method）。

DOP 效率＝（1 － HEPA下游粒子濃度／HEPA下游粒子濃度）×100%

2.比色法

比色法（atmospheric dust spot efficiency test method 或稱 discoloration method）用以測試過濾小於 1μm 粒子為主的中級濾網之效率的方法，在濾網上、下游均各設一相同的過濾試紙，在取樣測試後，以其透明度之變化來計算濾網之效率。常用 NBS 法及 ASHRAE 法（52.76標準）。在 1968 年，經過修正整合後，一般稱之為 ASHRAE Efficiency 或 NBS，兩者均代表比色法。

比色法效率（%）＝（1 － $Q_1/Q_2 \times O_2/O_1$）×100%

Q_1：通過上游試紙的取樣風量。

Q_2：通過下游試紙的取樣風量。

O_2：附著粉塵的上游試紙之不透明度。

O_1：附著粉塵的下游試紙之不透明度。

3.重量法

用以測試過濾大於 5μm 粗粉塵為主的初級濾網之效率的方法，常用 AFI 法（1960 年）及 ASHRAE 法（52.1-92 標準）。兩者均代表重量法。

重量法效率（%）＝（1 － W_p/W_f）×100%

W_f：濾網上游之粉塵供給量（g）。

W_p：被附著在濾網上的粉塵重量（g）。

潔淨室空氣過濾

潔淨室過濾器分成 pre-filter、middle filter 及 final filter 三種。pre-filter

裝於外氣吸入口，微粒之蒐集效率低，濾材製作好以後，一般使用AFI（Air Filter Institute Code Test）或 ASHRAE STD 52-76 重量測試法測試微粒蒐集效率，效率約在 70～80%之間，耐用年限約為 6 個月～1 年。pre-filter 主要用於去除大氣中的粗微粒，對於細微粒之蒐集效率差。

middle filter 主要是為保護 final filter 延長其壽命而設置者，微粒之蒐集效率以 NBS 比色法（National Bureau of Standards discoloration test）或 ASHRAE STD 52-76 比色法測定之，約在 70～90%之間，耐用年限約為 3～6 個月。middle filter 對於細微粒之蒐集效率亦不佳。

final filter 為潔淨室之最後一道高效率濾材，主要是為去除次微米微粒之用，且蒐集效率很高，需使用細油滴作濾材上下游的微粒數目濃度測定，再據以計算濾材之蒐集效率（%），或穿透率（= 1.0 － 蒐集效率（%）×0.01）。

final filter 之壽命約為 3～7 年，可分成以下數種：

1. HEPA filter：0.3μm 粒徑之 DOP 測試效率達 99.97%以上（或穿透率 $< 3 \times 10^{-4}$以下）。
2. ULPA filter：0.1μm 粒徑之 DOP 測試效率達 99.999%以上（或穿透率小$< 10^{-5}$以下者）。（註：不同廠商可能使用不同之DOP粒徑。）
3. 超 ULPA filter：0.1μm 粒徑之 DOP 測試效率達 99.999999%以上（或穿透率$< 10^{-8}$以下者）。（註：不同廠商可能使用不同之 DOP 粒徑。）

5-2　冷凍空調原理

冷凍的定義

即某物質或某空間的熱轉移到其他地方，使其失熱而溫度降低，使某物質或某空間之溫度低於外界溫度，稱之為冷凍。

應用上可依溫度分為四種：

1.冷卻（高溫降至室溫）。

2.冷藏（降溫至 0℃ 以上）。

3.低溫冷凍（0℃～－60℃）。

4.超低溫冷凍（－60℃以下）。

為利用物質的三態變化，如**圖 5-1**，例如，水發生三態變化，主要有：融化、蒸發、凝結、凝固幾個過程。

1.從固態冰到液態水：融化，需吸熱，體積變小。

2.從液態水到氣態水蒸氣：蒸發或沸騰，需吸熱。

3.從氣態水蒸氣到液態水：凝結，會放熱。

4.從液態水到固態冰：凝固，會放熱，體積變大。

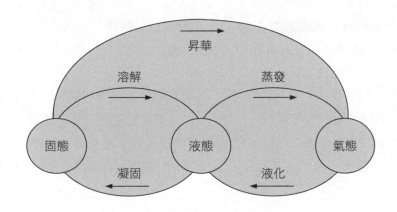

圖 5-1　物質三態之變化

基本冷凍循環設備

基本冷凍空調系統，如**圖 5-2**，包括：

1.壓縮機：將低壓常溫之氣態冷媒壓縮成高壓高溫之氣態冷媒。

2.冷凝器：將高壓高溫之氣態冷媒經冷卻介質後成高壓中溫之液態冷

媒。

3.冷媒控制器：利用降壓節流的原理，使高壓中溫之液態冷媒降壓成
低壓中溫之液態冷媒；降壓目的是配合蒸發器溫度，溫度要求愈低，
則壓降愈低。

4.蒸發器：將低壓中溫之液態冷媒吸熱後成低壓低溫之氣態冷媒，此
過程會吸收熱量，達到冷凍之目的。

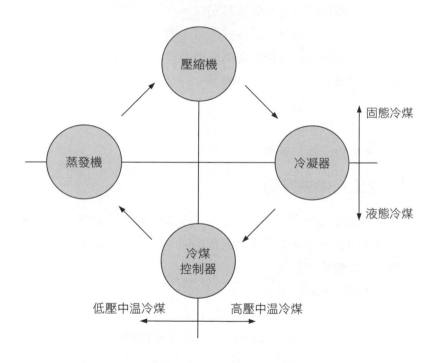

🔵 圖 5-2　冷凍循環系統

空氣調節

凡是用人工方法將室內的溫度、濕度調整至最適合使用的情況，加速
室內空氣的更換，淨化污染的空氣與消除灰塵，無噪音（須在 50 分貝以

下），對輻射熱有適當的隔離與控制的稱為空調。

全水式中央空調

全水式中央空調又稱小送風機系統（Fan-Coil-Unit-System），其優、缺點如下。

優點：1.體積小，不占空間。

2.外觀漂亮，容易與家具配合。

3.出入水管與排水管接好即可開機，簡單、方便。

4.可調風速，可依房間需求調節空氣或停機。

缺點：1.風機裝於室內易產生噪音。

2.風機無法控制濕度。

3.塵埃較多之空調，濾塵器之負荷太大。

4.風機安裝於各室，維修麻煩。

全氣式中央空調

空氣調節係在機械室內安裝中央式空氣調節機（空調箱），利用單支送風管將以調節好之空氣送到各劃區或房間，以進行空氣調節。

優點：1.設備費用低廉。

2.維護方便簡單。

3.機械之噪音、振動容易防止。

缺點：1.風管截面積大，導致須增高樓層高度方能容納，增加工程費。

2.單風管式負載條件不同，輸送同量空氣不能獲得同等良好的空氣調節效果，故大型建築物使用全氣式中央空調，須在空氣輸送至各劃區前，經過再冷卻、再加熱及再調節等手續，過程繁雜。

3.每個房間之溫濕度很難保持一定。

熱泵

1. 冷媒在循環盤管內受壓縮機之力而流動。

2. 在膨脹閥後冷媒突然由高壓液體狀態變成低壓，在蒸發器內蒸發為氣體，吸收大量的熱，將通過蒸發器之空氣降溫，也將空氣中的熱帶到冷媒中。

3. 當冷媒氣體繼續前進經過壓縮機加壓時會產生高溫。

4. 經由冷凝器之作用，會將室溫冷水（21℃）加熱到 60℃ 熱水（Q_3），此熱水之能量係由原來蒸發器取自空氣中之熱量（Q_1）以及壓縮機（Q_2）做功所耗之電能而來（如圖 5-3）。

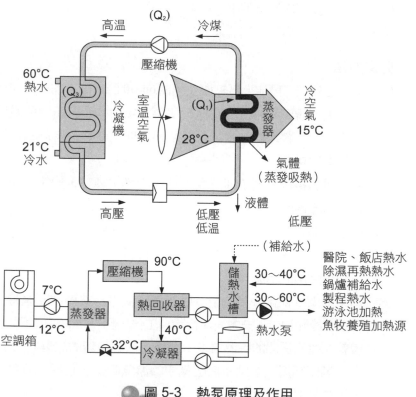

圖 5-3　熱泵原理及作用

5.其產生之熱量較單純之電能高好幾倍,同時,因為經過蒸發器之空
氣能量被取走,隨之所得之冷空氣亦可做為降溫空調之用。

除濕與加濕

1. 濕氣來源

(1)由牆、地板與天花板滲透進來。

(2)由人的呼吸與流汗產生的水氣。

(3)由潮濕的產品包裝材料而來。

(4)由潮濕的表面而來。

(5)燃燒所產生的濕氣。

(6)由門窗、孔洞所滲透進來。

(7)新鮮空氣藉由換氣系統進入。

2. 除濕方法

(1)利用風速分成三段加上壓縮機在控制 on/off 的時間上作分段處理。
當壓縮機運轉時,將風扇關掉,使得空氣中的水分迅速的凝結在
蒸發盤管上,經過數分鐘後再將風扇打開;快速的將凝結水排除
達到除濕的功能。

(2)是配合變頻控制微調風速的大小可無段變化調整,能夠更能微量
除濕達到舒適環境。

(3)除濕輪除濕,這種是採用陶瓷纖維的基材所製成的一個輪子,在
輪子上面塗布一種矽膠的吸附劑化學材料;可以吸附空氣中的水
分,達到除濕的功能 。

(4)除濕不降溫,採用分段控制冷媒流量,使得冷氣機在除濕時,盤
管的溫度冷熱均勻。一方面進行除濕工作,另一方面溫度不降溫,
這樣就能達到房間的除濕需求;此種方法為最新的除濕方法。

(5)使用吸濕劑利用蒸氣壓差把空氣中的濕氣吸出,包括:液體噴灑
塔、固體除濕與蜂巢旋轉輪等。

3.加濕工程

人類的舒適度範圍相當廣泛，一般而言，英國的舒適空調範圍為 19～23℃，45%～55% RH。

加濕過程應考慮使用絕熱系統，例如，噴灑、超音波、濕物體與旋轉盤等。若使用蒸氣加濕，可使用常壓或高壓蒸氣，這兩種都可以用電力或瓦斯來產生。目前市面上加濕方式有三種：一、以泵循環將水滴與空氣混合；二、以霧化方式，以控制盤將壓縮空氣和水混合，產生 10μm 霧化水滴，容易被空氣吸收，水量需求較小；三、蒸氣加濕，內有小型電熱器，將送入水加熱成熱蒸氣。

 通風

1. 換氣原因

一般具有空調系統的居家、工廠或大樓，為了防止外氣熱源的進入，其空調區間均處於長期密閉的情況下，假若忽略了通風換氣的需求，造成一些有害氣體的累積，例如，影印機、傳真機的廢氣、人體呼出的廢氣及建築材料釋出的化學物質等，事實上室內空氣的污穢程度，遠較室外空氣污染更為嚴重。

2. 一般空調換氣量

一般夏季的冷氣，需送80～90%之回風與10～20%之外氣混合，冬季之暖氣則相反，其他季節則可依需求而調節配比風量。其外氣與回風處理方式：

(1)混合：由回風扇的抽吸，將 70～80%之室內回風與 20～30%之新鮮空氣抽入空調箱中予以混合。

(2)過濾：混合後之空氣穿過過濾網，以濾除部分空氣中之塵埃。

(3)調濕與調溫：夏季須除濕與冷卻，冬季須增濕與加溫。

(4)循環：室內的空氣由回風管流回空調機，使房間與空調機間的空氣成一循環。

潔淨室空調送風方式

潔淨室內的空氣循環功用有二：

1. 維持潔淨度。

2. 調整溫濕度。

維持潔淨度只要有足夠的乾淨空氣循環量（過濾與換氣次數）即可達到要求，但要維持穩定的溫、濕度，則必須依賴適當的空調設備。

潔淨室內之氣流運動

氣流速度分析

潔淨室內的潔淨度受到氣流的影響，即人、機器隔間、建築結構等所產生的塵埃移動、擴散受到氣流的支配。

潔淨室利用 HEPA、ULPA 過濾空氣，其塵埃蒐集率達99.97～99.99995%之多，因此經過此過濾器過濾之空氣可說十分乾淨。然而潔淨室內尚有機器等之發塵源，必須利用氣流將發生的塵埃迅速帶走。一般潔淨室氣流速度選在 0.25～0.5m/s 之間，此氣流速度易受人、機器的動作而趨於混亂，雖提高風速可抑制此一擾亂之影響而保持潔淨度，但因風速的提高將造成運轉成本的增加，所以應在滿足潔淨時，以最適當的風速供應。

地板吸入風速，亦是重要因素，一般宜在 5m/s 以下，可用盲板予以封閉，使通過風速變快增加阻抗或加裝過濾、風量調節器予以改善。

風速運動模擬實驗

調查氣流形狀的方法有：氣流的可視化、直接測定法、電腦數值模擬法。

1. 氣流的可視化

潔淨室最常使用的方法，也是最簡便的方法，即取適當長度的細線置於潔淨室過濾器下方，觀察其線的擺動方向。

2. 直接測定法

使用風速計實測氣流流動場所，並以電腦處理資料，定量表現其氣流。使用之風速計須連方向亦可測定。

3. 電腦數值模擬法

氣流的量測表示，尚有以電腦做數值模擬之方法，是利用粒子的質量、運動量、熱量等方法及狀態方程式如連續方程式。Navier-Stokes 運動方程式及溫度擴散式等偏微分方程式，利用電腦軟體做氣流分布之分析。

障礙物對氣流的影響與解決

影響潔淨室的氣流因素相當多，如製程設備人員、潔淨室組裝材、照明器具等，同時對於生產設備上方的氣流分流點，亦應列入考慮因素。一般操作台或生產設備等表面的氣流分流點，應設於潔淨室與隔牆板間距之2/3 處，如此可使作業人員工作時，氣流可從製程區內部流向作業區，而將微塵帶走；若分流點配置在製程區前方，將成為不當的氣流分流，此時大部分氣流將流至製程區之後，作業員操作所引起之塵埃將被帶到設備後面，工作台因而受污染，良率也必降低。

不同潔淨度之潔淨區，若低潔淨區之氣壓大於高潔淨區時，且當隔牆板裝置其氣密性不良時，將造成微塵進入高潔淨區。在隧道型潔淨室中，不同潔淨度等級的區域，由於各自風速不同，將會互相干擾，造成接觸區氣流有渦流現象，解決方法只要在二接觸區域加裝塑膠空氣布簾（vinyl curtain）約 60～65cm 長度即可避免，另外，若潔淨室內之製程設備有高熱源存在，如熱板、烤爐或其他加熱器，由於空氣受熱上升造成逆流，破壞全室氣流的均一性，因此須避免高熱源設備置放製程區。

潔淨室內的工作桌等障礙物，在相接處均會有渦流現象產生，其附近之潔淨度亦較差，若在工作桌面鑽上回風孔，則將使渦流現象減至最低。組裝材料之選擇是否恰當，設備布局是否完善，亦為氣流是否造成渦流現象之重要因素。

5-3 潔淨室空調之循環、進氣與排氣系統

風管系統的流體力學

風管系統的作用為輸送氣態的流體到所要求的地點，在輸送的過程中，需要利用管路並給予空氣足夠的動力，以克服管路中的阻力和達到所需的風量和壓力。

在探討風管系統的原理時，首先要對此一流體形態有一番認識。一般而言，風管內氣流速度在每秒數十米的速度下，其氣流的密度變化不大，可視為常數，此時管內動量與受力情形可以伯努利方程式（Bernoulli Equation）表示。風管系統中的氣流，若無洩漏的情形，在任一截面應符合質量守恆定理，而質流量可視為密度與流量，在密度不變的情況之下，風管內的氣流可視為風量守恆。

風管系統的壓力損失可分為摩擦損失（frictional losses）和動態損失（dynamic losses），兩者都是由氣流流動與管壁的摩擦而產生。

氣流與管壁間的摩擦力，再加上氣流本身的黏滯性，造成氣流在風管產生一流場分布於管中央的流速最大，管壁流速為零，而在不同流速之間，便造成了摩擦損失。摩擦損失可以 Darcy-Weisbach 方程式計算得知，如或由摩擦圖或 Colebrook's Equation 求出，一般採用 ASHRAE Handbook（Anonymous, 1989; 1993）之簡化公式計算而得。

氣流流經風管彎管、分歧管、開關、縮放管及其他配件時，會在管內產生渦流（eddy current）現象，而導致能量的消耗與壓力的損失，此現象

稱為動態損失。風管中的總壓力損失為摩擦損失與動態損失的和，由以上的分析可知，總壓力損失正比於速度的平方。

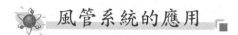

風管系統的應用

一般室內的空調，風管系統可分為外氣系統、排氣系統和循環系統等，可以單獨存在，可相互配合，也可三者同時存在。在一般的工廠中，或裝有排氣系統，或裝有外氣系統，比較講究環境品質的廠房，則會裝設冷氣，以空調箱調配進氣和回風，潔淨室是三者同時運用的最佳例子。

1. 外氣系統

控制潔淨室的濕度，提供工作人員外界的新鮮空氣，補足機台設備的排氣量和潔淨室的洩漏量，並維持潔淨室的正壓。

2. 排氣系統

排除設備產生的熱量、有毒物質（酸、鹼、有機物）等，不同性質的排氣因其處理方式有所差異，因此不可混合排氣。酸和鹼以水洗滌塔（scrubber）配合加鹼或酸做處理，有機物則以活性碳的吸附方式處理。對於某些特殊化學物質如矽烷（SiH_4）、三氫化磷（PH_3）以及砷（As）等，具有爆發性、自燃性等，須先經燃燒處理後再排至洗滌塔做二次處理。不同性質的排氣所用的風管材質有所差異，酸、鹼性排氣使用 PVC 或 PP 管，有機物質或特殊氣體用不銹鋼管，一般排氣用鍍鋅鋼管。

3. 循環系統

靠循環系統控制潔淨室的溫度，並在循環的過程中，以各型過濾網（初級、袋式、中級、HEPA、ULPA 等）保持潔淨室的潔淨度。

風管系統的設計

風機是空調系統中空氣流動的動力,如何選擇一個適合的風機,則要瞭解風機的若干特性:

首先,風機的種類繁多,大略可分為前傾離心式、後傾離心式和軸流式等,其中又因風扇葉片的角度和形狀更可細分,而各類型的風機有其不同的特性。此外,要考慮風機的運轉週期、負載變化、操作溫度、空氣品質、安裝位置和價格等。

風管設計所考慮的因子有流量、流速、壓力、風管尺寸、風管壓損和噪音等,流量是對一般空調負荷或設備排氣所需考慮的,流量要足夠方能帶走室內或機台的熱負荷,而流量與壓力的關係可表示成管路的系統曲線;風管內的流速會影響壓損和噪音,流速愈高,壓損愈大,噪音也愈大;管內的壓力要克服管內的壓損外,也要提供管路出口的動量;而風管尺寸則要考慮配管空間和美觀等因素,對於一般空調和特殊用途的流量、流速和換氣率等。

對於風管的設計方法,由流體力學的基礎出發,若未基於某些適當的假設,是無法得到解析的。常用的風管設計方法有等摩擦法、全壓法、靜壓再得法和 T-Method 等,國內外有關風管設計方法的文獻整理如**表 5-6**、**表 5-7**,其原理簡述如下。

1. 等摩擦法

(1)選定單位管長摩擦壓降。

(2)選定風管管徑與管中風速。

(3)算出全壓降。

(4)平衡其他路徑的全壓降(加裝 damper)。

2. 全壓法(改良式等摩擦法)

(1)以等摩擦法求出各路徑之全壓降。

(2)選定全壓降最大之路徑為此管路系統的全壓降。

(3)改變其他路徑的單位管長壓降，使其全壓降與等於系統之全壓降。

3.靜壓再得法

(1)定義主風管內的風速。

(2)流經分歧管後風量減少，動壓轉變成靜壓，乘上一靜壓再得因子
（動壓轉換靜壓的比例，及因管路摩擦而造成的壓損）後便得靜
壓再得，利用此靜壓再得以抵消後段管路的壓損，便可得知下游
風管的風速。

4. T-Method

(1)以經濟成本分析風管系統：

風管系統生命週期成本＝初始建造成本＋運轉成本

(2)將初始成本與運轉成本化為全壓降的函數，建立風管系統最佳化
設計的目標方程式。

(3)求得目標方程式的最佳解。

表 5-6　美國風管設計方法文獻資料整理

設計法 文獻	減速法		等摩擦法		靜壓再得法		T-Method	
	原理	實例	原理	實例	原理	實例	原理	實例
Anonymous (1965)	○	○	○	○	○	○	×	×
Anonymous (1970)	○	○	○	○	○	○	×	×
Stoecker and Jones (1982)	○	×	○	×	×	×	×	×
Harris (1983)	○	×	○	○	○	×	×	×
Anonymous (1985)	○	×	○	○	○	×	×	×
Anonymous (1989)	×	×	○	○	○	×	○	×
Anonymous (1990)	○	×	○	○	○	×	○	×
Anonymous (1993)	×	×	○	○	○	×	○	×
Clifford (1993)	○	○	○	○	○	○	×	×
Chadderton (1993)	○	○	×	×	×	×	×	×
McQuiston and Parker (1994)	×	×	○	○	○	○	○	×

表 5-7　台灣風管設計方法文獻資料整理

設計法 文獻	減速法		等摩擦法		靜壓再得法		T-Method	
	原理	實例	原理	實例	原理	實例	原理	實例
張　　（1970）	○	○	○	○	×	×	×	×
林與劉（1977）	○	○	○	○	○	×	×	×
尹　　（1979）	○	×	○	○	○	○	×	×
葉　　（1980）	○	×	○	×	○	○	×	×
王　　（1986）	○	○	○	○	○	○	×	×
陳　　（1988）	○	○	○	○	○	○	×	×
文與陳（1988）	×	×	○	○	×	×	×	×
彭　　（1989）	○	×	○	○	○	○	×	×
連等人（1990）	○	○	○	○	○	○	×	×
全　　（1992）	×	×	○	○	○	○	×	×
許　　（1992）	○	×	○	○	×	×	×	×
朱　　（1993）	○	○	○	○	×	×	×	×

風管系統的施工

　　風機的安裝要考慮機體的防振處理、與風管連接的防振、風機運轉的方向和平穩度、與馬達的動力連結、風量調整、配電和控制等。

　　風機的防振處理可採用彈簧避振器，必要時可加裝避振平台。風機與風管連接處，可以採用帆布接頭或伸縮軟管以避免振動的傳遞，其連接方式可用焊接法蘭或自攻螺絲，風機與風管連接處要避免管路立即轉彎，應有 5 倍管徑的直管，使氣流進入管路時發展均勻，不然將造成風機的系統效應而產生很大的壓損。進氣與排氣風機之入風口及出風口應加裝防蟲網，網目大小約為 0.3cm×0.3cm。此外，風機若裝於戶外，應注意防止雨水由出風口或入風口進入。

　　配電時應注意馬達和風機的運轉方向，運轉前必須做高阻抗測試，以防電盤或馬達漏電，運轉時注意風機的平穩性和馬達的負荷大小等；運轉

時噪音應在ASHRAE的噪音容許值之內，其計算如式（5-1）所示，或參考表 5-8 中的各場所噪音參考值與表 5-9 之風車噪音容許值。馬達動力與風機的傳送一般採用 V 型皮帶，較少採用直接傳動。其餘日常保養所列之項目於馬達與風機安裝時都要注意。

$$L_w = K_w + 10LogQ + 20LogP \qquad (5-1)$$

其中 Q 為風量（cfm），P 為全壓（in-Hg），Lw 為音源所產的噪音（dB）。Kw為噪音容許值。

表 5-8　各場所噪音參考值

種類	容許噪音量
錄播音室	20～25dB
廣播劇場、音樂室	25～30dB
醫院、病房、學校	30～35dB
圖書館、旅館、住宅	35～40dB
戲院、會議室	40～45dB
百貨公司、銀行、辦公室	45～55dB
餐廳、飯店	50～55dB
體育館、舞廳	60～70dB
一般工廠、廚房	60～80dB

表 5-9　風車噪音容許值

風扇型式	Octave Bend Center Frequency Hz							
離心式翼型	39	38	36	50	27	24	19	15
後屈式	41	37	37	36	35	30	26	21
前屈式	50	46	41	36	31	28	26	23
輻射式	55	50	48	41	40	36	36	35
管軸流式	46	47	48	48	48	46	42	41
扇軸流式	42	44	45	47	45	45	40	37
槳葉片	50	49	48	47	45	44	42	31

　　風管的安裝要考慮管路的安裝位置、管路的材質、厚度、重量、保溫、連結的方法、支撐的方式和密度等。風管的安裝位置應考慮整體的空間規劃，儘可能走最短距離並減少彎曲，以減少壓損和振動。管路的材質應配合管內氣體的特性，有腐蝕性者可採用 PVC 管或 SUS 管，高溫者可採 PP 管或 SUS 管。風管的厚度影響其強度，一般可分為低速風管（15m/s 以及 50mmAq 以下之靜壓）和高速風管。風管的重量應配合支撐的方式和密度，支撐的強度應能負荷風管的重量，而支撐應採防振措施，如加裝彈簧或阻泥器等，在兩支撐點間，視需要可加裝補強之角鋼或加強環。低溫或高溫的風管應保溫，防止低溫風管結露或高溫風管將熱擴散到室內。風管的連接方式可採法蘭或同心接頭，接縫之處為防漏氣應以密封膠塗敷，正壓系統塗於內側，而負壓系統塗於面側。風管安裝前應擦拭清潔，未施工完時應以塑膠布將開口部分封住，以免塵埃附著。

風管系統的運轉與保養

　　風管系統平衡的目的是為了調整施工完成的風管系統，使各管路與設計需求量符合，一般以靜壓或風速值進行管路的平衡。

　　風機軸承的潤滑保養、皮帶定期更換、風機負荷的變動、風管的清潔、過濾網的更換等，**表 5-10** 為排氣系統預防保養紀錄表。

表 5-10　排氣系統預防保養紀錄表

設備名稱	EF-GENERAL	保養計畫編號	HVAC-08	所在位置	
設備型號		保養計畫日期		保養日期	年　月　日

保養類別：□W 每星期　□M 每月　□Q 每季　□H 每半年　□Y 年度保養

參考資料：1.廠務設備保養計畫表　2.設備之目錄及使用說明書

保養範圍：EF-GENERAL　（南、北面）

	保養項目	標準範圍	檢查結果	備註
月保養	1.檢查 Fan 異音	噪音值應保持穩定，無異音	OK　NO	
	2.檢查 Fan 運轉電流	額定內之穩定電流	OK　NO	
	3.檢查皮帶	不可太鬆	OK　NO	
	4.檢查 Motor 散熱片	應保持完整，無雜物吸入	OK　NO	
	5.檢查 Motor 接線合	不可鏽蝕，電管應完整，不脫落	OK　NO	
	6.風管 Check	風管不漏氣，Damper 開度固定，不鬆動	OK　NO	
	7.電盤 Check	1.指示燈應正常	OK　NO	
		2.盤面各開關應緊固，不鬆動	OK　NO	
		3. Switch 應在 Auto 位置	OK　NO	
	8. Inver Filter 清理	應無灰塵	OK　NO	
	9.設備表面清潔	應無灰塵	OK　NO	
半年保養	1. Check 黃油	應有適當潤滑	OK　NO	
	2. Filter 更換		OK　NO	
年度保養	1.馬達絕緣測量	> 20MΩ	OK　NO	
	2.電盤清潔保養	檢查電源端子應保持緊固	OK　NO	
	3.更換皮帶	應使用新品	OK　NO	

備註：1.作業人員於保養中對於保養設備及周圍環境應保持清潔。
　　　2.如有新加之保養項目時請自行填寫於空格內。
　　　3.有異常處理時請填寫「廠務設備異常事故處理紀錄表」。

5-4 冰水、熱水與二次冰水系統

冷凍循環系統之基本原理

　　基本的機械式冷凍循環系統乃是應用高壓氣體於低溫時液化和低壓液體蒸發溫度會較低的特性，達到造冷的目的。基本的冷凍系統之設備包括：壓縮機（compressor）、凝結器（condenser）、貯液器（accumulator）、膨脹閥（expansion valve）、蒸發器（evaporator）等。

　　冷媒以氣態進入壓縮機，經壓縮後變成高壓高溫的氣體進入凝結器，冷媒受到冷風或冷卻水的降溫作用，凝結成液態注入貯液器內，冷媒通過膨脹閥後即變為低壓低溫液體而進入蒸發器內，藉助低壓液態冷媒之蒸發吸收潛熱之作用而達到造冷效果。而液態冷媒於蒸發為氣態後，再次被吸入壓縮機內，繼續循環運轉。

　　蒸發器可直接藉由水或空氣將物品凍結或冷卻，可利用二次冷媒（second refrigerant），如水、鹽水、乙二醇等，與蒸發器的冷媒進行熱交換後，經由管路輸送二次冷媒到所需之處，此系統可減少冷媒的使用量，並方便輸送到較遠的地方，而水、鹽水等二次冷媒的取得非常經濟方便，因此，此系統在大型冷藏或空調系統等非低溫的場合中被普遍的應用。

　　吸收式空調機是一種利用吸收劑對冷媒之吸收及釋放的作用，產生一些物理化學反應，達到「取熱」與「造冷」的機器。常見的有氨水系統、溴化鋰系統等，以溴化鋰系統為例，高壓側之發生器（generator）以熱源加熱溴化鋰水溶液而釋放水蒸氣，水蒸氣經冷凝器凝結成水，高壓高溫的水經由膨脹閥後流入蒸發器，產生低壓低溫的水；而發生器中濃縮後的溴化鋰水溶液經減壓後流入吸收器（absorber），於低溫狀態下吸收蒸發器內的水蒸氣，使蒸發器內的水由低溫低壓下蒸發，達到造冷的目的；吸收水分後的溴化鋰水溶液再經由泵加壓送回發生器，完成整個循環，熱交換器的

作用是將高溫濃溶液與低溫稀溶液做熱交換，以降低濃溶液進入吸收器的溫度，並增加稀溶液進入發生器的溫度以節省加熱的能源。氨系統的原理與溴化鋰系統相同，不同的是溴化鋰系統中水是冷媒，而氨系統中氨為冷媒，一般冷凍機組之 COP 為 2.5～5 或以上。

 ## 水路系統原理

如前所述，大型空調或冷藏系統多數應用二次冷媒的系統，不論是傳統式、儲冰式或吸收式，其中又以水或鹽水為二次冷媒最為普遍，稱為冰水系統，因此水路系統在空調或冷藏的應用上占很重要的角色。

在水路系統中，需要利用管路並給予水足夠的動力，以克服管路中的阻力和達到所需的水量和揚程。因此，在探討水路系統時，首先要對水路系統的原理有一番認識。在一穩態的管流中，水流的流動符合熱力學第一定律，若密度不變，而以水頭（head）表示，其中速度平方項稱為速度水頭（velocity head），與管路靜壓之合稱為全壓。

水路系統中的水流，若無洩漏的情形，在任一截面應符合質量守恒定理。而質流量可視為密度與流量的乘積，在密度不變的情況之下，水管內的水流可視為流量守恒，在實際的情況中，水路兩位置之間必定存在有摩擦，其原因為水流與管壁間的摩擦力，再加上流體本身的黏滯性，造成流體在管路間產生一流場分布，管中央的流速最大，管壁流速為零，而在不同流速之間，便造成了摩擦損失。

 ## 冰水系統介紹

 ### 以冷卻溫度區分

基本的冷凍機組因使用的壓縮機、冷媒、二次冷媒的種類及系統設計的不同而有製冷溫度的差別，主要可分為空調系統、冷藏系統、冷凍系統

和超低溫冷凍系統等，而一般使用二次冷媒的系統多以水或鹽水為媒介，受限於水的物理特性，其水溫介於－3℃至8℃之間，因而冰水系統僅適用於空調和冷藏系統，其中以儲冰系統所使用的鹽水有較低的冰水水溫。

以原理區分

以原理區分冷凍系統的應用，主要可區分為自然冷凍式、機械式冷凍循環系統和吸收式冰水系統等，另外尚有蒸氣噴射方式和電磁冷凍式等，但應用的範圍有限，其 COP 也很小，約為 0.8 左右。而機械式的冷凍系統又可以壓縮機、冷媒的不同細分為若干種類（前者可分為往復式、迴轉式、齒輪式、離心式與渦捲式等，也可為一段壓縮與多段壓縮），吸收式則因冷媒的不同而有所區分。

以冷卻方式區分

以凝結器散熱的方式來區分，可分為氣冷式和水冷式等，在大型的冷藏或空調系統中，大多採用水冷式冷卻系統，因此在水路系統的應用上除了應用二次冷媒之冰水系統之外，還有水冷式凝結器的冷卻水循環系統。

水路系統的設計

泵的選擇

泵是水路系統中水流流動的動力，如何選擇一個適合的水泵，則要瞭解泵的若干特性。首先，泵的種類繁多，大略可分為離心式和軸流式兩種，其中又以離心式水泵的應用最為廣泛，因而在此僅討論離心式泵。選擇泵時，要瞭解泵之揚程、流量、馬力、效率和轉速之間的關係，泵於出廠之時，都對上述因素進行測試，將測試的結果繪成泵之性能曲線。

在泵運轉之時，泵的入口端總水頭不可過低，必須保持一定的水頭以上，以免水在泵之葉片高速旋轉下氣化，造成葉片孔蝕（Cavitation）的現

象,並產生噪音,此吸入端的淨正水頭稱為 RNPSH(Required Net Positive Suction Head),因此泵在運轉之時,泵的入口端水頭必須保持在 RNPSH 之水頭以上。

管路的設計

水管管路的設計可分為開放式和密閉循環式兩種,前者是指管路系統中,有一段是直接排放或暴露於大氣之中,例如,以泵汲水、冷卻水循環系統等;而後者在整個循環系統中完全為一密閉的設計,循環水並無與外界接觸,但有補水與排水的設計。

水管管路設計所考慮的因子有流量、流速、壓力、水管尺寸、管件壓損和噪音等,流量是對一般空調負荷、設備或產品冷卻所需考慮的,流量要足夠方能帶走室內、設備或產品的熱負荷;水管內的流速會影響管件的壓損並產生噪音,流速愈高,壓損愈大而噪音也愈大;而水管尺寸的決定則要配合流量與流速的考慮因素,對於一般空調水管內的流速值約為 4ft/s,其水頭損失約為 4ft/100ft。

膨脹水箱的設計

膨脹水箱的設計在水路系統中是非常重要的,其目的是維持管路中的壓力穩定,其道理就如同電路系統中的接地一樣。膨脹水箱的安裝有一個非常重要的原則,不論所設計的水路系統是多大或多複雜,同一系統僅能有一個膨脹水箱,而且膨脹水箱的安裝位置也很重要,於一般設計中位於泵的吸入端,且不要靠管路太遠。膨脹水箱的大小必須考慮系統的總水量、最大和最小壓力、溫度、安裝位置和膨脹水箱的型式等。

閥的選擇

閥的選擇在水路系統設計中非常重要,主要考慮閥之種類、用途、尺寸、安裝位置、壓損與其開度之間的關係等,因此,在設計之初要先瞭解閥的特性。一般而言,於蒸氣系統中,因熱交換率與流量成正比,所以選

用線形閥，冰水系統也是如此，熱水系統則因熱交換率和流量非正比的關係而選用等比例閥。

集水頭尺寸的選擇

於大型複雜的水路系統中常有集水頭（header）的設計，其目的為使不同管路的水流能混合均勻，以平衡負荷或水溫，而集水頭尺寸決定於流量的大小，以水流流速於集水頭中不大於 1m/s 為原則。

水路系統的施工

泵的安裝

泵的安裝要考慮機體的防振處理、與水管連接的防振、入口端加裝過濾器、泵運轉的方向和平穩度、與馬達的動力連結、配電和控制等。

泵和馬達的防振可採防振平台或避振器等，與管路連接處可採用球型橡膠連接器，以避免振動的傳遞，泵的入口端應加裝 Y 型過濾器，以過濾水中大顆粒之雜質或配管之焊渣，出口應避免管路立即轉向，造成壓損；配電時要注意電壓和泵的運轉方向，試車前要做高阻抗測試，以防漏電，試車時注意馬達電流值，瞭解其負載狀況，並注意其運轉情形是否平穩與有無異音等。

水管管路的安裝

水管的安裝要考慮管路的安裝位置、保溫、連結的方法、支撐的方式和密度等。管路的安排儘量求得最短路徑，也儘可能減少轉折，以降低壓損；管路配好後要做保壓測試，測試壓力為運轉壓力的 1.5 倍以上，測試時間約 24 小時，以確保管路沒有洩漏；管路與配件的保溫以 PE 為主，施工要確實，必要時外層以鋁或白鐵皮包護。

水路系統的運轉與保養

水路系統的平衡

其目的是為了調整施工完成的水路系統，使各管路與設計符合需求量，一般以靜壓與流量進行管路的平衡。其平衡的方法為：首先將所有三通閥或二通閥之旁通閥關閉，調整第一與第二負載之閥有相同的開度，其次調整第三負載，使其閥與第二負載之開度相同，此時 1～3 的負載的閥必然有相同的開度，依次調整第 4、第 5……直到最後一個負荷。

水路系統的保養

泵與馬達軸承的潤滑保養、定期注意馬達負荷的變動、過濾器的清洗等，如**表 5-11** 為水路系統的預防保養紀錄表。

表 5-11　水路系統的預防保養紀錄表

設備名稱	DRY COIL	保養計畫編號	HVAC-07	所在位置			
設備型號		保養計畫日期		保養日期	年　月　日		

保養類別：□W 每星期　　□M 每月　　□Q 每季　　□H 每半年　　□Y 年度保養

參考資料：1.廠務設備保養計畫表　　2.設備之目錄及使用說明書

保養範圍：DRY COIL 33 台，FILTER，PUMP，HEX，PIPE，膨脹水箱等

	保養項目	標準範圍	檢查結果	備註
月保養	1.檢查 PUMP 異音	噪音值應保持穩定，無異音	OK　NO	
	2.檢查 PUMP 運轉電流	額定內之穩定電流	OK　NO	
	3.檢查 PUMP 軸封	洩漏量小於 30cc/min	OK　NO	
	4.檢查 PUMP 散熱片	應保持完整，無雜物	OK　NO	
	5.PUMP 停止運轉時	手動試運轉備用 PUMP	OK　NO	
	6.系統管路排氣	確定系統管路內氣體排出	OK　NO	
	7.PRE FILTER CHECK	不可有雜物吸附在上面	OK　NO	
	8.風箱 CHECK	內部不可有雜物放置	OK　NO	
	9.樓頂膨脹水箱 CHECK	應動作正常	OK　NO	
	10.電盤 CHECK	1.指示燈應正常	OK　NO	
		2.盤面各開關應緊固，不鬆動	OK　NO	
		3.SWITCH 應在 AUTO 位置	OK　NO	
季保養	PRE FILTER 更換	應使用新品	OK　NO	
年度保養	1.馬達絕緣測量	> 20MΩ	OK　NO	
	2.電盤清潔保養	檢查電源端子應保持緊固	OK　NO	
	3.Y 形過濾器清潔保養	雜物清除	OK　NO	
	4.HEX CHECK	視狀況拆開檢查	OK　NO	

備註：1.作業人員於保養中對於保養設備及周圍環境應保持清潔。
　　　2.如有新加之保養項目時請自行填寫於空格內。
　　　3.有異常處理時請填寫「廠務設備異常事故處理紀錄表」。

潔淨室冰水系統的應用

　　潔淨室的冰水系統包括了數台冰水主機，產生的冰水混合在一個分布頭上，再由分布頭分別供應冰水到各所需的地方。產生的冰水第一個用途是做PCW製程冷卻用水。因為有些生產機台的發熱量非常的大，這些機台的冷卻必須採用水冷的方式，而PCW並不直接和晶圓接觸，是間接冷卻的方式，所以製程冷卻用水的處理就較不講究。PCW 要求的水溫並不是很低，約在 13℃～14℃之間，而冰水主機的出水溫度約在 7℃左右，因此採用熱交換的方式來冷卻 PCW。

　　冰水的另一個用途是來冷卻真空系統中的真空泵。廠內主要有兩個真空系統，一個為中央集塵系統，另一個為製程上的真空。晶圓在加工過程中的移動不可用手接觸來搬運，而必須以真空吸筆的筆頭利用真空吸力吸住晶圓而移動到下一個製程。這個真空系統都需要真空泵來達到所需的真空壓力，而真空泵在運轉時也需要冷卻水來冷卻。

　　冰水系統也必須供應外氣空調箱冷卻盤管所需的冰水，同時潔淨室內溫度控制所用的二次冰水盤管也須由主機產生的一次冰水經過熱交換後的二次冰水來供應。較高溫的二次冰水盤管在潔淨室內不會造成結露的現象，只是調節室內溫度高低。

　　至於熱水系統大約保持水溫在 34℃左右，主要是供應給空調箱。空調箱利用冰水盤管將空氣中的絕對溼度降低到所需的值，再利用熱水盤管將空氣的溫度回升。熱水的來源並不是由一加熱系統供應，而是在冰水主機的冷凝器側加裝熱回收的熱交換器來獲得熱水。

　　一般常見到的管路系統有許多不同的型式，包括了三通閥和二通閥系統。若三台冰水主機搭配三台泵，泵使回水經由冰機形成冰水後分送到各個負荷內的盤管中，盤管的流量由三通閥的開度來控制。當負載較小時，三通閥開度減小使得經過盤管的水量減小，但相對地通過旁通管的流量將增加；如果負載變大時，三通閥的動作將相反，使得經過盤管的水量增大

而經過旁通管的水量減少。但是對整個三通閥系統而言，總水量是保持固定的。從流經盤管或旁通管的分離點到三通閥會合處兩者的差壓必須保持恒定，而冰水盤管是由銅管環繞而成，壓損很大，因此旁通管的管徑必須較主管為小，且旁通平衡閥也必須相對減小以符合壓差必須相等的要求。

另外一種系統是採用二通閥的設計。流經盤管的水量直接以二通閥來控制，負載大時開度大，負載小時開度小，因此整個系統的總流量會隨負荷變化而改變。但是對於冰水主機而言，希望流經的冰水水量能夠固定以維持冰機在最佳運轉狀態，此時為解決這個問題就必須在送水側和回水側之間加裝旁通平衡閥。如果負載加大使得回水側流量大於送水側時，部分回水將經由旁通閥和送水側相通而進入盤管，同時主機也會感測到回水溫度的上升而加大容量；同理，負載變小時使得送水側流量大於回水側，部分經過旁通閥和回水側相通，主機因而會感測到回水溫度降低，而降低容量。

至於冰水用量很大的大系統採用的是一次側、二次側的配管方式。一次側是指產生冰水的部分，由一次側泵、冰水主機等構成，二次側是指負載側，有二次側泵、控制閥、冰水盤管等構成，兩者以一個旁通管連通，可以自成循環系統。一次側泵只是使回水定量地通過每部冰機進行熱交換，因此採用的是低揚程、定流量的泵。而二次側泵必須視負載的變化提供不同的水量，且負載側分布範圍可能很廣，又須考慮將來擴廠的需求，所以採用的是高揚程可變流量的泵。

冷凍循環的冷卻系統一般有氣冷式和水冷式兩種。氣冷式一般使用在窗型機等的小型系統，大系統通常採用水冷式冷卻系統。流過冷凝器後的冷卻水回到冷卻水塔再以風機強制冷卻後可以循環做為冷卻冷凝器之用。冷卻水塔風機的風量和主機的容量必須成比例關係，當主機全載時風機也是處於最大風量的狀態。而由風機定律可以知道，風機的耗電量和風量是呈三次方的關係。風量則是和風機轉速成正比關係。冷卻水溫的高低對冷卻水塔及冰水主機每冷凍噸的耗電量影響並不同，冷卻水溫要求的愈低，則冷卻水塔的耗電量愈高，但對主機而言，冷卻水溫愈低，運轉效率愈高，

耗電量愈低。兩者的效應相反，因此運轉時如能在兩者平衡的狀態，則每冷凍噸的耗電量將會最低。

5-5　潔淨室的溫、濕度控制

　　潔淨室的控制當中最重要的是溫溼度的控制，因為半導體的生產必須在一個很嚴密的環境下進行，所以半導體廠的溫溼度控制較一般大樓的控制要嚴格。潔淨室溫濕度控制法包括：冰水溫與二次冰水溫控制、潔淨室室溫控制、潔淨室濕度控制與潔淨室外氣溫、濕控制。

　　通常冰水主機所產生的冰水出水溫度約在 5℃ 左右，回水約在 12℃ 左右。對冰水主機而言，也許是效率較佳的運轉狀態，但是對於潔淨室的溫度控制而言，是相當不好的溫度。由於潔淨室要求的狀態是 24℃ 的乾球溫度，45% 的相對溼度，對照空氣線圖發現對應的露點溫度為 10.9℃，所以直接以 5℃ 的冰水來供應潔淨室時，會使潔淨室產生結露的現象，而一旦結露，潔淨室內的狀態點就不會在要求的設定點上，所以要控制潔淨室內的溫溼度時，所使用的冰水溫度要高於 10.9℃，也就是冰水主機所產生的一次冰水要再經過熱交換而成為二次冰水後才進入潔淨室內，一般設計採用的二次冰水約在 16℃～19℃ 之間。

　　由於二次冰水在潔淨室的標準環境下不會結露，所以溼度不會改變，而供應的二次冰水溫度高低的不同，潔淨室內的溫度就隨之改變，因此可以達到溫溼度控制的目的。

　　二次冰水的出口側必須裝設二通閥或三通閥來控制開度的大小，至於控制閥開度的感測器安裝的位置相當的重要。一般情形下會將感測器置於所關切的空間之中來感測室內的溫度，這在單一風機、單一盤管時可以正確的達到控制目的。但是潔淨室的空間範圍相當大，必須使用多部風機，而感測器裝在生產機台附近，每部風機都有個別的感測器來控制。但是因為空間的限制，每部風機和感測器之間的相對位置並不相同，有些距離較

遠而有些則較近,而且風機的出風口和感測器可能不在同一直線上,亦即感測器可能感測到別部風機的狀態。

在溼度的控制方面,由於冰水盤管採用的是二次冰水,16℃的入口溫度和19℃的出口溫度,理論上潔淨室內的水分不會凝結下來。但是生產機台上的製造過程中有許多清洗的手續使得潔淨室內的水氣增加、溼度加大,且冰水盤管並無除溼功能,此時除溼工作必須以供應乾燥的外氣來達成,也就是使用外氣空調箱。

在生產過程會產生許多的廢氣,這些廢氣必須被排除,以維持潔淨室內的空氣品質,此時欲維持潔淨室內的正壓狀態時,就必須供應新鮮的外氣來維持,所以須使用外氣空調箱。另一個理由是提供較乾燥的空氣來維持室內的溼度狀態,而外氣空調箱是由潔淨室內的露點計來控制。

整個潔淨室的溫溼度控制是由冰水盤管的二次冰水溫度來控制潔淨室內的溫度,溼度控制是由外氣空調箱來決定,潔淨室內的壓力大小由外氣空調箱風機轉速的大小來決定。

冰水水溫的控制藉由感測器。有無熱回收裝置是影響冰水主機感測器安裝位置的關鍵,沒有熱回收裝置的冰水主機,進入冷凝器的冷卻水須維持在32℃,當高於32℃時,冷卻水塔的冷卻風扇即開啟以降溫,如此可以提高冰水主機的效率。裝有熱回收裝置的冰水主機是將冰水降溫時熱交換所得的熱量和壓縮機運轉產生的熱能加以回收。而冷卻水塔風機的控制主要有兩種型式,如果熱回收產生的熱水溫度要求必須恒定時,則感測器應安裝於熱水出口處。如果熱回收產生的熱水溫度不是非常重要時,則感測器應安裝於冷凝器的冷卻水入口端來確保冷卻水進入的溫度以保護主機。

室內回風在進入全熱交換器前,可經一風門後直接和外氣混合,不經過全熱交換器。但此種設計不適用於半導體廠的潔淨室空調設計。因為潔淨室內生產過程會產生許多有害的廢氣,這些廢氣應該蒐集之後加以處理,不可和外氣混合後又送回潔淨室內。但是空調空間內如果不會有毒廢氣的產生,則採用此種方式是一種節能的措施。混合風要吹過冷卻盤管前必須先經過以過濾空氣中的微小顆粒,濾網兩側裝有差壓計,目的是對濾網做

差壓監視，一旦差壓太大則表示濾網須更換。

5-6　潔淨室空調系統技術與未來方向

　　潔淨室的空調除了必須滿足產品需求的溫、濕度條件外，對工作者的舒適性和空氣潔淨度等必須顧慮，其他如能源消耗、防振及噪音防制也是考慮因素。

　　潔淨室的潔淨度能否維持在要求的規範，空調系統扮演了主要的角色，因此潔淨室空調系統與一般空調的差異如下：

1. 潔淨室空調須與鄰室維持適當的壓差、送風溫度與室內溫度差距小。
2. 溫濕度要求較高，潔淨室溫度要求 23℃±1℃，濕度 45±1%。
3. 潔淨室對空氣品質要求嚴格，對微塵粒子之過濾和 Na 離子處理必須考慮。
4. 全外氣系統補充新鮮空氣，考慮排放化學品氣體，換氣次數多。
5. 考慮氣流分布均勻。
6. 運轉成本高，由於潔淨室熱負荷大，全外氣系統循環風量大，所以運轉費用相當高。

空調系統設計

　　潔淨室空調系統可分為外氣系統、循環系統和排氣系統，分別說明如下：

1. 外氣系統：外氣系統的主要目的，控制潔淨室的濕度，提供工作人員外界的新鮮空氣，補足機台設備的排氣量和潔淨室的洩漏量，維持潔淨室的正壓條件。
2. 循環系統：循環系統作用為控制潔淨室溫度，並在循環過程中，靠各種濾網捕捉微粒，保持潔淨室的潔淨度。

3.排氣系統:排氣系統為排除設備製程產生的熱量、毒性氣體、酸性
　氣體、有機溶劑等,製程排氣量和新鮮外氣量有密切關係。

設計時以空氣熱力學圖表(psychometric chart)分析,分別於夏季和冬
季之操作點作為設計條件。

夏季時,考慮各年夏季最高溫、濕度,平均為設計點,假設以溫度
35℃,相對濕度60%為設計點,外氣進入經初級濾網過濾空氣、中級濾網、
高級濾網,再經水洗加濕器(將空氣中氮氧化物、硫化物等化學物質去
除),加濕,使相對濕度提升為90%,再經冰水盤管冷卻,控制濕度(露
點溫度10.4度,相對濕度90%),經過冷熱盤管加熱,視運轉需要溫度送
至潔淨室。

冬季時以當地全年冬季最低溫濕度來設計,假設設計溫度為6.5℃,相
對濕度為80%,外氣經過初級濾網,經過加熱盤管加熱至20℃,再經中、
高級濾網後,經水洗加濕至相對濕度75%,再經冰水盤管冷卻至露點溫度
10.4℃,再經加熱盤管,達15℃溫度至潔淨室。

循環系統設計中,由Dry Coil曲線圖,考慮潔淨室各區負載不同,送
出風量和熱量混合後,假設送出循環風溫度為25.8℃,與外氣空調箱送入
15℃風量混合後,溫度為25℃,經Dry Cooling Coil冷卻後,產生23℃風
量,進入潔淨室。

排氣系統,為將製程設備有害物質和熱負荷帶走,潔淨室外氣需求量,
主要來源有二:一、補足排氣所需空氣量;二、維持正壓所需空氣,其中
排氣量多少影響外氣空調箱所需送入風量大小最大,也是影響能源消耗很
大。

潔淨室空調的省能設計

潔淨室的空調特性為全外氣供應,耗能相當大,依數據之統計,潔淨
室的空調系統電力消耗占全廠的一半左右,因此在能源短缺的台灣和生產
成本的控制上,省能設計是空調系統上重要的一環。省能設計的重點如下:

1. 排氣系統

　　有效控制製程排氣量，對排氣系統設計稍為計算調整或控制各風管平衡調整，控制風扇，將可降低不少之負荷；局部排熱設計，針對特殊機台，尤其高散熱源者，採取排熱設計如擴散爐管，以節省空調容量和避免干擾室內溫、濕度；以及採用製程排氣的能源回收技術。

2. 循環系統

　　選用高效率風車系統，降低風管壓損，減少漏氣，風管和管路的保溫保濕。

3. 外氣系統

(1)外氣空調箱運轉效率之改善、設計及選擇適當的空調箱及組合，不但可省能，也能確保系統運轉之良好。

(2)空調箱冰水系統之節能，選用二通閥控制冰水流量，而不要使用三通閥，因為使用二通閥的盤管是變流量、定溫差，三通閥是定流量、變溫差，因此流經二通閥的冰水流量較少而有省能機會。

(3)空調箱冷凝水回收利用。

(4)空調箱再熱溫度的設計，再熱溫度應隨產量或設備發熱量增加而逐步調低，否則太高的過熱溫度，與回風混合後溫度太高，會造成乾盤管來冷卻，造成加熱與冷卻的雙重損失。

(5)考慮冬季時利用外氣，利用外氣之低溫，可減少或完全節省冰水機之用電量。

奈米級潔淨室技術之未來方向

　　潔淨室的功能是提供一適合半導體製程的環境，使潔淨度、溫濕度、室壓、氣流、靜電、電磁場、振動、噪音，達於製程所要求的規格。此外，對潔淨化技術不可忽略的問題之一是成本問題。以國內目前將進入量產之

16M DRAM 而言,其最小加工尺寸為 0.4μm,而 1G DRAM 之加工尺寸為 0.1μm,約為 4 倍的關係。但對微細加工所需之技術瓶頸與障礙卻如指數關係的提高。因此,未來潔淨技術的要求除了不能容許有任何造成產品缺陷或微粒污染外,還需要考慮到成本問題。除了製程設備需要改變之外,勢必採用十二～十五英吋之晶片,以降低成本。此外安置設備的場所以及晶片移動與輸送的環境,也需要有新的概念與考量去做規劃設計。亦即需提供一成本低、效率高,能達到製程要求的超級潔淨室(super clean room),隨著電路圖型的超微細化,潔淨室的空調技術,也將由 HEPA、ULPA 之過濾設計,到 FFU、FMU,配合小環境(Mini-environment)的設計。

表 5-12 所示為深次微米半導體製程所需超潔淨室之環境要求之基準條件,欲生產 Giga Bit 之 DRAM 元件的環境,必須可以在零缺點、高良率之條件下處理 0.1μm 之微小元件,300～350nm² 的晶片尺寸的潔淨室。由於附在晶片表之污染微物,大半是由製程設備而來,因此必須要消除製程設備內之發塵以防止造成晶片缺陷;此外也要以無人的傳送設備具備輸送十二～十五英吋大口徑之晶片,在超潔淨室內裝設更完善的自動化系統,以減少人員與設備所造成之污染。而對於潔淨空調系統而言,最重要的是要開發新型的 ULPA 過濾器,有效地過濾 0.01μm 之微粒,其過濾效率 99.999999%,微粒之捕捉效率幾乎可達到 100%。表 5-13 所示為目前 16M 及 Giga Bit 製程之潔淨室條件比較,對 16M 和 64M 之製程技術 0.05μm 之捕捉,目前已可充分發揮空氣淨化效果。對於 0.01μm 微粒之過濾器,仍有待努力研發。

表 5-12　深次微米半導體製程超潔淨室環境要求之基準條件

項目	基準條件
潔淨度	Process Area：Class<0.1（Particle Size 0.05μm） Service Area：Class 100（Particle Size 0.1μm）
溫濕度	室內條件： 　溫度：23℃±5℃（平面分布） 　　　　23℃±0.2℃（時間分布） 　相對濕度：45%±3%（時間分布） Thermal Chamber： 　溫度：設定值±0.02℃（平面分布） 　　　　設定值±0.01℃（時間分布） 　相對濕度：變動幅±1%（時間分布）
室壓	潔淨室與一般房間之壓差：＋1.5～3mmAq
氣流	垂直單一方向氣流： 　室斷面風速：0.25～0.3m/s±20% 　Filter 面風速：0.3～0.35m/s±20% 　偏流角度：14°以內
靜電	Wafer 帶電：5V 以下 由鞋至地面的綜合偏電抵抗值：$10^5\Omega$ 以上，$10^8\Omega$ 以下 室內隔間材料表面固有抵抗：$10^8\Omega$ 以下
電磁場	EB 曝光機 Area 變動值：1mG（Gauss）以下
振動	Photo，SEM 區域：0.2μm 以下（3～50Hz） 其他區域：0.5μm 以下（3～50Hz）
噪音	60dB（A）以下
微量氣體含量 鹼金屬、重金屬	依 IC 設備種類、製程等，其限定值有異，欲以單一基準表示有困難。惟對影響度高的物資，有必要控制到 ppb（10 億分之 1）之程度。

資料來源：Science Forum。

表 5-13　16M 及 Giga Bit 製程之潔淨室條件比較

		16M	Giga Bit 時代
Wafer 表面	將產生問題之微粒子大小	0.1～0.08μm	0.04～0.01μm
	微粒子密度	0.02 個/cm²	0.002 個/cm²
	容許金屬污染程度	5×10^{10}原子/cm²	3×10^{9}原子/cm²
潔淨室	潔淨度級數	1（0.05μm）	0.01（0.01μm）
	純水中微粒子數	1 個/ml（0.1μm）	1 個/ml（0.01μm）
	氣體中微粒子數	1 個/cf（0.1μm）	1 個/cf（0.01μm）
	化學藥品中微粒子數	10 個/ml（0.5μm）	1 個/ml（0.1μm）
	自動化系統（Fa System）	Cassette 大氣輸送	單片不活性氣體輸送

資料來源：《電子月刊》，1996 年 5 月號，第 2 卷第 5 期。

　　以往潔淨室的空調系統，大都採用中央循環系統，使用大馬力的送風機，將外氣與回風混合送入潔淨室，雖然大型馬達及風車本身效率高，但振動噪音大，必須加裝消音器，且靜壓損失大造成耗電量高，且需要大面積的機械室；而且由於風量於設計時已固定風量，若要重新規劃或改變生產型式將造成相當大的困難。因此利用分區供應潔淨空調來改善，以不同風速的隧道式系統分別供應製程區域（process area）和維修區域（service area），為了利於以後可能需要的生產變化，並節約能源，近年來潔淨室大都採用 FFU 系統，此種系統之優點包括：

　　1. 採用小型馬達與送風機，重量輕、易維修且噪音低。

　　2. 不需大型之消音設備，可節省大量能源。

　　3. 採用分散方式，故隨製程設備配置或變更，更具有彈性。

　　4. 於監控系統上可依單機或機群之監控。

　　5. 投資成本低。

　　6. 天花板上裝 FFU 之空間是負壓，可避免造成污染。

　　7. 潔淨室運轉下，仍能進行更換機組與過濾器。

　　最近日本更積極開發了新型的 FMU 系統，並且已開始實施，使其更具

有彈性，且容易維修，同時節省能源、降低成本。對於潔淨室將來之動向，隨著深次微米的進展，亦將要求更高性能之 FMU 系統。

表 5-14 所示為 FMU 系統與其他方式之優劣比較，可看出其特點為：

1. 送風機採中型風車，效率好且省電，運轉費用低。
2. 出風風速不均勻之情形將會減小。
3. 可確保良好之工作環境。

除了以上所述，高性能、低噪音、省能源，與具有彈性配置之送風設備外，對深次微米製程技術的進展，對潔淨空調系統之設備之能源問題、效率提昇，亦是研究的重要方向，例如，低壓損、高效率過濾器之開發、節省能源的真空泵、風機等機器。

小環境潔淨室的設計

半導體產品其記憶體容量愈來愈大，製程技術不斷細微化、複雜化之下，對潔淨室的潔淨度等級要求也愈來愈高，因此潔淨室的建造成本和運轉成本不斷高漲之際，潔淨室技術已漸漸遠離傳統型態而邁向小環境（mini-environment）的設計。

小環境定義為：「藉由包圍區域將產品和污染、人員隔離，以創造一個新局部環境，即潔淨室的環境中，人和機器設備是發生塵埃的來源，將污染源隔離可有效而穩定的控制污染，創造局部的高潔淨度區。」

小環境的主要好處如下：

1. 降低高潔淨度區域，使得潔淨室的建造成本和運轉成本降低很多。
2. 產品由於有效隔離污染源，使得潔淨度控制更穩定，產品的良率大大提升，產品更具經濟性。
3. 隔離特殊含化學有毒氣體設備，降低人員健康危害。

表 5-14 FMU 系統與其他方式之優劣比較

評估項目（標準分數） 循環方式			個別分散循環方式				Central Circulation System	
			Fan Module Unit（FMU）（4,000m²面積約需 500 台）（評估）（評估分數）		Fan Filter Unit（FFU）（4,000m²面積約需 3,500 台）（評估）（評估分數）		Axial Fan（4,000m²面積約需 30 台）（評估）（評估分數）	
性能 Q（44）	出風風速不均衡性	7	非常少	7.0	少	5.6	比 FMU 大	4.2
	出風氣流之平行性	7	良好	5.6	良好	5.6	良好	5.6
	振動	3	對潔淨室之影響小	3.0	比 FMU 方式控制較難	2.4	需考慮振動對策	2.4
	噪音	3	<62dB	3.0	<62dB	3.0	<62dB（需要裝 Silencer）	1.8
	Flexibility & Mainte Nability 局部潔淨	7	潔淨度之 Up Grade 容易	7.0	（同左）	7.0	循環風車能力已固定	5.6
	Layout 變更	7	潔淨度之 Up Grade 可分段實施	7.0	（同左）	7.0	循環風車能力及風管大小均以最大值設定	4.2
	更新性	7	在 Supply Fan Chamber 內容易對應	7.0	稍有困難（需要補設 Cat-Walk）	5.6	因為大型，故有困難	4.2
	故障時影響度	7	因設置複數台，且同一過濾室，故影響小	7.0	故障區潔淨度之確保較有問題	4.2	對全域之影響不是很大，但風速很多	5.6
	Fan 本體性能	5	風車效率佳	4.0	效率佳，惟比 FMU 差	4.0	風車效率極佳，但靜壓損失大	4.0
成本 C（40）	省電對應	5	可控制風車運轉台數	5.0	需要個別回轉數控制	3.0	可採用 Variable Pitch Control	6.4
	運轉成本	10	在循環系統中靜壓損失小	10.0	比 FMU 小，效率較差	8.0	循環系統之壓損大	6.0
	初期投資費用	7	中～大規模對應佳	7.0	大規模時較不利	5.6	大規模時較佳，專用機械室面積要大	6.0
	循環系統維持費	5	風車台數多	4.0	風車台數非常多	3.0	台數少，惟需定期更換零件	3.0
	空間效率	10	不需專用的風車間	10.0	（同左）	10.0	需要專用之風車間	6.0
交期 D（10）	施工性	5	Unit、Pre-fab 化容易	5.0	（同左）	5.0	現場作業多	4.0
	工期	5	因可 Unit、Pre-fab 化，故可縮短	5.0	（同左）	5.0	Filter Chamber 周邊工作減少	4.0
綜合評估分數		100		96.6		81.0		71.2

　　小環境是從 Class 1,000 或 Class 100 的環境中，去營造出一局部環境為 Class 1 到 Class 0.1 之環境，隔絕了晶片與外在環境的污染源，因此設備和製程上產生的塵埃，變成了主要的新污染源。小環境控制污染必須考慮下列因素：一、氣流型態控制、垂直層流、機具配置、熱源影響流場；二、靜電防制；三、壓差；四、防振、噪音防制、選用 FFU 送風系統；五、選用自動化系統和界面整合。

　　小環境最初設計是將機器設備全部圍起來，會產生設備保養不方便和開門會破壞小環境隔離效果，而後發展只包圍設備控制生產之區域，旁邊還有小空氣循環通道，以維持空氣循環通路，現在的小環境已有自己的新鮮空氣供應系統（FFU系統），所需考慮的只是晶片裝拆步驟的隔離保護。小環境發展朝向包圍區域最小化和設備配置最大彈性化。

　　在晶片裝填和拆下製程上，有人為和自動兩種介面，人為操作成本低，但會影響局部隔離性，自動介面發展出標準機械介面（SMIF），成本較高，目前標準機械介面應用在小環境已很廣泛。

　　小環境組成可分為：一、一個包圍的局部區域環境；二、區域內有空氣供應系統；三、操作和傳送的控制設備（如SMIF）；四、傳遞產品進出製程設備之裝置（如 AGV）。

　　小環境目前應用上分為二種，分別為標準機械介面與小環境型式（mini-environment type）分別說明如下：

1. 標準機械介面

　　　　其構造是將製程設備分成多數區域，每個區域予以組裝成潔淨室 Class 1 或 0.1 的獨立潔淨區，各階段製程在區域內進行，而人員則置身潔淨等級較差的潔淨室，一般為 Class 1,000，各區域晶片傳遞是將晶片放入潔淨室 Class 1 的密閉盒中，以人員利用自動傳送系統送至連接臂再送入製程設備，因晶片的傳遞與產品製造均與外界隔絕且在潔淨室內進行，不易受到微塵污染。

2.小環境型式

Class 1,000 環境中組裝各種獨立的潔淨區,有獨立的空調和回風系統,人員置身較低層次潔淨空間,晶片傳送方式非以連接臂操作,而是以人在潔淨室外操作,優點為建構成本低,缺點是產品傳送不易。

由於半導體製程技術之微細化,將由 half-macro 朝向 quarter-micro 進展,因此半導體廠的成本也成高倍數成長,建廠成本、運轉成本也增加,有效控制成本也成重要課題,小環境技術提供一個比傳統潔淨室降低成本更好的選擇,而潔淨室的自動化設施,更是未來的走向,小環境的自動化發展,潔淨室之自動化,包含製造間自動輸送設備和設備間之自動輸送系統。設備間自動輸送系統,目前發展自動傳遞系統 AGV(Auto-matic Guided Vehide)或 ATS(Automatic Transporta-tion System),有二種型式,一為天花板連架式(ceiling hung),隔牆板與超過濾網接觸密合;另一則為地板支架式(floor support),裝設有風扇式過濾系統。若以地板支架式,則裝有 FFU 系統,使得機具配置較彈性,對設備沒有額外限制,和考慮包含流場、壓力、溫濕度、化學過濾等技術問題。

製造間自動輸送設備,整合標準機械介面(Integrated SMIF),物料操作系統自動化(Automatic Material Handing System, AMHS),AMHS 有兩項優點:一、產品操作一致性,使生產品質提高;二、由 AMHS 之配置、產品的損耗、導引時間降低。

AMHS 控制系統可記錄工作過程等級和標準機械介面夾(SMIF pod)的位置,即未來小環境之自動化,由真空輸送系統之全自動化配合 SMIF 之應用,再利用電腦整合管理(CIM)系統,將開發中的 AVG、SMIF、AMHS,應用於小環境技術上,將可在下一代的製程技術中降低設備投資和運轉成本。

CHAPTER 6

氣體供應系統

6-1 大宗氣體供應設備

　　氣體工業中常用的氣體包括了氧氣、氮氣、氬氣和乙炔、氫氣及二氧化碳。一般乾燥空氣的組成如**表 6-1** 所示，主要由氮（78.09%）和氧（20.94%）所組成，另包含了稀有氣體如氬、氖、氦……等和空氣中之不純物，氧氣、氮氣與氬氣主要是由低溫的冷凍設備將空氣液化後予以分離，製造上需注意氣體中所含的水分與二氧化碳，若未予以去除，在氧、氮等氣體冷凍液化時會凝結為固體而堵住管路。

表 6-1　乾燥空氣的組成

氣體	體積百分比
氮（N_2）	78.09
氧（O_2）	20.94
氬（Ar）	0.93
二氧化碳（CO_2）	0.03
氖（Ne）	0.0018
氦（He）	0.00053
氪（Kr）	0.00011
氫（H_2）	0.00005
氙（Xe）	0.000008

　　空氣中之不純物如：灰塵、懸浮顆粒、水分、碳氫化合物等，一般的空氣分離基本上分為以下幾個步驟：

1. 空氣壓縮

　　空氣經多級式離心壓縮機中加壓（最終壓力大約為 6Kg/cm²g），壓縮所產生的熱由壓縮機之中間冷卻器及後冷卻器移去。

2. 淨化空氣

　　經分子篩吸附器除去空氣中之殘餘水分、二氧化碳及碳氫化合物。

3. 空氣液化

　　空氣經主熱交換器和成品熱交換將空氣冷卻而達到液化溫度。

4. 蒸餾

　　空氣在高壓塔內預先分離成塔底的粗氧及塔頂的氮氣,而繼續在低壓塔內分離出純氧及純氮。

5. 氬氣純化

　　從低壓塔抽取富氬液氧,經粗氬塔分離出粗氬,再經氬氣純化器及精氬塔進一步精製為純氬。

6. 產品儲存

　　液氧、液氮、液氬以微壓方式大量地儲存於儲槽內。

7. 產品加壓

　　氧氣、氮氣、氬氣經加壓至消費者的使用壓力。

製程氣體供應

氮氣供應方式

1. 現場氮氣工廠供氣。
2. 長程管路輸送。
3. 儲槽供應。

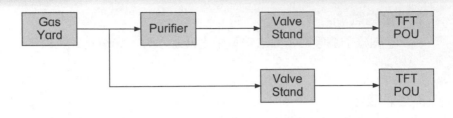

🔔 圖 6-1 　製程氣體供應系統

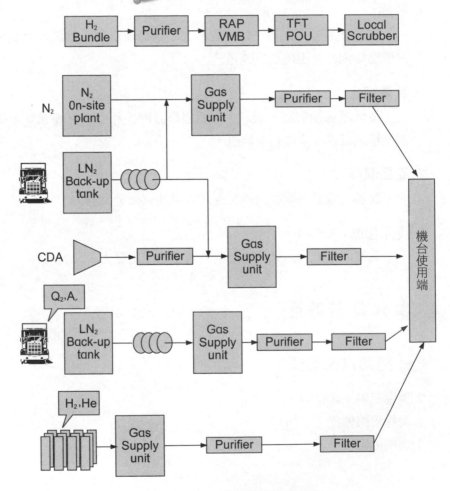

🔔 圖 6-2 　大宗氣體供應系統

 **氧氣供應方式**

1. 液氧儲槽氣化供應。
2. 鋼瓶（組）供應。

 **氫氣供應方式**

拖車儲槽或鋼瓶組

液罐供應設備

液罐供應設備如圖 6-3。

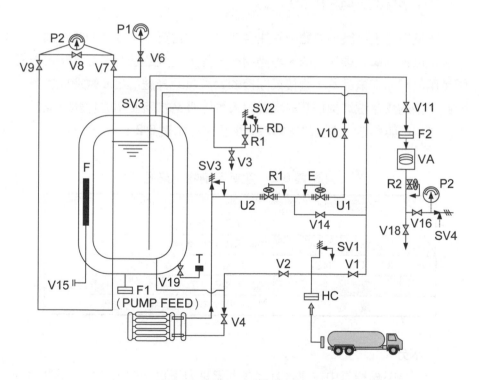

🔴 **圖 6-3　液罐供應設備**

壓縮空氣供應流程

儲氣桶

空壓機吐出之壓縮空氣為定量,須使用穩定供應儲存裝置,即空氣儲槽。空壓機吐出之空氣為脈動狀,為防止因空氣量之變動或壓力調整時,造成輸氣不順,或造成壓縮機運轉不正常。儲槽容量由空氣壓縮機之容量與壓縮空氣使用量及使用壓力決定。

壓縮空氣的品質

空壓機產生之壓縮氣體中往往含有以下的物質:水分、油霧/油氣、一氧化碳、二氧化碳、異味、污染物……等,這些粒子的多寡,將會影響所使用的壓縮空氣品質,直接或間接的對人員的身體或生產線造成影響,因此許多的國家標準機構及組織針對人體呼吸系統所使用的壓縮空氣品質均訂有規範與標準,主要的空氣污染物及來源如**表 6-2**。

表 6-2　空氣污染物及來源

空氣污染物	水源
水　分	凝結(因溫度變化)
油霧/油氣	空氣污染/空壓機潤滑油
CO / CO_2 / NO_x	空氣污染/潤滑油使用過久
異　味	空氣污染
微　粒	空氣污染/空壓機磨損/管路髒污

1. 水分

壓縮空氣中往往含有比在大氣壓力下更多的水分,而這些水分會造成許多不良的影響,直接、間接的使產品品質、生產力下降,

使器具設備機器容易故障。水分與油分接觸後會形成乳化物，產生腐蝕性，破壞油品潤滑、散熱的效果，直接影響機械動作，造成機件損壞。水分會協助氧氣加速氧化，腐蝕機件。由於壓縮後之水分往往與油氣、雜質有過多的化學反應，並不適合人體吸收，因此壓縮空氣如用於人體呼吸系統，其水分應加以去除。

2. 油霧／油氣

　　空氣中油霧或油氣的產生主要是來自於工業生產的排放及汽機車廢氣的排放。空壓機中的潤滑油也會使空壓機的空氣出口端產生油霧或油氣；而油氣的多寡則取決於空壓機出口端的溫度及油的化學成分；油氣通常會在管路中凝結，如果沒有使用過濾系統將油氣過濾的話，在使用端往往會有油氣的存在，壓縮氣體中的油霧或油氣會造成人體的不適，但不會造成立即的傷害，仍應避免。

3. 一氧化碳

　　一氧化碳是壓縮空氣中最危險的污染物。一氧化碳通常會從空壓機的入口端進入，除非有良好的通風設計，否則空壓機本身運轉所產生的排煙將是一氧化碳的主要來源（尤其是引擎驅動的空壓系統）。其次是空壓機本身的潤滑油因受到溫度的影響而分解，使壓縮空氣中含有一氧化碳，一氧化碳之所以是致命的氣體是由於一氧化碳分子與紅血球的結合能力比氧分子高出 300 倍，一旦過量的一氧化碳與紅血球結合後，將造成身體組織極度的缺氧，導致組織嚴重傷害或死亡。

　　去除一氧化碳的方法是使用觸媒（催化劑），其原理是將一氧化碳氧化，使一氧化碳變成二氧化碳；而二氧化碳就可以以吸附的方式加以去除，一氧化碳在進行完整的催化過濾前，必須先將空氣中的水分、雜質粒子及油氣加以排除，否則這些成分將會使一氧化碳催化劑的效果降低。為了確保一氧化碳催化劑的壽命及效率，壓縮空氣必須保持乾燥（人體呼吸空氣的標準中，一氧化碳的含量以

10ppm 為上限，應極力避免過高）。

4.二氧化碳

二氧化碳在大氣中存在的多寡取決於不同的環境，其含量高於一氧化碳，如果含量太高時，也會造成肌肉運動的障礙，由於二氧化碳是可以使用吸附劑將其去除的，因此，只要是安裝有去除二氧化碳的裝置，應可有效的除去二氧化碳（人體呼吸空氣的標準中，二氧化碳的含量以 1,000ppm 為上限）。

5.異味

如果空壓機設置地點正確，又能夠定時加以維護的話，異味應不會自空壓機系統產生。一般而言，異味的來源主要是碳氫化合物（有機化合物，如汽油、煤油、食物……等），而最有效將異味去除的方法便是使用活性碳過濾器，活性碳過濾器必須定時更換才能生效。空氣中多少都存有碳的氧化物、氮、甲烷、氨、硫化物等，這些成分無法用活性碳過濾器徹底去除，而必須使用觸媒或其他吸附劑才能完全將這些成分排除。精密過濾器為了能達到高精密過濾品質，採用了多層不同過濾材質，其中包含了陶磁濾蕊、硼矽酸鹼的纖維層、玻璃纖維層、活性碳纖維層、多層不織布層及不鏽鋼護網層，如此達到無油、無雜質高品質的空氣。

氣體供應設備

1. 冷凍式壓縮空氣乾燥機

(1)不鏽鋼外殼熱交換器

・可防止熱交換器內部生鏽。

・可防止自動排水器因生鏽而阻塞。

・可防止各種過濾器因生鏽而阻塞。

・將一次熱交換器及二次熱交換器做成一體，可節省空氣乾燥機

的空間。

(2)高效率熱交換器

- ‧對向擾流方式：利用擾流管的特殊對向擾流構造，提高其擾流效果，可以達到極高的熱交換效率。
- ‧交錯氣流方式：可減少氣孔阻塞及壓力損失，獲得極高的除溼效果。

2.吸附式乾燥機

在許多應用實驗上，壓縮空氣中的水分，往往是造成高成本的主要原因，為解決因壓縮空氣中水分所造成的損失，如停機或系統損壞、維修成本的提升、不良品的產生等，就必須使用淨化的壓縮空氣。無熱型吸附式乾燥機能徹底解決壓縮空氣中水分所造成的困擾；提供達－ 70℃的壓力露點，去除壓縮空氣中的水分，以適應任何場合的需求。吸附式乾燥機動作原理如下：

空壓機大量的空氣，由入口管徑流入時，通過空氣控制閥；進入兩個乾燥塔中一個的底端，當空氣流通到塔頂時，其中的濕氣會被氧化鋁乾燥劑所吸乾。如此就能使空壓機排出的空氣露點溫度降低到－ 70℃，而達到了除濕的效果。

3.空氣壓縮機

(1)用途

- ‧空氣壓縮機機型的選擇：決定使用壓力 kg/cm^2-G，空壓機的排氣壓力，除以實際使用的壓力外，尚需加上空氣輸送管路及淨化系統的壓降。
- ‧決定實際使用風量（L/min）：空氣量的選擇，應考慮用氣週期、尖端最大風量、儲氣容量、可能之洩漏以及將來擴充計畫等因素，一般可比實際需要多 20%左右為宜。
- ‧選擇適用機型：上述兩項標準決定後，應依使用壓力下「實際排氣量」做為機型選擇，而不應依「活塞變位量」為選擇，一

一般而言單段*0.65，雙段*0.8 即為實際排風量。

(2)原理

- 螺旋式空氣壓縮機：螺旋式空氣壓縮機較其他類型空氣壓縮機具有振動小、噪音低、效率高之優點。

- 往復式空氣壓縮機：單段式空氣壓縮機的使用壓力在 $0 \sim 7kg/cm^2$-G 左右時，它每馬力所產生的排氣量較雙段式空氣壓縮機多，但如超過 $7kg/cm^2$-G 以上時，雙段式空氣壓縮機每匹馬力所產生出的排氣量多，故使用壓力若超過 $8kg/cm^2$-G，建議選用雙段式空氣壓縮機。雙段式空氣壓縮機的使用壓力是在 $7 \sim 35kg/cm^2$-G 之間。因壓縮空氣在第一段壓縮後進入第二段壓縮之間被適當的冷卻及壓縮比較小的關係，所以效率較單段式空氣壓縮機高，較省電。

6-2 半導體廠大宗氣體純化器

大宗氣體（bulk gas）是指N_2/Ar/He/O_2/H_2等使用量較大之氣體。大宗氣體具代表性的不純物是N_2/CO/CO_2/CH_4/H_2/H_2O/O_2/Particle，不純物之種類因不同之大宗氣體而有不同之需求，但是甲烷（CH_4）或總碳氫化合物（THC）之去除能力，一般而言，因成本考量，各純化器廠商會將此項功能表列為選項功能，以下依各氣體種類來介紹精製的方法及其特徵。其中催化及吸附（catalyst/adsorption）利用金屬性之催化劑將大部分之不純物轉化成水氣（moisture）及二氧化碳，然後利用分子篩（M/S）將水氣及二氧化碳吸附在吸附塔中。利用此種原理，將氣體中之不純物從欲純化之氣體中移除。

氮／氬／氦氣純化器

　　催化及吸附型式之氮／氬／氦氣（N₂/Ar/He）純化器（如圖 6-4）是利用催化塔中之鈀（Pd）合金將氮／氬／氦氣中之CH_4/CO/H_2等不純物轉化成H_2O和CO_2，再利用吸附塔中之鎳合金去除 CO/O_2不純物，最後再利用分子篩，吸附去除經催化塔所轉化之H_2O及CO_2。而此種氣體純化器是由數個階段完成純化過程。

　　再生時需額外添加氫氣，利用氫氣之強還原性使原本吸附在分子篩及鎳合金上之不純物進行脫附之反應。但進行再生脫附反應時，為使純化器吸附塔再生脫附反應能有效率的進行，則需額外使用純化器 10～15%額定流量的PN₂/PAr/PHe與氫氣混合，進行高溫倒吹，並將廢氣排放至適當之廢氣排放管中。

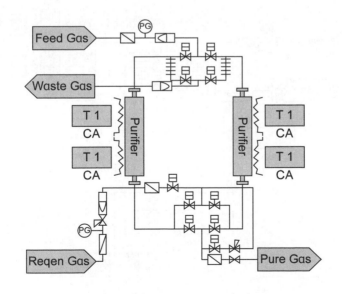

🔵 圖 6-4　氮／氬／氦氣純化器

氧氣純化器

　　催化及吸附型式之氧氣純化器（如**圖 6-5**）是利用催化塔中之鈀合金將氧氣中之CH_4/CO/H_2等不純物轉化成H_2O和CO_2，最後再利用分子篩，吸附去除經催化塔所轉化之H_2O及CO_2。因純化器需利用催化塔中之鈀合金將氧氣中之CH_4/CO/H_2等不純物轉化成H_2O及CO_2，此過程將對氧氣有特殊之消耗以幫助轉化過程順利進行，但消耗並不大。進行再生脫附反應時，為使純化器吸附塔再生脫附反應能有效率的進行，則需額外使用純化器 10～15%額定流量的PO_2，進行高溫倒吹，並將廢氣排放至適當之廢氣排放管中，一般說來，為使純化器更能達到高效率需求，純化器吸附塔皆設計為至少雙塔，當其中一塔進行純化時，另一塔可同時進行再生或等待純化狀態。

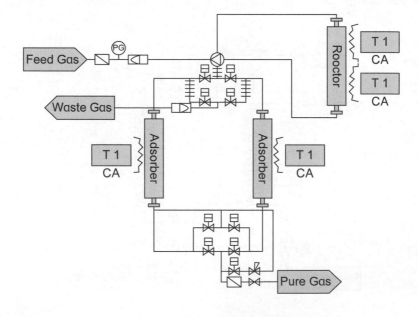

圖 6-5　氧氣純化器

氫氣純化器

　　此種鈀膜式氫氣純化器之主要原理為應用鈀膜之物理特性加以應用，此物理特性為：鈀膜可做到特定之密度及厚度而只讓氫原子能穿透，而對其他各種氣體分子產生阻擋之效果，達到純化之功用。因此，此種鈀膜式氫氣純化器之主要特點需注意：操作溫度、薄膜厚度、氣體壓降、氣體流量。針對半導體或電子業界之使用，氫氣純化器之流量需求大過以往之要求，此種鈀膜式氫氣純化器將面臨非常大之考驗，因為當流量需求上升時，此種鈀膜式氫氣純化器之相對初購成本將大幅提高。此種鈀膜式氫氣純化器之優點為非常高之純化效率，即使連一般之最難去除之N_2/Ar/He 及其他一般較易去除之不純物，皆能輕易去除。

冷凝式氫氣純化器

　　冷凝式（cryogenic）氫氣純化器係利用液態氮作為冷媒，將待純化氫氣中所有之不純物予以沉降及分離之方式。此種冷凝式氫氣純化器之原理：係利用各種氣體分子間，相同壓力下會有不同沸點（B. P.）之特性予以沉降及分離。針對半導體或電子業界使用氫氣純化器之流量需求大之要求，此種冷凝式氫氣純化器不是問題，其最高設計流量可達 $500Nm^3/hr$。而由於此種冷凝式氫氣純化器操作溫度低，是一種極安全之設計。且此種冷凝式氫氣純化器之優點為非常高之純化效率，即使連一般之最難去除之 N_2/Ar/He 及其他一般較易去除之不純物，皆能輕易去除。

傳統型式氫氣純化器

　　傳統型式（catalyst/adsorption）氫氣純化器（如圖 6-6）係利用吸附塔中之鎳合金，以催化去除CO/O_2不純物，最後再利用分子篩，吸附去除H_2O及CO_2。但其缺點為一般純化器中常用之鈀合金加熱催化以去除碳氫化合物之方式，在氫氣純化領域中完全不適用，甚至可能會有爆炸之危險，所以

此種傳統型式之氫氣純化器無法保證純化器出口之碳氫化合物之讀值是否能符合規格。

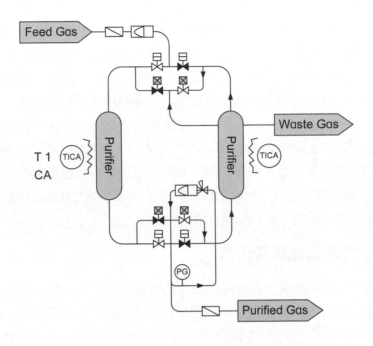

圖 6-6　傳統型式氫氣純化器

氬／氦氣吸氣式純化器

此種吸氣式（getter）純化器之反應原理是用鋯（Zr）合金N_2/CH_2/CO/H_2/H_2O/NMHC/CO_2/O_2等待純化氣體中不純物，利用化學反應方式，轉化成ZrC/ZrH/ZrO/ZrN等化合物，由於Ar/He沒有化學性反應，所以不會與吸氣式純化器產生反應。吸氣式純化器本體使用壽命需視進口不純物濃度之高低，一般約為 1～2 年。此種吸氣式純化器之優點為非常高之純化效率，即使連一般較難去除之 N_2 及其他一般較易去除之不純物，皆能輕易去除。

6-3　各類毒性氣體特性

特殊氣體的種類一般可分為腐蝕性、毒性、可燃性、助燃性、惰性等，一般常用的半導體氣體分類如下：

1. 腐蝕性／毒性：HCl、BF_3、WF_6、HBr、SiH_2Cl_2、NH_3、PH_3、Cl_2、BCl_3等。

2. 可燃性：H_2、CH_4、SiH_4、PH_3、AsH_3、SiH_2Cl_2、B_2H_6、CH_2F_2、CH_3F、CO 等。

3. 助燃性：O_2、Cl_2、N_2O、NF_2等。

4. 惰性：N_2、CF_4、C_2F_6、C_4F_8、SF_6、CO_2、Ne、Kr、He 等。

其中很多氣體具有二項以上的特性，如腐蝕性氣體，一般而言亦同時具有毒性，PH_3 則具有腐蝕性和毒性外，亦具有可燃性，是相當危險的一種氣體，若期望對氣體供應系統做出較佳的規劃設計，對氣體特性要有相當的瞭解，可參考表 6-3。

表 6-3　奈米實驗室使用氣體特性對照表

化學式	中文名稱	易燃	非易燃	助燃	窒息	毒性	氧化性	腐蝕性
H_2	氫氣	√						
N_2	氮氣		√		√			
O_2	氧氣			√			√	
He	氦氣		√		√			
CF_4	四氟化碳		√		√			
CH_4	甲烷	√						
Ar	氬氣		√		√			
NO	一氧化碳					√	√	√
NF_3	三氟化碳		√			√	√	
SiF_4	四氟化矽					√		√
WF_6	六氟化鎢					√		√
Si_2H_6	二矽乙烷	√				√		
PH_3	磷化氫	√				√		
B_2H_6	二硼烷	√				√		
SiH_4	矽甲烷	√				√		
GeH_4	四氫化鍺	√				√		
NH_3	氨	√				√		√
SF_6	六氟化硫		√		√			
HCl	鹽酸					√		√
Cl_2	氯					√	√	√
HBr	溴化氫					√		√
N_2O	一氧化二碳（笑氣）		√				√	
$SiCl_4$	四氯化矽					√		√
BCl_3	三氯化硼		√			√		√
SiH_2Cl_2	二氯矽烷	√				√		√
CHF_3	三氟甲烷		√		√			
C_2F_6	六氟乙烷		√			√		
C_4F_8	八氟環丁烷		√		√			
D_2	氘氣		√		√			

6-4 特殊氣體管路設計

　　管路設計時需考量輸送的距離，距離愈長，成本愈高，風險也愈高，在用量的設計方面，則需考量使用點的壓力與管徑的大小。管路型式依氣體特性設計，惰性氣體使用一般的單層管，腐蝕性、可燃性、毒性則可考慮雙套管。雙套管的內／外管材質通常為 SUS 316L EP/SUS 316L AP，其設計的主要目的能將由內管滲漏的氣體阻絕於內外管，並利用相關的檢知設備進行偵測。管路的材質則依使用的需求進行選擇，若為製程用的反應氣體則選擇高等級的316L EP管，經電解拋光（Electro-polished, EP）處理。

各類管材與閥件

半導體廠務氣體系統常用管件

　　半導體廠務氣體供應系統中，管件的材質依氣體特性進行選擇，惰性氣體使用一般的 SUS 316L EP/SUS 316L BA 單層管，腐蝕性、可燃性、毒性氣體則使用 SUS 316L EP/材質並可考慮雙套管，但因其製作成本高，除非具自燃爆炸或極毒性的危險氣體，如SiH_4、PH_3、AsH_3常以雙套管製作外，其餘危險氣體可再行考量使用單層管。雙套管的內外管材質通常為 SUS 316L EP/SUS 316L AP。在零組件的選擇上，大原則是除了材質外其內部平滑度處理及清洗過程都應與管材等級相匹配，否則使用了不當的零組件甚至不當的連結方式，都可能破壞整個管路系統的一致性而影響供氣品質。

管材內壁處理

1. EP 級：電解拋光處理，耐腐蝕、管表面粗糙度低，約為 0.3〜0.8μm。

316L EP管因平整度高，不容易形成微渦流而將污染粒子帶出，常使

用於製程用的反應氣體。

2. BA 級：光輝燒結退火（Bright Anneal, BA） 處理管表面粗糙度較高，約為 $3 \sim 6 \mu m$。316L BA 管則常使用於和晶片接觸但不參與製程反應的氣體，如 GN_2、CDA 等。

3. AP管：退火及酸洗（Annealing & Picking, AP）處理，管表面未經特殊處理（潔淨室焊接用管件必須經過清淨處理），用於不作為供氣管路的雙套外管與製程無關之管件。

管件拋光法及表面粗度等級

一般管件 EP 級與 BA 級的判斷許多僅以表面粗度衡量，這樣是非常籠統且不正確的，管件性能優劣的判斷標準除表面粗度外，必須再加入晶粒尺寸及金屬氧化鉻薄膜之測定。通常表面粗度之度量探針無法深入基材原始凹洞，而晶粒尺寸的大小影響晶粒排列的緊密度既直接關係基材原始凹洞的多寡，此與金屬表面氧化鉻薄膜的厚薄一樣對高腐蝕、氧化性等氣體之抗腐蝕、抗裂解性有著重大的影響。在測定管件表面狀態時建議以電子顯微照相（SEM）檢查管件表面缺陷（晶界侵蝕、加工痕跡、刮傷等現象）。目前以 SEM 測試最能表達整批管件內部不鏽鋼表面狀態品質，通常針對不同爐號與成品尺寸做測試。

Tube、Pipe

業界通稱以管外徑規格標準為 Tube，以管內徑規格標準為 Pipe，惟此種說法並不正確，Tube（1/8 吋～6 吋）與 Pipe（10A～300A）均各有其管內外徑之規格標準。通常較理想的設計流速為一般氣體小於 20ml/sec，可燃性氣體小於 10 ml/sec，腐蝕性／毒性氣體則小於 8 ml/sec。在用量的設計方面則需考量使用點的壓力與管徑的大小，在使用點一般為 1/4 吋～3/8 吋。

 閥門（valve）

1. Diaphragm valve

　　有 EP/BA 級（1/8 吋～1 吋），潔淨度（腔體死角少，潔淨容易）但因結構問題僅能提供小流量，適合惰性、腐蝕性、可燃性、毒性等製程反應氣體使用。其中調整器有 EP/BA 級，屬 Diaphragm valve 其隔膜每秒動作萬次，要考慮耐用度，為調整氣體 Source 到 use point 壓力用。

2. Bellows valve

　　有EP/BA級（1/8 吋～6 吋），潔淨度較低（腔體死角多，潔淨較困難）但因結構問題可提供大流量，適合惰性等非製程反應氣體使用。

3. Ball valve

　　有 BA 級（1/8 吋～6 吋），潔淨度較低（腔體死角多，潔淨較困難）但因結構問題可提供大流量，適合惰性等非製程反應氣體使用。

4. Niddle valve

　　有 BA 級（1/8 吋～1 吋），基本構造與 Bellows valve 一樣，潔淨度較低（腔體死角多，潔淨較困難）惟其設計可供微調流量控制。

5. Check valve

　　有 Tube（1/8 吋～6 吋）、Pipe（10A～300A）EP/BA 級之單向檢查閥，為防止氣體逆流之安全裝置。

套管（piping）

1. Coaxial piping（雙套管）

(1)適用氣體：SiH_4、PH_3、B_2H_6、AsH_3 等毒性較強氣體。

(2)特點：

· 較高的成本（材料及施工費）。

· 特殊材料及組件之交貨期。

· 部分零件可能須事先訂做。

· 更長的施工期。

2. Bellow piping

通常為廢氣排放管，做為 pump and local scrubber 連結用，在排放腐蝕性、可燃性、毒性等製程反應廢氣時材質的選擇要特別注意。

過濾器

有 Tube（1/8 吋～6 吋）、Pipe（10A～300A）EP/BA 級，供過濾各種氣體微粒子使用之潔淨裝置。

Fitting

有 Tube（1/8 吋～6 吋）、Pipe（10A～300A）EP/BA 級，針對 Swagelok、VCR（Vacuum Couplin Retainer）、焊接等管件連接方式，設計供使用連結的各式彎曲、直列角度管材。

各種零件連結方式種類

1. VCR

洩漏率低，約為 10～9 atm cc/sec，且耐壓較高，常用於製程用的危險氣體。業界操作要領常以手工具緊定後再用力上緊 1/8～1/4

圈為標準，此種方式雖然簡便，但因每一施工人員力量各異，沒有一定的標準，所以建議仍應以扭力扳手作業較標準。

2. Swagelok

洩漏率較高，約為10^{-6}atm cc/sec，且耐壓較 VCR 低，常用於不具危險性的氣體。業界操作要領常以手工具緊定後再用力上緊 1.25～1.5 圈為依據，此種方式雖然簡便，但因每一施工人員力量各異，沒有一定的標準，所以建議仍應以間隙量規作業較標準。

3. RHP Fitting

目前已有很多廠商發展出洩漏率更低的接頭方式，本項以 RHP Fitting 介紹，其洩漏率約可到達 10^{-10}至 10^{-14} atm cc/sec 以上，基本上其安全性已足夠取代焊接的方式。

6-5　特殊氣體的供應方式

特殊氣體的供應方式截至目前為止，幾乎皆用鋼瓶的方式進行，一般常用的為高壓鋼瓶，但依其填充的氣體特性又可分為氣態與液態鋼瓶，一般氣體如為氣態鋼瓶，其填充壓力亦高，氣體以氣態儲存於鋼瓶內；低蒸氣壓的氣體則以液態儲存於鋼瓶內。

針對不同特性的氣體，建議分別規劃獨立的供應區域，一般可分成三區：毒性／腐蝕性氣體區、可燃性氣體區、惰性氣體區，將相同性質的氣體集中加強管理，可燃性氣體區需特別規劃防爆牆與洩爆口，若空間不足時，可考慮將惰性氣體放置於毒性／腐蝕性氣體區，或放置於可燃性氣體區。

氣瓶櫃定義

一個金屬密閉容器，目的在提供局部排氣通風以保護氣體鋼瓶不會著

火、防止氣瓶櫃外之火源著火及保護周圍不因氣瓶櫃之火源而著火，並限制火源於其內部。

氣瓶櫃內的鋼瓶數設計可分為三種，分別為單瓶、雙瓶、三瓶。單瓶的設計常使用於研究機構或實驗室等，製程未有量產之考量，氣體使用量小，現場可隨時協調停機進行鋼瓶之更換，其優點為簡單、節省空間、成本低，但需透過日常之管理與協調以避免中斷製程，造成損失。雙瓶與三瓶常用於量產工廠，製程不允許停機的狀況，當一支鋼瓶使用完後，另一支待機中的鋼瓶將自動上線供應，並發出更換鋼瓶的警報。

氣瓶櫃的操作執行動作

1. 前置沖吹（pre-purge）：主要為利用一般氮氣（General N_2 , GN_2）的流動經過真空產生器造成管路內的負壓，抽出氣瓶櫃盤面管內的特氣，再利用通入PN_2稀釋管壁內殘存的微量特氣，反覆執行此項沖吹與稀釋的過程。

2. 後置沖吹（post purge）：通常以PN_2進行保壓測試管路是否洩漏，確認鋼瓶接頭與管路的銜接良好，並進行PN_2的反覆沖吹，將更換鋼瓶時滲入的污染物去除。

3. 上線沖吹（process purge）：主要目的是將清潔用的PN_2清除，並送製程氣體上線；此過程則反覆利用製程氣體的沖吹，將清潔用的PN_2予以徹底的排除。

4. 更換鋼瓶：通常由四個主要步驟來完成，pre-purge→更換鋼瓶→post purge→process purge。

氣瓶櫃閥件重要組件

1. 氣動控制閥：以GN_2或 CDA 進行控制。

2. 手動控制閥：主要當作第二道的防護，如管路的出口。

3. 逆止閥（check valve）：防止特氣倒灌入清潔用的PN_2和抽氣用的GN_2管路。

4. 調壓閥（regulator）：用於調整並控制供應的氣體壓力。

5. 真空產生器（vacuum generator）：利用GN_2的快速流動產生吸引的負壓，將管路中的氣體帶出，以達到抽氣的目的。

6. 氣體過濾器（line filter）：裝於供氣的出口處，用以過濾掉氣瓶櫃閥件組可能產生的污染粒子，以確保供氣品質。

7. 限流孔（orifice）：是一項簡易又有效的過流量控制裝置，用以限制大量的氣流量通過，裝設於通風口的排氣管上，其主要防止特氣通風時的大量排放，造成區域式廢氣處理系統無法負荷的狀況發生。

氣瓶櫃防護設計

1. 氣瓶櫃外罩的防火與防爆設計、抽氣裝置。

2. 火焰偵測器、消防灑水頭、氣體洩漏偵測器。

3. 自動旋轉式鋼瓶手動閥關斷器、過流量關閉裝置、通風限流孔。

4. 現場與遠端的手動緊急關斷開關等。

5. 廢氣處理系統：氣體大量洩漏時的外圍防護設計。

氣瓶櫃防護設計概念如圖 6-7。

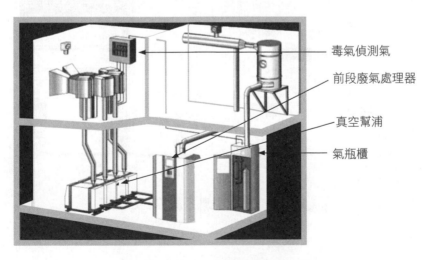

毒氣偵測氣

前段廢氣處理器

真空幫浦

氣瓶櫃

圖 6-7　氣瓶櫃防護設計概念

 控制系統設計

目前普遍採用每台氣瓶櫃皆由獨立的單機 PLC 控制，並可透過 PLC 的通訊介面，將設備上所有的訊息納入整廠中央監控系統與相關的周邊系統進行整合，以建構一個安全性極高的氣體供應系統設計，包括：

1. 氣體洩漏偵測系統。

2. 緊急遮斷系統。

3. 廣播系統。

4. 消防系統。

氣體供應系統控制如圖 6-8。

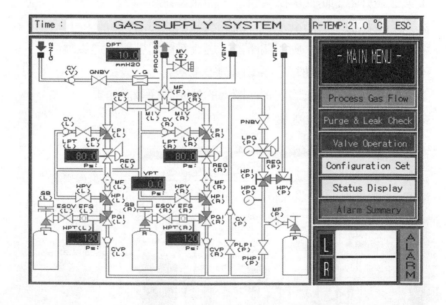

圖 6-8　氣體供應系統控制示意圖

6-6　氣體監測器介紹

　　氣體監測器係指可在短時間內偵測出待測氣體是否存在或待測氣體濃度的直讀式儀器，此類儀器可提供待測物的濃度值，一般人員即可操作。此種儀器可幫助人們避免高濃度化學災害（工業安全）、減少低濃度毒性化學物質暴露（工業衛生）或有效進行污染減量（環境保護）。

　　氣體監測器的應用範圍如**表 6-4**。

表 6-4　氣體監測器的應用範圍

工業安全	高壓、毒性氣體監控	氣體鋼瓶管件、儲槽之洩漏監控
	整廠監測系統	整廠工安監控
	移動式測爆器	突發洩漏之偵測、管線洩漏之巡檢
	密閉場所作業前偵測	入槽作業、人孔作業前量測 CO、O_2 等氣體的含量，確保人員之安全
衛生工業	固定式人員暴露偵測器	測量各定點氣體污染物之濃度
	可攜式人員暴露偵測器	評估各工作人員氣體暴露狀況
環境保護	排放管道	工廠排放管道污染物種類，濃度之測量
	工廠周界	工廠周界逸散氣體監測
	大氣環境	空氣汙染監測站，各指標污染物之偵測
其他	移動污染源	汽機車排放氣體監測
	研究	太空星球大氣組成偵測

監測器分類與原理

典型電化學式監測器

　　主要組成元件包括：濾片、半透膜、電解液與電極。當監測目標氣體擴散進入半透膜，溶解在電解液中，接觸到作用電極，而形成電路，根據電流變化或電位變化去偵測濃度。

加羅瓦尼克電池式監測器

　　加羅瓦尼克電池式監測器如圖 6-9。

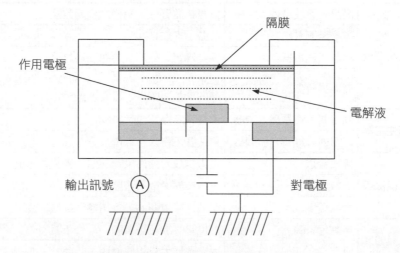

圖 6-9　加羅瓦尼克電池式監測器

化學式紙帶

化學式紙帶表面塗有特殊藥劑，只針對特定的氣產生反應。

可攜式毒氣偵測器

可攜式毒氣偵測器具有輕便可適應各式空間等個人化的優點如下：

1. portable detector（攜帶方便）。

*2.*實驗室、工廠應變中心使用（double check）。

*3.*偵測氣體種類更換方便。

*4.*操作方便（更換不同 chemkey、試紙帶即可偵測不同氣體）。

毒氣偵測系統比較

*1.*電化學式（RIKEN）

　(1)優點：反應速度快、設置及運轉成本較低。

　(2)缺點：

　　　‧準確度及精確度不高。

　　　‧電子訊號易受干擾（誤動作）。

　　　‧偵測到洩漏氣體時，無法留下證據。

*2.*化學式紙帶（MDA）

　(1)優點

　　　‧適合於毒性極強之氣體偵測（AsH_3 0.3ppb）。

　　　‧適合於環境監測──試紙帶具有選擇性，不會造成不正確的結果。

　　　‧減少爭議──反應後試紙帶會產生顏色變化，是最佳的證據。

　(2)缺點：運轉成本高。

監控軟體的功能

*1.*即時警報

　(1)即時警報表單。

　　　警報顏色：　紅色　　　　重警警報

　　　　　　　　　粉紅色　　　輕警警報

淺藍色　　斷線警報

深藍色　　警報消失再次發生

(2)警報確認鍵，確認後警報顏色變為黑色。

2.濃度警報

(1)濃度狀態切換鍵，各偵測點將顯示目前濃度值。

(2)濃度值達重警警報（顯示紅色閃爍）。

(3)濃度值達輕警警報（顯示黃色）。

(4)偵測器斷線警報（顯示灰色閃爍，無數值顯示）。

3.歷史警報

歷史警報保留三個月發生過的警報：

(1)警報內容

Date	日期（月／日／西元年）
Time	時間（時／分／秒）
Type	警報類型
Oper	使用者
Cmt	警報註解（地區，氣體）
Name	警報點名稱
Group	發生警報樓層
Val	警報發生數值（氣體濃度）
Limit	產生警報條件數值

(2)歷史曲線

・各區氣體偵測點，點選以顯示目前時間之前的歷史曲線。

・歷史曲線顯示視窗，X 軸為歷史時間，Y 軸為濃度數值，點選視窗以顯示歷史曲線參數設定。

・濃度數值範圍調整，以顯示部分範圍內濃度數值。

・時間標線，顯示標線位置時間。

・時間範圍調整，調整歷史曲線的時間範圍。

・即時列印目前顯示螢幕上的圖形。

生物處理有機廢氣

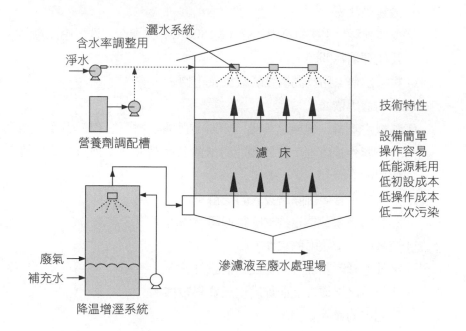

含水率調整用
灑水系統
淨水
營養劑調配槽
濾　床
降溫增溼系統
廢氣
補充水
滲濾液至廢水處理場

技術特性

設備簡單
操作容易
低能源耗用
低初設成本
低操作成本
低二次污染

圖 6-10　生物處理有機廢氣方法

1. 氣狀污染物控制機制吸收：

   藉由氣液接觸使氣體溶入液體當中。

   (1)吸附：利用固體表面之作用力將流體中某些特定物質濃縮於固體表面。

   (2)燃燒：將污染物加熱氧化以降地污染物毒性與活性。

   (3)觸媒反應：在常溫下讓氣體反應。

   (4)電漿處理：以電漿攻擊污染物使其分解。

2. 各類洗滌器構造、動作機制、選用時機、使用時機

   (1)乾式：廢氣處理過程中沒有使用液體吸收，多以燃燒、觸媒催化、

吸附材吸附。

(2)濕式：以水作為吸收劑，吸收易溶於水的廢氣，對於壓損及水質酸鹼應注意。

(3)乾濕式混合：先以高溫燃燒（約800°C）後進行水洗，應注意漏水及能源消耗問題。

(4)電漿處理：用於高濃度的氟氯碳化物。

3. 風機的選用依據

(1)風機之葉輪，風機之外殼，須為耐蝕層之材質製作。表面須為具有防紫外線處理，使風機能耐酸鹼及長時間在室外無遮蔽環境下使用。

(2)須有排水管，排除所吸入的洗滌水。

(3)設計的靜壓，須足夠支應整個廢氣處理系統之需求。

(4)交貨時，須檢附的文件。

- 外型圖附基礎、配管及結構設計。
- 認可之風機性能曲線或性能資料數據。
- 完整的零件組表。
- 安裝、操作及維修手冊。
- 檢驗及測試項目。

4. 負壓與流量：風機性能曲線或性能資料數據

(1)在風機性能總表中找出最合適的 FRP 風機型號。

(2)依據所選出的風機型號，在個別的性能曲線表上可查出在 20°C 時氣體的概略馬力，概略迴轉數。

5. 洗滌塔的類型：直立式洗滌塔與臥式洗滌塔。

6-7 空氣呼吸系統

呼吸防護具的使用原則是「不到最後關頭，不予使用」。為使勞工不

受作業場所空氣中有害物的危害，事業單位必須採用各種防護措施，這些措施可採用於危害源、有害物傳輸途徑或勞工，使有害物不致進入人體造成危害，呼吸防護具就是用於勞工的一種措施，其方式有：採用壓縮機充填呼吸器、採用中央供氣系統面罩式、壓縮機充填呼吸器及中央供氣系統面罩式兩者兼用。

使用時機

1. 臨時性作業、作業時間短暫、作業期間短暫。
2. 清掃或通風裝置的維護、保養、修護工作。
3. 坑道、儲槽、管道、船艙等內部工作場所。
4. 緊急意外事故逃生或搶救人命。
5. 採用工程控制仍無法將危害物濃度降低至容許濃度之下。
6. 製程本身無法採用工程控制措施。

呼吸防護器具

1. 呼吸防護器具種類

(1)供氣式呼吸防護具：以乾淨安全之空氣源供配戴者使用。

(2)淨氣式呼吸防護具

・以濾材過濾空氣中的危害物，濾材種類見**圖 6-11**。

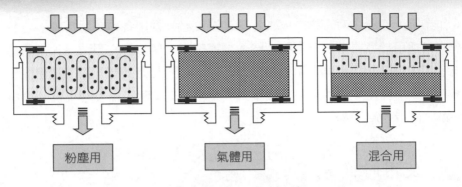

| 粉塵用 | 氣體用 | 混合用 |

圖 6-11　濾材種類

・粒狀物：衝擊、擴散、攔截、沉降、靜電吸引。
・氣狀物：吸附、吸收、觸媒反應。

(3)特殊型式呼吸防護具

呼吸防護具分類如圖 6-12。

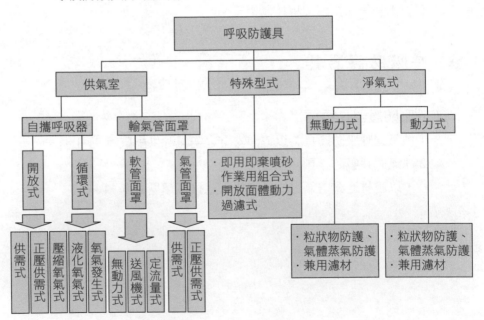

圖 6-12　呼吸防護具分類

2.呼吸防護器具選用

呼吸防護器具選用如**圖** 6-13。

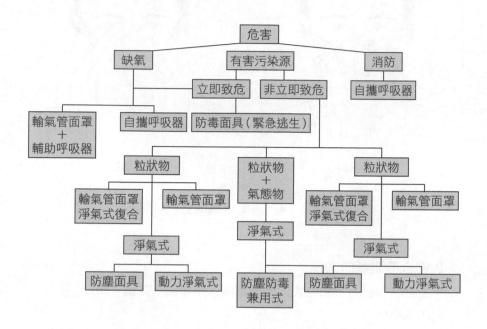

圖 6-13　呼吸防護器具選用

密合度檢點

1.密合度測試的時機

(1)首次使用呼吸防護具或重新選用呼吸防護具後。

(2)每年至少進行一次。

(3)佩戴者的體重變化達 10%以上時。

(4)面體下的顏面產生疤痕或其他顯著變形。

(5)佩戴者裝置假牙或失去牙齒。

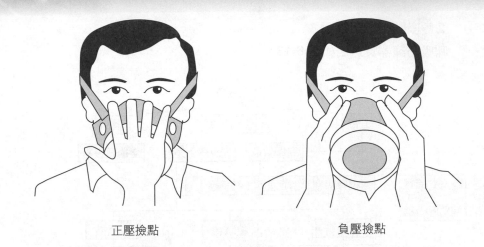

<table>
<tr><td>正壓撿點</td><td>負壓撿點</td></tr>
</table>

圖 6-14　正壓檢點與負壓檢點

2.密合度測試的方法

密合度測試的方法包含正壓檢點與負壓檢點，如圖 6-14。

(1)正壓檢點

- 佩戴者將出氣閥以手掌或其他適當方式封閉。
- 緩慢吐氣。
- 若面體內的壓力能達到並維持正壓。
- 檢查空氣是否有向外洩漏的現象。
- 若無上述情況，表示面體與臉頰密合良好。

(2)負壓檢點

- 佩戴者使用適當的方式阻斷進氣。
- 使用手掌遮蓋吸收罐或濾材進氣位置。
- 取下吸收罐再遮蓋進氣口。
- 使用不透氣的專用罐取代正常使用的吸收罐。
- 緩慢吸氣，使得面體輕微凹陷，具無空氣內洩的跡象，即可判定防護具通過檢點。

特殊氣體及化學品供應系統

半導體晶圓的生產製程中，要使用許多不同類別的特殊氣體與化學品，若不適當處理，則會對製程產生不良的影響，且會對人體造成傷害。本章將分成特殊氣體和化學品供應系統兩部分，說明奈米、半導體級廠特殊氣體、化學品之特性、排放與其監測系統與安全考量。

7-1 特殊氣體簡介

特殊氣體有關名詞釋義

特殊氣體可依氣體的性質、狀態分成高壓氣體、可燃性氣體與毒性氣體三類，茲分別定義如下：

特殊氣體分類與定義

1. 高壓氣體：又可分為壓縮氣體、液化氣體與溶解氣體三類：壓縮氣體是指在常用溫度下，表壓力（以下簡稱壓力）達 $10\,kgf/cm^2$ 以上之壓縮氣體或溫度在 $35°C$ 時之壓力，可達 $10\,kgf/cm^2$ 以上之壓縮氣體，但不含壓縮乙炔氣。而液化氣體是指在常用溫度下，壓力達 $2\,kgf/cm^2$ 以上之壓縮乙炔氣或溫度在 $15°C$ 時之壓力可達 $2\,kgf/cm^2$ 以上之壓縮乙炔氣。溶解氣體是指在常用溫度下，壓力達 $2\,kgf/cm^2$ 以上之液化氣體或壓力達 $2\,kgf/cm^2$ 時之溫度在 $35°C$ 以下之液化氣體。除了上述規定者外，溫度在 $35°C$ 時，壓力超過 $10\,kgf/cm^2$ 以上之液化氰化氫、液化溴甲烷、液化環氧乙烷或其他中央主管機關指定之液化氣體。

2. 可燃性氣體：係指丙烯晴（C_2H_3CN）、丙烯醛（C_2H_3CHO）、乙炔（C_2H_2）、氨（NH_3）、一氧化碳（CO）、乙烷（C_2H_6）、乙胺（$NH_2C_2H_5$）、乙苯（$C_6H_5C_2H_5$）、乙烯（C_2H_4）、氯乙烷（C_2H_5Cl）、氯甲烷（CH_3Cl）、氯乙烯（C_2Cl_4）、環氧乙烷（C_2H_4O）、環氧丙烷（C_3H_6O）、氰化氫（HCN）、環丙烷（C_3H_6）、二甲胺（$NH(CH_3)_2$）、

氫（H₂）、三甲胺（N（CH₃）₃）、二硫化碳（CS₂）、丁二烯（C₄H₆）、丁烷（C₄H₁₀）、丁烯（C₄H₈）、丙烷（C₃H₈）、丙烯（C₃H₆）、溴甲烷（CH₃Br）、苯（C₆H₆）、甲烷（CH₄）、甲胺（NH₂CH₃）、二甲醚（CH₃OCH₃）、硫化氫（H₂S）及其他爆炸下限在 10%以下或爆炸上限與下限之差在 20%以上之氣體。

3. 毒性氣體：係指丙烯晴（C₂H₃CN）、丙烯醛（C₂H₃CHO）、二氧化硫（SO₂）、氨（NH₃）、一氧化碳（CO）、氯（Cl₂）、氯甲烷（CH₃Cl）、氯丁二烯、環氧乙烷（C₂H₄O）、氰化氫（HCN）、二乙胺（NH（C₂H₅）₂）、三甲胺（N（CH₃）₃）、二硫化碳（CS₂）、氟（F₂）、溴甲烷（CH₃Br）、苯（C₆H₆）、光氣（N₂O）、甲胺（NH₂CH₃）、硫化氫（H₂S）及其他容許濃度（係指勞工作業環境空氣中有害物質容許濃度標準規定之容許濃度。）在百萬分之二以下之氣體。

儲存高壓氣體容器分類

儲存高壓氣體的容器依使用狀態可分為殘氣容器、超低溫容器、低溫容器、儲槽、氣體設備、高壓氣體設備、處理設備、減壓設備等，茲分別說明如下：

1. 殘氣容器：係指灌裝有高壓氣體之容器，而該氣體之質量未滿灌裝時質量之二分之一者。

2. 超低溫容器：係指可灌裝 － 50℃以下之液化氣體，並使用絕熱材料被覆，使容器內氣體溫度不致上升至超過常用溫度之容器。

3. 低溫容器：係指使用絕熱材料被覆或利用冷凍設備冷卻，使容器內氣體溫度不致上升至超過常用溫度，供作灌裝液化氣體之前以外之容器。

4. 儲槽：係指固定於地盤之高壓氣體儲存設備。

5. 氣體設備：係指製造設備（不含與製造有關所用之導管）中擬製造之高壓氣體之氣體（包括原料氣體）流通之部分。

6. 高壓氣體設備：係指氣體設備中有高壓氣體流通之部分。

7. 處理設備：係指以壓縮、液化及其他方法處理氣體之高壓氣體製造設備。

8. 減壓設備：係指將高壓氣體變換為非高壓氣體之設備。

特殊氣體之製程

茲將氣體工業中常用的特殊氣體包括乙炔（C_2H_2）、氫氣及二氧化碳，將其製程作一說明：

乙炔

將碳化鈣與水反應後即可製造乙炔而氫氧化鈣即成為副產品；或同時以熱或電弧裂解碳化氫亦可產生乙炔；或使用甲烷與氧氣作部分之燃燒亦可製造乙炔。

氫氣

將蒸汽通入熱紅的鐵材時，會使蒸汽變成氫氣及伴隨有氧化鐵形成；或蒸汽與煤焦或煤碳反應時亦可作為氫氣製造的一種方式，而一氧化碳即為另一產品。氫氣亦可藉石油化學煉製時的裂解過程中的一項副產品，天然氣及輕質碳氫化合物亦可作為原料與蒸汽在催化劑下反應產生氫氣。

二氧化碳

在商業上，大規模製造二氧化碳可使用下列方法：

1. 由含碳物質（燃料油、燃料氣、焦碳等），在鍋爐下燃燒，其煙道中，約含有二氧化碳 10～18%。

2. 在石灰窯中，將碳酸鹽燒成石灰時之副產品，其所含之二氧化碳約為 10～40%。

3. 發酵工業（如酒精製造），其副產品氣體約含二氧化碳達 99%。

表 7-1　特殊氣體材料特性表

名稱		分子量	氣體 存在狀況	性質	容許 ppm	沸點℃	蒸氣壓 (15℃)	特性
Ar	氬氣	39.95	Compressed			0		
N$_2$	氮氣	28.01	Compressed			− 195.8		
He	氦氣	4.0	Compressed			− 208.9		
AsH$_3$	砷化氫	77.95	Liquefied	燃,毒,臭	0.05	− 62.48	12.74K	①
B$_2$H$_6$	乙硼烷	27.67	Compressed	燃,毒,臭	0.1	− 92.8		②
BCl$_3$	三氯化硼	117.17	Liquefied	毒,腐,臭	1	12.5	0.11K	③
BF$_3$	三氟化硼	67.81	Compressed	毒,腐,臭	1	− 100.3		④
CF$_4$	四氟甲烷	88.0	Compressed			− 127.7		
CHF$_3$	三氟甲烷	70.01	Liquefied			− 82.0		
C$_2$F$_6$		138.01	Liquefied		1,000	− 78.2	26.50K	
Cl$_2$	氯氣	70.91	Liquefied	毒,腐,臭	1	− 34.1	4.99	⑤
HBr	溴化氫	80.91	Liquefied	毒,腐,臭	3	− 66.8	18.65	⑥
NH$_3$	氨	17.03	Liquefied	燃,毒,腐,臭	25	− 33.4	6.12	⑦
NF$_3$	三氟化氮	71.0	Compressed	毒,腐,臭	10	− 129		⑧
N$_2$O	氧化亞氮	44.01	Liquefied			− 89.5	44.85	⑨
PH$_3$	氫化磷	34.0	Liquefied	燃,毒,臭	0.3	− 87.7	31.6	⑩
SiH$_4$	矽甲烷	32.12	Compressed	燃,毒,臭	5	− 11.9		⑪
SiH$_2$Cl$_2$	二氯甲矽烷	101.01	Liquefied	燃,毒,腐,臭	5	8.4	0.31	⑫
SF$_6$	六氟化硫	146.05	Liquefied		1,000	− 63.8	17.73	
WF$_6$	六氟化鎢	297.84	Liquefied	毒,腐,臭	3	17.06	(abs) 9.92K	⑬

註①：劇毒，具大蒜味，5.8%可燃。

註②：>38℃時會自燃，分解速度極快，須冷藏，具爆炸性。

註③：強腐蝕性。

註④：具酸味，在空氣中形成白煙，強毒性。

註⑤：極強的氧化劑，綠黃色，窒息味。

註⑥：辛辣刺激味，強腐蝕性。

註⑦：刺鼻，辛辣味，強腐蝕性。

註⑧：會與血紅素結合，破壞攜氧能力。

註⑨：又稱笑氣，具麻醉性，具點心甜味，為一氧化劑。

註⑩：無臭味，劇毒，可自燃。

註⑪：自燃性甚強，刺激性味。

註⑫：4.1%～98.8%會自燃，具酸味。

註⑬：具強烈腐蝕性。

高壓氣體安全上應注意事項

高壓氣體之灌裝作業規定

將液化氣體灌注於儲槽時，應控制該液化氣體之容量不得超過在常用溫度下該槽內容積之 90%；對毒性氣體之液化氣體儲槽，應設可自動探測液化氣體容量超過 90% 界限之措施。將壓縮氣體（除乙炔外）及液化氣體（以液氨、液化二氧化碳及液氯為限）灌注於無縫容器時，應於事前對該容器實施聲音檢查；對有異音者應實施內部檢查；發現內部有腐蝕或異物時不得使用。將高壓氣體灌注於固定在車輛上內容積在 5,000 公升以上之容器自該容器抽出高壓氣體時，應在該車輛設置擋車裝置予以固定。將乙炔灌注於容器時，應維持其灌裝壓力在 25 kgf/cm² 以下，且應於灌注後靜置至其壓力於溫度 15℃ 時 15.5 kgf/cm² 以下。乙炔應灌注於浸潤有多孔質物質性能試驗合格之丙酮或二甲基甲醯胺之多孔性物質之容器。

容器放置場所安全規定

容器放置場、灌氣容器及殘氣容器（以下簡稱灌氣容器等）部分，容器放置場應明確標示，且於外面明顯處所設置警戒標示。以絕熱材料被覆以外之可燃性氣體或氧氣灌氣容器等之容器放置場，應使用不燃性或難燃性材料構築輕質屋頂。此外可燃性氣體之容器放置場，應使儲存之氣體漏洩時不致滯留之構造。二氧化硫、氨、氯、氯甲烷、環氧乙烷、氰化氫、光氣或硫化氫之容器放置場，應設該氣體等漏洩時可除毒之設備。可燃性氣體或氧氣之容器放置場，應依消防法有關規定設滅火設備。灌氣容器等應按灌氣容器及殘氣容器區分，分別放置於容器放置場；可燃性氣體、毒性氣體或氧氣之灌氣容器或殘氣容器亦同。容器放置場不得放置計量器等作業上必要以外之物品。容器放置場四周 2 公尺以內不得有煙火或放置危險性物質。但在容器放置場以厚度 9 公分以上鋼筋混凝土造或具有與此同

等以上強度構築防護牆時，不在此限。灌氣容器等應經常保持其溫度於40℃（超低溫容器或低溫容器則以該容器內氣體之常用溫度中之最高溫度）以下。灌氣容器等（內容積在5公升以下者除外）應採取防止因容器之翻倒、掉落引起衝擊及損傷附屬閥等措施。另外，可燃性氣體之容器放置場，不得攜帶有產生火源之機具或設備。

而以儲槽儲存高壓氣體時，儲存可燃性氣體或毒性氣體之儲槽，應設置於通風良好場所。且儲槽四周2公尺以內不得有煙火或放置危險性物質。此外，液化氣體之儲存不得超過該液化氣體之容量於常用溫度下該槽內容積之90%。儲存能力在100立方公尺或1公噸以上之儲槽，應每年測定其沉陷狀況一次以上；遇有沉陷時，應依其程度採取必要措施。操作安裝於儲槽配管之閥時，應考慮該閥之材料、構造及其狀況，採取必要措施以防止過巨之力加諸於閥上，並訂於工作守則中。但儲槽或容器之容積在0.15m³以下者例外。

灌氣容器（容器放置場、灌氣容器及殘氣容器）

灌氣容器等應經常保持其溫度（可計測氣體溫度之灌氣容器等，為氣體之溫度）於40℃以下；液化氣體之灌氣容器等，應設溫度計或可適當檢知溫度之計測裝置。而從事下列規定之一之運輸，應指派具有各該氣體製造作業經驗在一年以上並受高壓氣體運輸安全訓練者（以下簡稱運輸監視人）從事監視運輸。

1. 壓縮氣體中，可燃性氣體或氧氣之容積在300m³或毒性氣體之容積在100m³以上者。
2. 液化氣體中，可燃性氣體或氧氣之質量在3000Kg或毒性氣體之質量在1,000Kg以上者。

此外，將灌氣容器等積載於車輛運輸時，應於該車輛顯明易見之處所設置警戒標示。而氯之灌氣容器等不得與乙炔、氨或氫之容器混載；一般灌氣容器不得與可發生混觸危險之其他物質混載。可燃性氣體之灌氣容器等與氧氣灌氣容器等以不混載於同一車輛運輸為原則，混載時，此等灌氣

容器等之閥不得相對。毒性氣體之灌氣容器等，應以木框固定或施襯墊。可燃性氣體或氧氣之灌氣容器等積載於車輛運輸時，應隨行攜帶滅火設備、預防災害之緊急措施所必要之物料及工具。

積載毒性氣體之灌氣容器等於車輛之運輸時，應因應各該毒性氣體之種類，隨行攜帶防毒面罩、手套等個人防護具及預防災害之緊急措施所必要之物料、藥劑及工具等。積載灌氣容器等之車輛於運輸中必須停車者，除在裝卸車外，應避免接近人口密集之地區，並選擇交通量較小場所。且運輸監視人或駕駛人員不得擅離車輛；用餐或其他特殊情況等必須離開車輛時，應輪替留守。而加熱於灌氣容器、閥或配管時，應使用熱濕布或溫度在40℃以下之溫水。

可燃性氣體之廢棄及排放規定

可燃性氣體不得併同容器廢棄。可燃性氣體之廢棄，不得接近於煙火之處置場所或放置有危險性物質之場所及其附近場所；排放於大氣中時，應於通風良好之場所緩緩排放。排放毒性氣體於大氣中時，應依環境保護有關規定。連續廢棄可燃性氣體或毒性氣體時，應檢測各該氣體之滯留濃度，並採取適當之措施。氧氣之廢棄所使用之閥或器具，非除卻石油類、油脂類及其他可燃性氣體後，不得使用。可燃性氣體應於廢棄後嚴閉其閥，並採取防止容器翻倒及損傷其閥之措施。

高壓氣體之危險性

高壓氣體之災害，除起因於高壓裝置內部之氣體爆炸之外，由於輸送容器、塔槽類等之腐蝕破裂而引起者亦屢見不鮮。可燃性氣體之高壓設備一旦破裂，多量之氣體於短時間內向外噴出，廣泛地區頓時變成可燃區域，噴出能量造成空氣中浮游物之帶電與放電，因而極易著火，造成大量之死傷。若為高壓氧之裝置，因氧之分壓甚高，普通在空氣中不易發生之氧化反應，此時亦激烈進行，終而造成鉅大之事故。例如，鐵製配管中存有常

壓下難以燃燒之潤滑油、清潔劑、鐵粉等可燃物，若在氧分壓甚高之情況下，則變為易燃性，此時一遇著火源，一部分產生燃燒熱，火焰溫度較日常為高，管壁之一部分輕易即達發火溫度，造成穿孔。又以清洗高壓裝置內壁之四氯化碳，在高壓氧氣之下變為可燃性，故清洗後，非以氮氣完全去除清潔劑不可。

　　高壓氣體設備儘可能應置於屋外以策安全。設於屋內時，屋內三面牆壁應為 0.5～1.0m 程度之鋼筋混凝土構造，另一牆及屋頂則以石棉板或薄鐵板等輕型材料構築，以備萬一裝置破裂時，發散壓力與排出氣體。此外，高壓裝置之安全瓣啟動時，其排出之氣體有引發二次爆炸或中毒之危險，故應有配管令安全瓣排出之氣體洩漏於室外，其配管排出口之位置，亦需注意防止二次災害。

氣體工業之安全管理應注意事項

　　高壓氣體鋼瓶之運輸，上下貨時要特別小心，且氣體鋼瓶應予直立，不可橫放，此在國外法令中均有規範，國內目前尚無此規定。高壓氣體鋼瓶應按使用時間做水壓試驗，十五年內每三年檢驗一次，十五至二十年每二年檢驗一次，而使用二十年以上則每年均需檢驗。其水壓試驗應於防爆槽內水壓力需加壓至使用壓力之三分之二。相關法規可參考高壓氣體勞工安全規則、消防法……等。

7-2 特殊氣體與監測系統

　　許多沸點極低的特殊氣體是以壓縮的方式儲存，而沸點較高而可液化者，則多以液化儲存以節省體積。其中如砷化氫（AsH_3）、乙硼烷（B_2H_6）、三氯化硼（BCl_3）、三氟化硼（BF_3）、氯氣（Cl_2）、氫化磷（PH_3）……等半導體常用氣體尚有毒性，於使用上須多加注意其濃度

（ppm）是否已達到（或超過）容許的極限。

氣體不純物對製程之影響

半導體製程上需要使用到許多高純度的特殊氣體，若其純度未達一定標準以上，便可能污染了晶圓而無法達到預定之要求。表 7-2、表 7-3、表 7-4 所示為氮氣、氧氣、氫氣於半導體製程所需氣體之純化規格：

表 7-2　奈米級廠使用氮氣純化規格

NO	Impurities	Nitrogen (GN$_2$)	Nitrogen (PN$_2$)	Limit of Purifier
1	Guarantee Purity	99.999%	--	
2	Oxygen	<50ppb	<10ppb	<5ppb
3	Hydrogen	<50ppb	<10ppb	
4	CO$_2$	<50ppb	<10ppb	<0.5ppm
5	CO	<50ppb	<10ppb	<1ppm
6	THC	<50ppb	<10ppb	
7	Moisture	<50ppb（－93℃）	<10ppb（－101℃）	<10ppm（－60℃）
8	Others (Except rare gas)	--	<50ppb	
9	Particulates	<5pcs/ft³ ≧1μm	<5pcs/ft³ ≧0.1μm	

表 7-3　奈米級廠使用氧氣純化規格

NO	Impurities	Nitrogen (GN$_2$)	Nitrogen (PN$_2$)	Limit of Purifier
1	Guarantee Purity	99.95%	--	
2	Nitrogen	<-ppb	--	
3	Hydrogen	<100ppb	<10ppb	
4	CO$_2$	<100ppb	<10ppb	<2ppm
5	CO	<100ppb	<10ppb	<0.5ppm
6	THC	<50ppb	<10ppb	<25ppm
7	Moisture	<100ppb (－90℃)	<10ppb (－101℃)	<10ppm (－60℃)
8	N$_2$O	<1ppm	--	
9	NO	--	<10ppb	
10	Others (Except rare gas)	--	<10ppb	
11	Particulates	<5pcs/ft^3 ≧1μm	<5pcs/ft^3 ≧0.1μm	

表 7-4　奈米級廠使用氬氣純化規格

NO	Impurities	Nitrogen (GN$_2$)	Nitrogen (PN$_2$)	Limit of Purifier
1	Guarantee Purity	99.999%	>99.999%	
2	Oxygen	<1.0ppm	<10ppb	<15ppm
3	Nitrogen	<4.0ppm	<10ppb	<50ppm
4	CO$_2$	<1.0ppm	<10ppb	<2ppm
5	CO	<1.0ppm	<10ppb	<2ppm
6	THC	<1.0ppm	<10ppb	<3ppm
7	Moisture	<1.0ppm (－93℃)	<10ppb (－101℃)	<10ppm (－60℃)
8	NO	<1.0ppm	<10ppb	
9	Particulates	<5pcs/ft^3 ≧0.1μm	<5pcs/ft^3 ≧0.1μm	

奈米級製程所需氣體如N_2、Ar_2、O_2和H_2，常由於內部會有氣體不純物而影響 IC 產物的品質。如H_2O、O_2於N_2、Ar 中便會破壞氧化薄層的品質；H_2O、O_2、N_2混雜於H_2中時便會使晶格缺陷導致漏電流。而其他碳氫或碳氧類化合物如 CO、CO_2、C_nH_m，由於其中含有碳元素，易導致電路流通而破壞了整體製程。如表 7-5 所示。

表 7-5　氣體不純物對製程之影響

製程氣體	氣體不純物	對製程之影響
N_2,Ar	H_2O,O_2 CO, CO_2,C_nH_m	破壞氧化薄層品質 碳元素易導致電流
O_2	CO, CO_2,C_nH_m	碳元素易導致電流
H_2	H_2O,O_2,N_2 CO_2,C_nH_m,油霧	易產生晶格缺陷導致漏電流 碳元素易導致電流

分析儀器

氣體之不純度可藉分析儀器加以偵測。利用儀器量測前，先需瞭解分析儀器之性能與校正情況，可以下列三種指數予以判斷：

1. 靈敏度

儀器分辨分析濃度微小差異時的能力。靈敏度（sensitivity）與校正曲線斜率及儀器再現性有關。

2. 最低偵測極限

在儀器分析之可信範圍內的最小值。最低偵測極限值（the lowest detect limit）與分析訊號及零點訊號波動統計大小之比值有關。

3. 精確性及準確性

精確性（precision）為分析之再現性佳，但不一定準確。準確性

（accuracy）為分析之再現性佳且準確。

而有關各類氣體之偵、監測儀器依分析氣體種類的不同，一般使用包括微粒分析儀、微氧分析儀（Oxygen Analyzer）、水氣分析儀（Moisture or Dew Point Analyzer）與碳氫化合物分析儀（Hydrocarbons Analyzer）四種，以下分別說明其原理：

微粒分析儀

它是利用光學原理，對氣體中之微粒作量測，依其分析原理又分為 CNC（Condensation Nucleus Counter）及 PMS（Particle Measurement System）兩類。其中 CNC 其原理乃利用飽和器產生一種特殊蒸氣，氣體通過飽和器時，一方面加溫，一方面與特殊蒸氣混合，再經過冷凝器可形成凝結核種，再經過光學組件，以雷射管照射它，產生的核種愈大，散射愈大。但這種儀器的限制是只能測定固定大小的微粒。而 PMS 則是當氣體進入時，由鐳射照射，再經調節器（regulator）及流量控制器（mass flow controller）後就離開了微粒偵測系統。PMS 是將待測物通過鐳射照射路徑利用鏡面反射原理測得微粒個數。若要檢測的是 H_2 或 O_2 等危險氣體時，外面還會用一鋼殼包住，充填氮氣，並加裝壓力偵測器，若 PMS 管子有漏洞，鋼殼內壓力會上升，就立刻停止操作，若壓力下降，代表是氮氣漏了，需要檢查。而如果是線上偵測（on-line）的設計時，就需要讓每一部機器僅偵測一種氣體，在偵測一種氣體後，最好以 N_2 去清洗後，再偵測另一種氣體。

微氧分析儀

微氧分析儀是測量其他氣體中的氧氣濃度。它是電化學反應，機器中有層薄膜，僅讓氧氣進入，在電解液及電極棒上發生氧化還原反應，以產生的電流大小判斷氧氣的濃度。此處介紹兩種微氧分析儀：Teledyne 3060E 微氧分析儀是以氣泡帶走溶氧；另一種是 Delta-F nanotrace 微氧分析儀是以另外一組電極專門來電解溶氧。這二種方法都會使零點飄移，大約一個星期就需做一次零點校正。

水氣分析儀

水氣分析儀有四種原理。分別為：靜電電化學（材質為Al_2O_3或SiO_2）、石英振盪法、冷凝鏡法、法拉第定律的電量法。第 2、3 種在奈米級產業並不常用，因它們的偵察極限只有 10ppb。第 4 種方法在半導體業中較常使用，其方法是以P_2O_5為吸收水氣之材質，利用電化學原理電解水氣，來測得氧氣的濃度，但因溫度會影響P_2O_5吸收水氣的能力，即溫度愈高，P_2O_5吸收水氣愈多，所以有些機器會加裝恆溫裝置。如 Saes Microdowser 水氣分析儀，如圖 7-1 所示，其工作原理為其待測物流經覆有P_2O_5之偵測器，水氣被P_2O_5吸收再加一電壓於電極上電解H_2O，接著再量測電解所產生之平衡電流即可得水氣含量。

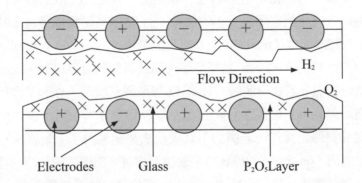

圖 7-1　Saes Microdowser 水氣分析儀之工作原理

另外還有一種 Panametrics Series1 水氣分析儀，它以氧化鋁為基質，利用氣體之電阻值量測水之蒸氣壓，它在應用時只需將探測器（sensor）接在管線的某一個地方，只要把它的訊號線再拉回來就好了；而前一種就必須把管線接至機器裡面，所以 Panametrics Series1 非常方便，但缺點是它是間接測量的，而不是以法拉第定律直接得到的，準確度有一定限制範圍，且校正困難。

碳氫化合物分析儀

還原氣體分析儀是一種傳統的氣相色層分析儀（GC），它最基本的設備為一個管柱箱（column），用來分辨出不同成分的不純物，滯留時間就是判定不純物的重要依據。此外 GC 還包含噴射器（injector），即試樣氣體（sample gas）進出的地方，以及感應器（detector）與放大器（amp）。其色層分析之過程為在管柱箱中，攜帶氣（carrier gas）不斷的流動，它非常乾淨，當試樣氣體進入時，僅有一個脈衝（pulse）產生，經過與管柱箱作用後，各種氣移動速度不同，因而分離，產生了許多脈衝。管柱箱愈長則分析效果愈好。此外，溫度及攜帶氣體的流速也會影響分析的效果。

偵測器主要可分為 RGD（Reduction Gas Detector）與 FID（Flame Ionization Detector）二種型式，其中 RGD 屬於濃度型的，所以流量不同，反應就不同，高攜帶流量反應就慢。而 FID 屬於流量型，其反應與攜帶流量無關。

監測系統

一般監測系統設計隨著經濟的發展及工業化的程度愈高，廠商對工業氣體的使用量也就愈大，在使用氣體時，監測系統的設計應包括下列五項：氣體供應源（cabinet）、氣體控制（VMB）、使用 SPG 之製程機台（equipment）、人員操作區、機台維修區。氣體毒性濃度界定在半導體廠是以 TLV-TWA（Threshold Limit Value-Time Weighted Average）和 IDHL（Immediately Dangerous to Health & Life）兩種方式予以界定的，其意義說明如下：

1. TLV-TWA

TLV-8hr TWA 值，通常定義為每日工作八小時或每週工作四十小時之工作時間下，工作人員每時重複地暴露於此一系統下，不致

對身體造成不良影響之最大極限值。此外，對於非經常暴露於此一環境下之工作人員，我們以TLV-10min TWA 訂定標準。其值之獲得乃基於工業界之經驗、動物實驗以及人體實驗；或是綜合考慮上列三者。TLV-TWA 值之決定由不同氣體之性質，以及對人體造成健康之程度而定。TLV-TWA 為一參考值，人體如暴露於高於 TLV 值之環境中短暫時間，不見得即對身體有危害。

2. IDHL

表示在 30 分鐘內於此濃度下，操作人員若不立即逃生，則立即會對生命及健康產生無可挽回的危害。表 7-6 說明奈米級廠中常出現之毒性氣體，其 TLV-TWA 和 IDHL 數值要求的規格表。

奈米級廠特殊氣體排放處理方式

對於奈米級廠所使用或產生之特殊氣體，由於它們多具有毒性，需處理再排放。一般的處理方式依氣體之不同分為乾式法（dry scrubber）、濕式法（wet scrubber）與燃燒法三種，茲分述如下：

1. 乾式法：利用活性碳的吸附作用，因分子及原子間具吸引力，故利用固體內表面或外表面，或利用液體表面以吸取分子稱之。

   對象：AsH_3、BF_3、PH_3。

2. 濕式法：利用水解反應。水解反應為將物質溶於水中，再利用水中化學反應較快之原理加以分解。

   對象：Cl_2、HBr。

3. 燃燒法：在燃燒室中利用燃燒來強制氧化有害物質，除去有害物質之毒性。

   對象：SiH_4、SiH_2、Cl_2。

表 7-6　奈米級廠中常用毒性氣體

Gases	TLV value（PPM）		IDLH value（PPM）
	8hr TWA	10min TWA	
NH_3	25	35	500
AsH_3	0.05	--	6
B_2H_6	0.1	--	40
BCl_3	--	--	300
BF_3	1	1	100
CO_2	5,000	15,000	5,000
Cl_2	1	3	30
HBr	3	--	50
HCl	5	5	100
HF	3	6	30
PH_3	0.3	1	200
CCl_4	--	--	100
$SiCl_4$	5	--	120
$SiHCl_3$	--	--	125
WF	$1mg/m^3$	$3mg/m^3$	75
NF_3	10	15	--
SiH_2Cl_2	5	--	--
SiH_4	--	--	--

7-3　奈米級廠之化學品

　　奈米級工業常用的化學品，主要有阿摩尼亞、雙氧水、硫酸、氫氟酸……等。這些化學品主要的功用有兩種：沖洗和蝕刻，其中又以蝕刻最為重要。但是奈米級製程的發展，要求的蝕刻精度愈來愈高，以化學品來做蝕刻無法達到精度的要求，此時就發展出乾蝕刻的技術來取代化學蝕刻，但在某些蝕刻的製程還是以化學品蝕刻較為方便。以使用量而言，通常以

雙氧水和硫酸最多。阿摩尼亞、氫氟酸等化學品使用量較少。而鹽酸則視製程而定，但用量較雙氧水和硫酸少。雙氧水品質的要求很高，因為雙氧水主要用來做清潔之用，品質不佳的雙氧水不僅無法達到清潔的要求，還可能使晶圓受到污染。

奈米級廠化學品的供應早期是以瓶裝的方式再倒入有需求的機台內。此種供應方式目前在特殊的場合仍有使用。例如，某些化學品可能數天甚至一週才只有一瓶的需求量，特別設計一個供應系統來提供此類化學品並不經濟。其他像光阻液這種特殊化學品，就必須用深褐色的瓶子貯存以避免感光。除了少數化學品仍以瓶裝再倒入機台的供應方式外，使用量較大的化學品已經改由其他方式供應。此種方式很容易使得化學品受到污染，耗用相當多的人力，如硫酸等高危險性的化學亦不適合此種供應方式，較先進的半導體廠化學品的供應已經有所改進。在化學品製造工廠將化學品裝入 55 加侖的盛裝桶中，再運輸到半導體廠內輸入化學品供應系統 CDS 中，而將化學品提供給各個機台。

化學品的輸送

隨著化學品需求量的增加，現在已有使用槽車來運輸化學品，容積約 $6m^3$，槽車輸送化學品到半導體廠後，先注入緩衝槽（buffer tank）中貯存，再送至各生產機台。例如，硫酸和雙氧水等用量較大的化學品已有部分廠商採用槽車的輸送方式。

化學品輸送系統一般分為日本系統的加壓方式和美國系統的泵送方式兩種。其各有優缺點，最新的發展是將兩種系統加以整合，使用壓力（pressure）的方式來輸送，但以泵（pump）作為循環過濾的動力來源。泵浦並不是一般的電動泵，而是氣動泵，主要是因為化學品在電氣存在的場合具有危險性，因此必須採用氣動泵。壓力的方式是利用加壓至 $5kgf/cm^2$ 的高壓氮氣注入槽內而將化學品輸出。**表 7-7** 所示為對於氮氣加壓和泵浦系統之比較表。

　　在使用槽車運輸的系統中，槽車和系統對接的接頭必須在一個清淨室的環境中，一般稱此種場所為通過盒（pass box），目的在避免對接輸送的過程產生污染。另外還有已取得專利的化學品輸送方式，它是利用真空和加壓的原理，真空是由氮氣流經文氏管產生局部的低壓而將化學品吸入壓力槽內；加壓則是將氮氣充入壓力槽內而將化學品排出。此種方式必須讓氮氣不斷地流經文氏管以產生真空，也必須加入氮氣以壓送化學品，所以氮氣消耗量很大。又壓力槽必須承受真空壓力和高壓壓力的反覆變化，設備成本很高，所以此種真空／壓力（vacuum/pressure）系統使用的廠商並不多。

表 7-7　氮氣加壓和泵浦系統比較

	氮氣加壓分布系統	泵浦分布系統
化學容器、固定槽桶	壓力槽	非壓力槽
排出壓力	固定	波動
過濾效率	佳	因波動流而下降
高壓部分	運送容器 固定槽桶 管路	泵浦的排出管路
活動部分	閥	閥、泵浦
維修	化學品濾網阻塞時要更換 週期性的檢查閥、設備和自動操作的功能	化學品濾網阻塞時要更換 週期性的更換泵浦的膜片或摺箱 週期性的檢查閥、設備和自動運轉的功能
初始費用	小　　型──便宜 中　　型──便宜 大　　型──昂貴 超大型──昂貴	小　　型──昂貴 中　　型──昂貴 大　　型──便宜 超大型──便宜
循環過濾	不可行	可行

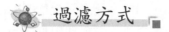

過濾方式

過濾方式一般有三種：慣性撞擊、擴散攔截、直接攔截。慣性撞擊是指粒子流經濾網時和濾網的網格材料撞擊因而無法通過。擴散攔截是指微小的粒子在流動過程會上下的跳動，因此到達濾網時，上下跳動的距離可能已經超出網格的間距所以粒子將被攔截。直接攔截則是粒子的大小已經超出網格間的距離，因此無法通過濾網。

在粒子剝落特性方面，濾網在製程上可能會遇到機械振動和壓力衝擊，因此濾網多少會剝落污染性的粒子，剝落的情況決定於濾網的材質和濾網的結構，一般而言，掉落粒子數目的多寡依序為：

Glass Fiber > Polysulfone > Nylon > PVDF/PTFE

化學品的濾網一般有折疊式及堆疊式兩種型式，各有使用廠商，但以折疊式濾匣的型式較普遍。不同的濾網結構掉落的粒子數目也有不同，一般折疊式濾匣較容易掉落粒子。

配管

管件材料一般使用 PVC、CPVC、PVDF、ECTFE、PFA……等數種，不同的材料有不同的特性，因此使用的場合也不相同。而材料選取如半導體廠中的酸鹼管路皆要求必須使用雙套管的配管方式。一般而言，內管採用 PFA 材料，外管採用 CPVC 材質。雙套管的配管方式是法規的規定，也是安全的考量。而 PFA 材質抗腐蝕，在化學品中無離子溶出等特性，非常適合作為內管的材料。至於在閥件附近等需要接合處的管件則多使用 PTFE 等材質，PTFE 物性較 PFA 稍差，但它的加工性較佳，因此接合處等須加工的部分適合使用 PTFE。但是像 IPA 等的有機溶液就不可用 PFA 來配管而應使用不鏽鋼管。其理由並不是因 IPA 會和 PFA 產生化學反應，而是因有機

溶液有爆炸的危險，必須使用不鏽鋼管來防爆。HDPE 即是高密度的 PE 材料，主要的使用場合是裝化學品的容器。另外像 PP 是用在製造機台的外殼，美觀、清潔。以 HDPE 作為包裝運輸材料而不用 PFA，主要是因 PFA 的比重較重，而 HDPE 比重較輕且耐衝擊，因此較適用於容器包裝材料。

奈米級廠化學品容器的要求則需要完全符合運輸法規，另外安全與長期的化學抗性、無有機不純物的污染、無小粒子的污染與合理的價格皆是考量的重點。

而容器可能會使化學品受到污染，例如，不鏽鋼之表面污染和 HDPE 的表面污染、穩定劑、潤滑劑、色料、觸媒等。故於容器的選擇除需考量其相容性，污染也是需要注意的地方。在泵浦的選取與使用上，由於化學品的腐蝕性很高，而且對化學品純度的要求也很高，不可在輸送過程中有物質進入。因此能符合以上條件的泵浦常用的有 diaphragm pump 和 bellows pump 兩種，兩種型式泵浦特性比較如表 7-8 所示。

表 7-8　bellows pump 與 diaphragm pump 使用性能之比較

	bellows pump	diaphragm pump
運轉中	行程較短，對其他零件較有利	行程較長，產生振動，會產生小粒子的剝落
噪　音	電磁閥是分離的，較安靜	有裝置氣動開關，產生噪音
開機啟動操作	自動開機、關機	需要手動

使用泵浦時常需要注意避免水鎚現象（water hammer）的發生，水鎚現象主要是由於水管內流速急劇變化而產生水壓驟升或驟降的現象，而會對泵浦產生破壞。對於水鎚現象的防止，在半導體廠一般多採用加裝水鎚消除器的方法，水鎚消除器通常置於泵浦的出口之後，以吸收水鎚現象產生的震波。形狀有如一氣囊，上方和壓縮空氣的氣源相接以維持固定的壓力，下方則和流體管路相通，當管路內的流體受到衝擊時，流體進入水鎚消除器作為緩衝，直到管路內的壓力低於壓縮空氣的設定壓力時，緩衝器內的流體又會流回管路中。

CHAPTER

8

純水及廢水系統

半導體產業為我國最重要產業之一，其晶圓在製造過程中需要消耗大量的超純水，隨著製程技術的進步，晶圓尺寸朝大口徑化、線寬的縮小，大型積體電路導向高密度、高積集化及高度機能的三次元架構，且在架構微細化及導線多層化的趨勢當中，可預期製程用水將大幅激增，估計 2004 年時，全球半導體每日超純水用量約 150 萬噸，而一座滿載 3 萬片的八吋晶圓廠為例，平均每片需消耗 2～2.5m³ 的超純水，而十二吋晶圓的用水量更是八吋晶圓廠的 2～3 倍，而每單位純水耗用的自來水比例僅約有 45～75%。相對的，製程中所需消耗的化學藥劑亦將大幅增加，廢水量相對大增，將加重對環境的負荷。新竹科學園區規定區內的半導體廠房需有 45% 的製程超純水回收，而台南科學園區新設立的廠房則需達 70% 的用水回收率，因此純水及廢水系統與用水節約將是奈米、半導體產業的一大課題。

8-1 純水系統

原水水質

自來水水質包括金屬、鹽類、溶解固體與懸浮固體，**表 8-1** 為台灣自來水質標準，**表 8-2** 超純水製程各階段水質規格。

超純水處理流程

純水的典型淨化系統包括五部分：前處理（pretreatment）、初級處理（makeup）、儲存及分配（storage & distribution）、純化與精鍊（purifying & polishing loop）、循環管路材質與設計（piping material & design）。

   1. 前處理：依水質作化學凝聚、沉澱及過濾，並依初級處理之 RO 膜材質添加適當化學藥劑，保護 RO 膜之運作。

表 8-1　台灣自來水質標準

水質項目	自來水水質標準
pH	6.5～8.5
COD（mg/l）	--
鉑鈷色度	15
溶解固體物（mg/l）	800
懸浮固體物（mg/l）	--
濁度（NTU）	4
硬度（mg/l as CaCO₃）	500
鹼度（mg/l as CaCO₃）	--
氯鹽（mg/l）	250
硫酸鹽（mg/l）	250
鐵（mg/l）	0.3
錳（mg/l）	0.05
鉻（mg/l）	0.05
鉛（mg/l）	0.05
銅（mg/l）	1.0
鋅（mg/l）	5.0

表 8-2　超純水製程各階段水質規格

Item	Flock Filter	Heat Exchange	Pre Filter	RO (1)	De Gas	UV (1)
TDS or Conductivity	TDS 260ppm	TDS 260ppm	TDS 260ppm	TDS 260ppm	10～20 µmho/cm	10～20 µmho/cm
Temperature (℃)	15～29	15～29	24～26	24～26	24～26	24～26
TOC	2.6ppm	1～2ppm	1～2ppm	1～2ppm	0.16ppm	0.16ppm
DO	Saturated	Saturated	Saturated	Saturated	Saturated	Saturated
SiO₂	12ppm	12ppm	12ppm	12ppm	1.2ppm	1.2ppm
pH	7.8	6.8～7	6.8～7	5.5～5.8	--	--
SDI	6.4	1.5～2.5	1.5～2.5	--	--	--
CO₂	--	--	--	--	--	--
Living Bacteria	--	0～30cfu/ml	--	--	0～30cfu/ml	0～30cfu/ml

（續）表 8-2　超純水製程各階段水質規格

Item	RO (2)	Vacuum De Gas	UV (2)	Poster Filter	UV (3)	Ultra Filter	Point of User
Conductivity or Resistivity	0～20 μmho/cm	1～5 μmho/cm	1～5 μmho/cm	>16 MΩ-cm	>16 MΩ-cm	18 MΩ-cm	18 MΩ-cm
Temperature (℃)	24～26	24～26	24～26	24～26	24～26	24～26	24～26
TOC	0.16ppm	30ppb	30ppb	<10ppb	<10ppb	<10ppb	<10ppb
DO	Saturated	Saturated	<50ppb	<50ppb	<50ppb	<50ppb	<50ppb
SiO_2	1.2ppm	120ppb	120ppb	10～20ppb	10～20ppb	<3ppb	<3ppb
pH	--	--	--	--	--	--	--
SDI	--	--	--	--	--	--	--
CO_2	8～15 ppb	8～15 ppb	5～10 ppb	5～10 ppb	5～10 ppb	0～5 ppb	--
Living Bacteria	0～10 cfu/ml	0～5 cfu/ml	0～5 cfu/ml	0～3 cfu/ml	1 cfu/ml	1 cfu/ml	<= 1 cfu/ml

2. 初級處理：結合 RO 膜、脫氧塔及波長 254nm 之紫外線殺菌燈，用以除去大部分可溶離子、有機物、溶解之二氧化碳、氧及細菌。

3. 儲存及分配：用強化玻璃纖維樹脂作成之大型儲存桶，當作初級處理至純化循環迴路間之緩衝用桶及精鍊循環迴路之緩衝用桶。

4. 純化與精鍊：結合再生行雙重離子交換樹脂塔，再經濾新過濾少破裂流失之樹脂、波長 185nm 之紫外線再做一次殺菌，再經不再生型離子交換樹脂塔使水阻值達 1.8Mohm-cm 以上，最後以超過濾膜或 0.1μm 以上之濾心除去死菌及其餘微粒子，而可得到奈米級的純水。

5. 循環管路材質與設計：前段為 PVC 管，但從精鍊迴路之緩衝用桶之後全部為 PVDF 管；而其供應至製程之管路設計亦全為雙迴路系統，以維持水質良好。

8-2 有機廢水處理系統

　　奈米級製程主要生產蝕刻廢水、光刻廢水、爐管清洗廢水、離子交換樹脂廢水及化學研磨廢水，如**表 8-3** 所示。一般半導體廠在廢水處理上主要分成含氟廢水、一般廢水及可回收廢水等三種，如**表 8-4** 所示。IC 封裝製造作業污染源為切割、電鍍、浸錫與清洗廢水。綜合其廢水種類可依污染性及廢水來源區分為研磨廢水、脫脂廢水、酸鹼廢水、氰化物廢水、重金屬廢水等類，廢水中主要污染物為油脂、有機物、重金屬（如 Cu、Ni）等。

　　有機廢水處理流程如**圖 8-1**。

表 8-3　半導體廠製程廢水來源、種類、水質成分及處理方式

廢水來源	廢水種類	主要水質成分	處理方式
製程廢水	氫氟酸廢水	HF、NH₄F	預凝處理
	酸性廢水	HCl、HNO₃、H₂SO₄、CH₃COOH、H₂O₂	經酸鹼中和後排放
	鹼性廢水	NH₄OH	經酸鹼中和後排放
	CMP 廢水	研磨矽粉粒	預凝處理 回收使用
	有機系廢液	丙酮、三氯乙烯、光阻液、顯影劑	集中委外處理
純水系統廢水	樹脂塔逆洗再生廢液	NaOH 洗滌液 HCl 再生液	經酸鹼中和後排放
	RO/UF 濃縮液	純水濃縮液	經酸鹼中和後排放
廠務廢水	生活廢水 冷卻塔排放廢水	一般性成分	經酸鹼中和後排放

🔵 表 8-4　半導體廠廢水類別、來源及處理方式

廢水類別		廢水來源	處理方式
含氟廢水		晶片清洗 爐管清洗	廢水處理場
一般廢水	1.再生廢水 2.洗滌塔廢水 3.酸鹼廢水	1.離子交換樹脂再生 2.洗滌塔廢水 3.清洗、蝕刻、製程	廢水處理場
可回收廢水	1.一般酸性廢水 2.晶片研磨廢水 3. RO 濃縮水 4.冷卻水塔排水 5.外氣空調箱冷凝排水 6.製程回收水	1.清洗、蝕刻、製程 2.晶片研磨 3.純水製造系統 4.冷卻水塔 5.空調箱冷凝排水 6.晶片清洗	廢水回收系統

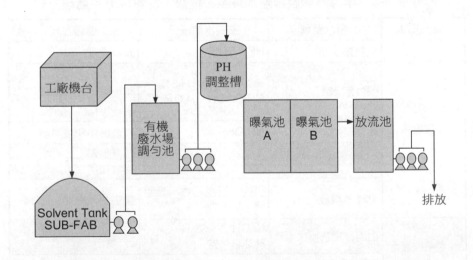

🔵 圖 8-1　有機廢水處理流程

有機廢水系統各處理單元

調勻槽

廢水蒐集於調勻槽（equalization tank），使各類不同濃度及種類廢水混合提供緩衝，並減少曝氣槽有機負荷過量；於負荷不足時，亦可加入 TOK 作為營養源於此槽混合調整後流入 pH 調節槽。

1.提供足夠緩衝空間平衡有機負荷，減少生物處理突增負荷。

2.以便連續正常操作當無廢水排入時。

3.調整均勻廢水，防止或平衡高濃度之毒物進入生物處理單元。

pH 調節槽

由調勻槽調節後，進入 pH 調節槽（pH adjustment tank），設計調節 pH 值至 10～11.2，因後段曝氣槽會因生物處理後生成之 NH_3、H_2S 及 CH_3SH 等，使水質 pH 值低於 7 以下，故設調整入流水之 pH 值趨向鹼性。

1.調整 pH 值使廢水適合生物處理。

2.提供適宜 pH 控制，減少所需要化學藥品。

3.降低流量對後續處理單元之衝擊，同時提供適切加藥量。

曝氣槽 A/B

pH 調整槽處理後水流向曝氣槽（aeration tank）單元，經曝氣槽生物處理廢水，其反應如下。

$$(CH_3)_2SO + 9O_2 \rightarrow 4H_2O + 4CO_2 + 2H_2SO_4$$
$$C_2H_7NO + 19O_2 \rightarrow 14H_2O + 8CO_2 + 4NO_3$$

1.除去分解廢水中之有機物質。

2.提供足夠空間平衡有機負荷，減少生物處理負荷（故分 A/B 兩池）。

3.提供適切加藥量。

放流槽

經曝氣槽處理後之廢水，另加入 NaClO 後殺菌後，調整 pH 值至符合標準後，由放流泵排入放流槽（effluent tank）。

1.進一步除去分解廢水中之有機物質。

2.調整 pH，使 TOC 值水合乎放流水水質。

洗滌塔

曝氣槽或其他單元因原水水質特性會分解產生NH_3、H_2S及CH_3SH等，為蒐集廢水廠內各槽產生的各種廢氣及臭味物質，洗滌水 pH $=$ 8.0～8.5，並添加 NaClO，過程中將廢氣或臭味物質予以分解。

8-3 無機廢水處理系統

VLSI 製程可能產生的廢水大致上分為以下幾種：

1. 製程廢水

(1)氟酸系水洗排水或氟酸系濃厚廢液；主要成分為HF、NH_4F，是由於蝕刻氧化層所產生的廢水。

(2)酸鹼系水洗排水或酸鹼系濃厚廢液：主要成分為 HCl、HNO_3、H_2SO_4、CH_3COOH、NH_4OH、H_2O_2，由於清洗晶片或原料、工具等所產生的廢水，以及電鍍後的廢水。此量非常大。

(3)有機系水洗排水：主要成分為三氯乙烯、丙酮、甲醇、乙醇、異丙醇等，由於晶片清洗所產生的。

(4)研磨排水：主要成分為 Si，由於製造晶片之研磨、切片或製造完成裝配前之磨薄、晶片切割製程而產生的廢水。

2.純水製造排水

(1)逆滲透濃縮液，由於 city water 之可溶成分經過 RO 而濃縮 3～4 倍，主要成分為磷。

(2)陰陽離子樹脂再生所產生的排水。主要成分為NaOH、HCl及破裂的樹脂。

(3) RO ／限外過濾洗淨排水，主要成分為氯。

(4)配管洗淨排水，主要成分為H_2O_2。

3.排水洗淨水

(1)酸系，主要成為 HF、HCl、HNO_3。

(2)鹼性，主要成分為 KOH、NaOCl。

(3)有機系，主要成分為乙醇。

　　含氟廢水的處理主要添加石灰、硫酸鋁及明礬、磷酸等。使原水先調整pH值，再靠棉屑等的添加物而生成沉澱物。至於H_2O_2的廢水處理，則是先調整其pH值，使成弱鹼性，再以活性碳處理。如果以此方法循環處理，則效果更可提高。含有機物的廢水是以活性污泥等做生物處理，在此種處理過程中其設備分為曝氣槽、沉降槽和剩餘污泥槽三部分。含砷廢水是很難處理的，原因是砷酸型式存於排水中，此類物質易被鐵或鋁的氫氧化物所吸附。添加鐵鹽或鋁鹽調整廢水的pH值，砷化物即和添加物共同沉澱。

　　如果工廠排放的廢水含有多種成分，最好是分別處理。污泥可以用掩埋法處理，含微量有害物而又是大量的廢水或許有回收價值。至於處理後的放流水則必須符合排放標準。半導體製造時使用大量的超純水，主要是用來洗晶片，幾乎每一個步驟的前後都要用超純水。理論上只要將酸系排水、鹼系排水或有機系排水等分別處理後，都可以拿來做為一次純水，只要稍加二次純水處理即可回收。超純水逆洗以再生陰陽離子樹脂，所使用的NaOH、HCl多為工業級藥品，雜質含量多，而且逆洗過程會產生大量破碎的樹脂，除去這些碎片的過濾也不是輕易所完成的。

處理單元特性

1. 調勻槽
功能：平衡水量，調和水質。

2. pH 調整槽
功能：利用氫氧化鈉／硫酸加藥，調整 pH 值到設計目標（pH ＝ 5～10）。

作用：於兩槽進流端及出流端分別設置兩座 pH 偵測計，決定加藥量。

3. 放流槽
功能：儲留廢水，待水質合格後再進行放流。

作用：於放流槽出流端分別設置 pH 偵測計及氟離子分析儀，若水質合格則開啟電磁閥放流至園區之公用下水道，不合格則重新進入調勻槽中重新處理。

4. HF 儲槽
功能：儲留 HF 廢水，待水量達一定量後，再進行放流。

作用：於槽中設置液位偵測計，若水位達設定值則，開啟電磁閥使廢液進入調勻槽中稀釋。

5. 洗滌塔
功能：處理各槽體排出之酸／鹼廢氣。

作用：利用自來水槽供應之水源洗滌槽內之廢氣。處理後之廢液流入調勻槽中。

半導體工業之靜電污染控制

　　靜電現象最早記錄於西元前六世紀，當時發現琥珀棒摩擦絲綢可以引小型物體，十六世紀 William Gilbert 摩擦不同物體可以吸引碎片及木屑，乃正式命名靜電（electricity），靜電現象乃藉由摩擦熱由一物體傳遞電荷至另一物體的過程。由定義得知，一個離子為空氣中帶有電荷的原子或原子團；而離子化是一種分解或分離正（負）電荷的過程。氣態分子如氧和氮在空間中有一個直接相關於溫度速度，而分子在空間中移動導致分子間隨意地碰撞，當帶有相反電荷的分子碰撞時，一個電子轉移，使得這兩個碰撞的分子失去其電荷而變成中性。在正常狀態，分子為電荷平衡。當中性的分子受到電子束衝擊時，如在一個負極電離裝置中，此分子捕捉到一個電子即生成一個「負離子」。而當一個中性分子所擁有的一個電子被奪離時，即產生一個「正離子」。靜電主要由非導體所帶，如毛皮摩擦火漆棒、絲綢摩擦玻璃棒。當二物體接觸、摩擦再分開，則各物體表面均發生靜電。在製造工廠下列情形都會發生靜電：薄板剝離；液體噴出；液體或粉體移動；管中液體或粉體流動；鞋與地板離開；物體摩擦。

　　這些離子為自由基（free radicals），是一種如催化劑作用而產生化學的反應。離子化為一種短暫的現象，由其相反電荷的離子碰撞，將引起電子的轉移而中和帶電荷的不平衡性，此種電子的轉移將釋放能量，稱為靜電效應。

　　大部分的工業製程中和都會產生靜電荷的累積，輕則使人感到不舒適，重則對人體造成傷害，對產品設備的危害亦不忽視；靜電直接會使 VLSI 的 MOSFET 的氧化閘極破壞、尤其是當氧化層厚度逐漸減少時，單位厚度的電壓即為電廠強度增加，靜電破壞更嚴重了。靜電間接的會便空氣中的浮游粒子附著，造成污染加重。一般常見容易生靜電的朔膠材料有地板、牆壁、椅子、晶片盒即卡夾。溼度低易生靜電，溼度高則半導體元件之介面易生漏電電流。因此無塵室的溼度控制必須適中。

　　靜電會引起下列災害：一、爆炸或火災，當放電會大於最小著火能量，尤其是大氣中有氧的助燃；二、對人體電擊，使受擊者身體內有電流流動的現象。為防止靜電的產生，儘量避免對物體之取或放，應注意的事項如

下：一、減少接觸面，降低壓力或溫度；二、減少接觸次數；三、接觸或鬆手速度應減緩；四、選擇位置關係較接近的代墊系列物體；五、使物體表面平滑且不意沾著污染物等。為了防止因靜電而造成的災害或障礙必須測定相關材料之導電率、表面固有電阻、帶電電位及電荷量等。並適當管理可燃性氣體粉塵之濃度、溫度及溼度、氣流分布等。有關靜電的管理方法有常時計測、定時計測及隨時計測等三種，可視各作業工程發生災害之頻度或可能性而定，不僅對建築材料、機器、設備要加以管理，對作業人員的訓練更為重要。

9-1　靜電對人體可能產生的危害

作業人員走在地毯上，會產生靜電，欲開門時，接觸門把時則產生放電，使人員感到不適，**表 9-1** 為人體對靜電放電的感覺程度，當放電能量為 10mJ，人體可以明顯感覺觸電，而達 10,000mJ 時，可能造成人員死亡。

表 9-1　人體對靜電放電的感覺程度

放電能量（mJ）	人體的感覺
1	可感覺
10	明顯感覺
100	電擊
1,000	嚴重電擊
10,000	可能致命

靜電充電為一表面現象，只和物質表面的水分吸附程度有關，在高濕度（>65%RH）情況下，若物質為親水性（hydroscopicity）就很容易吸附水分，而降低靜電充電的情形；相反的，若物質表面為非親水性（non-hydroscopicity）就不易吸附水分，靜電充電情形較不易降低。一般而言，表面電

阻和相對濕度呈反比關係。在不同相對濕度及員工不同運動方式，造成靜電放電，其放電量亦不相同，如**表 9-2** 及**表 9-3** 所示。由表中得知，在高相對濕度下，人體比較不會產生靜電危害，人員穿著抗靜電鞋，行走於抗靜電地板可有效預防人體放電的發生。

表 9-2　低相對濕度之靜電放電能量

靜電產生方法	靜電壓（V）	放電能量（mJ）
經過地毯行走	35,000	184
在乙烯塑膠地板行走	12,000	22
工人在工作台旁	6,000	5
使用乙烯塑膠封袋	7,000	7
從工作台取得的普通塑膠袋	20,000	60
有尿胺泡沫的工作椅	18,000	49

表 9-3　高相對濕度之靜電放電能量

靜電產生方法	靜電壓（V）	放電能量（mJ）
經過地毯行走	1,500	0.3
在乙烯塑膠地板行走	250	0.009
工人在工作台旁	100	0.002
使用乙烯塑膠封袋	600	0.05
從工作台取得的普通塑膠袋	1,200	0.2
有尿胺泡沫的工作椅	1,500	0.3

防制靜電危害的方法，依危害發展過程可分為下列三種：

1. 減低電荷分離的速率，或增加產品或設備上電荷的速率，達成電荷蓄積的程度至最低，因此不會產生危險的靜電放電。

2. 若大部分的電荷已被消散，則僅積存少量的電荷，我們瞭解並辨認少量電荷的放電型式，確知不致引燃周圍的易燃性物質，因此不會因放電造成危害。

3.若不能避免危險的放電，必須考慮採用其他有效的爆炸抑制措施。

9-2　晶片靜電污染及防制

　　在無塵室空氣流動時，空氣中的負離子會附著在空氣中的污染物上，如次微的粉塵、煙及活的污染物類細茵、病毒。這些污染物與離子相結合後，於空間中發生任意的碰撞時，將和其他的污染物再聚集起來，直到凝聚成塊之後，即沉降下來，這些帶有負電性的空氣微粒子將因吸附於地面突點（ground point）的特性而附著在晶片表面上，造成晶片的污染。

　　晶片靜電污染防制如離子化設備放置在無塵室 HEPA 過濾器前面，將入口層流加以離子化，可阻止帶負電離子集結在空氣的微粒上，產生幾乎平衡的電離作用，藉由保持一近乎中性的電荷在空氣的微粒上，此微粒將保持懸浮而隨著空氣回流到地板上加以過濾去除，研究結果顯示離子化層流對降低晶片靜電污染確實有重大幫助。

9-3　迷你潔淨室靜電控制

　　奈米級產業 "particle-free" 環境之管理技術持續在進步，愈來愈多工廠使用迷你潔淨室環境（mini-environment）作為產品缺陷管理策略的一部分，然而縱使在超潔淨室環境亦無法完全消除靜電，微粒污染、靜電效應、環境及設備問題為潔淨室靜電控制失敗的結果。

　　迷你潔淨室會增加靜電充電，產品及設備操作時也會運動，這些過程將導致絕緣材料容易靜電充電。結果是在持續靜電改變的環境下，增加產品受靜電放電損壞的機率。此外，靜電放電亦會干擾迷你潔淨室中機械手之操作。所以，不管是迷你潔淨室或一般潔淨室，靜電控制是必備的。

靜電充電問題

　　迷你潔淨室可消除人員帶來的污染，但設備動作過程是顆粒來源之一。不幸的是，這些顆粒來源皆在迷你潔淨室內部發生，且非常靠近產品。在靜電充電下，處理這些顆粒變得非常困難。被充電的表面互相吸引，在層流區仍停留空氣微粒，這些顆粒會增加晶片表面缺陷的數量，亦會造成光罩重複型態缺陷，更糟的情況是，層流區常被機械手和操作箱阻擋，增加晶片表面顆粒堆積的速率。

　　除了減少迷你潔淨室顆粒很困難外，靜電充電同時造成其他生產問題，產品（晶片）及生產機具（如機械手、光罩）都有靜電充電問題，靜電充電經由靜電放電或靜電過應力直接影響晶片，金屬蒸發及電阻改變就是一些例子。靜電會損壞昂貴生產工具，如光罩等，光罩會出現孔洞。靜電會干擾生產設備之操作，造成微處理器錯誤訊號及造成產品物理性質失控現象，生產設備之失效肇因於其他原因（如軟體瑕疵），也常是靜電充電的結果。

靜電充電產生方法

　　靜電充電最主要的產生方法為摩擦感應，材料分離及流體流動皆為摩擦產生之靜電充電。兩接觸表面分離時，一表面損失電子成正充電。而另一面得到電子成為負充電，任何固、液、氣體都可以被摩擦靜電充電。靜電充電另一種方法為靜電感應，當一物體有靜電充電存在，在物體表面會產生靜電場，當另一導電靜電物體放置在靜電場內及接地，亦將被充電，極性和第一物體相反，即靜電場會對新物體靜電感應充電，其極性相反。這個新物體若拿離地面及靜電場，亦仍然保留「靜電感應」，不難想像迷你潔淨室內摩擦充電可以造成產品靜電感應充電。

　　當靜電充電發生，亦可直接由一物體傳導至另一物體，此過程為靜電

發電，不僅直接損壞產品及設備，也同時產生電磁干擾（EMI）能夠機械手或其他設備操作。當迷你潔淨室靜電充電發生時，結果是增加 ESD 及污染。產品靠近被充電壁表面及移出，插入被充電之絕緣晶片存於盒，晶片可被臨近的充電絕緣材料靜電感應充電，及和其他材料接觸之摩擦充電，運動和操作過程和靜電充電亦會產生顆粒，而在被充電產品上可能沒有層流流動。任何被充電產品和接地的表面接觸時會產生產品 EDS 損壞及因 ESD、EMI 或產品操作困難造成生產設備之 "random hangs"。

迷你潔淨室靜電充電控制

潔淨室及迷你潔淨室有不同控制靜電充電的方法。發展潔淨室相容的電導及靜電消散材料。這些材料需提供靜電充電流到地面的通路，當這條通路被維持時，設備及材料靜電充電可以迅速無害地中性化。濕度控制過去常用來控制靜電充電，但卻很昂貴，且常常是無效的。絕緣體中性化靜電對半導體產品達成高良率是必須的，除了少數可用方法外，常需用空氣或氮氣離子化型式，迷你潔淨室僅使用高濾空氣或存在高壓空氣，離子化器同時產生正、負離子去中和靜電充電。

CHAPTER 10

潔淨室煙控原理

近幾年來,新竹科學工業園區內陸續發生了多次半導體廠房火災事故,雖然所造成的人員傷亡不大,但對於財物的損失卻很可觀,其數目動輒以數十億乃至百億元新台幣計算,對業界所造成的損傷與危害可想而知。在事後調查的結果顯示,高溫濃煙才是造成財損的元凶,但由於台灣土地取得不易,潔淨室廠房多向高樓層發展,高智慧的技術人力及昂貴的設備機台集中在廠房內,萬一發生火災意外,損失將數十倍於一般工廠。此外,高科技潔淨室廠房內使用許多的易爆性與易燃性氣體,例如,SiH_4、H_2、PH_3等,更增加廠房內的潛在危險,若無適當的對策與措施,則類似華邦、天下電子與聯瑞的廠房火災將不斷有機會再發生。因此,為了降低火災發生時人員的傷亡與財物的損失,必須對建築物進行煙流控制,這一點新加坡已強制規定執行,而鄰近的日本、大陸或香港也有類似煙流控制法規,其目的都是在降低火災發生時,高溫煙流對員工性命及設備污染的傷害。

10-1　國內現有防排煙模式分析

國內目前現有之潔淨室煙控模式共有四種,如圖 10-1～10-4 所示。其中,圖 10-1 的煙控設計原理,就是利用在潔淨室下層回風區(Return Air Plenum, RAP,有些廠則稱之為 Sub-FAB)的一般排氣風管(General Exhaust, GE),在其上安裝閘門,平時此閘門為關閉狀態,以維持一般排氣的運作,若遇上潔淨室或潔淨室下層回風區發生火災時,則打開閘門以進行排煙。

此設計必須有兩個假設成立,才能發揮其功效,第一個假設為:「若火災發生於潔淨室中,則潔淨室上方的 FFU(或 HEPA、ULPA)下吹垂直層流速度必須大過火災煙塵向上升的速度,才能壓制潔淨室火災產生的煙塵,將其導引向下至下層回風區中,然後經由排氣風管打開的閘門抽走。」第二個假設為:「若火災發生於下層回風區中,則上升的煙塵會蓄積於下層回風區的上部(高架地板以下),讓煙塵由排氣風管打開的閘門抽走。」

　　然而上述兩種假設在現實狀況中皆很難成立，因為從潔淨室天花板下吹的垂直層流速度在 0.25～0.5 m/s 左右，而火災的熱釋放率只要大於3kW，煙塵的向上速度就會大於 0.5 m/s（3 kW 的火算是很小的火），然後煙塵會在上方蓄積形成蓄煙層，此時從潔淨室天花板下吹的氣流只會造成煙塵更迅速的擴散，產生更大的危害。另外，如果煙塵的溫度過高，則 HEAP 或 ULPA 這類濾層有可能被燒穿，使得煙塵危害更形雪上加霜，故而第一種假設無法成立。其次為蓄煙的問題，高架地板因為有開洞板的關係，會使得下層回風區火災所產生的煙塵穿過開洞板，向上進入潔淨室中而無法在高架地板下蓄積，使得排煙點的有效排煙範圍僅限於排煙閘門周圍附近，因此只能抽取到少量的煙塵，故第二種假設亦難成立。

　　一般而言，此類設計模式常見於老舊廠房的潔淨室中，主要是因為從前的半導體廠在建立時極少會考慮到煙控系統，後來因為需要，只好在一般排氣風管上開洞，在加裝控制閘門後作為排煙之用，如此對原來的設備及廠務系統影響最少。

　　利用一般排氣風管作為排煙系統亦有些問題需要考慮，如管路是否耐高溫？排煙量是否足夠？風機是否為排煙風機？（依照NFPA 130 標準，排煙風機須耐 250℃高溫達 1 小時）閘門是否為防煙閘門？其洩漏量為 UL 555S 的何種等級？系統如何控制及可靠度問題？（若控制愈複雜，系統的可靠度愈低）故建議使用專用的排煙系統，可以大幅解決上述的許多問題。

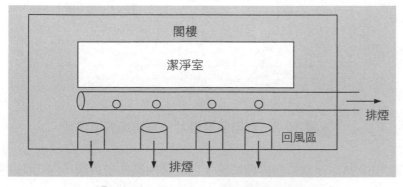

🐚 圖 10-1　利用一般排氣風管排煙

　　圖 10-2 的煙控設計原理是利用回風豎井（Return Air Shaft）作為排煙管道來進行排煙，排煙風扇位於回風豎井的最上端，在排煙的同時，利用閘門關閉，切斷回風豎井與潔淨室上層閣樓（truss）之間的連接。此設計與圖 10-1 一樣，需要以下假設成立才能發揮其功效。此假設為：無論火災發生於潔淨室或下層回風區中，潔淨室上方的 FFU 下吹垂直層流速度必須大過火災煙塵向上升的速度，如此才能壓制潔淨室火災所產生的煙塵向下至下層回風區中，或是讓下層回風區火災的煙塵無法向上至潔淨室中。無論何處發生的火災，最後煙塵的流動方向都是流向回風豎井的入口，再經由回風豎井至最上端的風機排出。由上述分析可知，此種假設只適用於小型火災（熱釋放率小於 3 kW）發生時。也許當初這種模式的設計者認為，在潔淨室中產生大火就無須進行控制，因為潔淨室中的設備及產品對煙粒相當敏感，稍加污染便可使其損壞及報廢，所以只需對小型火災的煙流進行控制即可，但他忽略了即使是小型火災，它的熱釋放率所造成的煙塵上升速度仍會大於向下垂直層流速度。

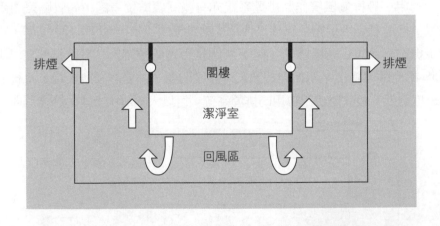

🌑 圖 10-2　利用回風豎井作為排煙管道排煙

　　圖 10-3 為潔淨室中無排煙系統，目前國內某些老舊廠房內仍使用無排煙系統。

圖 10-3　無排煙系統

　　圖 10-4 的煙控設計原理為在潔淨室上方FFU處開洞裝設排煙閘門，再連接排煙管路至排煙風機進行排煙。此設計與工研院環安中心工程組認為的理想煙控模式相當接近，主要是利用煙塵因熱浮力而上升的自然現象，在 FFU 處進行蓄煙，然後利用上方裝設的排煙閘門來排煙。除了適當的排氣系統外，一些相關設備，如偵煙器、空調系統、撒水系統、防煙垂壁或隔間亦要有良好之搭配，再加上整體的緊急應變程序，就可以有效的控制火災成長期範圍內的煙流，若火災可以及時撲滅的話，就可以完全達到火災煙流控制的目的。

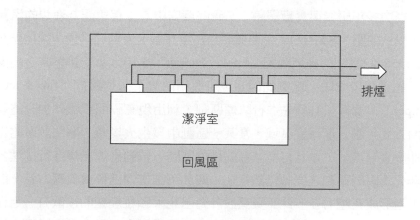

排煙

圖 10-4　潔淨室上方排煙

依據工研院環安中心工程組數年來對這三種主要煙控模式（無排煙系統除外）所做的分析研究，將其特性與優劣點整理如表 10-1。

表 10-1　國內現有三種排煙方式之特性與優劣點比較

種類	排煙位置	排煙量	排煙效果	污染範圍	回風用軸流式風機	整體評估
第一種	RAP 層地板	中	差	大	關	不適用
第二種	回風道頂部	大	極差	極大	開	不可用
第三種	FAB 層天花板	小	好	小	關	可用

10-2　有效之煙控模式

目前國內多數潔淨室廠房之煙控設備為圖 10-1 與圖 10-2 的煙控模式，至於圖 10-3 的煙控模式僅占 10%，且並非完整的設計。因此，工研院環安中心工程組提出一理想的煙控模式，配合整體設備的作業，期盼能正確與有效地解決潔淨室中煙塵所造成問題，以功能性設計（performance-based design）的觀念來取代法規條文式的設計。

經由多年研究與實廠經驗，工研院環安中心工程組認為理想的潔淨室煙控模式如圖 10-5 所示。主要概念是在潔淨室上方開口排煙，開口處使用 UL 555S 認證之防排煙閘門（smoke damper），用以承受排煙時之高溫煙塵，如果要考慮防火區劃的問題，可改用防火及防煙風門（fire & smoke damper）。潔淨室必須先進行防煙區劃，利用現有隔間或額外加設防煙垂壁的方式，劃分潔淨室區域。當某一區劃中發生火災時，關閉該區的空調（即垂直層流），並且打開該區的排煙閘門，啟動排煙風機進行排煙，但是非火災區的區劃之空調仍然存在，如此可讓排煙區形成負壓力區，而非火災區形成正壓力區，此正負壓設計對阻止大顆粒煙塵的擴散有一定程度的幫助，而且潔淨室為一密閉空間，必須維持壓力平衡，否則排煙系統的

排氣力量會因阻力愈來愈大而使效能愈來愈差。

　　回風豎井中必須利用防煙風門切斷回風系統，防止被污染的空氣透過回風系統再循環進入其他的區劃中，此時位於潔淨室上方的外氣 MA（Make-up Air）補充系統仍提供新鮮空氣，維持空調系統仍打開的區劃能持續送風。排煙閘門的開啟與排煙風機的啟動可以手動或由偵煙器連動，偵煙器可用定址的離子式偵煙器或及早型偵煙器（Very Early Smoke Detector Active, VESDA）。

　　在舊有的潔淨室廠房中，多於回風道採用軸流式風機，並且搭配 HEPA 過濾器或 ULPA 過濾器之回風形式，此種方式的廠房較不利於採用防煙區劃來分區關閉回風系統並形成正負壓之防煙模式，亦即當遇到火災時，只有將回風系統之風機完全關閉或繼續開啟之選擇。但在新的潔淨室廠房中，多改用 FFU 回風方式，如此一來，若預先設計好 FFU 電路分區開關，即可有效利用防煙區劃分區關閉 FFU，形成所謂的正負壓區劃防煙。

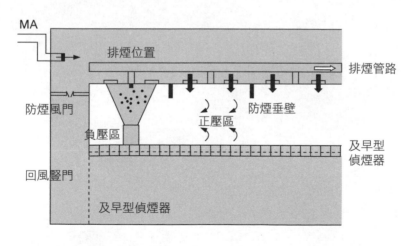

　　　　🔴 圖 10-5　潔淨室理想之煙控模式

CHAPTER

11

噪音與振動

　　每一個噪音與振動控制問題，包含一個三種基本因素之系統，即：音源、路線及接收器。在複雜之噪音問題解決方法能夠設計之前，噪音之主要來源必先知道，主要傳遞路線之性質必先瞭解，在某種狀況之下，認為許可之噪音高低準則或所欲噪音高低之準則，必須具備。

　　噪音與振動問題之三項因素，其作用未必獨立所作用者。音量之輻射係以音源之周圍環境情況而定之。舉例來說，一具機器安置於一室之角落，其輻射之音量遠較機器安裝於其他位置為大。一個人對擴音器講話之聲音升高或降低，係以房間之大小與反射之性質而定。聲音之路線，則受到音源與接收器之音響細節之影響，同時也受到離開地面距離高度之影響。

　　彼對噪音之態度，不只受到噪音路線之性質與噪音波譜之影響，也受到經濟因素與心理因素之影響，諸如其在噪音中工作環境所得的紅利，或對成音頻率理論的恐懼，或對財務結果恐懼即是。所有此等考慮，均強調每一個噪音問題包括著相互作用因素之複雜系統。解決噪音與振動控制問題，常包括交換法。在一製造工廠中，欲同等保障每一工作人員之聽覺，所費不貲，因此，對某些人員而言，只能接受較高的傷害危險。其解決之方法，可能採取部分減低噪音振動之措施，設置成音頻率理論試驗節目以選擇聽覺敏感者轉至其他工作，並補償其餘喪失聽覺之損失。

　　噪音與振動兩部分對於製程的影響依目前的技術而言，以振動的影響較大，噪音主要是對操作人員的情緒會有影響，噪音對製程的影響目前還沒有發現，但是之後如發展出更精密的作業時，噪音可能會對製程的品質產生影響。

11-1 噪音

工業噪音產生來源

目前的生產設備或量測儀器大多是使用積體電路、電晶體或二極體等製成的，這些產品大多有漏電流，光電元件中的暗電流（black level）亦為不加偏壓即有電流，亦即一般所謂的雜訊或噪音。為了消除或減弱這些噪音，最有效的方法是將妨害源關閉。其中主動的遮蔽是將妨害源用高導電率材料包圍，使其與外部電器的關係斷絕。而被動的遮蔽則是將妨害源隔在遮蔽體外部，電器設備留在遮蔽體內部。對於多種電磁的干擾，最有效的遮蔽就是建立金屬板隔離室，也就是俗稱的鐵籠子。它的原理主要是藉由反射損失、吸收損失及多重反射損失等的合成，使外界入射的電磁波只有甚少一部分得以進入隔離室。其中反射損失由入射波和金屬板的特性阻抗而定，二者特性阻抗相差愈大，反射損失愈大。吸收損失由金屬板的厚度、透磁係數、導電率而定，也和入射波的頻率有關，另一種相似的金屬網隔離室，其遮蔽效果主要由反射損失而來。金屬網的材質、網線粗細、網目大小、入射波頻率、隔離室大小等都會影響遮蔽效果。一般而言，電磁遮蔽比靜電遮蔽更為困難，往往要使用二重遮蔽才能完全消除外界之影響。

1. 機械性機構振動產生聲音：由於機器振動的能量因接觸、傳遞而引起振動，進而經固體及空氣傳播而造成噪音。機械性機構產生的振動，如電風扇的搖頭運動即為一例：其馬達雖穩定旋轉，但因搖頭曲板組件帶動柱頭往復運動，因而發生振動；如搖頭轉動次數增加，則振動的頻率隨之增加，另馬達及發電機因高速旋轉所產生的振動亦會產生噪音。

2. 碰撞衝擊產生板振動產生聲音：當一金屬板被一物體撞擊時，會因板振動而產生噪音，如封膠機、剪腳機因力或衝擊過程施力於物體，即會產生振動；另物體依其質量、撞擊速度、承受物體之剛性及內阻力均會影響此種振動。

3. 不平衡力或位移產生板振動產生聲音：不平衡力或位移會使物體強制振動而產生噪音，例如，以不平衡的旋轉體及引擎等，因曲軸轉速的不平衡力與汽缸爆炸力，強制引擎轉動等而產生噪音。另外值得注意的是物體或空氣會於一或更多特定頻率中引起共振，因而加強噪音，至於共振頻率取決於物體的大小和結構或空氣量。

4. 機件摩擦產生噪音：例如，齒輪組因金屬與金屬接觸摩擦、輸送帶與滾筒摩擦等，均會產生噪音。

5. 由流體與金屬表面接觸或氣體亂流而產生：當空氣以某種速度經過導管或金屬表面時即會產生噪音，如空氣壓縮機、風扇、泵等。一般空氣或氣體在導管中流動碰到阻礙產生亂流會發生噪音；壓縮空氣來清潔機器的零件，因吹管以高速氣噴出會產生噪音；風扇在空氣中產生亂流會發生噪音，在管路系統中大而急速的壓力改變均會產生噪音。另外，氣體在爐體燃燒過程，泵因流體之壓力波動，均會產生噪音。

6. 由放電發生的，如電擊、尖端放電、電弧放電、靜電放電等。

7. 由電路中雜訊所發生的，如電源的嗡嗡聲、電磁波之變形等。

8. 由瞬間現象所發生的，如瞬間停電、突波電流、相位控制等。

 噪音控制策略

 音源控制

1. 減少不平衡力：對往返運動機件除要經常保養和選擇適當的墊襯外，機械通常由於鬆動或滑脫產生振動，此可由修理或換裝來消除驅動

力，增加工作循環週期，或減少轉速均可以減少噪音量。

2. 減少碰撞衝擊聲音：可將每次衝擊的時間間隔拉長，或儘可能將一個非常大的衝擊改為非常多的小衝擊。

3. 減少因力量、壓力或速度改變產生之噪音。

4. 降低產生噪音的頻率：重複的動作愈慢，則噪音的頻率愈低，並可減少干擾度。

5. 改變作業方式以減少噪音：如以熱作替代冷作，以油壓替代鉚釘，以噪音較低的塑膠零件更換金屬零件等。

6. 加強維護保養：零件鬆動、操作不正常與其他機件碰撞都產生更大的噪音，因此針對機械所增加的噪音部位加強實施適當的維護是特別重要，尤其滅音器鬆脫或損壞，應立即加以修理或更換。

7. 減少氣流的噪音：降低流速、減少亂流、使用消音器等。

8. 減少流動液體在管路系統所產生的噪音：避免管路系統壓力急速改變，降低泵的轉速等。

9. 減少振動面的驅動力及發散力量：改良小的振動面發散較小的噪音，振動板改用稠密的穿孔板，板面改變成狹長表面等。

10. 設置音源位置避免反射音增加輸出功率：音源勿設在近角落處，最好應遠離牆壁。

噪音傳送途徑控制

1. 減少噪音經固體材料媒介的傳送：振動藉固體材料傳遞時，雖經遠距離傳遞但能量的衰減還很少，但如能在固體的材料中留間隙，則衰減的能量可大幅增加。此間隙必要時可用具軟性和撓性物質填充；如在機械或管子安裝抗振墊，在通風管道安裝具撓性連接管，以及為固定目的於中間夾著乳香樹脂的物質。

2. 減少噪音經氣體媒介的傳送：透過遮音結構及吸音材料來提高遮音效果，尚需考慮遮蓋後機械發熱散熱的問題。

3. 利用隔音室減少噪音的傳送：因牆具有吸音效果，設置隔音室，使

音源進入隔音室而遮音。

接受者的改善

1. 在受音部設置隔音室減少人員暴露：操作室的隔離，即在使作業者在一噪音隔離且安靜的工作室進行機械監視操作，或以閉路電視監視作業情形，以減少在高噪音作業場所暴露時間。

2. 增加音源與受音者之距離：利用影響聲音傳播現象的關係，如改變音源方向勿朝向受音點，即考慮音源的指向性及利用聲音擴散的原理，使音源儘量離開問題點。

3. 音源頻率及傳送方向之變更：室內工業噪音受風、氣溫、大氣影響不大，應注意其指向性，可變更音的方向，使受音點的方向之噪音變小。

4. 利用遮音屏障防音：音源或受音點附近有牆或建築物時，只有繞射音傳到音源的反對側，可減少噪音量，為此目的而設置的牆稱為遮音牆或遮音屏蔽或屏障。

5. 室內吸音處理：堅硬的地板、牆壁、天花板均將聲音幾乎完全反射，若能在天花板、牆壁上舖設一層木材或玻璃纖維等較軟之吸音物質可減小噪音。

11-2 振動

振動產生原因

振動產生原因包括：廠房受周圍車輛振動、機械振動及環境振動，茲分別說明如下：

1. 廠房受周圍車輛振動：此類振動與一般地震所產生之振動有很大之不同，它是屬於較低頻的範圍。

2. 機械振動：機械之振動影響範圍及程度與機械種類、振動力的特性和大小及土壤種類有關。一般分為：撞擊式機器與週期性定振幅機器。

(1)撞擊式機器：即會產生撞擊力之機器，如封膠機、剪腳機等，一般此種機器之振動影響距離，在撞錘重小於 2 噸者約為 25 公尺；撞錘重為 2～10 噸者約為 60 公尺，在此範圍內之結構物應盡可能設計為較不受差異沉陷影響之靜定結構。

(2)週期性定振幅機器：此類機器，就其運轉速度而有不同的影響範圍。

- 高轉速（>500rpm）機器：例如，電動馬達、離心式水泵、輪機等，其振動僅會對連結構件（如樑、柱及地板等）產生顯著的影響。
- 中轉速（30～300rpm）機器：例如，往復式引擎及壓縮機，振動傳遞較遠，常超出 300 公尺半徑範圍。在影響距離內之結構物，剛度較大之面，應平行活塞運動的方向，以減小振動的影響。
- 低轉速（<50rpm）機器：例如，汽動磨機、轉動式壓榨機或印刷機等，不會對鄰近建築物產生不良影響之振動。

3. 環境振動：如地震、風、門窗開關等所引起的振動，此類振動屬於土木結構方面，一般適用於地震分析軟體，在此不作討論。

振動理論分析

振動理論分析包括：廠房受周圍車輛振動分析及機械振動分析，茲分別說明如下：

廠房受周圍車輛振動分析

1. 整體有限元素法：此法係以有限元素模擬整個結構與土壤系統，在

結構物及其附近，可以有效地處理結構物細部的幾何形狀與土壤性質的複雜變化。此外，整體有限元素法可選擇在時間域或頻率域進行，除了非線性分析一定得在時間域進行外，頻率域計算是一較好的選擇。但此法在處理半無限延伸的區域時，由於有限元素網格不可能無限延伸，因此往外輻射的散射波碰到此虛擬邊界，將產生不該有的反射波，輻射阻尼的效應也因此而無法有效的模擬。另一方面，雖然理論上當元素網格數目大到某個範圍時，分析的結果會趨近真確值，但相對地，此時所需的計算和儲存量也會變得很龐大，不符合經濟效用。

2. 連體力學法：以連體力學法，求出基礎的阻抗矩陣和有效基礎輸入運動，再將基礎的輸入運動乘上基礎的阻抗矩陣得出結構與土壤間的互制作用力，最後再將互制作用力當作外力輸入，以有限元素法模擬結構物，求得結構物動態反應。本法可以有效模擬輻射阻尼的效應，但是對於結構物附近土壤材料性質的複雜變化，則很難納入分析架構中。

3. 混合模式法：指有限元素法和連體力學法的混合使用，主要是將整個結構與土壤系統分成近域和遠域兩部分。近域包含結構物及結構物附近的土壤，係以有限元素模擬，因此可以非常有效地處理幾何形狀及材料性質的複雜變化；遠域係由半無限延伸的土壤所組成，可視為連體來處理，因此可以有效模擬輻射量。

4. 能量傳導邊界法、一致邊界法：須計算二次複數之特徵值問題，在運算時間上所需的代價太高，而且須假設層狀土層下有一剛性基盤。

5. 邊界元素法：可以自然模擬波的輻射效應，而且是真確的解，其主要的誤差來源是來自數值解析度的問題，亦可能出現奇異點的問題。

6. 無限元素法：為加一指數函數於形狀函數中，以模擬輻射現象，須用特殊積分法積分，其優點為可以很容易的與標準的有限元素結合，而且保有限元素結構矩陣對稱之優點。

機械振動分析

1. 動力地基反力理論（Concept of Dynamic Subgrade Reaction）：假設基礎土壤為一組獨立的彈簧。依據此種理論作機器基礎分析之最大缺點，為忽視土壤阻尼對振動系統的影響，猶如一彈性無阻尼系統，在共振時的運動振幅將趨於無限大。

2. 彈性半空間理論（Elastic-Half-Space Theory）：考慮振動能量能以「幾何阻尼」方式，經由半空間介體傳播而消減。且依據該理論，假設基腳置於彈性半空間之介體中，則基腳之動力反應變振幅很小，因此基礎土壤在動力反應的分析，可視為彈性介體。

3. 統括參數振動系統（Lumped-Parameter Vibrating System）：若能適當選取彈簧常數與阻尼常數，且將振動系統的所有質量、彈簧及阻尼份量，統括視為一振動模式的單一質量、單一彈簧與單一阻尼。

防振原理

以一個三度空間的建築物而言，防振支撐系統有 6 種固定振動，而且每種振動都有它獨特的振動係數。精密除振之防振器材多利用彈簧及定盤的作用，將支撐之機器之慣性力與地上之加振力平衡，以減少機器振動。光學儀器放在定盤上，可增加定盤本身的振動衰減特性，以使它穩固。利用彈簧作用以減少機器振動之器材大致分為：防振橡膠、線圈彈簧及空氣彈簧三種。另一種除振的方式是用除振台，按照承載機器之形狀、特性、用途等可分為定盤型、桌上型、凹槽型、平台型、懸掛型五種形式。

微小振動人體無法感覺到的，只能依賴計測器量測。在奈米級或 VLSI 製程中，曝光製程及 0.1μm 線寬的解析度要求，使得微小振動成為非常重要的問題。造成 VLSI 無塵室微小振動的原因，可以分為下列幾種：

1. 外源振動：鄰近工廠的重型機器運轉或飛機、重型車輛所引起振動。

2. 廠務設備機器：如空氣調器、空氣壓縮機、升降機、真空幫浦、純

水製造、幫浦或廢氣處理等所引起的振動。

3. 生產機器：許多製成機器內含小型泵、馬達、離心機、機器手臂等。

4. 作業動作：作業員的步行、搬運物品或裝卸物品等。

奈米級或半導體工廠為了防振應該注意事項：

1. 根據地盤振動情形而設計建築物的構造形式、柱樑、地板厚度及形式、階高、徑間等，以及建築物地下構造的底盤、樁、地基深度等。

2. 根據機器種類和規格，如機器放置場所、外力、振動數、重量、台數等，輸入防振材規格、彈簧、減衰定數，計算傳達比和抵減外力，以設計機器架台、二層地板、地板厚度、徑間等。

　　如進一步考慮作業時的振動，須對精密機器設置特殊防振地板。整體建築物設計時，亦必須考慮共振所可能引起的重大災害，無論鋼筋水泥或地板建材儘可能不要有太多的均一性，選擇地板時，要注意地板的質量及剛性，它必須有充分強度，地板對產生振動的外力不會發生共振。地板厚度、結構母體、柱、樑的位置，架法、樑與樑之間的架徑等均需考慮。

　　消除車輛振動的影響：

1. 配置地下基礎結構：考慮土層及岩盤之影響，並在基礎四周配置適當遮斷工程或溝槽。

2. 在結構體加裝隔振或阻尼元件，經由隔振及消能來降低車輛振動之影響。

　　防止機械振動的方法：

1. 慎選機器位置：產生振動之機器位置，應遠離對振動敏感的設備或結構物。

2. 平衡振動力：最好的防振方法，即是減小振源產生之振動。在轉動式機器，儘可能完全配衡垂直於活塞運動方向的激動力及部分配衡活塞運動方向的激動力。有效的配衡應考慮振動機的型式及振動特性。

3. 機器或基礎加設隔振材料：可於機器與其支撐之結構物或基礎，或於機器基礎與土層之間裝設吸振墊層，以隔絕或減弱振動之傳遞。

凡有彈性變形之材料，均適合作為吸振墊層，常用之吸振材料有鋼彈簧、木材、軟木墊、橡皮墊、毛氈或其特別設計之消能器。

4. 穩定基礎土壤：穩定土壤可增加基礎底部的剛度，即可增加其自然頻率。例如，對振動敏感的砂土層，常可用化學藥劑配合水泥來穩定。土壤穩定範圍的大小，決定於振動的型式，例如，對於橫搖振態，穩定的範圍即可限於基礎邊緣的土壤，且一般改良深度常不超過 2 公尺。

5. 調整基礎結構：利用增加基礎底面積或基礎質量、增設基礎加強板、採用輔助振動系統等方法，來改變基礎自然頻率，使遠離機器的運轉頻率以避免共振而引起振幅的增加。

6. 振動隔離：可分為主動式隔離及被動式隔離，主動式隔離係隔離或阻絕機器本身產生之振動的外傳；而被動式隔離則係隔絕外界傳送而來之振動。

11-3　潔淨室之振動與噪音

精密機器的安裝要非常注意振動問題。在地盤上建構建物，之後再建構支持機構，最後才將精密機器架構在支持機構上。在每一個階段都要儘可能避免振動傳至精密儀器上。

在製程區內對樓板環境振動提出最大容許規格需求，頻率在 1～8Hz 時，位移要小於 $1\mu m$；8～48Hz 時，速度要小於 $50\mu m/sr^2$；48～200Hz 時，加速度要小於 $1.5cm/s^2$。我們可以發現低頻時以位移來規範，中頻時以速度來規範，高頻時則以加速度來規範。以目前半導體建廠規範為 5～16Hz 時，位移必須小於 $0.1\mu m$，16～50Hz 時，加速度要小於 $0.1cm/s^2$。

振動控制首先要設定振動特性接著計畫基本結構、背景振動量測、模形分析、結構細部設計、建築、確認結構體振動特性和背景振動值、檢測允許輸入的力量、設計機器的振動隔絕器、架設機器、組裝，最後在空調

系統運轉下量測樓地板振動值。

　　半導體廠內的機器設備在防止振動方面有一些措施，如冷凍主機的底部可以加裝防振墊，管路的接頭應採用彈性接頭。泵浦底部也可加裝彈簧防振基礎，管路接頭亦採用彈性接頭。潔淨室和機械室之間應加裝膨脹物使兩者隔絕，減少機械室的振動傳入潔淨室內。另外，風管、水管或其他配管應使用防振吊架。對振動特別敏感的設備應有獨立的基礎再裝上空氣避振器然後是受振台，最後才架上生產機器。

　　以下為振動相關名詞的介紹：

- 振幅：振動體相對於平衡位置之最大位移。
- 頻率：每單位時間內的振動循環次數。
- 週期：完成一個振動循環所需的時間。
- 相位：振動體於不同時間點之對應運動狀態。
- 位移：$X = A \sin wt$
- 速度：$V = dx / dt = WA \cos wt$
- 加速度：$a = dv / dt = d^2x / dt^2 = - w^2 A \sin wt$
- 單自由度：$MX + KX = f(t)$
- 多自由度：$M_1X_1 + K_{11}X_1 + K_{12}X_2 = f_1(t)$
　　　　　　$M_2X_2 + K_{21}X_1 + K_{22}X_2 = f_2(t)$
- 連續體：$\alpha^2y / \alpha x^2 = (1/c^2)(\alpha^2y/\alpha t^2)$
- $N(dB) = 20Log(X / Xref)$
- Displacement：$D_{ref} = 10^{-6}m$
- Velocity：$V_{ref} = 10^{-9}m/s$
- Acceleration：$A_{ref} = 10^{-12}m/s^2$

　　在一般環境下，樹林約 15dB，圖書館 35dB，商業辦公室 65dB，大卡車約 90dB，鑿岩機約 105dB，噴射機起飛約 125dB。

　　表 11-1 為每天噪音持續的小時數與聲音位準緩慢反應之關聯。

表 11-1 每天噪音持續的小時數與聲音位準緩慢反應之關聯

每天持續的小時數	聲音位準（dBA）緩慢反應
16	85
8	90
6	92
4	95
3	97
2	100
1.5	102
1	105
0.5	110
0.25 或更少	115

聲音相關之名詞如下：

• 聲音：壓力的波動（波速＝波長×頻率）。

• 聲功率：單位時間內，音源輸出的功率（W）。

• 聲壓：由聲音所引致之大氣壓力差值（P_a）。

• 聲強：（w/m^2）。

• 聲功率位準：$L_w = 10Log（W^2/W^2_{ref}）$，$W_{ref} = 10W^{-12}$。

• 聲壓位準：$L_p = 10Log（P^2/P^2_{ref}）$，$P_{ref} = 20\mu P_a$。

火災與消防偵監

12-1 消防系統簡介

火災基本介紹

火災分類

對於各類型的火災應使用適當的滅火器才能得到最佳的控制。火災的分類是按照何者物質被燃燒而區分：

A 類：對木材、紙張、紡織品和相似物質，使用泡沫、乾粉、二氧化碳任何種類滅火器。

B 類：對油脂、油漆和相關物質，使用泡沫、乾粉或揮發性液體滅火器。

C 類：所有電器設施，使用二氧化碳、乾粉、揮發性液體滅火器。

D 類：對鈉、鋅、鎂和其他元素，應用細的乾蘇打灰、沙或石墨來悶熄。

相關法規

建築法：建築技術規則。

消防法：各類場所消防安全設備設置標準。

NFPA：美國防火協會（National Fire Protection Association）。

火災溫度變化

初　　期：悶燒階段，4 分鐘內。

成長期：火勢增強，4～6 分鐘內。

最盛期：可燃物完全起火燃燒，6～10 分鐘。

末　　期：餘火繼續燃燒，10 分鐘以後。

火災發展歷程

火災發展歷程如圖 12-1。

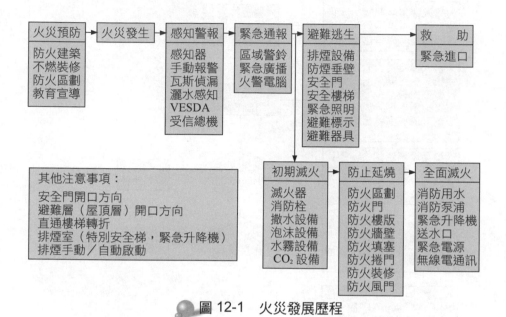

火災預防	火災發生	感知警報	緊急通報	避難逃生		救　　助
防火建築 不燃裝修 防火區劃 教育宣導		感知器 手動報警 瓦斯偵漏 灑水感知 VESDA 受信總機	區域警鈴 緊急廣播 火警電腦	排煙設備 防煙垂壁 安全門 安全樓梯 緊急照明 避難標示 避難器具		緊急進口

其他注意事項：

安全門開口方向
避難層（屋頂層）開口方向
直通樓梯轉折
排煙室（特別安全梯，緊急升降機）
排煙手動／自動啟動

初期滅火	防止延燒	全面滅火
滅火器 消防栓 撒水設備 泡沫設備 水霧設備 CO_2 設備	防火區劃 防火門 防火樓版 防火牆壁 防火填塞 防火捲門 防火裝修 防火風門	消防用水 消防泵浦 緊急升降機 送水口 緊急電源 無線電通訊

圖 12-1　火災發展歷程

火警處理流程

廠務發生火警處理流程如圖 12-2。

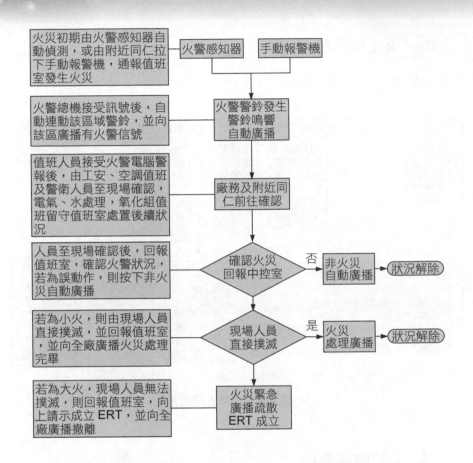

火災初期由火警感知器自動偵測，或由附近同仁拉下手動報警機，通報值班室發生火災 → [火警感知器] [手動報警機]

火警總機接受訊號後，自動連動該區域警鈴，並向該區廣播有火警信號 → [火警警鈴發生 警鈴鳴響 自動廣播]

值班人員接受火警電腦警報後，由工安、空調值班及警衛人員至現場確認，電氣、水處理，氧化組值班留守值班室處置後續狀況 → [廠務及附近同仁前往確認]

人員至現場確認後，回報值班室，確認火警狀況，若為誤動作，則按下非火災自動廣播 → ◇確認火災回報中控室 —否→ [非火災自動廣播] → (狀況解除)

若為小火，則由現場人員直接撲滅，並回報值班室，並向全廠廣播火災處理完畢 → ◇現場人員直接撲滅 —是→ [火災處理廣播] → (狀況解除)

若為大火，現場人員無法撲滅，則回報值班室，向上請示成立 ERT，並向全廠廣播撤離 → [火災緊急廣播疏散 ERT 成立]

圖 12-2　廠務發生火災緊急處理流程

滅火設備

滅火設備係指以水或其他滅火藥劑滅火之器具或設備，包括：滅火器、二氧化碳滅火設備、單體式箱型自動滅火設備、室內（外）消防栓設備、自動灑水設備、水霧滅火設備、泡沫滅火設備、限流裝置。

1. 滅火器

　　具使用簡單之優點，為適用於火災初期之滅火設備，不過使用時必須依據火災之種類，選擇適當之滅火器，否則反而有使火災擴大之虞。

2. 二氧化碳滅火設備

　　二氧化碳滅火設備係以二氧化碳為滅火劑，海龍滅火設備係使用鹵化物為滅火劑之設備，此類滅火劑在噴射滅火後不會污損器具設備，且具電氣絕緣性，因此常使用於通訊機器室、電腦，及冷凍倉庫等場所。

3. 單體式箱型自動滅火設備

單體式箱型自動滅火設備具以下之特點：

(1)此滅火藥劑安全無污染，對於防護區之設備不造成任何副作用，為最佳之海龍代替品。

(2)兼具自動／手動功能，無人時全自動偵測，緊急狀況時可由人員手動啟動十秒瞬間快速滅火，保護生命財產之安全。

(3)體積小、不占空間、外型美觀、安裝、操作、保養容易。

(4)具有故障表示燈，可隨時檢知設備，保持最佳狀況。

(5)火災發生藥劑放出前，人員避難中文語音廣播。

(6)移報接點，可增加多項設備功能，且能自動切斷通風設備，提高滅火效率。

4. 室內（外）消防栓設備

　　室內（外）消防栓設備係火災發生時，啟動幫浦與馬達，保持滅火活動所必要之放水壓力與放水量，延長消防箱中之水帶，以從事滅火之設備，因其放射水量以及有效射程較滅火器為大，如火勢以滅火器無法滅火時，即應使用此項設備。

　　廠務各場所使用滅火設備情形如**表 12-1**。

表 12-1 廠務使用滅火設備場所、面積及設置方式

建築物	場所使用	面積	設置方式
	高度危險工作場所	3000m² 以上	整棟
	中度危險工作場所	5000m² 以上	整棟
	低度危險工作場所	10,000m² 以上	整棟
	未達上述規定，而以實際面積除以規定面積，其比例總和大於一者		整棟
已設室外撒水、水霧、泡沫、乾粉、CO₂	——	有效範圍內	免設

5. 自動灑水設備

自動灑水設備係對高層或對面積遼闊之建築物，在其天花板面裝設配管及灑水頭，火災時灑水頭之感熱元件受熱熔解破壞，區分：

(1)密閉濕式：平常管內儲滿高壓水。

(2)密閉乾式：平常管內儲滿高壓空氣。

(3)開放式：平常管內無水，啟動一齊開放閥，使水流入管系。

(4)預動式：平常管內儲滿低壓空氣，感知裝置啟動一齊開放閥，撒水頭動作撒水。

6. 水霧滅火設備

水霧滅火設備係利用水霧噴頭將高壓水力之水以霧狀放射之設備。利用水粒子遇熱氣化之窒息作用，及對水溶性物之稀釋作用，不但短時間內既能控制火勢防止延燒，對油類火災亦有滅火作用，其中須注意：

(1)對電：噴霧之水滴分子非常小，類似氣體不具導電性，可用於變壓器。

(2)對油：噴霧之微小水滴，類似氣體吸熱容易且分布均勻，除對燃

燒物體產生冷卻作用，其水滴觸及高溫時，迅速形成水蒸氣，體積膨脹約 1,700 倍，降低空氣中氧氣濃度達窒息目的，且其噴出時之壓力攪拌不溶於水之油面層，使油氣擴散於水霧中，形成不燃性乳化層覆蓋油面，阻止可燃性蒸氣釋出，達成滅火效果。

應設置水霧、泡沫、CO_2 及乾粉滅火設備之場所如表 12-2：

表 12-2　應設置水霧、泡沫、CO_2 及乾粉滅火設備之場所

應設場所	水霧	泡沫	CO_2	乾粉
屋頂直昇機停機場（坪）		○		○
飛機修理場、飛機庫樓地板面積在二百平方公尺以上者		○		○
汽車修理場、室內停車空間在第一層樓地板面積五百平方公尺以上者；在地下層或第二層以上樓地板面積在二百平方公尺以上者；在屋頂設有停車場樓地板面積在三百平方公尺以上者	○	○	○	○
昇降機械式停車場可容納十輛車以上	○	○	○	○
發電機室、變壓室其他類似之電器設備場所，樓地板面積在二百平方公尺以上者	○		○	○
鍋爐房、廚房等大量使用火源之場所，樓地板面積在二百平方公尺以上者			○	○
電信機械室、電腦室或總機室及其他類似場所，樓地板面積在二百平方公尺以上者			○	○
引擎試驗室、石油試驗室、印刷機房及其他類似危險工作場所，樓地板面積在二百平方公尺以上者	○	○	○	○

7. 泡沫滅火設備

泡沫滅火設備是使水與泡沫原液混合而成泡沫水溶液再與空氣混合起化學變化而發泡，在僅用水來滅火無效，並可能使火勢加大的情況下，而使用此設備。此滅火原理乃是在燃燒物表面，以泡沫層覆蓋來隔絕燃燒所需之空氣，以及含有泡沫的水來冷卻而達成滅火作用。

8.限流裝置

　　一般未安裝限流裝置（orifice fitting），其原液與水之比，不能控制 97：3 或 94：6，且原液輸出量太多，嚴重影響滅火時間及滅火效果。加裝限流裝置可正確獲得水與原液之比例 97：3 或 94：6。正確泡沫混合比，才可發揮最佳的滅火效果。

警報設備

　　警報設備包括：火警自動警報設備、火警手動警報設備、瓦斯漏氣火警自動警報設備及緊急廣播設備等。

1.火警自動警報設備

　　火警自動警報設備係為了在火災發生之同時，能自動報告建築物內之有關人員火災之發生，以便在短時間內採取避難或滅火行動。
包括：

⑴火警受信總機

　・火警自動警報系統。

　・排煙連動控制系統。

　・撒水泡沫消火系統。

　・警報監控系統。

⑵定溫探測器

　・自動感知設備：

　A.差動式──溫度上升每分鐘 9.4℃／分以上時動作。

　B.定溫式──溫度於感應器定格溫度 58℃時動作。

　C.偵煙式──遮光濃度 8%以上時，20 秒內動作。

　・感知器裝置場所：

　A.差動式──（8M 以下）一般場所、辦公室。

　B.定溫式──（4M 以下）廚房、機械室、鍋爐房。

C.偵煙式——（20M 以下）樓梯間、防火鐵捲門、排煙閘門。

D.防爆型——易爆炸之危險處所。

(3)火警綜合盤（PBL）

‧P（Push button）——手動報警機

發現火災，火警感應器尚未感應到時，由附近人員手動拉下報警。

‧B（Bell）——地區警鈴

火警主機連動火災區域警鈴鳴響。

‧L（Lamp）——警示燈

火警主機連動火災區域警示燈閃爍（平時恆亮）。

‧緊急電源插座

消防緊急搶救用緊急電源。

‧緊急聯絡電話

平時查修、火警通報。

‧泵浦啟動表示燈

消防泵浦啟動表示燈（平時恆暗）。

2.火警手動警報設備

火災發生時，以人工通知建築物內之人員，以便從事初期滅火、避難等活動之設備，在未達設置火警自動警報設備標準之建築物，以手動方式彌補其不足。

3.瓦斯漏氣火警自動警報設備

乃是對於使用瓦斯之場所，萬一有瓦斯洩露時，偵測而自動發出警報之設備，其機器之構成與火警自動警報設備大致相同，探測器之部分則改為瓦斯漏氣檢知器。

4.緊急廣播設備

火災發生時，藉由廣播系統指示住戶或建築物內人員正確逃生

方向及注意事項，以維持火場內秩序減少人員傷亡。

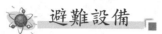 避難設備

指火災發生時為避難所使用之器具或設備。

1.避難器具

　　避難器具乃火災發現遲誤或樓梯、走廊、日常使用之通道已受阻斷，無法進行正常避難時，使用之緊急逃生器具（指滑台、避難梯、避難橋、救助袋、緩降機、避難繩索、滑杆及其他避難器具）。

(1)緩降機（slowly descending devices）：緩降機係高樓逃生設備，利用離心力原理，緩緩地安全降至地面，操作簡便，此類產品適用於辦公住家大樓、高塔、高空作業、飯店、旅館、消防救災用。

(2)避難梯：使用時只需要打開箱蓋，依標示按下底蓋開關及拉放梯繩索，避難梯即可緩緩降下，人員即可避難逃生。避難梯之使用除上述之由上而下的逃生方式外，尚可由下一層以由下而上之方式開啟避難梯實施往高處避難一措施。

(3)救助袋：區分共用式與集中式，可提供高處人員逃生使用。

2.標示設備

　　火災時為防止人員逃生避難之混亂，預先以燈火將出口避難通道及避難方向明顯顯示之設備。可分為出口標示燈、避難方向指示燈、避難指標三種。

3.緊急照明設備

　　火場遇停電狀況時，能由交流電變成直流電來照明，給予在場人員順利逃生或便利消防人員搶救之設備，緊急照明設備之設置原則，走道部分應使用白色燈罩以便於避難逃生之辨別。

消防搶救上之必要設備

指火警發生時，消防人員從事搶救活動上必需之器具或設備。

1. 連結送水管

高層建築物或地下街，消防隊延長水帶需耗費時間之場所，利用建築物做好的送水管由消防車直接送水管送水，即可迅速從事消防活動之設備。

2. 消防專用蓄水池

為防止大型建築物之延燒，規定一定規模以上之建築物應設置蓄水池以供消防隊使用，其方式有蓄水池、游泳池等，採水口之設置不得有礙消防隊之活動。

3. 排煙設備

火災時為使消防隊之搶救活動能順利進行，對於地下層、無開口樓層、特別安全梯間、緊急升降機間有受煙侵害之慮的場所，以排煙機將煙排出之設備。

4. 緊急電源插座

為使消防人員從事救助或救火行動時，供給照明或破壞用動力器具之緊急用電，以利消防搶救之進行，一般緊急電源插座均與室內消防栓並設。

5. 無線電通訊輔助設備

超高層建築物或地下建築物，無線電之通訊常因地形地物之影響而收訊不良，為使消防隊之通訊活動圓滿實施，因此設置無線電通訊輔助設備。

12-2 工業配電開關器材選用

高壓斷路器種類及選用

高壓斷路器之種類

1. 真空斷路器（VCB）：將接觸點置於高度真空之中，利用真空的高度絕緣及離子的急速擴散而達到消弧目的，適用於閉鎖型配電盤，大都用於 36KV 以下。

2. SF6 斷路器（GCB）：具有絕佳之絕緣特性及冷卻效果，市面上較為普遍被採用。

3. 磁吹式斷路器（MBB）：利用斷路器電流所形成之強磁場，在極短時間內將電弧吹入消弧槽消弧，此種斷路器已漸少用。

4. 氣衝式斷路器（ACB、ABB）：利用壓縮空氣消弧之高電壓斷路器，因輸電電壓亦日漸提高，在高壓部分已漸少在使用，低壓部分仍然持續在使用。

5. 油斷路器（OCB、PCB）：由於材料之絕緣及耐熱性不斷地在改進，大油量 OCB 及少油量 PCB，因有種種缺點，已被淘汰不再製造生產。

高壓斷路器之選用

1. 斷路器應具有下列設備或操作特性：

   (1)與控制電源無關之機械或手動跳脫裝置。

   (2)應具有自由跳脫特性。

   (3)在加壓中，能手動啟斷或投入，且接點之動作應不受手動操作速度之影響。

　　(4)本身應有 ON、OFF 之位置指示器。

　　(5)器具上之 NP 需標明製造廠家、型式、製造號碼、額定電流、啟斷
　　　容量及額定最高電壓等。

2. 斷路器應有足夠之啟斷容量。

3. 在線路短路狀態下投入，其投入電流額定不得小於最大非對稱故障
　電流。

4. 斷路器之瞬間額定不得小於裝置點最大非對稱故障電流。

5. 驗收時須檢核下列證明文件：

　　(1)原裝進口海關證明之正本。

　　(2)台灣大電力研試中心定型試驗報告。

　　(3)原製造廠家出廠證明。

　　(4)國內代理商之證明。

　　(5)操作及維護說明書。

低壓斷路器種類及選用

低壓斷路器之種類

1. 氣衝式斷路器（ACB）：可作手動或電動操作，具有過載、接地及
　短路保護，一般是作為變壓器二次側主保護開關或容量在 600A 以上
　之分路開關。

2. 無熔絲開關（NFB）：具有過載、短路保護，一般是作為變壓器二
　次側主保護開關或分路開關，操作方式多為手動居多，如要作監控
　較氣衝式斷路器不方便。

低壓斷路器之選用

1. 斷路器之額定跳脫電流須大於所連接負載之滿載電流，但須小於或
　等於導線的安培容量。

2. 斷路器之啟動容量應能安全啟斷裝設點短路發生後二分之一 Hz 之非對稱最大短路電流，在不同使用電壓下，有不同的啟斷容量，一般啟斷電流以 KA 表示。

3. 斷路器應有標示，其額定電流、啟斷電流、額定電壓及廠家名稱。

4. 啟斷容量 IC 在 50KA（含）以上或額定電流在 800A（含）以上之斷路器，應有台灣大電力研試中心之定型試驗合格證。

漏電斷路器種類及選用

漏電斷路器之種類

漏電斷路器依供電方式、保護目的、動作電流、動作時間、電源及負載接線方式，如表 12-3。

表 12-3 漏電斷路器種類

類別		額定感度電流（毫安）	動作時間
高感度型	高速型	3、15、30	額定感度電流 0.1 秒以內
	延時型		額定感度電流 0.1 秒以上 2 秒以內
中感度型	高速型	50、100、200、300、500、1000	額定感度電流 0.1 秒以內
	延時型		額定感度電流 0.1 秒以上 2 秒以內
備註：漏電斷路器之最小動作電流，係額定感度電流 50%以上之電流值。			

漏電斷路器之選用

1. 裝置於低壓電路之漏電斷路器，應採用電流動作型。

2. 防止感電事故為目的而裝置漏電斷路器者，應採用高感度高速型，一般採用 30mA 額定感度電流，動作時間在 0.1 秒以內。

3. 依額定電壓正確選定漏電斷路器之極數。

 比流器介紹及選用

 比流器之介紹

1. 依用途區分，分為計測用及保護電驛用兩種。計測用之比流器僅提供量測系統上之電流大小，若是將保護用比流器當作計測用時，一方面是價格上高出許多，另一方面是當有故障大電流時，易使盤面之電流表受損，造成另一種損失。

2. 比流器選用應以最大三相短路容量為依據。

3. 比流器除須準確度外，還須考慮對稱故障電流及不對稱故障電流，如最大故障電流超過比流器二次側額定電流二十倍時，應依其實際負擔檢討準確度是否在 10%以內。

 比流器之選用

1. **額定電流**

　　為了考慮比流器之磁飽和現象避免影響電驛動作之準確性，一般比流器額定一次電流值最好選擇負載滿載電流的 1.35 倍以上較為適宜。

2. **額定電壓**

　　依供電系統電壓不同而有下列區別（如**表 12-4**）：

表 12-4 依供電系統電壓不同所選用之比流器

使用之系統	選用之器材
600V 以下低壓系統	600V 級比流器
3.3KV 系統	3.45KV 級比流器
11.4KV 系統	12KV 級比流器
22.8KV 系統	24KV 級比流器
69KV 系統	72KV 級比流器
161KV 系統	170KV 級比流器

3.負擔及精確等級

負擔係指接於二次電路之負載所消耗的 VA 值。對比壓器而言，是為額定二次電壓（110V 或 220V）下之負載所消耗的 VA 值。對比流器而言，是指額定二次電流（5A 或 1A）下之負載所消耗的 VA 值。

變壓器種類及選用

變壓器之種類

1.高效率變壓器

係指高於 CNS 中國國家標準的效率，相對其有相當低的損失，能節省電費及達到環境保護的需求。其優點：

(1)降低噪音——由於高導磁雷射矽鋼片的低磁通量與低激磁電流的緣故，噪音約可降低 2～3dB。

(2)抗短路能力強——由於線圈導體加大的緣故，相對提升抗短路能力，線圈不易變形。

(3)配置空間縮小——因損失少，相對用散熱器的需量減少，因此可

以縮小體積。

2.模鑄式變壓器

模鑄式變壓器的特點包括：

(1)耐濕、防塵能力特佳，雖經長期存放，亦可隨時送電運轉。

(2)耐龜裂性能佳，不怕外物碰撞，且擁有超強之短路機械力。

(3)體積小、重量輕、安全性高，適合安裝於負載中心附近。

(4)耐候、抗鹽害能力高，適合使用於海島地型氣候。

(5)耐燃性，且有自動熄火的功能，防火能力強。

(6)高絕緣耐力，且無部分放電的顧慮，安全性高。

(7)損失低，效率高，且安裝保養容易。

(8)堅固耐振，短時間超載容量高。

變壓器之選用

變壓器的規格，除了相數、頻率、容量（輸出）、電壓及電流定額等項目外，還包括阻抗電壓、接線方式、絕緣等級、使用情況（時間定額）、使用場所、溫升、冷卻方式、噪音及附件等。

1. 頻率——頻率以 60 赫（Hz）與 50 赫（Hz）兩種為標準。

2. 阻抗電壓——阻抗電壓太大或太小都不適宜，阻抗電壓過小時，短路電流甚大，阻抗電壓如過小，該電路上的斷路器所應具備的啟斷容量須很大。

3. 冷卻方式

　　(1)乾式變壓器

　　　　‧自冷式——通常只限用於小容量。

　　　　‧風冷式——適用於 500KVA 以上。

　　(2)油浸變壓器

　　　　‧自冷式——因保養簡單，廣被採用。

　　　　‧風冷式——通常的自冷式變壓器，加設冷卻風扇後，冷卻效果

可以增加 50～100%。

· 水冷式——因冷卻水管的清掃困難，又水管破裂時，冷卻水會侵入變壓器內，現在已甚少使用。

12-3 監視系統

採用數位式即時監控錄影，無限次循環使用硬碟空間，並提供自動硬碟空間檢查功能，當錄影可用空間不足時，依使用者設定方式使系統持續穩定作業，包括：

1. 確認（acknowledge）：事故發生時，先行瞭解事故原因及位置，按下確認鍵。
2. 靜音（silence）：確認誤動作，將現場警鈴靜音。
3. 復歸（reset）：警示燈將不正常之感知器復歸，使其回復正常監視狀態下。
4. 禁能（disable）：設備故障暫時無法排除，或現場施工須暫時禁能。

監視系統具備之功能如下：

1. 系統可同時監控數十個地點，特殊分割的大畫面依設定循環跳動各監視畫面，完整記錄整個影像過程。
2. 可依需要隨時調整監控數量並輸入地點名稱，加強局部監控。
3. 強大的即時斷訊警告，預防不正當剪線，保證錄影過程穩定持續性。
4. 提供時間標記，讓使用者能清晰瞭解每一事件發生的精確時間。
5. 提供預約自動錄影排程功能，依時間設定條件自動執行監控錄影。
6. 提供影像快速搜尋及播放功能，並可隨時拍照存成 BMP 圖檔。
7. 提供系統紀錄訊息檔，讓使用者知道從系統啟動到結束，所有發生的過程。
8. 當感應器發生不正常的現象時馬上觸發警報及錄影，並且自動跳出紅框的警報畫面，以示警告。

9.提供 RS485 傳輸控制介面，以控制裝設於各監控端的迴轉台上下左右（如高音喇叭、探照燈、警訊燈等）。

10.監控端可透過遠端連接（PSTN、ISDN、internet 等方式）即時同步監看。

表 12-5　數位監視系統功能比較

項目	傳統式錄影系統	數位錄影系統
啟動方式	每天人工換帶	電腦開機自動錄影
儲存媒體	會發霉、掉粉的錄影帶	一年原廠保證磁碟
錄影時間	3 倍壓縮錄影	30 天循環錄影
故障檢修	故障不易發覺，除非每天檢查	系統自動檢查故障率低
歷史資料查詢	以倍數快速尋找	只要點選年月日時分
單張畫面讀取	透過錄影壓縮設備，影像失真率高	可依次讀取多張畫面
遠程監看	無	可在世界各地藉由網路同步監看或調閱
隱密性	無	採用定址 IP 安全性佳
固定耗材	錄影帶、磁頭、人工、電力	低耗電
警報系統	需另購、機械式、易誤報、成本高	內建、可自訂警報、可遠端報警
保全系統	請保全人員	因有內建，可連接消防、瓦斯連線
操作方式	需設定多台機器且無中文介面，操作繁瑣	多功能機種，中文操作介面
資料備分	影帶保存、會發霉、掉粉、不易保存	可轉錄 CDR 作百年保存
影像壓縮技術	3 倍壓縮，24H、36H、72H 定格錄影機	採用硬體壓縮技術，不耗電腦資源
作業系統		適用於 WINDOWS 系統

12-4 緊急廣播系統

　　緊急廣播設備係指發覺火災之人員，利用緊急廣播迅速通報火災發生狀況，引導場所內人員，從事初期滅火或引導避難逃生。現今為了爭取時效性，除了與火警系統作自動語音連動外，尚有下列二種緊急狀況與廣播連動：台電壓降警報（電氣組）、毒氣洩漏警報（氣化組）；如遇特殊狀況需告知，可由麥克風廣播。

緊急廣播系統架構

　　緊急廣播系統架構如圖 12-3。

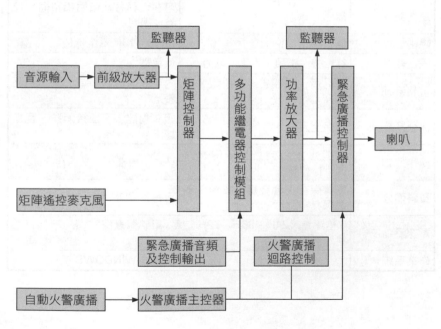

🔴 圖 12-3　緊急廣播系統架構

緊急廣播系統設備

緊急廣播系統設備包括：

1. 矩陣主機。

2. 音量控制器：廣播系統配線採三線式；在辦公室或會議室避免喇叭音量過於吵雜，影響交談，設置音量控制器來調整。配線方式如下：平時經由音控開關輸出至喇叭，緊急廣播時，輸出一控制信號，音控開關將無作用，聲音直接輸出至喇叭。

3. 遙控麥克風。

4. 緊急廣播主機。

緊急廣播系統操作

啟動緊急廣播，有下列三種方法：

1. 自火災感知器啟動。

2. 自手動報警機啟動。

3. 由緊急廣播主機啟動。

語音廣播進行以下三階段之自動廣播（語音內容以中、英、日三種語言發音）：

1. 感知器發報廣播：感知器或手動報警機動作，告知正在確認火災發生中。

2. 火災廣播：告知火災發生。

3. 非火災廣播：確認結果，告知並無火災發生。

緊急廣播簡易操作程序如圖 12-4。

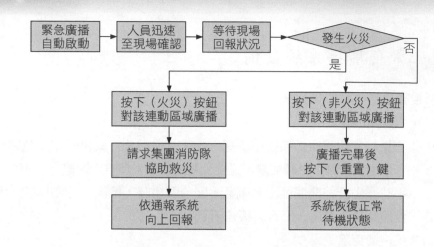

圖 12-4　緊急廣播簡易操作程序

第三篇

建造規劃與維護管理

CHAPTER 13

奈米級廠建廠工程管理

奈米級產業最近突飛發展，在生產方面的技術、設備大部分引進或採用國外已有技術設備外，半導體工廠建設時部分技術亦引進國外廠商施工，其中較多的是純水系統、化學品供應系統、特殊氣體供應系統、自動輸送（auto transfer）系統、潔淨室工程，其中潔淨室為配合建築之最基本建設，如果潔淨室不存在，半導體工廠即無法生產，且其消耗相當多的能源，其系統之設計及施工更加重要。

奈米級產業施工的一大特色是，設計時間短、變數多，初步階段一些設計條件、參數均無法定案，待大致定案則施工時間變少了，施工時間短，除可節省大量的利息外，亦可減少設計之更改（潔淨室變更修改是甚為平常的事，因為配合生產製程之關係）。

本章主要介紹奈米級廠建廠過程中，業主與廠商如何相互間之配合；業主如何進行工程合約的管理；如何控制施工的進度；如何控制成本預算；如何進行施工之監督；如何控制施工的品質；如何進行工程介面之協調；定期進行施工進度的報告；如何督導廠商維護工地之安全與衛生；如何管制奈米級廠的設計變更；當工程合約接近完成時，如何進行合約完成之作業等。

13-1 合約與建廠

指導廠商工地臨時設施之成立

在工程正式開工之前，廠商須動員必要之人力、物力及初期設備與材料進入工地。將依下列原則，指導廠商妥為規劃及設立必須之工地臨時設施。

1. 廠商在工地臨時設施之用地規劃

有關用地規劃應掌握下列要項：

(1)先期作業設施規劃及配置。

(2)先期作業廠區之布設。

(3)臨時停車場布設。

(4)指定場所供處理廢棄物和垃圾。

(5)指定場所供儲放材料和作業準備。

(6)設定警衛保全計畫涵蓋工區範圍。

　　當擬定用地規劃時，應酌量地形及其他現場之各種條件繪製配置圖，檢討材料與作業之流動，縮短搬運距離，使作業流暢。

2. 工地事務所

　　廠商在工地設置事務所應一併考慮提供業主、營建管理單位及廠商為執行施工管理及辦理行政事務之場所，規劃配置應滿足作業需求及環境配合，並經業主及營建管理單位核准後興建工地事務所。

3. 材料儲存廠及倉庫

　　指導廠商依擬定之用地規劃布設材料儲存廠及倉庫，確保工程材料之供應順暢。

4. 工地安全設施及警衛

　　督導廠商遵照內政部頒布之「勞工安全衛生設施規則」及「營造安全衛生設施標準」之規定，並參照工程之特性，擬訂必要之工地安全及警衛設施，以管制及實施安全管理。

5. 污水處理及雨水排水

　　督導廠商依相關法令規定要求布設合宜之污水處理設施和建立有效之雨水排水系統。施工期間應定期對工地排水溝進行檢視，保持暢通。

6. 工程廢料之處置

指導廠商依臨時設施之用地計畫指導，處理工程廢棄物和垃圾，保持工作環境整潔。並定期將工程廢棄物委託公、民營處理廢棄物機構處理及運離工地。

7. 施工便道

督導廠商完成施工便道之構築、標識及照明等安全設施，並應隨時檢修損壞之路面。

8. 交通管制

車輛行經路線、停放位置均須依照廠商事先呈核之「車輛進出規定」辦理管制。

9. 施工用臨時水電供應

指導廠商按照動員之機具設備、工區照明，以及工程用水需要（含消防用水），估算臨時水電需要量，並向電力公司及自來水廠申請辦理設置。

工程合約管理

監督審查廠商依照合約條款、規範及圖說進行施工，並協助解決合約上之疑義，及工程上遭遇之問題。

1. 建立及維護完整合約檔案紀錄

建立每一施工合約的完整檔案，包括全部之書信報告、執行紀錄及合約圖說，並建立標準檔案系統及索引編號。

2. 合約圖說、變更設計圖說及竣工圖之建立與管制

保存整套合約圖說，包括每張圖說的最新修正及歷次修正紀錄。合約圖說上之修訂須以變更設計方式辦理，舊圖與新圖分開保存。全部修正之合約圖說應送交廠商按圖施工，同時確定廠商保存一套隨時修正之紀錄圖說。於核發驗收結算證明前，廠商需依規定整合並提出全部有關合約應製作之施工圖說與竣工圖。

3. 建立各式書函、會議紀錄、會勘紀錄之檔案紀錄

合約執行期間之正式書函須以合約相關條款及法令為依據，詳加考量並審慎處理。其他重要且須保存的文件資料，如會議、電話紀錄、工地討論，以及影響合約執行的事件或會勘等，均須歸檔保存。

4. 定期召開會議，討論並解決工程上所遭遇之問題

定期召集相關廠商舉行施工會議，討論並解決工程上所遭遇之問題，諸如工程介面、責任歸屬和障礙排除，並對處理方式作成決議，由與會人員簽署同意後依據辦理。

5. 工程進度付款之審查

核定廠商各期工程完成進度，並依據合約付款辦法規定，執行工程付款之審查與簽證，並保存所有付款之審核紀錄。

6. 變更設計之審查

工程施工中如因主客觀環境變化，須變更設計者，應依合約規定程序辦理。經審查核可後，指示廠商準備相關的成本及時程之變更請求建議。

7. 廠商索賠之審查

審查各項廠商提出成本或時程之求償要求，此項請求應按規定程序辦理，以便能圓滿解決。

8.廠商延期完工之審查

　　審查各項廠商提出延期完工之請求，此項請求亦應按一定程序辦理，由廠商提報需辦理展延及修正相關里程碑等資料，經詳細評估後核給合理展延時程。

施工進度控制作業

　　施工進度能否按計畫進行，關鍵在於廠商人力之配置、材料之供給、機具之配合，以及參與施工各廠商之介面協調。進度控制工程師必須與各組人員密切配合，隨時瞭解及監控每一施工項目進行現況、預期狀況以及可能發生之問題，以便能適時提出預警或建議，並能及時採取必要之措施，期使施工進度按計畫時程進行。

1.建立工程施工總進度表

　　工程施工總進度表提供一個整體時間表，以便對於工程整體度有完整的概念。總進度表可利用專業進度管理軟體 PRIMAVERA、PROJECT 等系統建立，其中包括里程碑、重要工作項目及兩者之間相互的關係。

2.督導廠商完成施工細部進度表

　　各施工廠商必須提交其細部施工進度計畫，以供審查，並於每週開始時擬定次兩週的施工計畫，以進行審核比對。

3.評估廠商之人力及施工機具計畫

　　依據廠商所提之兩週施工進度表，及現場的實際狀況，進行現有機具及人力之評估。若進度落後，則應召集該廠商協調增加機具及人力，並修改兩週進度表以符合進度目標。

4.協調各廠商之施工進度

　　進度控制工程師應針對各廠商所提送的兩週施工進度表審核比

對可能互相衝突的工作項目，以便事先協調解決。並定期召集廠商解決施工的界面問題，再依照施工順序及進度的需要排定先後順序及界定責任歸屬問題。

5. 督導並定期評估廠商之實際進度

　　進度控制工程師應依據廠商提供之工作進度表，現場工程師提出的實際進度報告，及到現場實地瞭解廠商施工，定期將實際進度與原設定目標進度比較。同時也透過電腦的計算找出要徑上（critical path）進度落後的施工項目，並繪製完成百分比之總進度表以顯示廠商之實際進度。

13-2　施工管理

 成本控制作業

　　施工成本控制的目的，為依照所建立之監控程序，嚴格執行各項工程費用之支付，以確保工程成本之掌握。

1. 工地施工成本控制

　　施工成本由設計單位估算，並於核准後交付執行。成本控制工程師應負責處理各廠商之合約管理及請款事宜，廠商請款單於現場工程師認簽工程完成百分比後，依照合約規定付款。

2. 評估廠商延期、索賠之請求

　　當廠商提出延期之申請時，進度控制工程師應檢查該項工作是否在要徑上，而影響重要的里程碑，並依此決定是否接受廠商延期申請。當廠商有任何因他方所導致的損失而請求賠償時，成本控制工程師應詳細研究合約條款並會同現場工程師估算後，簽報認可。

3.估價及議定廠商追加工程之求償

當額外的工作項目需交由廠商完成時，由設計工程師完成詳細之工作內容，並交由廠商報價。成本控制工程師應將報價書與原合約之單價比對，並得到負責工程師之同意，同時準備施工服務範圍變更紀錄，提報核准。

工地施工之監督作業

監督施工目的在嚴格要求廠商依合約條款、規範及圖說施工，俾能確定符合合約要求。發現材料或品質不合，應適時糾正並依適當之處理，以及隨時檢討施工進度，或施工上之缺失，及時責令廠商提出必要之更改措施。監督管理之作業概括如下：

1.監督廠商工程施工進度

審查廠商提出的進度表資料，並監督廠商依照該進度表施工。廠商有責任依合約之規定限期完成所有的工作，廠商必須提供代表意義之工程施工進度表，依照時間比例，顯示所有工作項目之預定開始和結束順序。

2.施工進行中各項工作成果之查驗

工作進度之稽查乃藉廠商施工中各項工作成果之查驗，以確定廠商按計畫施工。經查驗發現廠商於某項工作無法在預定日期開始時，應通知廠商採取行動儘速趕上預定進度。

3.定期估驗及審核廠商完工數量

對於廠商之現場施工狀況，可藉定期估驗及審核完工數量予以證實。當進度超過完成目標50%時，應詳細審查剩餘工作項目，以確保廠商已經包括所有的工作項目，以及合理預估剩餘工作項目工期。

4. 監督廠商進行各項材料之品質檢驗

依據合約規定要求廠商提送品質管制計畫，以確保本工程之材料、施工品質、工作場所與設備，以及應辦理的工作，完全符合合約的規定。

5. 廠商施工製造圖及工作之審查

廠商依照合約規定須提出技術資料送請審查，包含製造圖、施工圖、製造商目錄資料、產品證明及材料明細表。審查意見應於指定日期之前回覆廠商。

6. 廠商施工機具或設備之審查

施工廠商須提送施工機具或設備相關技術資料，以供審查。

7. 監督廠商執行工程瑕疵之改善工作

每一項合約進行施工前，應就各工程之特殊需求，並對施工圖說和規範進行詳細的研究和瞭解，以期在施工時，能依合約需求監督廠商。在工作檢驗過程發現材料或品質不合格時，先以口頭通知廠商立即改善，如果回頭通知仍未獲回應，則以適當報告表格及紀錄證實不符合程序事項，加以報告及簽呈核備。並對廠商執行工程瑕疵之改善予以監督。

8. 施工日報表

針對廠商施工情形填寫日報表，不論工程進行與否，在合約工期內，必須每日填寫，報表中須包含各項工程的施工內容及進度。施工日報表乃廠商作業的歷程紀錄，可分析廠商各種要求的合理性。

施工品質控制計畫

施工品質控制計畫為確保工程品質達到合約規範要求之必要工具，廠商應依據合約規範之要求，於施工前提出詳細之品質管制計畫，經審查核

可後據以執行。

1. 品質管制組織之建立

對於工程有關之材料、物料、設備、機具以及施工方法與過程，廠商必須負責第一級品質管制之責任，因此應責成廠商建立一執行品質控制之人員組織。而負責之品管人員應單獨行使其職權，而不得歸屬在廠商工地負責人之下。

2. 品質管制文件檔案之建立及管理

品質管制文件為執行品質控制時之各種函件及紀錄，詳細記載在執行過程中每次之查驗與簽證。為便於隨時稽核施工結果，應協助及責成廠商建立品管文件，使其依據工程性質分別設立系統性之檔案，以便於查閱及管理。

3. 物料、備件及組件之標示

廠商任何進入工地之物料、備件及組件，均應按照規定停存場所放，並賦予清楚的標示，該項標示須包括品名、用途、進場日期、品管號碼及管理者等必需之認證資料。

4. 材料及物料出廠證明

材料及物料之出廠證明，係產品品質管制之基本證明文件。因此在材料或物料進場時，應依合約規範之規定附送出廠證明，以便得依實際情況隨時作抽樣檢驗。

5. 材料及施工設備之檢驗與測試

大宗之材料進場雖附有符合規範要求之出廠證明，但一般規範仍要求作抽樣檢驗，此項品管依照所核可之品質管制程序為之，抽樣檢驗紀錄即審定該批材料合格與否。廠商之施工設備、有關車輛行走機具及吊重機具必須依照政府之法令取得有關單位之檢驗合格證明及操作手冊之執照，其他未在規定內者，則必須由廠商提供有

效使用期間內，由認可之測試機構所出具之測試證明，方准使用。

6. 量具及測試設備之校驗

所有測量用儀器、量尺、混凝土試壓設備以及鋼結構用測試設備，均須定期作測試校正，廠商必須依照指示隨時作測試設備校正。

7. 物料搬運與儲存

進場之物料須按指定場所放置，並按使用期之前後依序置存，儲存場所必須經常維持整齊與清潔。

8. 各項檢驗或測試之紀錄與文件

各項檢驗或測試之紀錄與文件，為各種材、物料符合合約規範之最終證明。工程通過驗收與否，該項紀錄為決定之佐證，所以必須仔細記載及加強管理。

9. 品管計畫之執行

關於督導廠商品管計畫之執行，將依照所建立之品質管制計畫程序為藍本，逐項執行。

工程介面廠商之協調

工程涵蓋多項工程施工時，將產生銜接與施工順序等工程介面。應審慎處理工程介面之問題，並協調廠商間之糾紛。

1. 協調處理廠商間介面問題

工程進行中，除主體工程為骨幹外，其他相關工程，由不同之廠商負責並配合主體工程施工。故應主動地依照工程施工重點、時程及施工順序，協調處理廠商間之介面問題，期能在彼此諒解之情形下配合施工。

2.排解廠商間之協調

工程介面問題如出在廠商本身有問題，致使彼此間不能或不願配合而產生糾紛時，必須尋找糾紛之原由、問題之所在、影響之大小，予以綜合考慮，務使在雙方可以接受之情況下作一公正、公平之裁決。如介面問題之產生，在正常的情形下難以避免，並會對某方廠商產生費用上或時間上之損失，則必須對該項問題加以分析，包括合約條款之規定、對工程進度之影響、費用之增加及利益之損害等，評估其利害得失，以作為裁決此項糾紛之參考。

3.召開協調會議

依照施工進度，於相關配合工程將進入銜接點之前，適時通知有關之廠商召開工程介面協調會議，協調各有關廠商之施工介面順序、相互配合之要點、預先解決廠商所提出可能產生的問題，及尋求彼此聯繫之管道，使工程順利進行。本項會議之紀錄，可作為問題產生後裁決之依據。

 ## 定期進度報告

為瞭解工程施工之運作，並充分掌握工程進度，應定期編制各項可呈現工程進度之報表。報告內容包括：

1. 工程日報表

因工程日報表能提供廠商工作之完整紀錄，故本報表為合約管理中之重要文件。又由於本報表係一逐日記載之文件，故對於日後任何工作上之爭議及問題之決定，均可提供最基本之參考。

2. 工程進度付款與工程預算對照表

進度控制工程師應依據審核之工程進度付款估驗單按期與工程預算對照製表，利用預估的現金流程曲線來比對考核廠商之進度。

3.工程月進度表

編制工程月進度表，以稽查廠商工程進度，並評估審查廠商對於前一個月修正時程之工作成果。

4.工程紀錄（施工照片）

基本上，照片是用來證明合約進展之最佳方法，儘可能的涵蓋全部工程。廠商有義務在提送請款估驗時，附上一份可顯示實際數量的相片。

督導廠商維護工地之安全與衛生

工地安全與衛生，係保障施工人員避免傷害，應責成廠商依照政府有關之勞工安全衛生法令確實執行，以維護每一個施工人員之安全。

1.責成廠商派定安全衛生工程師

廠商應正式提名並指派專人負責督導安全衛生方案之建立及執行。此一專人應持有安全衛生執照並經業主同意，且有能力辨識可能造成工作人員傷害或疾病之工作條件，或對公眾構成傷害或損害之潛在危險，並有權在合約期間對各該事件或其他危險情勢，採取改正措施。

2.定期召開工地安全衛生會議

定期召開工地安全衛生會議為安全督導之重要的一環。定期召集工作人員參加有關實務工作之安全或其他安全有關主題之會議，討論廠商是否遵行安全計畫及如何改進。

3.責成廠商設立施工安全之必要防護措施

依照內政部頒布之「勞工安全衛生設施規則」及「營造安全衛生設施標準」之規定，責成廠商設立施工安全之必要防護措施。

4.廠商對意外事故或傷亡之立即處理報告

對於影響工地安全衛生之緊急或意外事故消息，廠商應建立報告程序，例如，對意外事故或傷亡之立即處理報告，依程序規定所需通報之單位、人員及必須通報之條件詳加註明。廠商有責任依照勞工安全衛生法及其施行細則之規定，將所發生之意外事故，報告當地主管機關及檢查機構，並通知保險公司及公證公司。

5.責成廠商建立工地緊急醫療措施

工地緊急醫療措施係緊急事故援救方案要件之一，廠商應訂定出緊急電話號碼表，張貼在工地每一電話機旁，並將工地至醫院之詳圖，附在緊急電話號碼表上。

6.工地所在地區之緊急事故處理單位之聯繫

廠商安衛負責人應與工地所在地區之緊急援救單位確定彼此之聯繫方式，並持續聯絡以協調工地各部門之緊急服務。廠商之急救及緊急救援行動必須與該地區之緊急援救單位密切配合。

變更設計管制

工程合約執行中，對設計變更之要求可由業主或廠商提出。變更設計案之管制要點為：

1.變更設計案之通知

工程施工，如因安全顧慮、地質情況，或配合實際需求，致工程合約之項目或數量必須變更或增加，業主以書面註明「指示實行變更」發給廠商後稱為變更通知。正常情形經由業主提出之變更包含設計變更及規範之修正，現場變更可由廠商提出，包括施工方法及設計之變更，並需說明變更的細節及必要性。

2. 確立變更設計案之必要性與可行性

變更設計之提出應符合下列其中一項或數項標準，方可成立變更案。

(1)基於絕對必要的安全顧慮。

(2)對將來操作使用的必要性。

(3)能符合品質並節省經費。

(4)必須符合合約的原意。

3. 變更設計案之現場會勘

每一變更案必須清楚標示變更範圍及辦理現場會勘。

4. 變更案成本估算

應對所有的變更案估算其成本，並安排會議討論確定。

5. 變更案工期影響之評估

進度控制工程師應將變更案所導致的工期延期，評估對重要里程碑及合約完工日期之影響後，採取必要措施，以使變更案對工程的衝擊減至最低。

6. 廠商對變更案之建議

廠商須依據合約條款中之規定提變更案建議。建議案中至少包括下列各項資料：

(1)材料成本：說明使用範圍、數量及單價。

(2)基本人工成本：包括每一作業項目的人工。

(3)設備及使用費用。

(4)管理費及利潤。

(5)履約保證。

(6)先前核准的時程之工作項目和變更案中之工作項目。

7. 召開變更案協商會議

事先應完成對變更工作之數量，現有工作的衝擊及廠商有無能力以現有的人力及設備來完成工作之評估。亦可採用廠商所提之建議並加圈註修改，作為變更案之分析和估算。與廠商代表協商可採用逐項討論或對變更案全部直接成本討論，將協商結果作成結論紀錄，要求與會人員共同簽證。

8. 合約變更通知送達廠商

合約變更金額和工期確定，經由合約變更通知之發布，將變更之協議納入合約。合約變更通知必須說明原合約將如何變更，而後將變更設計有關圖說文件送達廠商據以施工。

9. 合約工程修正

合約的變更可能影響要徑作業，因而延遲工程完工或延遲工程中的里程碑。原合約工期依據變更案需要延長工期，故執行合約變更應規定辦理合約工程修正。

合約完成準備作業

當工程合約接近完成時，廠商必須有程序地將責任轉移，亦即在實質（工程）上及會計（預算）上之任務完成，並有效地將合約所有文件移交，下列之準備作業即為達成此一目的之方法。

1. 督導廠商完成竣工圖

廠商依據設計圖施工，在施工過程中，難免用其他因素須作部分之修改、增加、減少或變更設計，此一改變部分，無法顯示在原設計圖上，因此工程完成後，廠商須提送一份實際施工完成之竣工圖，經審查無誤後簽證。

2. 施工現場完工後之清理或復原

依照合約之規定，完工後之施工現場必須交還，在移交之前，廠商所有因施工需求之臨時設備及設施須運離，原有地面或物體破壞部分須修復，污染部分須清理，廢料垃圾須處理，以及完成其他規定復原之工作，經查驗完成後正式移交。

3. 檢查廠商完工前瑕疵之改善成果

應在廠商報請工程初驗時，對完成工程做整體性之檢查，發現有瑕疵，應列表逐項指出，並責成廠商限期改善完成。

4. 檢查工程報表文件之完整

工程施工自開始至完成之所有來往文件、報表，以及與相關配合工程之其他廠商往來之文件，按檔案管理系統之程序檢查一遍，是否有編列遺失或毀損，並設法補足之，務使所有文件保持完整。

5. 檢查品管檢驗報表之完備

品管檢驗報表，乃確定施工品質符合合約規範要求之重要佐證文件，雖然品質管制計畫中已列有品管文件管理規定，並且隨時予以稽查，但仍有必要在完工前依檔案管理程序複查一遍，以確認其完備。

6. 廠商完工工期之審核

工程施工是否依照核定之時程完成，關係廠商逾期罰款之財務損失。因此在完工前，依據施工進行中有關進度或工期變更或修改之核可證明文件，仔細核對，並應通知廠商依所持紀錄作同樣之核對，以維護雙方之利益。

7. 廠商完工結算申報查驗

廠商完工結算申報，係廠商對履行合約除保固因素外，其他所負責任完成之告知與請求，對結算申報應審慎查驗，並對工程項目

工程數量、變更設計、增減金額、估驗計價、物價指數調整等仔細核對無誤後簽證，以保障雙方之利益。

CHAPTER 14

潔淨室施工管理

近年來奈米級產業突飛發展，在生產技術、設備大部分採用國外已有技術設備外，半導體廠建廠時部分技術亦需由國外廠商協助，其中潔淨室為最基本建設，如果潔淨室不存在，半導體工廠即無法生產，且其消耗相當多的能源，因此潔淨室的設計及施工更加重要。

潔淨室施工特色是，設計時間短、變數多。初步階段一些設計條件、參數均無法定案，待至大體定案時，則施工時間所剩甚少。施工時間短除可節省大量利息外，亦可減少設計之更改（為了配合生產程序之關係，潔淨室變更修改甚為常見）。潔淨室工程最主要的是清淨度控制及溫濕度控制，此與空調工程功能類似，因此大部分由空調廠商來設計、施工。本書謂之潔淨室工程不只用於半導體工廠，任何對潔淨度有一定要求者均可稱之，例如，藥品製造廠、食品工廠、精密工業……等。

14-1 潔淨室工程施工管理

階段區分

潔淨室工程無法獨立存在，必須與建築、水電及其他工程配合，暫不論規劃階段，一位潔淨室工程之工地負責人，當接到某一件建廠案時，必須負責接續業務人員所訂立之合約、計畫整個建廠進度。為管理便利，將施工分為若干階段分析，茲分述如下：

依工作內容區分

1. 現場組織管理模式確立——軟體。
   事務所經營與管理——硬體。
2. 細部設計之實施方針，或細部設計實施方針。
3. 適用法規之核對（含振動、噪音、排氣、防煙等項）。

4.現場施工重點檢討與施工圖製作檢討表。

5.建立進度與成本控制計畫

　　(1) Pert、條狀圖（Bar-chart）。

　　(2)實行預算書。

　　(3) CR（Cost Reduction）。

6.施工計畫書製作與施工圖製作。

7.安全衛生與假設工程管理計畫。

8.品質管理計畫。

9.潔淨室施工管理控制。

依工作進行時間區分

1.依據建築開工日及其進度表製作潔淨室工程進度表。

2.臨時水電假設工程施工時間。

3.設備規範確認及進場時間表。

4.配合建築預留開口及吊錨。

5.配合建築配管線施工。

6.建築水電之施工圖進度表，與潔淨室施工圖配合（管路協調工作）。

7.機器搬運路線儲存位置與建築配合預留通道時間表。

8.材料、施工方法規範確認。

9.設備材料出場驗證。

10.月、週、日報表。

11.天花板與隱蔽處封閉前檢查測試。

12.完工部分檢驗測試。

13.全部系統測試。

14.潔淨室工程建廠約定（construction protocol）製作。

施工期主要討論主題

1.現場說明會、設計案討論——業務設計主導。

2.開工會議。

3.施工圖、施工要領書製作。

4.施工檢查、中間檢查、竣工檢查。

5.竣工會議——移轉。

6.完工後自我檢查——問題與對策。

7.售後服務。

8.建廠約定實施與檢討。

現場組織管理模式確立

個案之規模大小、施工時間及技術要求，均為現場組織建立之依據，事務所經營管理運作與各公司政策、工地負責人作風均有關，無法詳細說明。但在硬體面，應注意到工地的合理舒適化。由於在工地工作之工程人員完全以工地為家，原則上工地應有一個足夠的空間供人員辦公、開會、休息，讓工作人員在工地工作與在公司相同。某些工地較偏遠時，最佳的辦法是在工地附近自行建築一工地事務所，以便就近解決工地住宿交通之問題。

進度表製作

個案進行時必須依據建築進度表、現場情況、業主要求，制訂一整體進度表（master schedule），部分工地並要求各種軟體程式來製作。製作進度時下列幾項重點應注意：

1.配合建築預埋管、開孔等之時間。

2.工作順序及所需工時數預做要確實。

3.設備製造運輸時間之估算。

4.設備儲存與搬運路線與其他工程之配合。

5.申請供應水電之時間。

6.配合消防檢查，建築執照之申請。

工程進行則視需要做三個月、每個月、雙週、單週之進度表，此表一般以條狀圖表示，進度表製作需要由有經驗工作者及實際施工者討論再制訂，並注意如有某一項目變更，未能照原定計畫時，應儘速提出修正。

成本控制

成本控制一般指公司內如何控制費用，此為各個公司之政策與作業方式，但如何找好的協力廠商與買好的產品，為成本控制非常重要的因素。一般以實行預算書做為成本控制依據，開工前依據現場狀況、原設計圖製作實行預算書，經公司內部主管同意即可依此計畫執行。

成本控制另一個意義在於利用管理經驗、科學方法將設計、施工上不必要花費減少，以降低整個個案的造價。

1. 價值分析（Value Analysis, VA）。

2. 價值工程（Value Engineering, VE）。

3. 工業工程（Industrial Engineering, IE）。

4. 品質管理（Quality Control, QC）。

5. 營運研究（Operation Research, OR）。

6. 庫存管理、預算控制。

潔淨室細部設計實施重點與適用法規之核對

1. 細部設計實施重點

細部設計（Design Review, DR）目的在於對一個已完成設計之工程，檢討其原設計觀念，概算金額評估，以確保工程品質。如有必要，則與業主討論做變更設計，細部設計所檢討的內容相當多，主要如下：

(1)負荷估算與負荷變化特性之分析。

(2)運轉時間不同時系統如何支援。

(3)重大災害發生時如何處置。

(4)溫濕度條件之確認。

(5)特殊系統回收年限分析。

(6)經濟性（初期成本、運轉成本）。

(7)信賴性、安全性、保養性等分析。

在潔淨室工程中，細部設計與協調工作實際上是同步進行。

2. 細部設計適用之法規之核對

與空調有關時，下列項目必須詳加核對：

(1)噪音、振動是否合乎環保法規。

(2)排氣、排水是否合乎環保法規。

(3)是否符合室內空氣品質（IAQ）要求。

(4)排煙設施（消防設備）。

(5)冷卻水塔是否符合規定。

(6) Envoload 及 Pacs 是否合乎規定。

(7)水電供應之協調。

(8)其他特殊規定，例如，地下街等特殊場合。

3. 細部設計檢討之步驟

(1)基本數據檢討表製作與經驗值比較，討論差距過大者。

(2)列出設計圖面之問題點。

(3)品質管制核對表（check list）製作。

(4)問題點整體檢討。

(5)提出對策。

施工計畫與施工圖製作

1. 由於每一個個案其背景與設計均不相同，在此一個案實施前必須詳加檢討，然後製作一個將來施工依據之準則，雖然設計書內均具有施工、設備等規範，但大部分為文字性敘述，因而製作一個施工者亦容易瞭解之施工計畫非常重要。機器設備則依據設計規範與圖面，

提出所用設備型錄計畫書送交設計單位與業主核准。除此之外，施工所要依據之規範與在現場所需制訂之計畫，均於施工前或施工中提出，內容如下：

(1)個案背景說明。

(2)個案系統說明。

(3)個案之進度表。

(4)人力預估進度表。

(5)材料設備儲存搬運計畫。

(6)防煙施工計畫。

(7)吊運機器固定計畫。

(8)風管製作標準圖。

(9)配管材料及組裝標準圖。

(10)吊錨開孔施工標準圖。

(11)電氣自動控制施工標準圖。

(12)設備、施工檢查計畫。

(13)竣工檢查計畫。

(14)試車計畫。

　　以上屬專業性計畫書，可視實際需要調整。另有下列項目可列施工計畫內，亦可單獨列出討論：

(1)假設計畫。

(2)安全衛生管理計畫。

(3)品質管理計畫。

2.施工圖製作

　　施工圖內容包羅萬象，製作上耗時費力，技術層次較高。製作上有下列大原則：

(1)蒐集各種資料，例如，設備尺寸、重量、性能表等。

(2)施工所用材料與施工方法之瞭解。

(3)製作標準之施工圖。

(4)施工圖作成核對表。

(5)完成 Insert、Opening、Support 施工圖。

(6)繪圖施工機械室、天花板內部、管道間排列、停車場排氣管等。

安全衛生管理與假設工程計畫

　　現場事務所、儲存室、水電供應、垃圾清除、廁所等均為一般假設工程。在施工前應有詳細之計畫，此假設工程與安全衛生有互相之關係，除一般配合安全衛生要求之硬體設備外，個人及工作場所之安全相當重要。安全衛生管理計畫內容包括下列重點：

　　1.完成安全衛生管理計畫工期工程表。

　　2.完成危險作業項目表。

　　3.完成安全目標與方針。

　　4.施工架設計圖。

　　5.安全管理活動表。

　　6.新進人員施工教育計畫。

　　7.安全巡察標誌製作。

　　8.安全衛生管理委員會與協議會。

品質管理計畫

　　品質管理計畫為工程進行管制的主要手段，以下所列各項即為品質管理計畫。品質管理計畫必須由現場人員依原計畫認真執行，如有不合理處，應立即修正。內容如下：

　　1.每日工作人員狀況報表。

　　2.每日工作內容、人員工作進度品質檢查與討論。

　　3.制訂品質管制表、全工程核對表。

　　4.定期品質管理現場檢查與討論。

　　5.制訂試車測試性能表。

6.制訂竣工檢查表。

14-2 潔淨室測試

潔淨室的測試檢驗

 檢驗內容訂定

目前潔淨室之設計規格是以美國聯邦國家標準規格 209E 為主，而潔淨室潔淨度之規格即為測試驗收的標準。在測試驗收前，對於測試用之儀器、種類、測試處所、點數、判定基準、測試項目等，均應事先確認。其檢驗內容敘述如下：

1.封性組合接縫處以填塞材料密封，將內部加以清潔。
2.啟動風機後，檢查鼓風扇是否產生振動，校正風機之防振系統使振動減至最低程度。
3.確認室內環境保持在正壓之狀態，以避免室外空氣滲透進入潔淨室時帶來的微塵，導致潔淨度難以控制。
4.照明設備符合需要，室內噪音不得超過 60dB。
5.檢驗潔淨室內天花板架之超高效率濾網與支架間有無漏氣。
6.檢查風速是否在規定範圍之內。
7.溫度、濕度之測量。
8.含塵之測量。

測試狀態分析

一般潔淨室之測試需在三種狀態下分別測試，以期在各種不同之操作情況下均能符合潔淨度等級之規格，同時也可確定在何種狀況下破壞室內

之潔淨度,並針對其原因予以改善。其測試狀態敘述如下:

第一種狀態:潔淨室內空無一物測試。

第二種狀態:潔淨室內已安裝生產設備,但內部沒有操作人員工作時之測試。

第三種狀態:潔淨室內生產運作狀況下測試。

無塵室之氣流分析

此次實驗主要是以三次元超音波風速計詳細量測一運轉中的風扇濾網單元(Fan Filter Unit)型無塵室氣流的空氣紊流特性。在工業應用中,空氣中的微粒,對無塵室及製程有很大的影響,一般來說,這些粒子多受布朗運動及紊流作用所左右。當粒子沉澱造成工作表面的問題時,影響的大小以 5μm 為分野,以上者受布朗運動的影響較小,但紊流的影響則不論大小。分析及控制無塵室內之氣流對於污染粒子之控制並非有用。通常無塵室內之氣流可視化,可以用下列方法達成:

1. 塔夫特法(TAFT method):即以適當長度的細線或細纖維材料置於流場中,觀看其偏移角度,此法不會造成污染,可由目視得知工作檯附近風場偏移角度。

2. 追蹤法(tracer method):此法一般是以煙霧噴入現場中,來觀察煙的走向,藉以瞭解風的走向,此法對於目視不失為可行之道,但不好記錄,雖然已有先進之影像技術可供利用,但所費不貲。目前有人開發出以純水來觀察,將可完全排除污染問題。

3. 以風速計來直接測定風速:使用風速計直接詳細實測風速,並以電腦接收資料。目前三次元超音波風速計,可同時量測風速及風向。

4. 量階模式法:一般是將實際無塵室的尺寸依因次分析的方法縮小成小尺寸,以利觀測或分析,但此法在細部尺寸很難逼真,而若以「水」為顯示流體,其反光物質常會弄得泥濘不堪。

5. 數值模擬法:由於電腦硬體長足的進步,「計算流體力學」已可用之於無塵室風域之分析,就算幾何形狀再複雜,工作站級的電腦也

　　可應付自如。

空氣過濾器測試方法

　　在潔淨室的空調中，一定會引入外氣，而如何在引進外氣之時就能將空氣中數不盡的大小微粒儘量蒐集起來，而減少外氣的微粒污染影響，就得利用空氣過濾器了。

　　潔淨室在吸入外氣的過程中經過了三個濾器，分別為 Pre-filter、Middle filter 及 Final filter。它們依序由外至內裝在外氣吸入口中，以過濾不同大小的微粒粒子。因為這三種過濾器的濾材不同，因此粉塵微粒的蒐集效率及捕捉的微粒大小分別不同，而有不同的測試過濾器對微粒粉塵蒐集效率的方法，茲分別說明如下：

Pre-filter 及重量法

　　Pre-filter 裝於外氣吸入口，主要用來除去大氣中的粗微粒，因此對細微粒的蒐集效率則偏低，是空氣過濾器的第一道防線。它的效率約在 70～80% 之間，耐用年限約在六個月至一年之間。濾材製作完成之後，一般用重量法（weight tests）來測試微粒蒐集的效率。

　　重量法是利用將一測試粒塵施放過濾器之前方，然後測量過濾器前後在一定的時間內的粉塵量 W_1 及 W_2，則微粒過濾效率或者是蒐集效率η（%）可以寫成 $\eta（\%）=（1-\dfrac{W_2}{W_1}）\times 100\%$。

　　由於大氣中的粉塵粒徑分布很廣，重量法只顯現出粗微粒的蒐集效率。例如，有一粉塵含同一數目的 10μm 及 1μm 之微粒，一個過濾器利用重量法測試效率時，它只需去除微粒中少數的 10μm 微粒，以達到 90% 的效率，但此時對 1μm 的微粒而言，實際的效率僅及 1%。美國的 ASHRAE 52-76（American Society of Heating, Refrigeration and Air Conditioning Engineering）及 AFI（Air Filter Institute） 規格等均屬此種方法。

Middle filter 及比色法

Middle filter 主要是為了保護 Final filter 延長其壽命而設置的，它可以蒐集比較小的微粒。它的微粒蒐集效率約在 70～90%之間，耐用年限為三到六個月，它對細微粒的蒐集效率也不好。Middle filter 的蒐集效率通常以 NBS 比色法測定。

比色法（Discoloration Test）又稱光度計法，早期由美國國家標準局（National Bureau of Standard, NBS）發展出來，利用大氣微粒作為測試微粒的一種方法，比前面所介紹的重量法敏感。這個方法有許多不同版本。其中之一為在待測過濾器上游之髒空氣側，以及下游之乾淨空氣側，分別抽氣進入比色試驗裝置的濾紙中，由測定光元件偵測穿過濾紙的光，並轉成電流信號，濾紙愈髒代表微粒量愈大，測定元件測到的電流信號就愈弱。因此，可以在比色試驗中求得待測過濾器上下游微粒的濃度，進而求得微粒過濾效率。

Final filter 及 DOP 法

Final filter 為 VLF 潔淨室的最後一道高效率濾材，主要是為了除去極小的次微米粒而用，而且它的蒐集效率很高。它的微粒蒐集效率一般則是用所謂的 DOP 法，即是以鄰苯二甲酸二辛酯（Dioctyl Phthalte, DOP）細油滴作為濾材上下游微粒數目濃度測定的追蹤劑，再據以計算濾材之蒐集效率（%）或穿透率。Final filter 可分為 HEPA filter、ULPA filter 和超 ULPA filter 等，以下說明 DOP 測試法。

其中測試 HEPA filter 的一種為 DOP 煙霧穿透器測試系統（美國軍方標準 MIL-STD-282），DOP 液體在高溫之氣流中揮發，並與稀釋氣流混合形成 DOP 微粒或 DOP 煙霧而進入測試腔，由一個煙霧穿透計測試待測過濾器的 DOP 微粒的穿透率。而微粒的粒徑可由一光學微粒計測得。

另一種類似的系統則是在過濾器之上下游，直接用一窗射分光計，或是雷射微粒計測出 DOP 微粒之數目濃度，並據以計算 HEPA 之微粒蒐集效

率。而過濾器濾材的穿透率就可寫成 1 －（蒐集效率（％）×0.01）。

其他各種試驗方法

　　前面所介紹的空氣過濾器性能試驗法都是目前美、日和歐洲主要使用的測試方法。以下再提出一些其他的試驗方法及不同的試驗塵埃的特性，並比較它們的發生方法及塵埃的檢驗方法及這些方法所適用的過濾器種類。

　　前面剛提過的 DOP 試驗，DOP 微粒經過蒸發、凝縮的發生方法後，產生粒徑為 0.3μm 的試驗微粒，利用光散亂光度計檢出。而若是使用雷射分光計作為測出 DOP 微粒數目濃度的檢出器的 DOP 試驗，則可以用來作為 ULPA filter 的性能測試方法。除此之外，尚有鈉框架試驗和次甲基藍試驗，這兩種都是利用將氯化鈉或是次甲基藍的水溶液經噴霧、乾燥後產生氯化鈉或是次甲基酸的微粒以作為試驗塵埃。其中氯化鈉微粒的粒徑約為 0.6μm，使用的檢出器是焰光光度計（Flame），適用於 HEPA filter。而次甲基酸微粒的粒徑約為 0.01～1.5μm，使用比色計（Stain Density）檢驗出，用來測試中、高性能的過濾器。另外還有以螢光物質作為試驗塵埃的試驗，它可達到的粒徑和 DOP 試驗 0.3μm 相同，微粒用螢光表檢驗出。

Silica 粒子檢查法

　　在檢查 HEPA/ULPA filter 之霧狀粒子中，目前還是以使用 DOP 者為最多。以下先說明一些前面提過的洩漏檢查用的各種追蹤劑微粒的缺點，再提出一種新的 Silica 粒子作為追蹤劑微粒的新檢查方法，以改進舊有的測試法。

　　對於最常用的 DOP 粒子，由於這種化學物質對人體有害，而且因為它的化學特性，對電子裝置製程上也會有不良的影響，而且還會造成揮發的二次污染。至於用氯化鈉也會造成同樣的揮發飛散的二次污染，並且高濃度的氯化鈉也需特殊裝置來產生。至於使用大氣塵為追蹤粒子則因為飛散不但造成二次污染，更使得濃度不穩定而使得信賴性低。還有一種比較新的測試微粒為聚苯乙烯乳膠（polystyrene latex），雖然能避免前述的缺點，

但是難做到高濃度，並且成本昂貴。

這種新的檢查方法是以 Silica 粒子作為測試微粒來試驗過濾器的性能。其中 Silica 粒子是將高分子無水矽酸之膠狀溶液噴射產生的。將膠狀 Silica 溶液以純水稀釋，再以科立松噴霧器（Colison Atomizer，英國規格 BS5276）噴霧，乾燥後做成 Silica 的霧粒。這種噴霧器的 Silica 粒子發生量在粒徑 0.1μm 以上及 0.3μm 以上分別可以達到 8×10^{10} 及 8×10^9 個／分，且發生量安定在 ±5% 之內。這種膠狀粒子之粒徑非常微細，為直徑 0.1μm 以下的球形體，由於粒子表面電位，在液相中呈現單分散且安定存在。另外，以往在使用 DOP 測試法時，產生 DOP 粒子的稱為拉斯金噴嘴（Laskin Nuzzle）。

14-3 無塵室潔淨度測試規範

潔淨度測試之目的是驗證無塵室之等級，是無塵室測試中最重要的項目。其測試方式與儀器設備等在美國聯邦標準 209E 有詳細規定，本節說明測試方法之相關規定及測試結果。

潔淨度定義

每個潔淨度都有一組相對應之微粒含量允許濃度。任一濃度值之數字代表在單位體積之空氣樣本中，大於或等於其所指定之粒徑之允許粒子數。例如，英制等級 100，以 0.3μm 為基準，其數值是每立方英尺 300 個，表示每立方英尺之空氣樣本中，粒徑大於或等於 0.3μm 之微粒，不得多於 300 個。因此在開列潔淨度之規格時，除等級外，還應指出所使用之粒徑，使用粒徑可以超過一種。表示法為：Class 100 （0.3μm），或是 Class M2 （0.2μm，0.3μm，0.5μm）等。

潔淨度之等級，使用者可依自己之特殊需求，自訂等級，如 Class50、

Class 300、Class M3.2 等。

測試程序

潔淨度測試屬於抽樣測試，在潔淨室內抽取部分空氣樣本，分析其粒子含量，其結果即為該潔淨室之潔淨度。在測試開始前，無塵室應該已經清理乾淨，空調系統及過濾系統等都正常運轉一段時間，並且由建造商或使用者本身作過初步量測，已能達到使用者所訂之規格時，才交由公正第三者作正式的無塵室認證。測試之第一步是計算格點（取樣點）數目及位置。為使取樣公正，Fed-Std-209E 採用平均分布方式，將潔淨室劃分為等面積格點，在每個格點中心處取樣。等級愈高之潔淨室，其格點愈密。

並且每個無塵區域之格點不可少於兩點。每一格點之取樣數應至少一次但不必只有一次，不同格點之取樣次數可以不一樣，次數愈多愈準確，每個無塵區域之取樣總數不可少於五次。

將取樣空氣體積除以微粒計數器之流量，即為取樣之時間。每個取樣點之每次取樣，抽氣體積可以不同，但是在報告數據時，應參照規範以每立方公尺或立方英尺之微粒含量為單位，不必報告所取之空氣體積。

在量測位置及取樣時間決定之後，就可使用微粒計數器進行量測。微粒計數器之吸入口之高度一般是工作高度，高度之決定應由使用者、建造者或是驗證者討論後，雙方同意之數值。為避免人為干擾，非必要人員不應進入無塵室，取樣時人員必須遠離抽氣口。除此之外，房間內如果產生亂流，很可能將取樣人員身上的粒子吹進微粒計數器。因此取樣時，無塵室內不應有人走動或是進出。

使用儀器及校正

潔淨度量測使用之儀器是微粒計數器，氣體樣本通過雷射頭時產生陰影，再用判斷粒徑與數量。微粒計數器之規格通常依所能測得之最小粒徑

分類，一般有 0.5μ、0.3μ、0.2μ、0.1μ、0.07μ等，並且需具有多頻道，能區分不同粒徑之粒子。在量測等級 Class 1,000（M4.5）或更高時，應使用最小到 0.5μ之微粒計數器。在量測等級 Class 100（M3.5 和 M4）時，應使用最小到 0.2μ之微粒計數器。在量測等級 Class 1 到 Class10（M1 到 M3）時，應使用 0.1μ之微粒計數器。

微粒計數器每十二個月應校正一次，使抽氣速率與計數機構維持穩定，其雷射頭、反射鏡等元件亦應常保持清潔。

數據表列

潔淨度量測完畢之後，從微粒計數器得到的數據應配合量測點之位置列表顯示。因此量測報告應包括兩份資料，一是無塵室平面圖，上面有量測點之位置與編號，二是表列之數據。

一般微粒計數器的面板上，可同時顯示兩種單位：Accum/ft^3 和 Diff/ft^3。如單位為 Accum/ft^3，意即在任一粒徑下的每一欄位，代表該無塵室的該次取樣中，單位體積內，大或等於該粒徑之粒子總數，潔淨度可由此直接判斷。例如，點 3-2，即位置 3 之第 2 次量測，在 0.5μ這一欄數字顯示19，代表該空氣樣本中，粒徑大或等於 0.5μ的粒子含量是每立方英呎 19顆。

若數據之單位是 Diff/ ft^3，代表該欄位顯示的是粒徑大或等於該粒徑，但是小於下一欄的粒徑之粒子總數。

在做正式報告時，每一點之平均粒子濃度需表列出，並且要標出量測值超過允許濃度值之格點。平均粒子濃度即為該點所有取樣值之算數平均，若是僅取一次樣，該樣本數據即代表該格點之數據。

若是有一無塵室，其規格設定了某潔淨度，經潔淨度量測後產生一組數據，當利用這一組數據判斷該無塵室之潔淨度能不能達到規格時，必須對這組數據做統計分析，再經過比對，才能決定驗收與否。

數據分析方式

數據分析之前置作業為先整理出數據表，此時每一取樣點之平均值已求出，該值即代表該取樣點之數據。依規範，允收原則有二，一是所有取樣點之加總平均需小於潔淨度之允許濃度；二是如果取樣點小於 10 點時，所有取樣點之加總平均值之 95%信賴度上限（95% Upper Confidence Limit, UCL），需小於潔淨度之允許濃度。若取樣點大於或等於 10 點時，僅使用原則一，不考慮原則二。

接下來即可將 UCL 和潔淨度之允許濃度比較，即可判斷允收與否。接下來做統計分析，求其信賴度上限。

濾網洩漏測試

在無塵室供氣系統中，濾網的作用是將空氣中微粒、製程產生的污染粒子捕捉，維持空氣的潔淨度，因此濾網不可破損。濾網在製造過程，雖然依品保制度層層檢驗，但是出問題的機率仍舊存在，其次在運輸、搬遷過程，也有可能遭撞傷或擦傷，而在安裝過程，若是安裝工人經驗不足，框架邊緣出現洩漏的機率很大，由以上說明，可看出濾網之洩漏測試之重要性。

運轉中的無塵室，由於內部循環量很大，循環氣體中已很難找到微粒。進行濾網洩漏測試時，必須在濾網上風處（送風管道）施放適量微粒，然後在下風處（濾網出風口）量測微粒。若是濾網及框架完美無缺，微粒應都被捕獲。倘若微粒讀數大於零，該處可能有問題。

NEBB 規範中所允許的微粒施放方式有二：一是使用人造微粒，二是引進外氣，利用大氣中的微粒，以下分別說明。

1.人造微粒

　　人造微粒洩漏測試有兩種，一種是在上風處施放鄰苯二甲酸二辛酯（DDP）物質，在下風處用光度計（Photometer）檢驗微粒濃度。傳統上，DOP 是最可靠有效的驗證濾網捕捉能力，及測試濾網洩漏之人造粒子。但是半導體製造業發覺 DOP 會黏在機器或產品上，有造成污染之潛在危險，並且醫學界發覺 DOP 是致癌之潛在物質，故有些使用者已禁止使用該方式。

　　第二種方式是在上風處施放聚苯乙烯微粒（Polystyrene Latex Sphere, PSL），在下風處用光學式微粒計數器（optical particle counter）檢驗微粒濃度。由於 PSL 無 DOP 之污染及致癌之疑慮，故已廣泛使用，微粒計數器之製造商並已使用 PSL 做為校正儀器之標準樣本。

　　施放微粒使用的儀器是微粒產生器，有氣壓式與加熱式兩種。氣壓式的原理是將高壓空氣吹過微粒上方，由氣柱之低壓將微粒帶入氣柱，再經由噴嘴吹出。加熱式微粒產生器之原料是呈液狀之含微粒溶液，用加熱式使其氣化，再用空氣將微粒吹出即可。

　　人造微粒之濃度應達到至少每立方英呎 800,000 個，其上限是微粒計數器之極限。

　　濾網洩漏測試程序如下：首先在上風處施放足夠的微粒，並且須使微粒之分布均勻，然後測試上風處之微粒濃度並做記錄。接下來使用微粒計數器（與等級測試相同），與面積介於 1.2～1.4 平方英吋之漸開型吸入口，在濾網下方 1～2 英吋內，對濾網做全面積掃瞄，吸入口移動速率不大於每秒五公分。由於在濾網正下方之空氣，應該是完全乾淨，測不到微粒。因而在掃瞄時，若是任何時刻量測到濃度超過上風微粒濃度之 0.01%，該點就屬不合格，應修補或更換濾網。

　　濾網被測出缺點時，應修補或更換，取決於缺點處之面積與形狀。若是洩漏處總面積超過濾網面積之 3%，該濾網應更換。另外若

是任一破損處之任一邊之長度大於 1.5 英吋，該濾網也應更換。

2. 施放外氣測試

NEBB 規範中，允許使用外氣中的天然微粒取代人造微粒，進行濾網洩漏測試。但是因為外氣中的微粒含量有限，對較小的破損可能會忽略，故這兩種測試方式不被認為具相同效果，不可互相取代。無塵室之擁有者應瞭解，施放外氣測試被認為只能發現較大的破損。

本測試之程序與使用人造粒子相同，第一步是將外氣量開到最大，使空氣中粒子達到最多。第二步是量測上風處之微粒濃度並作記錄，此為比對基準。接下來使用微粒計數器對濾網及接縫處做掃瞄，並記錄所有發現粒子處。本測試之允收基準與使用人造粒子相同，在發現微粒濃度超過上風濃度之 0.01%，該點就屬不合格。但是在報告中，任何發現粒子處都必須記錄，因為在僅使用外氣之下，有些無塵室之使用者認定，只要偵測到連續流出的粒子即屬不合格。

14-4　潔淨室測試與驗收

潔淨室測試

潔淨室施工完成後，其運轉狀態有否合乎當初所定規格或能否符合滿足日後的需求，同時更為使廠商與業主間有一結案依據，因而針對潔淨室的環境做一測試與驗收，乃為必須。通常潔淨室施工完成後之測試與檢驗，項目包括：洩漏試驗、潔淨度（微塵粒子數目）量測、溫濕度、壓差、噪音、振動、氣流方式、照明、風速、風量、靜電及電磁干擾等各種測試。依美國 IES-RP-CC-006-84-T Testing Clean Room（IES: Institute of Environmental Science，環境科學組織）中有關潔淨室之測試，須在三種不同情況

下測試，以期在各種不同之操作情況下，均能符合潔淨度等級之規格，此三種狀況為：

1. 工程完成後狀態（As Built）：潔淨室工程完工而全部所需製造設備未進入，且無任何作業人員在室內之狀態。
2. 停止作業狀態（At Rest）：製造設備運轉中，但室內無作業人員之狀態。
3. 作業中（Operating，也稱運轉狀態）：製造設備運轉中，室內並有作業人員在工作中之狀態。

三狀態下微塵之限制如**表 14-1**。

表 14-1　三狀態下微塵之限制

Class	As Built	At Rest	Operating
10	5	7	9
100	7	10	40
1,000	50	100	200
10,000	100	1,000	2,000
100,000	10,000	30,000	50,000

潔淨室施工完成之潔淨度測定，其測定點數目依據是依 U.S. Air Force Technical Order, T.O.-00-25-203 規定（如**表 14-2**）。

表 14-2　潔淨度測定法

地板面積	測定點
A ≦15M²	點 1'及 2'
15 M²< A ≦100M²	點 1.2.3.4.5
A >100M²	每增 100M²，外加 4 點（或每 3×3M²設一測試點）

1. 潔淨室內面積在 15M² 以下之場合，測定點在 1'及 2'位置，測定點數：2。

2. 潔淨室內面積在 15M² 以上及 100M² 以下時，測定點位置在 1、2、3、4、5 個位置，測定點數：5。

3. 潔淨室地板面積超過 100M² 時，除以上之五點外，每增加 100M²，須外加 4 點或將全區域 3×3M² 單位分割成數區域，每區域各取一測試點。

4. 空氣取樣口須垂直向上，取樣測試高度一般約在 1.2M～1.25M 之間，相當於工作桌之高度或作業高度。

 ## 測試檢驗內容

　　潔淨室之測試檢驗內容如下：①構造及尺寸檢驗；②洩漏檢驗；③潔淨度測試；④風速及風量檢驗；⑤溫濕度檢驗；⑥噪音檢驗；⑦照度檢驗；⑧消費電力檢驗；⑨絕緣阻抗檢驗；⑩壓力檢驗；⑪電磁干擾檢驗；⑫其他檢驗。測試檢驗過程所使用的儀器如**表 14-3** 所示。以下就各項測試檢驗內容分別敘述：

表 14-3　測試檢驗項目與儀器對照

測試檢驗項目	儀器
構造及尺寸	量具
洩漏	微塵粒子計數器
潔淨度	微塵粒子計數器
風速及風量	風速計
溫濕度	溫濕度計及溫濕度紀錄器
噪音	分貝計
照度	照度計
消費電力	電流錶或瓦時計
絕緣阻抗	電阻計
壓力	差壓計
電磁干擾	磁場計

1. 構造及尺寸檢驗

(1)以量尺量測尺寸，施外力以測其結構強度，如以手壓牆板等。

(2)確認構造之零件是否與圖上之規格符合。

(3)檢查各部分尺寸是否合於圖上之規格條件。

2. 洩漏檢驗

(1)於 ULPA 上游側，測定一次側之外氣或回風濃度，以決定微塵粒子通過ULPA之容許滲透值（可以ULPA本身之透過率或捕捉率，計算之）。

(2)距 ULPA 測試面下方紙 30～50m/m 處，以微塵粒子計數器設定 50～100m/m 每秒之速度量測之，每量測距離間距約 50m/m，其量測方向為由外圍漸次向內。

(3)在天花板鋁槽部分、天花板和隔間牆接縫處、隔間牆連接處以及消防偵煙器等部分均必須做量測。

(4)將洩漏測定之狀態與數值紀錄列印出來。

3. 潔淨度檢驗

於距地板高度約 1.2～1.25 M用微塵粒子計數器測試之，測試完畢，應列印其數值紀錄。**表 14-4** 為不同潔淨等級之微塵粒子數目限制。

4. 風速及風量檢驗

於ULPA下方約 150m/m 處，用熱線式風速計測定，原則上每只ULPA測定兩點，每點之測定時間約 5 秒；風量則依風速之測試值，以下列之公式計算之。

風量＝平均風速×出風之面積（ULPA 之面積）。

5. 溫濕度檢驗

(1)使用溫濕度計測試時，距地板高度約 1.2M，用溫濕度計測試，約每 $9M^2$ 測定一點，每點之測定時間約 5 秒。

(2)如使用溫濕度紀錄器測試時，需於選定之測試點做 24 小時之連續
測試。

6.噪音檢驗

距地板約 1.2M，用噪音計於測定點測試，測定點數以每 9M² 為
一點，每點測定時間 5 秒。

表 14-4　不同潔淨等級之微塵粒子數目限制

潔淨室級別	Measured Particle Size（Micrometers）測試粒徑　單位：M³				
	0.1	0.2	0.3	0.5	5.0
1	3.5	7.5	3	1	NA
10	350	75	30	10	NA
100	NA	750	300	100	NA
1,000	NA	NA	NA	1,000	7
10,000	NA	NA	NA	10,000	70
100,000	NA	NA	NA	100,000	700

註：NA：Not Applicable，無指定。
資料來源：電子工業人才培訓上課講義。

7.照度檢驗

除量測儀器為照度計外，其餘與噪音檢驗同。

8.消費電力檢驗

以電流錶測試其負荷之電流值，再依下列公式計算：

消費之電力＝定格電壓×負荷之電流值

或直接以瓦時計量測。

9.絕緣阻抗檢驗

用 600V 左右之絕緣計（電阻計）測試充電部與非充電部間之絕
緣值，並測試非充電部與設備金屬外殼間之絕緣值。

10. 壓力檢驗

以差壓計中之一進氣管置放入潔淨室內，但差壓計置放室外，而得室內外之壓差值。

11. 電磁干擾檢驗

以電磁場計測量潔淨室內磁場之強度，此測試在潔淨室鄰近高壓電纜或輸配電線、變電站時尤須注意。

12. 其他檢驗

以個別之測試檢驗需求測定之，如振動、氣流方向、靜電等。

表 14-5　潔淨室試驗項目

項目 潔淨室形式 利用狀況	層流形			混合形			亂流形		
	B	R	O	B	R	O	B	R	O
構造及尺寸	○	×	×	○	×	×	○	×	×
洩漏	○	×	×	○	×	×	○	×	×
氣流方向	○	○	×	△	△	×	×	×	×
潔淨度	○	○	○	○	○	○	○	○	○
氣流速度	○	×	×	○	×	×	○	×	×
送風量	○	×	×	○	×	×	○	×	×
壓力	○	○	○	○	○	○	○	○	○
噪音	○	○	×	○	○	×	○	○	×
噪度	○	×	×	○	×	×	○	×	×
溫度	○	○	○	○	○	○	○	○	○
相對濕度	○	△	△	○	△	△	○	△	△
振動	○	△	△	○	△	△	○	△	△
電磁干擾	○	△	△	○	△	△	○	△	△
絕緣阻抗（靜電）	○	△	△	○	△	△	○	△	△

註：1.○為必須；△：選擇性；×：不需要。

2.B：As Built；R：At Rest；O：Operating。

潔淨室驗收基準與規範

潔淨室之驗收基準一般均以規格書所列者做為依據，但仍有部分在規格書未明列者可以下述之方式做為驗收基準。

1. 構造及尺寸檢驗：在 1,000m/m 內以±2.5m/m 為合格值。
2. 洩漏檢驗：測定點之滲透率為過濾器上流側之 0.01%以下者，判定合格。
3. 風速及風量檢驗：各測定點之風速、風量測試值在規格值之 20%以內者。
4. 照度檢驗：白光：~500LUX；黃光：~300LUX。
5. 絕緣阻抗檢驗：電阻測定值需在 1MΩ以上，接地之測試值在 0Ω。**表 14-6** 為超高潔淨室性能規範；**表 14-7** 則為洩漏檢驗時，各項洩漏可能原因探討及其修補處理方式。

 表 14-6　超高潔淨室性能規範

內容		規格
潔淨度		≦1（≧0.05μm）
空氣品質	THC	<1ppm
	Na	0.1μg/M²
溫度變化率		≦±0.1℃
相對濕度變化率		≦±1%
振動度		<0.1μm（建築） <0.01μm（設備）
噪音度		<55dBA
靜電壓		<±50V（45%RH）
電磁場		<1mG

表 14-7　洩漏原因及修補處理方法

洩漏點	洩漏原因	修補處理方法
密封劑洩漏	1. 密封液混合比例不對。 2. 密封液失效。 3. 鋁槽架非水平。 4. 過濾器安裝方式不對。 5. 測試方法。	1. 充填密封劑。 2. 重新充填。 3. 水平校正。 4. 調整及檢查。 5. 檢查測試方法。
鋁槽架洩漏	1. 槽架密合度不佳。 2. 槽架間密合處有殘留物。 3. 槽架燈具固定孔密封不佳。 4. 槽架不潔。	1. 充填矽利康（Silicon）。 2. 清理不潔處或殘流物。 3. 充填矽利康。 4. 清潔。
隔牆板洩漏	1. 牆板不潔。 2. 矽利康有隙孔。 3. 穿線孔漏。	1. 清潔。 2. 填打矽利康。 3. 重新修補。
燈具及線槽洩漏	1. 燈具不潔。 2. 燈具品質。 3. 線槽不潔。	1. 清理不潔處。 2. 燈具品質再要求。
過濾器洩漏	1. 過濾器有破孔。 2. 過濾不潔。	1. 用白膠或矽利康修補。 2. 清理不潔處。

潔淨室驗收測試時，同時應注意以下各項項目：

1. 各項測試之規格與基準需再確認清楚。

2. 確認各部分之功能是否已調整符合規格條件。

3. 測試使用之儀器需經校驗合格且在有效期間內。

4. 瞭解各部分之安裝方式。

5. 各階段之檢查應依三階段（As Built, At Rest, Operating）進行，測試時應避免人員之聚集。

6. 測試檢驗之流程：

洩漏測試→風速測試→風量測試→{噪音測試 振動測試}→{潔淨度測試 溫濕度測試 照度測度}

↕

室壓調整

7. 潔淨室測試檢驗紀錄、資料之蒐集，包含潔淨室完工圖、保證書、測試檢驗報告書、操作使用說明書及其他附屬資料等。

8. 消防安全系統是否合乎規範，如排煙機、防煙風道、排煙口等。

潔淨室之測試與驗收

潔淨室的測試與驗收可分為三個階段：完工驗收（as built facility）、機台定位驗收（at rest facility）與操作驗收（operating facility）等，在潔淨室完工而尚無機台設備與作業人員進入時所做的檢驗稱為完工驗收。待機台進入定位且運轉，但無作業人員時要做第二次驗收。最後在作業人員開始正式生產時，再做一次驗收。

潔淨室的測試與驗收項目主要分為微粒子之數量、粒徑、濾網測漏（leakage）、室內溫度（temperature）、濕度（humidity）、壓力（pressure）、氣流速度與均勻度（air velocity & uniformity）、流場分布（flow pattern）、振動（vibration）、噪音（noise）、照度（illumination）、靜電等，其測試與驗收之標準會依工程合約或參考標準的不同而有所差異，現以一般的工程合約為例說明如下：

微粒子之測試與驗收

1. 方法與設備

對於潔淨室內微粒子之測試與驗收，其項目包括了潔淨度之量測（微粒子之數量與粒徑）及濾網測漏兩種。量測所採用的工具為

Particle Counter，Counter 的型號與軟體應配合潔淨室的級數做適當的選擇，例如，Class 1～Class 1,000 可採用 PMS（Particle Measuring System Inc.）μLPC Turbo 110 或 PMS μLPC 110 的型號，Class 10,000 可採用 PMS LAS-X-CRT 的型號等。

首先對濾網做測漏的量測，採用合適的 Counter，先對通過濾網之前的氣流做量測，若微粒子的濃度不高，例如，0.3μm 小於 30 萬 pcs/ft³ 時，必須以微粒子產生器（Particle Generator），例如，DOP 以壓縮空氣通過精密的噴嘴來產生微粒，並保持其濃度，再以 Counter 之探頭距濾網下 10cm 之處，平均且等速（約 5cm/s）地掃過濾網及其周邊每一處，記錄每片濾網的量測結果。

對於潔淨度之量測，Class 1～Class 1,000 之量測密度為每 3m×3m 之區域內量測一點，每個房間最少量測六點，Class 1,000 以上之量測密度可比較低，量測位置儘量位於劃分區域的中心點，量測高度為操作區（高架地板上約 90cm）之處。每次量測氣流量至少為 Class 1～Class 10：3ft³，Class 100～Class 1,000：1ft³，Class 1,000 以上：0.1ft³，每點量測三次，量測時量測探頭應固定，並沿著氣流的流向，每次量測的結果要記錄並做統計分析，求得各點及各區的平均值、最大值和其分布，並在圖面上標註其不合規範之位置。

2.改善方法

濾網測漏的結果若不合標準，濾網必須修補，若修補面積過大（例如，超過 1% 的濾網面積），則整個濾網必須更換，修補或更換後的濾網必須再一次測漏，直到完全合於標準為止。而潔淨度的量測不合標準，必須找出污染源加以清潔，或是改善流場以維持潔淨度，直到合於標準為止。

溫、濕度之測試與驗收

1. 方法與設備

　　溫、濕度的測試與驗收必須在氣流測試與驗收完成之後進行，量測的點數、位置與量測高度並無強制規定，可自行視潔淨室的空間大小訂定之。例如，量測高度為距地板 2m 與 1m 處，2m 處必須符合該級數潔淨室的標準，1m 處為一參考值。每次量測時間為 24 小時，每 30 秒或一分鐘記錄一次資料。

2. 測試與驗收標準

　　溫、濕度的測試與驗收結果必須合於該級數潔淨室的標準，在 24 小時內，溫、濕度的變化應在此標準之內。

3. 改善方法

　　溫度方面，檢查冰水盤管的冰水量、冰水閥的開度、溫度控制的功能與室內負荷的大小等。濕度方面應檢查外氣空調箱的濕度控制、加濕器的運作、露點溫度的設定等。待調整後再進行 24 小時之測試。

 氣流之測試與驗收

1. 方法與設備

　　氣流的測試與驗收包括氣流速度、均勻度與流場分布三項，氣流速度的量測應位於 ULPA 下方 75mm～300mm 與操作區高度二處。均勻度為量得所 ULPA 下的氣流速度的分布情形。而流場分布可採用視流法（Flow Visualization Method），或以輕質的尼龍絲線懸於 ULPA 之下，觀察流場的角度。以往量測氣流流速多採用熱線風速計（Hot Wire Anemometer），因其精確度不高且無法量得速度方向，目前則以新開發的超音波風速計（Ultrasonic Anemometer）為主要量

測工具，可同時量測與記錄三度方向的速度值，同時也可量得流場分布。

2. 測試與驗收標準

氣流速度值標準為 0.25m/s～0.6m/s 之間，或定義成 0.35m/s ±20%。均勻度以落在平均速度的±20%之內的速度範圍為標準。

3. 改善方法

ULPA下之氣流速度過大或不足時，應調整循環氣流的風機轉速、開關或葉片角度等，以改變循環氣流的流量。流速的均勻度不佳時，有問題的 ULPA 應更換新品，而操作區的均勻性很差或流場角度過大時，應調整ULPA，開孔高架地板之位置，或調整開孔高架地板的開孔率等。

壓差之測試與驗收

1. 方法與設備

以微壓差計量測不同級數兩區之間的氣壓差，若壓差很小之區域可以量流場用之絲線檢視兩區域壓力之大小，於量測時室內所有門必須關上，並將量測所得的壓差值與高低壓方向做一記錄。

2. 測試與驗收標準

一般潔淨室為保持室內之潔淨度，其氣壓必須較其相鄰之等級較差的區域高出 1～2mmAq 左右，回風區也要比外界大 1mmAq 左右。

3. 改善方法

影響潔淨室壓差的原因有外氣補氣量、排氣量、濾網數目、回風面積與空間區隔等，若壓差不合標準，應找出實際的原因來改善，若排氣量過大，則應補較多的外氣，一般以 2～5 次的換氣次數以建

立所需壓差。濾網數目應配合回風面積，一般於高架地板或回風口處加裝可調式格柵，以調整壓差。

潔淨室的規格

1. 美國空軍潔淨室規格

美國為了太空的研究，自 1958 年起，基於精密零件與電子零件的環境條件，開始潔淨室的相關研究，在 1961 年完成了有關美國空軍潔淨室的規格，對於空氣中塵埃微粒並無相關的技術與知識，因而無嚴密的定義，僅分為四級，其後隨著對空氣中粒子特性的明瞭，及參考聯邦規格而修訂成如表 14-8。潔淨室內溫、濕度及壓力之容許範圍如表 14-9。

表 14-8　美國空軍規格的等級分類

分類		微粒		差壓* (mmAq)	溫度 (℃)	相對濕度 (%)	換氣回數 或氣流(m/s)	照度 (Lux)	Fed. Std. 209 的等級
		粒子 (μm)	累積微粒數 (個/ft³)						
標準淨室	設計基準	≧0.5 ≧5.0	≦10,000 ≦　　65	≧1.25	22.2±2.8	45±10	≧ 20 次/h	≧ 100	10,000
	運轉基準	≧0.5 ≧5.0	≦10,000 ≦　650	≧0.25					100,000
清淨作業台	設計基準	≧0.5	≦　100	—	—	—	≧ 0.5m/s	≧1,000	100
	運轉基準	≧0.5	≦ 1,000						10,000
層流淨室		≧0.5	≦　100	≧1.25	22.2±2.8	45±10	水平≧0.5m/s 垂直≧0.25m/s		100

＊：淨室與準清淨區域的差壓≧1.25mmAq；準清淨區域與污染區域的差壓≧0.25mmAq。

表 14-9 潔淨室內溫、濕度及壓力之容許範圍

項目 工程		乾球 溫度 ℃	相對 濕度 %	潔淨度 粒徑（µm）	潔淨度 個/ft³	備註
外氣條件		32	50～70	≧0.5µm	1,000,000	
室內 條件	黃光	23±0.1	45±3	≧0.1µm	≦ 1	中央走道 ≧0.3µm ≦10 個/ft³
	擴散	23±1	45±5	≧0.1µm	≦ 1	
	爐管	25±2	45±5	≧0.3µm	≦10	
	CVD	23±1	45±5	≧0.1µm	≦ 1	
	離子植入	23±1	45±5	≧0.1µm	≦ 1	
	化學處理	23±1	50±5	≧0.1µm	≦ 1	
	ETCHING	23±1	45±5	≧0.1µm	≦ 1	
	SPUTTER	23±1	45±5	≧0.1µm	≦ 1	
	檢查區	23±1	45±5	≧0.1µm	≦ 1	
	維修區	25±2	50±10	≧0.3µm	≦ 1,000	
	封裝區	25±2	50±10	≧0.3µm	≦ 1,000	
一般 區域	夏季	25±2	50±10			
	冬季	25±2	40±10			

2. 美國太空總署規格：NBH-5340

此規格是由 NASA（National Aeronautics & Space Administration）於 1967 年完成，其內容與聯邦規格 209b 幾乎相同，只是再加上空氣中微生物的濃度。

3. 西德規格：VDI-2083

西德於工業與醫學領域的科技也非常進步，對於潔淨室的研究也很早，並於 1976 年完成 VDI 的規格，其中對於潔淨室的等級表示法與美國規格有所不同。

4. 日本規格

日本對潔淨室的規格訂定得較晚，於 1975 年訂定 JIS（Janpanese Industrial Standard）標準，1989 年修訂為 JIS B 9920 規格。以 0.1µm

為分級標準，如表 14-10 所示。

表 14-10　日本 JIS 規格的等級分類

Upper Limit Concentrations for Cleanliness Classes（particles/m³）

Particle size(μm)	Cleanliness Class							
	class 1	class 2	class 3	class 4	class 5	class 6	class 7	class 8
0.1	10^1	10^2	10^3	10^4	10^5	10^6	10^7	10^8
0.2	2	24	236	2,360	23,600	—	—	—
0.3	1	10	101	1,010	10,100	101,000	1,010,000	10,100,000
0.5	(0.35)	(3.5)	35	350	3,500	35,000	350,000	3,500,000
5.0	—	—	—	—	29	290	2,900	29,000
Particle size range of cleanliness	0.1～0.3		0.1～0.5		0.1～0.5	0.3～5.0		

監工人員教材

15-1 監工人員責任

監工人員定義：公司發包部門的施工監督人員及承攬商安衛人員或現場負責人、監工人員應負之責任包括：監督管理責任及失職責任。

1. 監督管理責任

(1)不得讓承攬商自行開工。

(2)開工前先與承攬商一起確認風險及準備工作。

(3)掌握施工情形與人員動向。

(4)要求與維護 AU 安全規定。

(5)監督防護措施及施工安全是否妥善。

(6)告知環境危害與應變相關規定。

(7)高風險作業須申請、工安備查、召開施工前安全會議，開關、閥件須由 AU 監工親自操作。

(8)高風險作業正在做時要在現場監工。

(9)收工進度及環境復原之確認與交接。

2. 失職責任

(1)法律責任

‧業務過失致傷害罪。

‧業務過失致死罪。

(2)公司處分

‧未落實監工者，將予記錄，列入考核。

‧承攬商造成事故，監工需配合調查，造成公司損失或形象受損，追究監工責任。

‧主管管理責任。

15-2 監工人員注意事項

監工人員注意事項分列如下：

1. 承攬商管理規定

　　(1)門禁管理。

　　(2)用電管理。

　　(3)吸菸規定。

　　(4)防護具使用。

　　(5)廢棄物處理。

　　(6)施工人員資格。

　　(7)現場環境管理。

　　(8)化學品管理。

　　(9)事故通報。

　　(10)違規事項。

2. 門禁管理

　　(1)承攬商有進廠施工或長期工作之事實時，應接受相關安全衛生環保訓練且考試合格後，始得經公司內相關發包單位向 ADM 申辦長、短期出入證；而臨時入廠之訪客則不在此限。

　　(2)持用長、短期出入證之廠商，須於每次進出廠區時在警衛室記錄，並經警衛同仁確認後始得進出廠區。

　　(3)長、短期出入證限本人使用。

　　(4)公司內皆應隨時配帶出入證。

　　(5)承攬商未受安全衛生環保教育訓練者禁止入廠工作。

　　(6)承攬商進出廠時應簽到退。

　　(7)如遇緊急狀況臨時入廠施工者，其監工應告知相關規定及現場危

害因子，並要求該承攬商簽訂遵守相關規定切結書。

3.施工人員資格

下列人員不得進入廠區從事下列工作：

(1)未滿十六歲之人員。

(2)不得使女工及妊娠中或產後未滿一年之女工從事危險性或有害性工作及高架、重體力勞動作業。

(3)未滿十八歲或超過五十五歲之男工不得從事高架作業。

(4)有酗酒、吸毒或罹患不適宜從事危險性或有害性之勞工。

(5)技能不足之勞工及非經行政院勞工委員會核准之外籍勞工。

4.用電安全

(1)每個插座只允許接用一條延長線，嚴禁串聯使用。

(2)禁止使用接續不良或有表皮破損現象之電線或延長線。

(3)施工用電，一律由施工專用電盤接電。

(4)電器工具，皆須經由廠區電氣人員認可，並貼上合格標籤，方可使用。

(5)合格標籤每季使用一種顏色，有效期限為當季。第一季淡藍色；第二季綠色；第三季黃色；第四季粉紅色。

(6)具合格標籤之各項電器用具，在有效期限內，於各廠均可使用。

5.現場環境管理

(1)施工場所應設置明顯警告標誌，若有必要，應予隔離。

(2)高架地板掀開作業需作好「四面」圍籬措施。

(3)施工現場不得髒亂，不得妨礙逃生走道。

(4)每天收工前須清理現場，關閉電源、氧氣乙炔開關，告知監工人員後方得離開。

6.吸菸規定

(1)除指定吸菸地點外，在廠區範圍內任何其他地點（無論室內、室

外）均嚴禁吸菸。

(2)室外吸煙不得超出吸菸區之標示範圍。

7. 化學品管理

(1)除非因工程需要，嚴禁將危險或有害化學品帶入本公司。

(2)將危險或有害化學品帶入本公司時，必須徵得工程承辦單位同意，始可進入廠區。

(3)容器上必須有正確品名之標示。

(4)易燃物品須遠離火源，若附近有動火作業時，應與動火點保持 11 公尺以上距離，並且做好防火覆蓋。

(5)殘留廢液或擦拭布等應個別放置在容器及指定垃圾桶內。

(6)氣體鋼瓶需用上、下兩條鏈條固定。

(7)會有異味產生者，需事先告知監工人員。

8. 防護具使用

施工人員作業時應視工作環境佩戴適合個人需要的安全衛生防護器具。

(1)頭部防護（安全帽）：凡因工作或業務需求進出 S-FAB/RAP 或從事電氣設備、攀高、工地、修繕、起重機、堆高機等操作或檢查作業時，均應使用。

(2)耳部防護（耳栓或耳罩）：於噪音音量超過 90 分貝以上之工作區域內，從事操作、維修時使用。

(3)眼部防護（安全眼鏡或防護面具）：為防止作業產生火花、微細粉塵、切屑、藥液飛沫或熱輻射、有害光線之傷害，用以保護眼睛的之防護具。

(4)呼吸防護具（呼吸面具或防毒面具）：於有害粉塵、霧滴、有害氣體或缺氧環境下應佩戴適當呼吸防護具。

(5)手部防護具（棉織、防酸鹼、耐電手套）：從事搬運、具有侵蝕毒性化學藥品及設備處理或可能接觸供電中之人員，須佩戴適當

之防護手套。

(6)足部防護（安全鞋）：從事組立／貨物的裝卸作業及處理有害物作業須穿安全靴。

(7)身體防護（防護衣）：從事有酸、鹼、毒化學物品或設備處理須穿戴合適之防護衣。

(8)安全索：從事高架作業人員須佩戴安全索。

9.事故通報

(1)在廠區內施工若引起任何意外事故，須立即告之監工和安全衛生管理人員。

(2)如發生意外事故需緊急疏散時，應遵守廠區人員之指揮疏散。

10.廢棄物處理

(1)施工產生之廢棄物，應由承攬商自行依廢棄物清理法清除。

(2)施工產生之廢棄物，不得丟棄於廠區內垃圾子車。

(3)生活垃圾，如保特瓶、鋁鐵罐、鋁箔包、玻璃瓶應依回收分類放置於各分類回收桶。

11.違規事項

(1)安全衛生管理類：冒用識別證、危險作業場所未設置警告標誌……。

(2)施工作業許可類：施工現場沒有施工告示……。

(3)現場管理及工作規定類：自行任意轉動管路上閥類開關或電氣開關、收工未將電氣設備關閉……。

(4)危險及有害化學品類：收工未將氣體鋼瓶關閉、高壓鋼瓶直立未用雙鐵鍊固定或任其橫置……。

(5)門禁及潔淨室類：未配戴識別證、在潔淨室使用行動電話……。

(6)生活類：未在指定地點吸菸、菸蒂任意丟棄、違規停車……。

(7)事故調查與處理類：因人為疏忽，致發生意外事故，造成人員傷

害／財產損失……。

12.危險作業規定

(1)動火作業。

(2)密閉空間作業。

(3)高架作業。

(4)吊掛作業。

(5)危險管路拆卸鑽孔作業。

(6)安全系統中斷作業。

13.施工管理加強重點

(1)施工重點項目管理（危險性作業）。

(2)加強承攬商事故第一時間應變訓練。

(3)工程師於施工前告知施工人員應變處理步驟。

(4)高風險作業期間一定要在場監工。

(5) ESH 不定時抽查監工管理執行狀況。

14.高風險作業管理要求

(1)召開施工前安全會議

‧監工工程師、承攬商監工、全部施工人員參加。

‧應於現場確認事項：

A.重點事項提示。

B.施工地點、施工時間、施工方法。

C.作業及場所可能危害、改善對策。

D.應變動作。

E.監工責任告知。

(2)填寫申請表單。

(3)工程師與承攬商監工於高風險作業時全程監工。

(4)開關與閥件須由工程師親自操作。

15.危險作業表單流程

(1)監工工程師於施工前提出。

(2)工程師與承攬商監工依申請表檢查。

(3)會簽施工地點主管。

(4)申請人主管核准（假日／夜間廠長核准）。

(5)廠區工安會簽備查。

(6)申請單交現場開始施工。

(7)作業後檢查交回申請單。

16.動火作業

(1)會產生明火的作業

・電焊、氬焊。

・乙炔切割。

・噴燈。

・砂輪研磨切割。

(2)不產生明火，但會產生高熱的作業

・自動氬焊。

・熱風槍。

・塑膠焊。

17.密閉空間作業

在含氧量不足（氧含量低於 18%）或存在有害氣體之空間作業：

(1)水槽、油槽、化學槽、樹脂槽、氣體槽、活性碳槽等各式儲槽內。

(2)風管、管溝、筏基、蓄水池等狹隘空間內。

(3)地下室、通風不良空間內從事揮發性氣體作業。

18.高架作業

(1)未設平台及護欄而架空高度在 2 公尺以上，已採取其他安全措施之作業或設有平台及護欄而架空高度在 5 公尺以上。

　　·花板上、斜坡屋頂、管道上、鋼樑施工。

　　·在樓梯間使用梯子施工。

　　·外牆清洗、鷹架上施工。

(2)位於 2 公尺以上無固定平台及護欄之處所或開口旁需停留施工、鷹架施工。

19.吊掛作業

(1)使用固定式起重機、移動式起重機、人字臂起重機、升降機、營建用提升機、吊籠、捲揚機、簡易升降機等進行貨物吊升搬運之作業。

(2)從事外牆清洗作業。

20.危險管路拆卸鑽孔作業

(1)危險管路種類

　　·酸、鹼、有機溶劑。

　　·毒性氣體、助燃氣體、可燃氣體、自燃氣體、氧化性氣體、腐蝕性氣體。

　　·高溫流體、低溫流體。

(2)危險管路範圍

　　·供應管、廢氣管、廢液管。

　　·含有危險管路之 Cabinet、VMB 及機台管路。

　　·與危險管路相鄰近或並排於同一管架上之管路。

21.安全防護系統中斷作業

　　「安全防護系統」係指火警偵測（感知器）系統、VESDA 系統、（毒性）氣體／化學品洩漏偵測系統、消防設備（如消防幫浦、消防管閥、消防栓、灑水頭等）、緊急廣播系統、CCTV 監視系統及其他涉及本公司安全之系統。而「安全防護系統中斷」則因保養、檢測、擴充、維修等使消防水系統、安全偵測或反應系統等必須暫

時中斷者。

22.施工前、中、後管理要點

(1)施工前準備及掌握

・於現場確認。

・詳細工作內容：施工地點、施工時間、施工方法、有無高風險作業。

・瞭解可能危害：

A.場所可能危害：物品掉落、開放中電盤、臨近危害工作、濕滑……。

B.作業特性之危害：電焊（火災、感電）、拆管（洩漏）、高架（墜落）……。

C.施工方法之危害：上下游是否需隔離、安全裝置不當拆除……。

・確認緊急應變

A.作業危害之應變步驟及開關位置是否清楚。

B.滅火器及沖身洗眼器之操作及位置是否清楚。

C.要求記住緊急聯絡電話。

・檢查工具及防護具

A.電氣工具及設備是否無損壞、有合格標籤。

B.有無不堪使用之工具。

C.有無適合及足夠之防護具。

・確認準備工作已完備才能動工

A.已知會相關人員。

B.已做好各項施工申請許可及隔離措施，含施工告示。

C.已做好防範措施。

D.已談好高風險作業施工時間。

E.重點事項是否已告知施工人員。

(2)施工中作業安全監督
- 有無違規事項。
- 安全措施是否確實執行。
- 有無超出工作內容。
- 有無依工作前確認事項（標準作業程序）執行。
- 觀察有無危險動作。
- 觀察有無潛在風險。
- 人員動向能掌握。
- 高風險作業施工時間點要全程監工。
- 有立即危害者應當場制止並要求立即改善。

(3)施工後復原及確認
- 確認工作是否已完成
  A.有沒有東西沒裝、沒關。
  B.標示都依規格貼好。
  C.有沒有測試。
- 確認物件都已復原
  A.隔離的閥件、開關、感應器、設定值都調回正確位置。
  B.標示牌都已恢復。
- 確認環境已整理
  A.物品歸定位。
  B.梯子、施工架移除或放置妥當。
  C.廢棄物清除。
- 未完工臨時措施
  A.標示清楚。
  B.安全圍籬。
  C.做好固定。
  D.管路及地面開口保護。
- 通知與交接

A.復機前或管路連通前應先通知相關人員。

B.工作進度與操作狀況應交接相關人員。

‧工作申請單交回

應依申請單規定時間及項目做最後確認。

23.各類證件

(1)承攬商安全衛生訓練合格證。

(2)長期出入證、臨時出入證。

承攬商進場流程可參考**圖 15-1**。

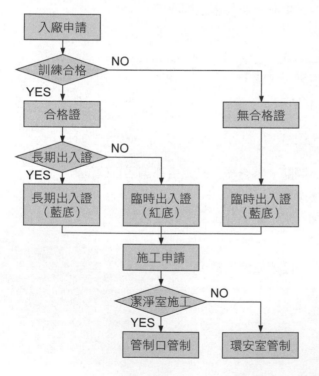

1. 填寫承攬商安全衛生教育訓練報名表。
2. 考試及格核發合格證。
3. 經危害告知後,蓋上該廠區章。
4. 可申請「長期出入證」。

1. 填寫承攬商管制區域施工申請單及人員名單。
2. 填寫危險作業許可證。
※臨時入廠若無上過工安訓練課程,需填寫「承攬商入廠切結書」。
※程序不合的作業,禁止繼續作業。

 圖 15-1　承攬商進場流程

CHAPTER 16

潔淨室規劃與運轉管理

隨著奈米製程技術領域趨向於小型化，以及持續的快速成長，超大型積體電路集積度與密集化層級的不斷追求，為了配合生產技術的需要，進而提高產品良率，以達到降低製造成本的目的，對於生產作業環境品質的要求亦相對的趨於嚴謹。而合乎潔淨室等級之要件須含下列各項因素：

1. 能確實去除空氣中飄浮之灰塵粒子。
2. 能有效防止灰塵粒子之產生。
3. 精確的控制溫度和濕度。
4. 穩定的調節壓力。
5. 排除使用過的化學品、廢水及有害物質。
6. 保持結構物及隔間之氣密性。

產品良率的高低與生產作業環境的影響，可以說是息息相關的。而潔淨室空調系統運轉的穩定性，直接主導著整個潔淨室的環境品質。因此，如何有效的管理，除了做好詳細確實的評估規劃，以及系統的穩定運轉外，更要訂定良好有效率的規劃，藉以規範從業人員的日常習慣、態度，施以待之以恆教育宣導，共同體認環境品質維護的重要性，最後達到節約能源，降低生產成本的經濟效益。以下就潔淨室系統，從設計理念及運轉管理予以描述。

16-1 潔淨室設計原則

目前奈米級製程所需之周邊設施及環境條件之控制與需求亦不斷地提升，尤其對潔淨度要求更加嚴謹。

動態隨機存取記憶體線距 vs.潔淨室規格

隨著製程小型化、密集化技術的研發，對於污染的控制尤其重視，從潔淨度 1,000 級（Class 1,000）到 0.1 級（Class 0.1）顯示 IC 產業對潔淨等

級的要求愈來愈高（如表 16-1）。

表 16-1　動態隨機存取記憶體線距 vs.潔淨室規格

開始量產時間	1980	1984	1987	1990	1993	1996	2004
晶圓尺寸	75	100	125	150	200	200	300
動態隨機存取記憶體（DRAM）	64k	256k	1MB	4MB	16MB	64MB	1G
晶片尺寸（cm²）	0.3	0.4	0.5	0.9	1.4	2.0	4.5
最小線距尺寸（μm）	2.0	1.5	1.0	0.8	0.6	0.35	0.2
製程層製	100	150	200	300	400	500	700
潔淨室等級（FS 209）	1,000	100	10	1	0.1	0.1 小區域隔離式	產品完全隔離式
公用設施品質	1,000	500	100	50	5	1	0.1

美國國家聯邦標準規格演變

在潔淨室技術進展的領域中，目前世界各國發展無塵室之國家包含美國、日本、英國、西德、法國，而目前以美國國家聯邦標準規格第 209（U. S. Federal Standard, No.209）系列，最為廣泛。其潔淨等級之區分依據是以空氣中每立方公吋內大於或等於 0.5μm 之顆粒不超過 100 個。表 16-2 所示為 FS 209 系列規格之演進；表 16-3 為 FS 209E 之規格內容。

表 16-2　美國國家聯邦 FS 209 系列規格之演進

日期	規格名稱	內容之演變
1963.12 1966.8	209 209A	潔淨室之作業法則（clean room operation principles） 1.潔淨室之設計與測試方法。 2.氣流方式——層流與擾流。 3.風速 90±20ft/min。 4.室內壓力。 5.溫度。 6.相對濕度。 7.振動。 8.噪音。 9.循環次數。 10.潔淨等級之分級（0.5μm ／每立方公尺） 　　100 級 　　10,000 級 　　100,000 級
1973.4	209B	修訂 1.風速從 90±20ft/min 到 90±20%ft/min。 2.相對濕度 45%到 40%±5%。
1977.5	209B 追加	增訂 1.潔淨等級 1,000 級。 2.潔淨等級之保證地點訂為作業區之上流。
1987.10	209C	主要的修訂在潔淨室之潔淨等級與測量方法： 1.增加 1 級和 10 級。 2.增加微粒量測從 5μm 和 0.5μm 降至 0.3μm 和 0.2μm 為潔淨等級 100 級；和 0.3μm，0.2μm 和 0.1μm 為潔淨等級 10 與 1 級。 3.清楚並確認微粒子取樣的位置、數量與時間。
1988.6	209D	修訂 Fed. Std. 209C 規格內錯誤的內容。
1992.9	209E	1.採用公制系統。 2.規格內容增加一立方公尺中可被允許最大的微粒子數之含量。 3.在 Fed. Std. 209D 規格內增加連續性的空氣微粒子取樣法與單獨的空氣微粒子取樣法。

表 16-3　美國國家聯邦 FS 209E 之規格內容

等級名稱		顆粒直徑									
		0.1μm		0.2μm		0.3μm		0.5μm		5μm	
公制	英制	公制(M)	英制(ft)	公制(M)	英制(ft)	公制(M)	英制(ft)	公制(M)	英制(ft)	公制(M)	英制(ft)
M1		350	9.91	75.7	2.14	30.9	0.875	10	0.283		
M1.5	1	1,240	35.00	265	7.5	10.6	3.00	35.3	1		
M2		3,500	99.1	757	21.4	309	8.75	100	2.83		
M2.5	10	12,400	350.00	2,650	75	1,060	30.0	353	10		
M3		35,000	991.00	7,570	214	3,090	87.5	1,000	28.3		
M3.5	100			26,500	757	10,600	300	3,530	100		
M4				75,700	2,140	30,900	875	10,000	283		
M4.5	1,000							35,300	1,000	287	7.0
M5								100,000	2,830	618	17.5
M5.5	10,000							353,000	10,000	2,470	70.0
M6									28,300	6,180	175
M6.5	100,000								100,000	24,700	700
M7									283,000	61,800	1,750

美國國家聯邦標準與日本規格之比較

　　基本上美國與日本兩種規格的認定類似，兩者均以一定體積內粉塵顆粒數做為等級之區分，最大的不同點在於美國 Class 等級是以 0.5μm 的粒徑，而日本則以 0.1μm 的粒徑為標準。總而言之，兩者僅在粒徑範圍與淨等級之分類有所不同而已。

16-2 潔淨室規劃

在現階段半導體元件製程中，對潔淨室內部空氣品質精密度的要求非但嚴謹，且更要求提供穩定的控制範圍，**表 16-4** 為目前 IC 工廠潔淨室設計規格的參考數值。

半導體工廠整體之規劃與配置

大部分 IC 工廠的規劃，首先除了在潔淨區（clean area）必須配合製程設備的特殊需求外，對於人員、物料以及設備的傳輸動線等等，更有必要予以區隔、規範、妥善評估，使得作業流程，能一氣呵成，繼而促使生產效率的提升及潔淨室良好的管理。其次對公用設備區（utilities）的配置，包含潔淨室空調系統之送風機組（heating ventilation & air conditioning）排氣機組，以及所屬設備如冰水機（chiller）、冷卻水塔（cooling tower）、鍋爐（boiler）與軟水處理（soft water treatment）等之連貫性。其他如化學品、純水製造、廢水處理等環保類自成一系，特殊氣體依種類分隔處理安全考量，以及掌握主要動脈的電力供應系統，都必須深入研究評估，以確保良好供應品質及建造成本之經濟效益。最後尚需考慮產品、物料之庫存空間、交通動線以及環境之美化等，不勝枚舉。

表 16-4　目前 IC 工廠潔淨室設計規格的參考數值

分類名稱	規格
潔淨度（cleanliness psc/ft²） 產品製程區（process area）　≧0.12μm 設備維修區（service area）　≧0.3μm	≦1 ≦1,000
溫度（temperature control, ℃） 黃光製程區（photolithography） 產品製程區（process area） 其他潔淨區（other cleanroom area）	22±0.1 22±0.2 22±1
濕度（humidity control, %） 黃光製程區（photolithography） 產品製程區（process area） 其他潔淨區（other cleanroom area）	43±2 43±3 43±5
空氣品質（air quality, ppb） THC NOx SO₂	<100 <0.5 <0.5
內部雜質滲出量（cleanroom interior surface outgasing rate torr-liter/cm³sec）	6.3×10
潔淨室內外壓差（clean pressure, Pa）	>30
噪音度（acoustical noise, dB）	<65
振動度（vibration, 8-100Hz, μm/sec）	<3
接地電阻（grounding resistance, Ω）	<1
磁場變化（magnetic field vartion, mG）	<±1
充電電壓（charging voltage, V）	<±50

潔淨室的規範要點

　　潔淨室之初期設計規劃，必須要依投資成本之經濟效益，對預留較長遠的發展空間，未雨綢繆。其要點分析如表 16-5。此外，潔淨室具有耐久性、清洗、成本、適應性、維護性等特性，分列如下：

1. 耐久性

無塵室內部的清洗溶液及振動、設備、空氣過濾系統的耐久性材料。而耐久性，同時也依賴無塵室等級來建造。半導體廠傾向選擇鋁，基於它的耐久性，然而，它不是便宜的物質。

2. 清洗

在製藥和生物科技工業，無塵室的牆壁需要有容易被清洗和擦拭，具有防止濾過性病毒或細菌的污染之特性。

3. 成本

半導體廠潔淨室建設費可能花費到十億。如能更快地被建造起來，產品也就能更快達到這市場。故成本成為一個很重要的考慮因素。

4. 適應性

一些廠商認為適應性可節省一筆金錢，而適應性仍指系統可任意移動或改變，而不會招致極大的損失。

5. 維護性

對無塵室而言，較嚴格要求的部分為地板、天花板，以及牆壁的部分。至於維修的問題，對材料的選擇是否容易清潔性及維修性都應有其優先順序。

表 16-5　潔淨室的規劃要點分析

類別	配合設施規劃	系統設備規劃
環境條件	1. 人員設備動線之順暢。 2. 土建防振的隔離防護。 3. 磁場及接地裝置設計。 4. 設備設計之功能性。 5. 設備的防振設施。 6. 管路間規劃的完整性。 7. 特殊氣體之分類安裝。 8. 高架地板平整度之要求。	1. 空氣潔淨等級的評估設計。 2. 系統監控系統的應用模式。 3. 廢氣排放之分類處理。 4. 連接施工之合理性。 5. 系統維護之便利性。 6. 廢水排放與回收之分類。
彈性空間	1. 滿足未來產品擴充需求。 2. 具有設備替換可行性。 3. 潔淨區域調整之效益性。 4. 隔間變更施工之方便性。 5. 製程變更配合異動之經濟性。	1. 系統容量設計之擴充。 2. 設備安裝施工影響評估。 3. 節約能源預留範圍之設計。 4. 配管之整體評估。 5. 系統品質升級之容納性。
安全考量	1. 緊急疏散路線之規劃。 2. 建材與耐火結構之要求。 3. 消防系統之規劃設計。 4. 意外事故之警報系統。 5. 疏散及物料標示之安裝。	1. 管路洩漏之防護裝置。 2. 毒氣排放之特殊處理裝置。 3. 消防器材使用之適合性。 4. 火警處理系統之功能。 5. 緊急防護器材之配置。
運轉條件	1. 潔淨緩衝區域之連鎖裝置。 2. 防振設施器材之安裝。 3. 消音防護工具之設置。 4. 器材維修之影響評估。	1. 可靠性佳監控系統。 2. 具備支援運轉設備。 3. 季節性節約能源之功能。 4. 瞬間停電／復電的保護裝置。 5. 系統維修工作之簡易評估。

　　對於半導體工業而言，無塵室是一必要且不可缺少之設備，其對空氣中的粒子要求非常嚴格，故對天花板、牆壁、地板的要求亦非常嚴格。地板是人員、台車及重量的運輸，而清除地板所用者大部分為消毒藥品及化學藥品，當我們看見地板磨損時，也就是使用期已太久，快破裂了，不僅會使得清淨度的降級，也會因地板的磨損而發生空氣中粒子的增加。

潔淨室的建築規劃

所謂建築規劃，除了包含潔淨室設施的基本規劃，如考慮地域、環境、運輸、勞力、水電、廢棄物等有效管理外，對於潔淨室的使用目的為何，往往不僅要確定它的潔淨度，而且還要注意到建築物本身的結構、高架地板（raised floor）、隔牆板（partition wall）、混凝土牆壁、防振對策、電磁波遮蔽、靜電防護、天花板等問題，茲敘述如下：

1. 結構

潔淨室所在的建築物，其結構設計必須是極堅固且能耐積載荷重、風壓及減少微振等之安全架構。因此，對建築物的設計，施工品質的要求，比其他類型的建築物，必須更嚴謹。眾所周知，潔淨室對溫度和濕度的要求極為嚴格，所以對隔熱的防制，建築物在選材及施工時，必須特別留意斷熱性和防濕性之功能。

2. 高架地板

對潔淨室而言，其選擇地板的材料也是很重要的。低廉的潔淨室地板覆蓋著一層乙烯基在薄板上，若太硬的地板覆蓋會引起塵埃，而太軟的地板會造成地板彎曲甚至破裂，但並不是所有潔淨室的地板，都會覆蓋乙烯基。有些地板是沖孔式、格子式，而全面層流都是沖孔式。

地板因步行、搬運機器、器材等，容易磨耗和帶電，其結構和材料的選擇須特別注意，一般有合成高分子系塗裝地板材料，和合成高分子系地板墊。在單一方面垂直層流的潔淨室，使用格子式（grating）或壓穿式（punching）多孔的的鋁合金高架地板，以維持氣流之暢通與安全承載之裝置。

3. 隔牆板

　　隔牆板主要裝置於潔淨室內，做為生產製造與設備維修之區隔，所選用之材料必須經過特殊處理，使表面之光滑度佳，以降低塵埃附著之機率。同時為顧及製程擴充之彈性起見，材料之大小與型式，必須予以規格化，以符合經濟效益。

　　而無塵室的牆若以鋁作為材料，則將會非常昂貴，但鋁卻可以保護牆面不被空氣所氧化，可是卻易受酸性氣體的侵蝕，其避免的方法是使用電鍍，使鋁表面增厚，不易氧化，在鋁表面上再塗上一層亮光漆即可防止金屬氧化。

　　潔淨室之牆壁還有一種是以薄鋼製成，但必須在表層塗上一層保護層，否則亦會腐蝕，它並不容易電鍍，而在表層塗上的保護層會變得易碎，很容易剝落，但若選擇高品質的不鏽鋼，就不必塗上保護層了，而使用玻璃作的潔淨室會使得房間的光線大增，以及美觀，但必須塗上抗紫外線的障礙物。

4. 混凝土牆壁

　　牆壁在表面上必須經特殊處理，避免因裂縫及凹凸不平，使塵埃滯留不去，所以壁材的選擇評估，也極為重要，如斷熱性、防露性和氣密性較佳的材料，基本上可以在本體以樹脂直接加以裝飾，或在鋼製骨組上將板類固定裝飾，或用預製組合材組合而成，其目的在防止塵埃之附著。

5. 防振對策

　　微小的振動，在半導體ULSI生產製造過程中，對於電子顯微鏡的對準作業具有舉足輕重的地位，尤其是隨著電子集積迴路演進裡0.1μm單位的線距工程，對微振的嚴格要求，已成為潔淨室設計的挑戰。

6. 電磁波遮蔽

隨著集積迴路的微細化，潔淨室需求的環境條件，也變得更為嚴厲。尤其是在製造過程中，如有使用微弱電氣控制的製程，以及用電氣計測和啟動的機器，因具有微電腦的操作功能，導致遭受電磁波的干擾，繼而發生失誤動作及危險性的機率也勢必增加。因此，電磁的遮蔽，只能使用電導率高的銅、鋼、鋁合金等材料。將鋼筋混凝土造建築物的四周和屋頂空間，整個包覆，藉以隔絕電磁之干擾。

7. 靜電防護

由於半導體 IC 電路的微細化，靜電對產品在生產過程中之影響極大，尤其是微小化的電路線距，更不允許讓微塵粒子附著在產品上，導致產品良率降低。

防止靜電發生的對策，可從減少其發生的原因，以及發生靜電的方向上考慮如何把它消除。其方法有：將物體變成一完全具有導電性的本體，再施以接地裝置，則靜電會向大地釋放。此外在 HEPA filter gird 上加裝 ionizer 來中和空氣中的靜電。

8. 天花板

天花板、地板及牆壁三者之中最重要的為天花板，其包含 HEPA 及 ULPA 等濾網，其可過濾掉房間的微粒子，且其常會因各個不同的需要，使其分開來，供應各個不同的區域的小房間。

半導體工廠潔淨室設計配置

半導體工廠的潔淨室，依潔淨等級可區分為製程設備維修、傳輸、清潔加工處理、通道等的區域。而各區如蝕刻、光學、薄膜（thin film）、去離子植入（ion implantation）、擴散爐管（diffusion & LPCVD）與去光阻（photo resist stripping）等依各需求溫濕度條件及製程功能之不同而加以區

分。總之，一般潔淨室的規劃，為使製造流程的通暢起見，均以中央走道式的方形或長方形的安排最為常見，因此，為力求完美，潔淨室的設計都以製程的邏輯為主軸，其他如產品的傳輸及作業間距也必須詳加考量。整體而言，一般製程工作區之通道間隔距離至少要有 2.4 公尺，高度從高效率空氣濾網（ULPA）到高架地板上至少要有 3.2～3.6 公尺，以因應未來產量擴充或製程設備更替時能有較佳之安裝及搬運空間。依製程層次而言，一般大約有 10～20 個步驟，所以設備之數量差異極大，所占的空間比例亦不同；如表 16-6 為典型 IC 工廠設備所占的空間比例。

表 16-6　典型 IC 工廠設備所占的空間比例

設備分區名稱	空間比例
光學區（Photolithography Area）	25%
蝕刻區（Etching Area）	15%
薄膜區（Thin Film Area）	15%
去離子植入區（Ion Implant Area）	10%
擴散爐管區（Diffusion & LPCVD Area）	25%
去光阻區（Photo Resist Stripping Area）	10%

空氣流動之設計

潔淨室乃具有除塵、除菌與溫度、濕度控制等機能，在設計上必須預估數年後製程技術的演進而做較完整的規劃。一般而言，各種潔淨室的組合分別有其優缺點，除了依據用途或對未來之彈性需求做為抉擇外，經濟效益的考量亦占有舉足輕重之地位。室內空氣的流動之方法有單一方向氣流（unidirectional air flow）、非單一方向氣流（non-unidirectional air flow）與水平方向氣流型等型式，茲就代表性的氣流系統加以說明。

1. 單一方向氣流型

單一方向氣流型潔淨室就是以天花板裝設 ULPA 過濾器當做進氣端，而將地板做為回風端配置之設計。此種由上往下且垂直層流方式，使得室內任何位置的水平斷面的平均風速均能維持在每秒 0.45 公尺之下降氣流，對於污染粒子在水平時防止擴散之效果甚佳，為目前潔淨度 100 等級以上被採用最普通之方式。

單一方向的氣流，能使空氣等距及等速的由上往下非常穩定的流動，在風速設計方面，過去大多以每秒 0.45 公尺為主要參數，然而依據實際的使用經驗，將風速調整為每秒 0.35 公尺，其潔淨度仍能維持不變。

2. 非單一方向氣流型

傳統的空調方式就是非單一方向氣流型，一般均採用將進氣端過濾網設置於天花板上，送出新鮮空氣，並於靠近地板之牆壁上或地板表面適當位置做為回風端配置之設計。此種氣流方式，其室內潔淨度與空氣換氣次數或室內本身之發塵量的多寡有極為密切之關係。一般採用 10～20 次／小時之換氣次數時，由於室內之氣流為亂流，故來自各方產生污染的灰塵粒子容易附著於產品表面，對於產品之品質或生產特性影響極大。因此，回風孔位置的選擇極為重要，必須使潔淨室內沒有死角，使得所產生的粉粒能迅速地被帶走。如適當的回風孔位置在換氣次數增加至 40 次／小時，其潔淨度可達到 100 級之水準。

3. 水平方向氣流型

水平方向氣流型，其方式就是將室內之一邊變全面裝設 HEPA 過濾設備，做為清淨空氣之進風口，而對面之牆壁當做回風口之設計，此種氣流方式，其室內之任一垂直斷面平均能維持在每秒 0.15～0.45 公尺之水平氣流，而進風口附近可達到潔淨室 100 級之水準。水平方向氣流型的潔淨室，僅適用於狹長型區域，在寬廣的室內如安裝

各種設備時，其設備附近則成為氣流之停滯區域，加上作業時之塵埃產生，導致進氣口愈遠，其潔淨度愈快速下降，且潔淨度等級很可能降到 1,000～100,000 之水準，此型式目前已不被 IC 界採用。

空調系統之最佳化

在目前能源危機的陰影下，其潔淨室的能源效率在設計時是很重要的考慮因素，達到設計及管理潔淨室的能源效率的方法約有：

1. 將風管靜壓減至最小——使用最小的風扇馬達。
2. 用空氣乾燥的除濕機以代替滷水供給至盤管——作濕度控制。
3. 精確設定調溫器及風扇循環時間。
4. 改變頻率來啟動馬達。
5. 正確互動地控制定序的指令及其他可達到正確尺寸和操作潔淨室之設備。

除了這些方法之外，其日常的保養工作包括：

1. 須時常更換前置過濾器。
2. 須適時的更換 HEPA 過濾器來節省風扇運轉費用。
3. 冷卻水塔和其他適合操作的狀況。

這些也可使潔淨室的能源效率維持在最佳化。

其中，變頻控制除應用在馬達啟動外，最主要能被應用到排氣風扇、外氣風扇，控制特有的變換器，經由易變的入口體積以達到保持潔淨室穩定的壓力。

很多潔淨室的設計在建築物容積及排除的總熱條件下，相當於大型的商業建築物，潔淨室工業必須依顧主不同的需求，可以有各種能源效率的設計，且可根據事前計算，以精確設計潔淨室的潔淨度。事實上，大部分較大的潔淨室的典型設計是用一冰水機裝置來排除自風扇馬力的機械熱負荷。對箱型氣冷冰水主機而言，包括一些螺旋式壓縮機、卸載、複合式卸載的往復式壓縮機和複合式單速或雙速的密封型壓縮機，很少是離心設備

的，其主要的原因是價格，顧主都希望用較少的錢去買個冰水機並附有電子式控制，可用複式的冷凝器風扇來使整個循環適當的維持壓力頭。

有效能源利用的潔淨室可採用吸收式冰水機，利用天然瓦斯來產生冰水，且配合電的操作來混合產生冰水，吸收式冰水機系統，本身用電量極少，只有循環水泵、冰凍抽水機、冰水泵須用電，能源缺乏的情形下，潔淨室若想省能可以用吸收式冰水機。還有一種則是使用儲冰系統，可以利用離峰時段用電在此期間冷卻循環做儲冰（儲存大量的冰塊），再利用尖峰時段，將儲存的冰塊溶化產生冰水，再送至潔淨室區間去冷卻，這種方式也可達到有效能源的能源利用，用儲冰的方式不只可省電，且經常可允計較小的機械系統的安裝。

關於潔淨室能源效率的問題，除了在設計時應詳加考慮使用何種裝置來製冷冷卻，還須注意一些附屬的設備、操作和控制的方式，以及其設備大小，甚至還須注意一些保養的問題，因為往往事前設計有效的能源效率，還須配合一些事後的操作保養才能維持，所以事前詳加設計固然重要，但是竣工後的操作，保養也是重要的。

系統之設計概念

潔淨室系統之設計概念基本上可概分為四種，其一是從最早期的大廳式（ball room）的設計概念，它的送風直接由天花板（ceiling）上方分散透過濾網，再經過工作區，由隔板底端回至循環風機組，形成一循環系統。此系統概念的特點為擴充彈性低，設計的調整不佳，而且造價昂貴，在目前的 IC 廠已幾乎不被採用。其他三種之設計，都是採用製程與廠務管路分離層式，生產作業在第二層，全部採用潔淨區域之規格設計，而第一層的空間包括製程設備的幫浦、廢氣排放管、排水管、氣體管、電線電纜架等所有管路之規劃配置，以及空調系統的回風區域，因此，內部的所有污染源都必須徹底的隔離與排除。此三種的擴展彈性空間較大，所不同的是送風與循環方式的差異，詳述如下：

第二種型式,使用離心式的循環風扇機組,將機組安裝在天花板的頂端(第二層),利用風扇機組與超高效率濾網(ULPA)之空間送風室(plenum),使空氣經過濾網進入製程工作區,再由一樓回風區的兩側吸回至循環風機組,構成一循環。

第三種型式,使用軸流式的循環風扇機組,將機組安裝於建築物之兩側,製程區(第二層)與屋頂層之間,使用經特殊處理後的鋼架結構所形成的空間,做為送風室,使空氣經過超高效率過濾滲透進入製程工作區及管路區,再由一樓回風區的兩側直接回到循環風扇機組,構成一循環。

第四種型式,以離心式的循環風扇機組,將機組安裝在天花板的頂端(第二層),與第二種型式極為類似,較為特殊的設計是將原有超高效率濾網與小型送風機,使空氣中度的組合,如此,能提供製程區域更穩定的氣流速的塵埃滲透率降低,以確保潔淨室之品質。其回風仍採一樓回風區的兩側管道回至循環風扇機組,構成一循環的系統。

潔淨室內之附屬設備

在潔淨室內工作,為了要保持原設計之潔淨度,必須盡力控制由外面帶進潔淨室內之物品,以避免產生污染,破壞潔淨度,因此乃產生各種潔淨室內專用之器具和設備。茲予敘述如下:

1. 無塵衣、帽子、口罩:無塵衣之布料,係以長纖維織成,不易燃燒、不起毛、不易附著污染物。
2. 清鞋器及腳黏布(gelatin & clean mats)。
3. 空氣洗塵室(air shower):人員或物品要進入潔淨室前須先以經過HEPA過濾器之高速清淨空氣,將附著於人體、衣服或物品表面之污染物予以吹落。
4. 過濾網
   (1)預濾網或初級過濾網:過濾外氣及室內空氣中所產生較大顆粒之灰塵。

(2)中性能過濾網：依使用環境及使用目的而裝設。

(3)高效率過濾網：依潔淨室潔淨度條件要求過濾 0.1μm 以上粒子為選用目的。

5. 傳遞箱：物品經由傳遞箱進出潔淨區，可以防止潔淨室內因潔淨空氣之流失，而造成壓力下降。

6. 真空吸塵器（vacuum cleaner）：吸取潔淨室內地板、設備上附著之塵埃，防止塵埃再飛揚達到清潔之目的裝置。

7. 無塵操作台（clean bench）：提高特殊工作區和製程之潔淨度等級之設備。

16-3 潔淨室的系統結構

空調系統（air handling system）是維持潔淨室內潔淨度的主要動脈，包括外氣送風機組、循環風扇機組，以及排氣風扇機組等三大部分之組合。它們的容量設計、控制方式與操作原理等，必須是相互配合連鎖裝置組合系統。

外氣送風機組

外氣送風機組（make up air unit）主要之功能是將外界空氣吸入，經過初級與袋形濾網把較大顆粒之雜質先行過濾，再利用冰水熱水盤管（coil）的熱交換原理，以及加濕等裝置後，使空氣調整至系統所定需求之溫濕度，再以送風機加壓，最後經過 HEPA 濾網直接進入潔淨區。以便源源不斷地彌補經由排氣或周圍洩漏所造成之空氣損失，使潔淨室內始終能維持在正壓與恆溫恆濕的狀態。一般而言，空氣的送風量，是利用變頻器的頻率控制馬達之轉速，藉以自動調節需求風量，達到平衡之效果。

循環風扇機組

　　循環風扇機組（re-circulation air fan unit）主要之功能是將潔淨室內之空氣，與外氣送風機組所供應之新鮮空氣，經過混合後，直接送至天花板上之空氣室，使空氣經過超高效率過濾網進入製程工作區及管區，再由兩側直接回至循環風扇機組之進口端，如此經過濾，冷卻，周而復始的循環，以取得良好之空氣品質。一般來說，循環風扇機組在結構上可概分為：風扇濾網組合、離心式風扇與軸流式風扇機組等三種型式。

 ## 排氣風扇機組

　　排氣風扇機組（exhaust fan unit）主要之功能是將生產製造過程中，所衍生之廢氣與毒氣，經過特殊處理，利用排風機排至大氣中。因排放特性不同，一般區分為酸性（acid）、有機溶劑（solvent）、一般性氣體等三大類，設計及運轉之功能敘述如下：

1. 酸性排風機之結構，含酸性及鹼性氣體，必須經過水洗滌器（scrubber）處理才能排至大氣。
2. 一般性排氣機組，能將製程設備所產生之廢氣體，可以直接排至大氣。
3. 因氣體性質不同，所使用之處理設備與管路材質稍有差異，在材質上區分為聚丙烯及鍍鋅與不鏽鋼管。
4. 排氣風扇機組在正常運轉時，用變頻器依風量需求自動調節，運轉中如遇故障時，則另一組備用排風機必須自動運轉，以確保安全。
5. 在一般性的氣體系統，必須設計有預防火災之排煙開關閥（smoke exhaust damper），作為如意外發生時，能緊急處理瀰漫之煙霧。

中央監控系統

　　在過去傳統的人力操作上，已無法滿足現階段的儀器設備，因此，整體組合性的監控系統，已成為品質保證的指標。中央監控系統（central control system）具有監視與控制之功能，能確保品質以維持穩定的運轉效率、高精密度與有系統的運轉管理。

冰水循環系統

　　冰水循環系統（chilled water system）是利用水冷式的冰水製造機，使冰水之進出口溫度控制在 5～11℃之間，再利用幫浦增壓後形成一循環系統，將冰水源源不絕地提供至送風機與循環風扇機組的冷卻盤管中，以熱交換達到吸熱與除濕之功能，使空氣品質能調節在 22±0.1℃，濕度 43±2% 之控制範圍。

熱水循環系統

　　熱水循環系統（hot water system）是利用鍋爐產製熱水，使熱水溫度設定在 70～90℃之間，再利用幫浦增壓形成一循環系統，將熱水不斷地供應到外氣送風機組的熱水盤管中，以熱交換達到加熱之功能。

超純水循環系統

　　超純水循環系統（ultra-pure water system）主要分為五部分：前處理（pretreatment）、初級處理（makeup）、儲存與分配（storage & distribution）、純化與精練（purifying & polishing loop）、管路材質與設計（piping material & design）：

1. 前處理：依水質作化學凝聚、沉降及過濾，並依初級處理之 RO 膜材質添加適當化學藥劑，保護 RO 之運作。

2. 初級處理：結合 RO 膜、脫氣塔及波長 254m 之紫外線殺菌燈，用以除去大部分可溶離子、有機物、溶解之二氧化碳、氧及細菌。

3. 儲存與分配：用強化玻璃纖維樹脂作成之大型儲存桶，當作初級處理至純化循環迴路間之緩衝用桶及精練循環迴路之緩衝用桶。

4. 純化與精煉：結合再生型雙重離子交換樹脂塔，再經濾心過濾少破裂流失之樹脂、波長 185nm 之紫外線再作一次殺菌，再經不再生型離子交換樹脂塔使水阻值達 18.1MΩ-cm 以上，最後以超過濾膜或 0.1μm 以之濾心除去死菌及其餘微粒子，而可得到奈米級的純水。

5. 管路材質與設計：前段為 PVC 管，但從精練循環迴路之緩衝用桶之後全部為 PVDF 管；而其供應至製程之管路設計亦全為雙迴路系統，以維持水質良好。

16-4　潔淨室運轉與維護管理

潔淨室正常操作的必要條件如溫度、濕度及潔淨度品質的有效維持和控制達到標準的程度，其他外在影響因素如從業人員日常習慣、態度等都必須釐訂規章，透過宣導、訓練與教育，予以有效的規範。

微污染控制

半導體潔淨室內之微污染來源，經測試分析結果，作業人員約占 80%。實驗數據顯示，作業人員進出潔淨室時塵埃有顯著的增加，作業人員動作時，潔淨度馬上劣化。潔淨室的污染源可分外污染源及內污染源。外污染源包括了空調送風、間隙滲入、建築物、工作服、風管材料以及一般性氣

體如N_2，O_2、Air、給水、溶劑等；而內污染源則包括了製程設備、工作人員、工具、加工製程、隔間材、工作桌、晶片盒（**圖 16-1**）。對矽晶片而言，微塵粒子之附著，將造成積體電路線路的變形或短路，使晶片失去運作功能，**表 16-7** 為在自然環境所測得的微塵粒子濃度，可為設計參考。而在微污染控制，其基本原則有四：

1. 外部塵埃侵入之防止：潔淨室適當之正壓保持（> 0.5mmAq），做好施工不漏氣，人員設備、原物料搬入潔淨室前先做清潔擦拭等防塵動作，空氣過濾器適當的管理和設置。

2. 室內發塵之防止：隔間牆、地板等潔淨室材料的適當選用、製程設備的發塵抑制、生產自動化及人員不聚集、動作放輕、潔淨衣的管理。

3. 室內塵埃之不積留：牆壁體應光滑無死角、潔淨室須定期保養和清潔、製程設備四周應留空間。

4. 發生塵埃之排除：換氣次數須足夠，適當的空間布置以及污染源直接排氣和空調的氣流速度須適當。

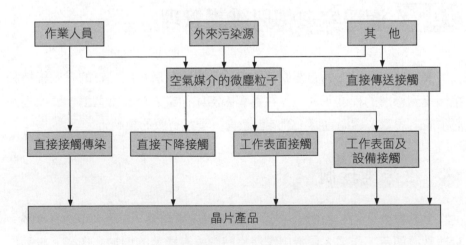

🔴 圖 16-1　潔淨室污染源

表 16-7　自然環境微塵粒子濃度

測量地點	微塵粒子數（個／ft³）
大氣層圈	≦100
田園地區（微風狀況）	100,000～300,000
住宅地區	1,000,000～2,000,000
辦公室（工作中）	2,000,000～4,000,000
工業區	4,000,000～10,000,000
正吸菸的會議室	6,000,000～10,000,000

潔淨室運轉管理

　　潔淨室運轉管理，可依作業人員、原物料、設備及潔淨室內用品等加以探討，並依計畫（Planning）、實施（Doing）、追蹤（Checking）、動作（Action）之 PDCA 循環步驟執行。

作業人員之管理

　　前已提及在潔淨內污染來源 80% 來自作業人員，因此若能使作業人員依潔淨室管理辦法確實執行管理，而所有人也能配合實施，則污染來源的產生可說已減少許多。現就進入潔淨室的作業人員之管理和注意事項說明於下：

1. 進入潔淨室之人員，必須具備達成高潔淨度標準，並要維持最好狀態之觀念。
2. 作業人員進入潔淨室數目以維持最小限度為原則（愈小愈好），並須依潔淨室進出標準流程進出，如圖 16-2 所示。進出則相反方向進行，唯不須經空氣洗塵室之脫塵處理。
3. 對作業人員必須經常解說潔淨室管理之資料，並加以教育與訓練，內容如潔淨室管理之一般常識、潔淨室之構造與功能、維護和清潔、

安全對策、搬運器材之潔淨管理與檢查、潔淨衣之穿脫、潔淨室內之步行方式等，並經考試合格者方能進入潔淨室工作。

4. 在潔淨室作業人員須經常保持自己各方面的乾淨與清潔。

5. 在潔淨室內之作業人員或其他人員之移動或動作均為發塵源，其直接影響製程，同時亦會影響氣流之擾動，為防止與控制上述情形，基本上須注意下列事項：

(1) 不可在作業區域氣流之上方放置物品或做其他作業。

(2) 不必要之動作儘量避免以防止亂流及發塵。

(3) 與作業無關的私人談話儘量避免。

(4) 為控制發塵量，人步行及作業要靜靜地進行。**表 16-8** 所示為人體在不同動作時之發塵量。

(5) 作業要在潔淨之工作檯或工作桌進行。

(6) 工具等器具須收入有蓋子之箱子或櫃中，並置放一定的場所。

6. 作業人員之手須經常保持乾淨，除了常洗手、剪指甲外，手並應保養，以預防皮膚之剝離，男性須每天刮鬍子。

7. 潔淨衣經常保持著衣之狀態。

8. 下列所敘述者不能進入潔淨室。

(1)非作業人員或事先未得許可者。

(2)未照規定穿著潔淨衣者。

(3)剛做激烈運動流汗者。

(4)吸菸或吃東西後，尚未經過半小時以上者。

研究顯示由於吸菸所生之微塵在初期約為非吸菸者的 90 倍，直至 30 分鐘後才降至約 15 倍，此為為何潔淨室禁止吸菸人員吸菸未滿 30 分鐘不准進入的原因所在。故針對潔淨室作業人員之招募，若能選擇不吸菸為對象，將可帶來甚大利益。

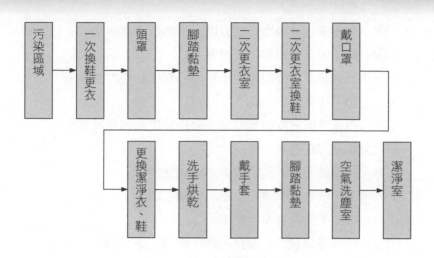

圖 16-2　作業人員進出程序

表 16-8　人體不同動作之微塵產生數（單位：每人／分鐘）

動作 微塵數 衣服 粒子大小	≧0.3μ			≧0.5μ		
	一般工作服	無塵服		普通作業衣	無塵服	
		白衣形	全覆形		白衣形	全覆形
站立（靜姿）	543,000	151,000	13,800	339,000	113,000	5,580
坐下（靜姿）	448,000	142,000	14,800	302,000	112,000	7,420
腕上下	4,450,000	463,000	49,000	2,980,000	298,000	18,600
上身前屈	3,920,000	770,000	39,200	2,240,000	538,000	24,200
腕的自由運動	3,470,000	572,000	52,100	2,240,000	298,000	20,600
頸上下左右	1,230,000	187,000	22,100	361,000	151,000	11,000
屈身	4,160,000	1	62,500	3,120,000	605,000	37,400
踏步	4,240,000	1	92,100	2,800,000	861,000	44,600
步行	5,360,000	1	157,000	2,920,000	1	56,000

9.如有下列健康狀態或體質者原則上不能進入潔淨室：

(1)因日曬、濕疹而皮膚有問題者。

(2)對化學纖維或有機溶劑性化學藥品有過敏性之體質者。

(3)容易出手汗者。

(4)比一般人皮膚表皮容易剝離、頭皮或體毛容易掉落者。

(5)化妝或塗口紅者。

(6)有重大精神病、神經過敏或閉鎖恐懼者。

(7)因哮喘、咳嗽或噴嚏者及不能安靜工作者。

10.以下之物品不能帶進潔淨室：

(1)沒有經過清潔過程之器材、零件備品、測定器等各種物件。

(2)紙箱及未經特別處理之紀錄或筆記用紙、影印資料等。

(3)鉛筆、橡皮擦、墨水等。

(4)香菸、化妝品、衛生紙、食物等。

(5)作業員個人用品如打火機、寶石、裝飾品、錢包、鑰匙、手帕、小日記手冊或其他個人物品等。

潔淨室潔淨度維持之最大控制對象為作業人員，因此對於作業人員之數目、行動狀態、進出規則之制定與執行，提高潔淨室內作業人員之潔淨意識、反覆教育，均為必須，**表 16-9** 所示為因作業人員之行動而產生污染的增加倍率。

原物料、設備進出管理

除了人員進出潔淨室須予以規範管理外，原物料及設備之進出也必須經過潔淨程序，方不致於影響潔淨室之潔淨度。其進入潔淨室之流程如**圖16-3** 所示。至於搬出則反向而行，但不須經過潔淨程序。

表 16-9　由於作業人員之行動而產生之污染之增加倍率

行動	周圍之污染度增加倍率
作業人員：	
4～5 人同時聚集在一處時	1.5～3
通常之步行	1.2～2
靜靜地坐下	1～1.2
將手伸入層流式無塵操作檯	1.01
層流式無塵操作檯無作業	無
作業人員保護用衣服（合成纖維製）	1.5～3
刷工作衣之袖子時	10～50
無鞋套之狀態踏地板時	1.5～3
穿鞋套後踏手帕時	3～10
作業人員本身：	
普通之呼吸狀態	無
吸煙後之 20 分鐘內吸菸者之呼吸	2～5
打噴嚏	5～20
用手擦臉上皮膚	1～2

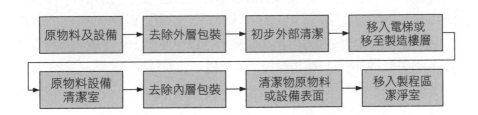

圖 16-3　原物料及設備搬遷流程

　　原物料及設備進出用潔淨室為潔淨室等級 1,000 或 10,000 級之房間，工作人員於其室內清潔設備或原物料時必須穿著潔淨衣服，所使用之擦拭紙為無塵紙不會脫落纖毛之無塵布，清潔劑除了使用超純水之外，並加入 3～5%濃度的 IPA 或丙酮化學品，以增強去污能力，由於 IPA 及丙酮具揮發性，故此房間之排氣效果須特別考慮。搬遷設備時為免於破壞地板支架及地板表面，必須事先於地板上舖設已清潔過的不鏽鋼板，作為輔助。

潔淨室內用品管理

潔淨室內用品除了進出潔淨室用的潔淨衣、鞋、頭罩、帽、手套、口罩外，尚有如紙張文具、桌子、椅子、晶片盒、搬運車、筆記本、告示牌及垃圾箱、真空吸塵器等。

潔淨衣之材料以洗後或使用其他處理後仍不會變質或發塵者為基本條件，且其布料為不易燃燒、不起毛，其織法或布料之組織不易通過污染物和不易附著污染物之材質，另外經過摩擦不產生靜電或帶電性非常小，洗滌再生容易、不易皺、著衣感舒適等亦為選用考慮因素。頭罩材質為無塵紙（或無纖紙）製成，帽子材質則與潔淨衣同，兩者在穿戴使用時，除了只露出眼睛或臉面外，其他部分均須包覆，在頸部分連接上衣處也必須完全蓋住，不能留有空隙，頭髮亦不能露出來。潔淨室用鞋要合腳且穿起來舒適為基本條件，容易洗滌，底則採用塑膠材質，布質部分則採用與潔淨相同材質即可，鞋子穿著時潔淨衣腳跟部分應完全塞入緊密包著。手套材料除為與潔淨衣相同的布料外，尚有薄橡膠或乙烯樹脂（vinyl），在使用過程中若有不舒適感或妨害手指之觸感者則停止使用，手套表面有粉質時須去除或停用，原則上以使用無粉之乙烯樹脂手套為佳。

潔淨衣、鞋、帽子等須由專人管理，並定期做清洗，清洗須在潔淨室內進行，並以純水配合清潔溶劑，並經約 0.2μm 之過濾器為之，一般洗滌週期視潔淨度等級而定，在高潔淨區（如 Class 1）為 2～3 天，其他區域則為 5～7 天，洗滌完畢乾燥後應立即密封。潔淨衣之置放場所亦須為潔淨室，備用品或新品存放數月，正使用者則吊掛衣架上，以為方便取用。

桌、椅一般以不鏽鋼材質，並須表面加工處理之，若使用木製品或鍍鋅品，其表面須施用環氧基樹脂（epoxy）加工以防止表面發塵，工作桌最好有打洞，邊緣取倒角，以利氣流之運動。椅子儘量採用沒有背及腳踏板者，椅腳高度以坐下來腳可接觸到地板者為原則，但若一定須用高腳椅時，則要準備腳踏環，桌及椅子之腳最好安裝上塑膠小輪子或套上橡膠套。

晶片盒為放置晶片之用，故材質以選擇不易磨損、不發塵、易清潔之

材質如鐵弗龍等，至於搬運車則以構造簡單為原則，並忌使用折疊式，材質仍採用不鏽鋼為宜，車輪為耐磨性高之橡膠輪胎，車輪軸承採用雙密封式滾珠軸承。推送搬運車時不得急速運推而以緩行為適。筆記本之紙質應採用無塵紙製成者，且不得使用影印資料，若萬不得已須使用，則須將文件放在透明之塑膠套內或加覆背，同時不可於室內撕破或將紙揉成一團，避免造成環境之污染。普通黑板及粉筆當然不能在高潔淨室內使用，必要時可在更衣室等潔淨室較低等級的區域使用白板。潔淨室內不得放置清潔用具，垃圾桶宜使用塑膠製品或不鏽鋼，且置於維修區中的固定位置，桶須覆以蓋子，以利管制，並定期清理。

　　真空吸塵器，其功能是在吸取潔淨室內地板上、下及設備上附著之塵粒或液體以防止這些塵粒之再飛揚，以達到清潔的目的。由於真空吸塵器在作業會有排氣產生，若未經處理，將嚴重影響潔淨室之潔淨度和氣流，因而真空吸塵器在排氣口均裝有 HEPA 過濾器，以除去塵埃。唯現今之高級潔淨室均設有中央式吸塵系統，並於現場預留吸氣口，故一般之清潔過程均利用此中央系統，以減少使用真空吸塵器時的氣流干擾。在使用中央式系統時，須注意排氣之控制，避免使潔淨室內之壓力降低至規定範圍以下。至於真空吸塵器因屬潔淨室內專用，故不可移至潔淨室外使用，若不用時應置放較低等級的潔淨室中，每次使用後應清掃吸管、收塵箱等吸氣系統。

　　潔淨室的運轉管理，事先的擬訂規則和執行方法固然重要，但執行過程中的缺失查核及督導改進更不可免，此稽核責任一般均由品管部門執行，每天隨時做查核動作，一發現缺失須立即告發，並要求改善，以期所有的運作均能依照潔淨室的運轉原則來實施。

工程施工管制

1. 施工時必須備妥防護器具，並且熟悉使用方式，以策安全。

2. 所有施工之材料、工具及儀器等，在進潔淨室前，必須先完成潔淨。

3. 易產生微塵之硬板、木料、紙箱及其他潔淨室禁品，嚴禁攜入。

4. 易製造微塵之加工程序，如切割、燒焊、研磨等，必須在潔淨區外進行。

5. 高架地板在施工中如有翻動，當施工完成後，必須予以復原。

6. 工程施工進行時，必須要有合格專業人員在場負責監工，結束時必須清理完成後始能離開。

7. 清潔器具必須是潔淨室專用型，並依潔淨等級分別存放，不得交互使用。

8. 標準之清潔順序，由上而下，由左而右，單一方向擦拭，不得來回重複。

環保監測

1. 監測必須持續不斷地嚴格進行，一般分為平時例行性的檢驗與停電復工後對潔淨室之驗收。

2. 所有監測項目、數據都必須建立統計分析表（trend chart），並定期複審。

潔淨室各系統維護保養管理

潔淨室內系統除了通稱的空調系統之外，製程設備也包含在內，潔淨室內之生產製造設備注意之重點有三：

1. 生產設備之選擇、布置與保養

(1) 要選用發塵性較少的生產設備及相關設備，尤其須注意活動部分之發塵。

(2) 應選擇塵埃之影響較小的生產設備或周邊設備。

(3) 生產用之水、氣體、藥品等往往是造成污染的原因，故應配備過濾裝置。

(4) 規劃各設備之配置空間時，事先宜考慮不易積聚微塵之結構，並

以容易清潔為原則。

(5)真空泵等容易產生污染物此種設備，應設置在潔淨室外面或回風區，並加裝排氣管線排氣。

(6)設置給水管線、氣體管線和電氣系統時，其構造須考慮到容易清潔、不易聚積污染物。

(7)生產及相關設備應定期清掃，以避免微塵之堆積。

(8)應加強注意潔淨室的溫濕度控制，避免因濕度之不當造成結露生鏽。

(9)當設備維修時易產生微塵粒子，故維修時儘量於潔淨室外進行，並加隔離柵隔離。

(10)對於施工或維修之廠商，應告知進出潔淨室之各項規定，且負責工程師應隨時在側監工。

(11)應有潔淨室專用工具組，但不得攜出潔淨室外使用。

(12)若能臨近潔淨室設立一間維修和設備保養手冊置放室，將是一理想之規劃。

2. 生產設備之防塵措施

(1)磨損、切削均為發生微塵之原因，故需將發塵部分圍蓋之。

(2)易產生塵埃之設備，若可能的話，應布置於風尾地點。

(3)在操作時，儘量減少觸摸零件或產品。

(4)不得有太大或不必要的操作動作，以免捲起附近之灰塵。

(5)為不使氣體或液體滯留，造成污染，故管路配線應有旁路閥之設置。

3. 自動化與無塵化

(1)設立自動化傳送系統，可減少人員方面所帶來的污染，唯費用相當昂貴，須詳加評估。

(2)建立管制項目，如進入潔淨室人員的資格限定、潔淨室作業人員作業規則、潔淨室管理規則等。

在潔淨室之維護管理方面，可分三部分加以說明：

1. 建築物之維護管理

(1)建築物內定期檢查清潔。

(2)地板之清掃管理及損壞更新。

(3)隔間牆及天花板檢查清潔和封補。

(4)窗戶及房間之保養等。

2. 環境測定與管理

潔淨室內之運轉環境狀況如溫、濕度及微塵粒子數應每日定期量測，以確實掌握環境品質，遇有數據異常，可立即緊急處理。

3. 防塵空調設備之維護管理

(1)溫、濕度及塵埃度管理：在前面已述及，唯其量測儀器應定期校正檢驗，若有設備移動或施工時須做局部測量。

(2)過濾網之管理：定期檢查及更換，表 16-10 為各種過濾網之檢查及更換週期。

(3)空氣調節器之管理：定期檢查隔板接縫及內部污染狀況。冷熱盤管是否有腐蝕現象。

(4)送風機之管理：定期檢查送風機運轉狀況。如表 16-11 所示為送風機之各項檢查項目及週期。

(5)風管及出風口之管理：檢查風管有無否腐蝕、污染、塵埃堆積或保溫脫落等。

(6)測試及量測儀器管理：定期校正及保養。

(7)室內壓力管理：連續監視室內壓力紀錄，以維持正壓為基準。

(8)冷凍主機、泵浦、鍋爐及冷卻水塔之管理：定期檢查保養及記錄運轉狀況及水質變化分析，以調整加藥量等。

(9)潔淨室停止運轉再開機要點管理：啟動後立即進行微塵粒之測試，俟潔淨室恢復穩定時再開始作業。

表 16-10 　各種過濾網之檢查及更換週期

種類	效率	最後壓降	差壓測試頻率	出風口塵埃測試	濾網更換週期
初級過濾網	NBS35%	0mmAq	線上隨時測試	－	2 次／年
中級過濾網	NBS65～95%	50mmAq	線上隨時測試	－	2 次／年
高性能過濾網	DOP99.97% 0.3μm	50mmAq	線上隨時測試	1 次／日	1 次／年
超高性能過濾網	DOP 99.99995% 0.1μm	50mmAq	線上隨時測試	1 次／日	5～10 年

備註：1. 出風口塵埃測試係在送風管或出風口附近進行。

　　　2. NBS 係 National Bureau of Standard 簡寫（美國國家標準局）。

表 16-11 　送風機之各項檢查項目及週期

檢查項目	週期	檢查要點或標準
運轉狀況	1 次／日以上	是否有不正常震動或其他異常現象及異音等
皮帶之鬆緊度	1 次／日以上	有無鬆弛或滑動聲音
電流值	1 次／日以上	與平時之紀錄是否差異太大
軸承之潤滑油	1 次／半年以上	補充新潤滑油以舊油脂被排擠出時為止
基礎螺絲固定	1 次／半年以上	檢查固定螺絲有否鬆脫
馬達之絕緣測試	1 次／半年以上	電壓值 3000V 時：3MΩ以上 電壓值 200V 時：0.2MΩ以上

潔淨室中央監控系統管理

　　早期的空調及潔淨室系統，全部以人力操作，唯此已無法滿足現階段的機器設備，因此一套完整的中央式聯合監視及控制系統，已為目前潔淨室管理所必須具備，也是一項品質保證的指標。中央監控系統具有監視與控制之功能和維持系統穩定且具高效率的運轉及管理，而確保供應品質。

第四篇

環境衛生與工安管理

CHAPTER 17

污染源及污染特性

奈米工業因產品不斷研發而製程亦隨著更改，從以往所採用之濕式製程到現在採用減壓後之氣體乾式製程，及目前興起之化合物半導體研究也正迅速發展中。隨著這些技術之革新，奈米製程時所使用之酸鹼溶液、有機溶劑、特殊氣體材料之種類及數量均在增加之中，而這些製程原料大部分都具有毒性，所以應特別注意並加以防範與控制。以下乃針對此產業各類生產流程，說明廢氣、廢水及廢棄物污染源，以期能掌握各項污染物之排放。

17-1 空氣污染源

半導體製造不論在矽晶圓、積體電路製造，或是 IC 晶片構裝，其生產製程相當繁雜，製程中所使用之化學物質種類亦相當多。而這些化學物質或溶劑的使用是為半導體生產之主要空氣污染源，也因此使得半導體製造空氣污染呈現量少但種類繁多的特性。

晶圓及積體電路製造過程中幾乎每個步驟皆分別使用各式各樣的酸鹼物質、有機溶劑及毒性氣體，而各種物質經過反應後又形成種類頗為複雜之產物，各製程不同，使用的化學物質亦不同，故所有製程幾乎都可能是空氣污染源，且皆為連續排放。圖 17-1 中說明晶圓及積體電路製程中可能之污染源及其排放之污染物。依污染物特性予以歸類，可將晶圓及積體電路製程空氣污染區分為下列三處：

1. 氧化擴散及化學蒸著沉積製程中所使用具有毒性、可燃性之氣體以及反應後所生成之氣體。
2. 蝕刻及清洗製程中所產生之酸鹼氣體。
3. 黃光室製程中所產生之有機溶劑氣體。

至於晶圓切割成晶片，再經過一連串之構裝作業，可能之空氣污染源包括：電鍍區產生之酸鹼廢氣、浸錫區產生之錫煙氣，以及清洗過程產生之酸氣與有機溶劑廢氣等三大類，圖 17-2 中則標示 IC 晶片構裝作業程序

可能之空氣污染源及其排放之污染物。

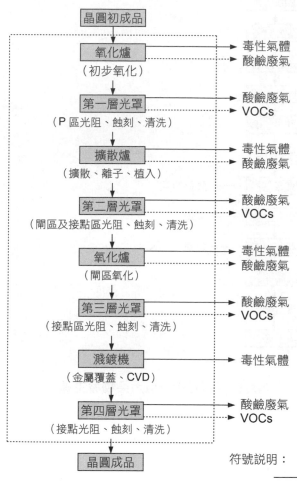

符號說明：

　　　　——————▶：連續性排放廢氣
　　　　⋯⋯⋯⋯▶：定期性排放廢氣
　VOCs：揮發性有機物質
定期性排放廢氣：反應爐（氧化爐、
　　　　　　　　　擴散爐）之清洗

🔮 圖 17-1　晶圓及積體電路製程中空氣污染物發生源

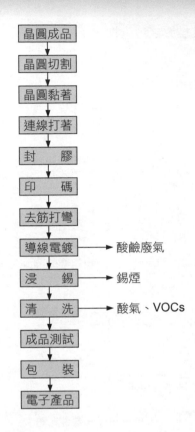

晶圓成品 → 晶圓切割 → 晶圓黏著 → 連線打著 → 封　膠 → 印　碼 → 去筋打彎 → 導線電鍍 → 酸鹼廢氣 → 浸　錫 → 錫煙 → 清　洗 → 酸氣、VOCs → 成品測試 → 包　裝 → 電子產品

圖 17-2　IC 晶片構裝製程中空氣污染物發生源

17-2　廢水污染源

廢水污染源分為 IC 製造廠及構裝製造作業，各有不同，說明如下：

IC 製造廠製程廢水污染物發生源

IC 製造廠廢水來源雖多且造成污染之化學物質相當繁雜，廢水主要為超純水清洗晶片、去光阻及蝕刻等程序所排出之廢水，如圖 17-3 所示。各類廢水源及其所包含的化學物質分列如下：

1. 晶片清洗廢水：H_2SO_4、N_2O_2、HF、NH_4OH、HC1。
2. 去光阻廢水：二甲苯、乙酸丁醋、甲苯、ABS。
3. 濕式蝕刻廢水：HF、NH_4F、HNO_3、H_2O_2、HCl、H_2SO_4、HAC、H_3PO_4、HBr、A1、Si。
4. 洗爐管廢水：HF。
5. 純水設備再生廢水：NaOH、HCl、N_2O_2。
6. 濕式洗滌塔廢水：洗滌廢氣所含之污染質。

 ## IC 製造廠構裝製造作業廢水污染物發生源

IC 構裝製造作業主要污染源為切割、電鍍、浸錫、清洗、純水設備再生及濕式洗滌塔等廢水，如圖 17-4 所示，各類污染源所包含的化學物質分列如下：

1. 切割廢水：晶片切割研磨廢水。
2. 電鍍廢水：脫脂過程之有機物及電鍍程序的 Cu^{+2}、Ni^{+2}、Zn^{+2}、Pb^{+2}、Ag^{+2} 氧化物、氟化物等。
3. 浸錫廢水：助焊劑。
4. 清洗廢水：H_2SO_4、HNO_3、N_2O_2、HAC、H_3PO_4。
5. 純水設備再生廢水：NaOH、HCl。
6. 濕式洗滌塔廢水：洗滌廢氣所含之污染質。

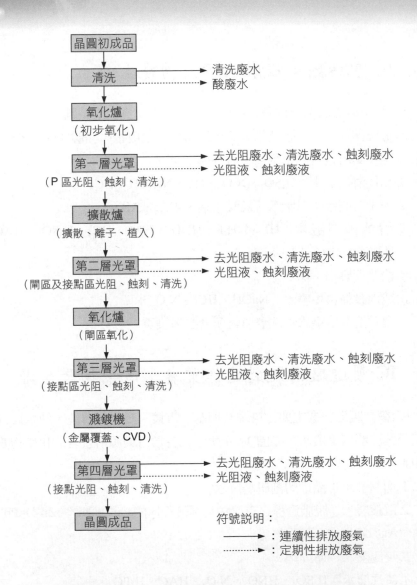

晶圓初成品

清洗 → 清洗廢水
⋯⋯▶ 酸廢水

氧化爐
（初步氧化）

第一層光罩 → 去光阻廢水、清洗廢水、蝕刻廢水
⋯⋯▶ 光阻液、蝕刻廢液
（P 區光阻、蝕刻、清洗）

擴散爐
（擴散、離子、植入）

第二層光罩 → 去光阻廢水、清洗廢水、蝕刻廢水
⋯⋯▶ 光阻液、蝕刻廢液
（閘區及接點區光阻、蝕刻、清洗）

氧化爐
（閘區氧化）

第三層光罩 → 去光阻廢水、清洗廢水、蝕刻廢水
⋯⋯▶ 光阻液、蝕刻廢液
（接點區光阻、蝕刻、清洗）

濺鍍機
（金屬覆蓋、CVD）

第四層光罩 → 去光阻廢水、清洗廢水、蝕刻廢水
⋯⋯▶ 光阻液、蝕刻廢液
（接點光阻、蝕刻、清洗）

晶圓成品

符號說明：
——▶：連續性排放廢氣
⋯⋯▶：定期性排放廢氣

圖 17-3　IC 製造廠製程中廢水污染物發生源

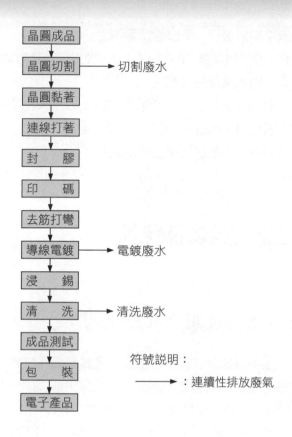

晶圓成品

晶圓切割 ──────▶ 切割廢水

晶圓黏著

連線打著

封　膠

印　碼

去筋打彎

導線電鍍 ──────▶ 電鍍廢水

浸　錫

清　洗 ──────▶ 清洗廢水

成品測試

包　裝

電子產品

符號說明：

──────▶：連續性排放廢氣

圖 17-4　IC 晶片構裝製程中廢水污染物發生源

17-3　廢棄物污染源

廢棄物之產生源及其物質分述如下：

1. 包裝器材：紙箱、木箱、玻璃瓶、塑膠桶、保麗龍填充材料。
2. 清洗廢液：廢酸、廢鹼、廢溶劑。
3. 蝕刻廢液：廢酸。

4.微影廢液：顯影廢液、微影清洗廢液。

5.泵浦廢油：離子植入機、PVD、CVD、蝕刻機等真空泵之劣化油脂。

6.污泥：含氟廢水處理之污泥。

7.空氣處理廢料：無塵室空氣過濾廢濾料及毒性氣體吸附塔廢料。

8.無塵室人員使用後廢棄之口罩、手套、鞋套。

9.員工生活廢棄物：餐廳及辦公室廢棄物。

10.廢損晶片。

17-4 污染物種類及特性

IC 製造主要使用之化學物質

半導體製造工業屬危險性較高之工業，尤其是超 LSI 製程需經過很多層之處理而成形，構成非常精密的迴路，須於氣相中處理。同時這些處理都要在瞬間的狀態下進行，所以使用之氣體也採用化學活性高元素，例如，超 LSI 基於物理特性考慮，而使用金屬、半金屬及非金屬為氣體化之氫化物，烷基化合物（alkyl）或低級鹵素化合物（halogen）等。製程中由氧化至清洗階段包括光罩、蝕刻、離子植入及不純物擴散等，也都需要使用具有毒性之膠合劑氣體及矽烷類氣體。另外一般濕式製程中的蝕刻及清洗則使用大量的酸鹼溶液，基本上有氫氟酸（HF）、硝酸（HNO_3）、硫酸（H_2SO_4）、磷酸（H_3PO_4）、鹽酸（HCl）及氨（NH_3）等，使用時大都形成混合液（buffer solution）。**表 17-1** 為國內 IC 製造業常使用之蝕刻液種類與溫度範圍。製程中幾乎每個步驟都使用有機溶劑，尤其在黃光區中光阻液清洗、濕像液清除、蝕刻液清除及晶圓清洗等均使用大量有機溶劑，主要有丙酮、二氯甲烷、三氯甲烷、丙醇、甲醇、三氯乙烷、丁酮、丁酮、甲苯、苯、二甲苯、乙醇、乙酸甲酯、二氯乙烯及氯醛等。

表 17-1　國內 IC 製造業常使用之蝕刻液種類與溫度範圍

被蝕薄膜	蝕刻液	蝕刻液槽溫度（℃）
SiO_2	NH_4F/HF，HF	20～25
Si_3N_4	H_3PO_4	160～180
Al	$H_3PO_4/HNO_3/CH_3COOH$	40～50
Si	HNO_3/HF	20～25

資料來源：半導體工業用化學品市場調查。

　　由以上敘述可將半導體工業所用之製程材料歸納為特殊毒性氣體、酸鹼液及有機溶劑三大類。由於所用之原料多為劇毒且具刺激性、危險性及易燃性，對人體傷害甚鉅，美國安全衛生協會（OSHA）已對這些物質訂定安全衛生標準加以防範，如 HF 暴露值為 3ppm、HCl 為 5ppm、H_2SO_4 為 $1mg/m^3$、HNO_3 為 $1mg/m^3$、NH_3 為 25ppm、Cl_2 為 1ppm、ASH_3 為 0.05ppm、pH_3 為 0.03ppm。另外，由於此行業過去使用極多之氟氯碳化物（CFCs，代表所有鹵素合成物，包括氟氯碳及氟氯烷），這些合成物對臭氧層之破壞力十倍於氟氯碳化合物，因此現多已改用其他替代之方法。

廢氣種類及特性

　　積體電路製造隨著其製程使用不同的化學物質，所產生的空氣污染物種類與特性不同，可歸納為酸鹼廢氣、有機溶劑廢氣、特殊毒性及燃燒性氣體，如表 17-2 所示。

表 17-2　IC 製造所產生之空氣污染物種類與成分

廢氣種類	污染物成分	污染源
酸鹼廢氣	酸氣：HF、HCl、HNO$_3$、H$_2$SO$_4$、CH$_3$COOH、H$_3$PO$_4$、H$_2$Cr$_2$O$_7$ 鹼氣：NH$_3$、NaOH	氧化、光罩、蝕刻、反應爐（氧化爐、擴散爐）之清洗、CVD
有機溶劑廢氣	二氯甲烷（CH$_2$Cl$_2$）、氯仿（CHCl$_3$）、丁酮、甲苯、乙苯、丙酮、苯、二甲苯、4-甲基-2戊酮[(CH$_3$)$_2$CHCH$_2$COCH$_3$]、乙酸丁酯、三氯乙烷、異丙醇、四甲基胺、氯醛、四氯乙烯、乙基苯、亞甲基二氯、丁基苯、Trans-1,2-Dichloroethene	光阻液清洗、顯像液清除、蝕刻液清除、晶圓清洗
毒性氣體	AsH$_3$、pH$_3$、SiH$_4$、B$_2$H$_6$、B$_4$H$_{10}$、P$_2$O$_5$、SiF$_4$、CCl$_4$、HBr、BF$_3$、AlCl$_3$、B$_2$O$_5$、As$_2$O$_3$、BCl$_3$、POCl$_3$、Cl$_2$、HCN、SiH$_2$Cl$_2$	氧化、光罩、蝕刻、擴散、CVD、離子植入
燃燒性氣體	SiH$_4$、AsH$_3$、pH$_3$、BF$_3$、H$_2$、SiH$_2$Cl$_2$	離子植入、CVD、擴散

　　至於 IC 晶片構裝製造業產生之污染物計有電鍍區產生之酸鹼廢氣、浸錫區產生的錫煙氣，以及清洗過程產生之酸氣、有機溶劑廢氣。採用之酸液主要為硝酸、硫酸，有機溶劑為三氯乙烷及丙酮。目前竹科廢氣狀況為酸鹼氣處理前濃度為 0.1～33ppm，排放量介於 2.3×10^{-7}～3×10^{-2} kg/min，廢氣量約 10～700Nm^3/min，特殊毒性氣體處理前濃度為 0.1～15ppm，排放量介於 10^{-6}～1.2×10^{-2} kg/min，而廢氣量約 10～200Nm^3/min，至於有機溶劑產生之 VOCs 處理前濃度為 5～1526ppm，其排放量介於 2.53×10～1.1×10^{-1} kg/min，廢氣量約 10～8000Nm^3/min。其 IC 製造業排放之廢氣特性如表 17-3。

廢水種類及特性

廢水種類

1. IC 製造廠

IC 製造由於產品類型及規格相當多樣化,因此製程單元組合多不相同,因此製程排出之廢水種類及造成污染之化學物質相當多且繁雜,而廢水絕大多數為超純水清洗晶片、去光阻及蝕刻等程序所排出之廢水,若依照廢水成分特性大致上可區分為酸鹼廢水及含氟廢水兩大類,由於此兩類廢水之污染特性差異甚大,處理時必須予以妥善分流蒐集:

(1) 酸鹼廢水:含有 H_2SO_4、HAC、HNO_3、HF、H_3PO_4、NaOH、NH_4F、H_2O_2、NH_2OH、HCl、二甲苯等成分,污染質為 pH、COD、SS 及微量 F^-。

(2) 含氟廢水:含高濃度 HF,污染質為 pH、COD、F^-。

2. IC 構裝廠

IC 構裝廠主要污染源為電鍍程序上產生的廢液及廢棄水洗水。其電鍍程序依產品差異而有不同,包括有鍍錫鉛、鍍鎳、鍍銀等。綜合其廢水種類可依污染性及廢水來源區分為研磨廢水、脫脂廢水、酸鹼廢水、氰化物廢水、重金屬廢水等類。

(1) 研磨廢水:含矽晶粉末,污染質為 SS。

(2) 脫脂廢水:電鍍前處理程序產出,含 SS。

(3) 酸鹼廢水:電鍍前處理程序產出,含 H_2SO_4、HCl、NaOH 等,污染質為 pH、COD、SS。

(4) 氰化物廢水:污染質為 CN^-、pH。

(5) 重金屬廢水:電鍍程序產出,包括底材溶出,鍍液帶出,而溶入

水洗水，污染質包括 pH、Zn、Pb 等重金屬。

廢水特性

由於積體電路製造業之製程須依據產品設計需求而決定，故廢水水量水質隨製程改變而有相當大的變化，又由於積體電路產品之多元化，乃致廢水之水量／水質經常變動，尤以電鍍程序之鍍液種類最明顯，各 IC 構裝廠之電鍍程序大不相同，產生之重金屬及氰化物種類相差甚大，而其中主要使用程序用為鍍錫鉛，而氰化物及其他重金屬之整體污染則較微量。經分析國內半導體製造廠廢水特質，其主要項目之水質特性如**表 17-4** 所示，其中 IC 製造廠廢水 pH 變化大，在 2～9 之間變動，而 COD、BOD、SS 及氟的平均值分別為 238mg/l、166mg/l、108mg/l 及 48mg/l。至於 IC 構裝廠廢水 pH 範圍為 2～7，COD 平均值為 334mg/l、SS 平均值為 183mg/l。每片晶圓平均產生廢水量為 2.13 m，而每一千個積體電路平均產生廢水量為 0.74 m^3，如**表 17-5**。

表 17-3　IC 製造業排放之廢氣性

排氣種類	檢測項目／污染物	濃度範圍 處理前 (ppm)	濃度範圍 處理後 (ppm)	平均風量 (Nm/min)	溫度 (℃)	備註
酸鹼廢氣	HNO₃	0.16～0.18	0.24～0.12	10～700	25～40	1. 各類廢氣排氣風量隨廠商製程改變、產量大小而有所不同。
	H₂SO₄	0.12～0.9	0.09～0.10			2. 各類廢氣處理設備大致如下：
	HF	0.29～33	0.13～0.29			a. 酸鹼廢氣： 濕式填充塔。
	HCl	0.23～7.95	0.07～7.05			b. 有機性廢氣： 活性碳吸附＋ 濕式洗滌塔。
	CH₃COOH	0.1～3.5	0.1～2.8			c. 有毒氣體： 乾式吸附塔＋ 濕式洗滌塔。
	NH₃	0.1～5	0.1～0.5			
有機溶劑廢氣	亞甲基二氯	40～168	25～132	10～8,000	25～40	
	氯仿（Chloroform）	2～4.1	1～1.5			
	丁酮（2-Butanone）	10～19.3	9～10			
	甲苯	5.7～27.5	1.2～23.5			
	乙基苯（Ethyl Benzene）	30～170	3～143			
	丙酮（Acetone）	251～1,526	60～1,143			
	氯醛（Trichloroethylene）	2.4～3.8	1～1.8			
	苯（Benzene）	7.5～20.5	5～17.2			
	二甲苯（Xylene）	3～22	1～11			
	Trans-1,2-Dichloroethene	2.3～4.8	1～2.8			
	三氯乙烷（1,1,1-Trichoroethane）	12～1,030	8.5～680			
	4-methyl-2-pentanone	10.2～30.8	2.1～9.5			
	丁基苯（Butyl Benzene）	16.6～43.5	10～17.5			
	異丙醇（IPA）	260～1,000	65～890			
毒性氣體	PH₃	1.5～4.2	0.1～2.1	10～200	30～45	
	BF₃	0.4～15	0.1～11			
	B₂H₆	1.3～3.8	0.1～2.1			
	AsH₃	1.5～3.5	0.1～1.7			
	SiH₄	0.1～0.54	0.01～0.1			

表 17-4　IC 製造業之廢水水質特性

項目	產業	IC 製造廠	IC 構裝廠
pH	平均值	4	4
	範　圍	2～9	2～7
COD（mg/l）	平均值	238	334
	範　圍	30～1000	200～360
BOD（mg/l）	平均值	166	165
	範　圍	4～800	100～177
SS（mg/l）	平均值	108	183
	範　圍	5～600	70～215
F（mg/l）	平均值	48	—
	範　圍	8.3～50	—
Zn（mg/l）	平均值	—	44
	範　圍	—	30～50
Pb（mg/l）	平均值	—	1.7
	範　圍	—	1～2

資料來源：服務團工廠基本資料調查表。

表 17-5　IC 製造業單位產品污染量

項目	產業	IC 製造廠	IC 構裝廠
廢水量（m³/單位產品）	平均值	2.13	0.74
	範　圍	0.82～3.13	0.60～0.80
COD（kg/單位產品）	平均值	0.51	0.25
	範　圍	0.024～1.7	0.12～0.29
BOD（kg/單位產品）	平均值	0.35	0.12
	範　圍	0.0033～1.7	0.06～0.14
SS（kg/單位產品）	平均值	0.23	0.14
	範　圍	0.004～0.8	0.042～0.172
F（kg/單位產品）	平均值	0.1	—
	範　圍	0.02～0.21	—
Zn（kg/單位產品）	平均值	—	0.033
	範　圍	—	0.018～0.036
Pb（kg/單位產品）	平均值	—	0.0013
	範　圍	—	0.0006～0.0014

資料來源：服務團工廠基本資料調查表。

廢棄物種類

工廠廢棄物可分為一般事業廢棄物及有害事業廢棄物。

1. 一般事業廢棄物：生活垃圾、紙、玻璃、塑膠、木材、保麗龍、橡膠手套、不織布口罩及鞋套、廢溶劑、廢濾料、顯影廢液、微影清洗廢液、泵浦廢油、含氟廢水處理污泥、廢晶片，其中廢溶劑包括三氯乙烷、異丙烷、丙酮、乙醇、二甲苯、乙酸丁酯、甲醇、三氯甲烷、三氟三氯乙烷等。

2. 有害事業廢棄物：廢酸、廢鹼、毒性氣體吸附廢料。其中廢酸包括：HF、NH_4F、H_2SO_4、HCl、HNO_3、HAC、HBr 等。廢鹼則為 NH_4OH。

水污染防制技術

奈米級廠產出之廢水包括 IC 晶片製造廠之酸鹼廢水、含氟廢水以及 IC 晶片構裝廠之研磨廢水、酸鹼廢水、氰化物廢水、重金屬廢水、各類廢水產出量依訂單而變化，所以廢水特性變化較大。為因應其變化之特性，宜針對各類污染源進行高、低濃度廢液、廢水分流蒐集貯存，並於管末處理之前宜就廠內管理及製程減廢進行改善、減少污染排出，然後再採行合理之分流處理程序，以降低處理成本提昇污染防治成效。

18-1 廠內管理及減廢

由廠內管理方式，藉以減少廢水排出，即獲得污染防治成效的最佳方法。製造廠之污染防治工作於設計建廠之時即可列入考慮，尤以製程廢水、廢液分流蒐集為減廢及污染防治之關鍵。有關廠內管理及可行減廢措施列舉如下說明：

1. 廢水分流設施

依照製程廢水污染物特性，區分為含氟廢水、酸鹼廢水、重金屬廢水、氰化物廢水等類。應依污染種類、高濃度廢液及低濃度廢水分別蒐集，以減少廢水處理場設置容量，可降低建造成本、占地面積及操作費用。

2. 濃硫酸回收

廢棄濃硫酸可回收外賣，由於半導體製造廠所使用之硫酸純度極高，使用後之廢棄濃硫酸，提供為其他業別如鋼鐵業、金屬表面處理業等使用，仍屬高純度硫酸。

3. 廢酸、鹼液回收

超純水製造之離子交換樹脂再生廢酸、鹼液應先蒐集，避免各自排出，造成廢水 pH 時而偏高或偏低，且多餘之廢鹼可供廢水處理

場調節其他酸性廢水之 pH 使用。

4. 處理水回收再利用

　　由於國內部分地區面臨水質源缺乏壓力，將廢水處理回收再利用之方式已逐漸形成共識，水資源能否有效回收更需以廠內管理配合進行。目前濕式蝕刻清洗去離子水使用之純水電阻係數為 18M-ohm · cm（25℃），但清洗晶片後流出之清洗水及電鍍前處理純水水洗水仍有 10M-ohm · cm（25℃）之潔淨程度，因此清洗廢水部分可予處理回收。

18-2　處理原理及流程

IC 晶片製造廠廢水處理

處理原理及技術

　　IC 製造廠製程排出之廢水包括酸鹼廢水及含氟廢水。酸鹼廢水因污染單純，處理方式僅先予調勻水質、水量後，再調節 pH 即可放流。含氟廢水部分目前常用之處理方法包括化學沉澱法、化學混凝沉澱法、離子交換法，其處理原理說明如下：

1. 化學沉澱法

　　化學沉澱法是利用化學藥劑與溶解之離子發生化學反應產生不溶性沉澱物。含氟廢水之處理即利用鈣離子與氟離子發生反應結合成氟化鈣粒子沉澱去除之。理論上，以溶解性鈣鹽處理後之處理水中氟離子殘留濃度至少為 7.8m/1，但由於影響氟化殘留濃度之主要因素計有 Ca^{2+} 濃度、pH 值、溫度、離子強度、離子效應，及與 F^- 形成溶解性複合物之離子（如 Si^{2+}、Al^{3+}、Fe^{3+}）等，而各種因素中能

由廢水處理場現場操作控制者僅有 Ca^{2+} 濃度及 pH 值兩項。在理論上溶解度積是鈣離子強度乘上氟離子強度為一固定值，添加之鈣離子極多，與氟離子反應沉澱量也多，若超量加入鈣離子，則因共同離子效應而使處理水中殘存之氟離子稀少。為了降低氟離子殘存濃度，一般可提高所添加之鈣濃度以達到預期處理效果，其中，鈣離子可由石灰、消石灰、氯化鈣等提供。當充分供應鈣離子形成氟化鈣後，依氟化鈣溶解度積計算，於處理水中至少仍殘存 7.8mg/l 氟離子，而實際廢水處理場處理後殘留之氟離子一般則在 12mg/l 以上。由於氟離子經反應形成之氟化鈣非常細小，在水中沉澱速度很慢，由文獻得知需 1～6 天才能完全沉澱，為減少沉澱時間，避免處理設備容量過於龐大，並提昇處理效果，需設置後續混凝處理單元。

2. 化學混凝沉澱法

於化學沉澱處理過程中同時加入混凝劑，以凝聚氟化鈣晶體成為較大膠羽加速沉澱，而所形成之膠羽亦能吸附其他污染物。常使用之混凝劑有鋁鹽、鐵鹽或多種混凝劑合併使用。經鈣反應處理後，依電荷平衡關係計算氟離子濃度最多可降至 7.8mg/l，實際操作卻在 12mg/l 以上，但仍有研究提及利用石灰、鋁鹽及高分子聚合物之混凝處理方式，可將 200mg/l 之氟含量降低為 2mg/l。

化學處理方法之優點為處理彈性大且能迅速方便的完成廢水處理作業，但所需之藥品費多且產生大量污泥，需進行妥善之污染處理及最終處置，才能避免二次公害發生。為了減少污泥產生，有研究提出採用流動床式的氟化鈣結晶法，即加強含氟廢水與一般酸性廢水之分流，使氟離子濃度提高，並於鈣離子與氟離子反應時加入晶種，在流動床式反應器中使氟化鈣結晶析出，以去除氟離子，如此可大量降低化學藥劑用量，並減少污泥產生量。

3. 離子交換法

所謂的離子交換即為在一固體（樹脂）和液體（水溶液）間，

進行可逆的相互交換反應，即不溶解性的固體樹脂顆粒可從電解質水溶液中將正電荷或負電荷的離子吸收，同時將等當量的相同電荷之其他離子釋入水溶液中，以達到離子與水溶液分離的目的，而此種反應的發生並不會改變樹脂本身的結構。採用離子交換系統處理氟離子的操作一般有四種方式：回分式（batch）、固定柱床式（fixed-bad）、流體床式（fluidized-bad）和連續式（continuous），其中以固定柱床式為最普遍採用的方式。典型固定柱床離子交換的步驟為：交換、反洗（backwash）、再生（regeneration）和洗滌（rinse）。

(1)交換：當含氟廢水通過柱床時，所欲去除的氟離子與新鮮樹脂中的離子產生交換反應，交換反應首先發生於柱床上部，當柱床上部的樹脂與入流廢水中的離子濃度達到平衡時，則柱床上部的樹脂達成飽和（exhausted）狀態，此時交換區（exchange zone）向柱床下部逐漸前進，直至交換區貫穿柱床部，或處理水中離子濃度超過所設定施放流水標準值時，則停止操作。

　　在設計一離子交換處理系統或選擇離子交換樹脂時，樹脂本身具有的交換容量（exchange capacity）是一非常重要的因子，其容量會影響程序的效率和系統的成本。離子交換樹脂的交換容量，有兩種表達的方式，一為總容量（total capacity），或稱為理論容量或最終容量（theoretical or ultimate capacity）；另一為操作容量（operating capacity）或貫穿容量（breakthrough capacity）。總容量係指每單位質量或每單位體積樹脂於理論上所能交換的總離子數量。操作容量係指在一特定的操作情況，柱床從一溶液中所能去除交換的實際離子數量，此亦即當處理水的離子濃度達到所設定的排放標準（貫穿濃度）時，柱床內離子交換樹脂所能去除的離子數量。

(2)反洗：當離子交換樹脂已達到操作容量後，則以部分處理水反沖洗樹脂柱床，以備樹脂接受再生。反洗的目的有四：A.打散成團（clump）的樹脂；B.去除樹脂柱床人因過濾作用而陷入的微細懸

浮物質；C.消除空氣孔穴；D.再重組樹脂柱床，使成均勻分布，以避免操作時水流的層化現象（channeling）。

(3)再生：再生係將交換階段樹脂所交換的離子洗出，使樹脂依再生劑的使用量，回復到原有的交換容量或所期望的容量程度及原有離子型態（ionic form）。通常，礦酸被用來再生陽離子樹脂，鹼被用來再生陰離子樹脂。

(4)洗滌：在再生階段之後，樹脂柱床回到交換階段之前，必須經過洗滌程序，使柱床內沒有過剩的再生劑。洗滌通常使用處理水，包括兩個步驟，首先是慢洗（slow rinse），其流率與再生操作之流率相同，係將一柱床體積之再生劑溶液洗出，此部分之廢液可和再生廢液一同處置，接著是快洗（fast rinse），將過剩的離子洗出，而此部分洗滌液因水質仍良好，可再蒐集貯存起來，以做為配置再生劑之稀釋水。

　　早期離子交換法使用於處理含氟飲用水，或低濃度之含氟廢水，適當控制操作條件將可完全去除氟離子。離子交換之成敗關鍵在於離子交換樹脂的選用，因樹脂必須於廢水中具有良好的物理和化學穩定性，且樹脂與氟離子之親和力較大，才能使用於含氟廢水處理。離子交換法則可使用於高濃度含氟廢水處理，但由於再生所脫除之高濃度廢液需規劃回收發展後續處理技術，且所使用去除氟離子之選擇性離子交換樹脂國內尚無生產，故目前普遍採用的處理方法仍是化學混凝沉澱法。

處理流程

奈米級廠因製程特性，產出批式廢水廢液，應分別以貯槽蒐集貯存，再以定量泵配合廢水處理場操作作業，進行泵送。IC 製造廠廢水處理目前適合之處理單元設置目的說明如下：

1. 貯存槽：分別貯留蒐集氫氟酸廢水及酸鹼廢水，再平均地泵送至後續處理單元處理。

2. 反應槽：提供鈣鹽，藉機械或空氣方式攪拌，以利氟化鈣固形物形成。

3. 混凝槽：提供鋁鹽或鐵鹽，以凝聚氟化鈣晶體，有利於膠羽形成。

4. 膠凝槽：添加助凝劑，藉慢速攪拌增加膠羽碰撞機會，形成較大膠羽，以加速沉澱。

5. 沉澱槽：利用重力原理，使固體物與液體分離。

6. 污泥槽：作為污泥批式脫水程序之貯存污泥用，或設計為 12 小時以上停留時間作為污泥濃縮之用，減少污泥體積，可降低脫水機設置容量。

7. 脫水機：壓濾式或帶濾式脫水，減少污泥含水率，可降低污泥處置費用。

8. 泥餅槽：污泥餅堆置槽，貯存污泥餅。

9. 中和槽：提供酸液或鹼液調整 pH 至 6～9 之間。

10. 放流槽：放流前監測流水水質。

構裝廠廢水

處理原理及技術

　　IC 晶圓構裝廠產出廢水分類為研磨廢水、酸鹼廢水、氰化物廢水以及重金屬廢水。各類廢水應予以分流蒐集，並置於貯槽中，再以定量泵定量送至廢水處理場處理。各類廢水之處理原理及處理技術說明如後。

1. 研磨廢水：研磨廢水含有矽晶粉屑，於製程中回收後排出，必須納入其他股廢水進行化學混凝沉澱處理，以去除懸浮物。

2. 酸鹼廢水：酸鹼廢水亦先經蒐集貯留，再平均地泵至中和池調整 pH 值，即可放流。

3. 氰化物廢水：氰化物處理方法雖多，惟大部分仍以氧化處理為主，以下就數種常用之處理技術加以探討：

(1)使用氯（Cl_2）氧化含氰化物廢水：氰化物具強烈毒性，尤以廢水在酸性時其毒性尤大（生成 HCN 毒性氣體），因之含氰廢水之處理，首先須分離蒐集，再予鹼化，而後氧化。其反應式可分為兩階段：

第一段反應：$CN + 2NaOH + Cl_2 \rightarrow NaCNO + 2NaCl + H_2O$
（pH 為 9.0～10.0；溫度低於 50℃）

第二段反應：$NaCNO + 4NaOH + 3Cl_2 \rightarrow 2CO_2 + 6NaCl + N_2 + 2H_2O$
（pH 為 7.5～8；溫度低於 50℃）

整個反應過程約需 20～60 分鐘完成。

(2)使用次氯酸根（OCl）氧化氰化物廢水：用次氯酸根氧化氰化物，分成二階段進行，最初反應氰化物先生成氯化氰化及氰酸鹽，而最終則生成 CO_2 及 N_2 氣體。氰化物與 OCl 作用後，在 pH7～8 間，CN^- 與次氯酸之化學反應極為容易快速，上次之反應約 5 分鐘可完成。而 CN^- 與次氯酸之反應宜在 pH10 以上，反應較快，且可避免具毒性的 CNl 逸散而出。CNO^- 分解所需氧化劑理論量列如表 18-1。唯氧化劑之實際添加量需較理論值為大（約多 10%），且如廢水中含有氨時則氯與其作用產生氯胺（Chloramine, NH_2Cl, $NHCl_2$），而消耗大量氧化劑，宜加以注意。

表 18-1　分解 1kg CN^- 所需氧化劑之量

氧化劑	第一段反應成 CNO^-	第二段反應成 $CO_2 + N_2$
Cl_2	2.73	6.83
HClO	2	5
NaClO	2.85	7.15
Ca（ClO）	2.75	6.9
O_3	1.86（pH10.5）	2.02（pH9.5）

(3)臭氧處理：臭氧之氧化力極強，而由還原性生成物為氧分子觀點

而言，臭氧為廢水處理上良好之氧化劑，但其應用之主要關鍵是在臭氧之價格。pH值影響反應甚大（一般pH為11～12時，效率較佳），pH為10.5時，分解1g之CN需1.86g臭氧，為9.5時，需2.02g臭氧。觸媒對臭氧分解反應影響甚大，如有1mg/l之銅存在，分解效果更佳。

(4)電解氧化法：利用陽極電解氧化法處理含CN^-廢水已被廣泛採用，此法之特點在陽極氧化時陰極會沉積金屬離子，可加以回收。電解槽可使用一般碳鋼，陰極用不鏽鋼或石墨，陽極即為槽本身。陰極電流密度以$4A/dm^2$為宜。陽極面積為陰極面積四倍時效率最高，溫度維時在50～90℃間，可使氧化效率提高，同時減少電之消耗量。電解氧化法最大特點乃在使安定之氰化物錯離子完全分解；包括一般化學無法處理之鐵氰化物及亞鐵氰化物離子在內。再者，此法處理時間較短且沉澱物不具毒性。

(5)濕式氧化：針對高濃度氰系廢液之處理，亦有引用濕式氧化法予以氧化處理者，此法係將高濃度氰系廢液及空氣予以加壓（70～150大氣壓）、加溫（200～340℃）送入密閉反應器，使在液相內加速進行氧化之方法。

4. 重金屬廢水

重金屬廢水的處理通常是採用重金屬化學混凝沉澱法，於廢水中添加$NaOH$、$Ca(OH)_2$等鹼劑，調整其pH值，使廢水中重金屬離子形成不溶性的氫氧化物後，添加助凝劑，便成粗大膠羽，再以沉降分離的方式去除之，此法是現今最為實用與普遍的處理方法。

〔Mn^+〕為與氫氧化物沉澱物共存的飽和溶液中之金屬離子濃度，即在某一pH值條件下，溶液中金屬離子的最大濃度，也就是在此一條件下，金屬氫氧化物的溶解度。在一定的範圍內，pH值愈高，廢水中殘餘的金屬離子濃度愈低。但某些兩性的金屬如鉻、鉛等，pH過高時，會導致其氫氧化物形成錯合物而再溶解，因而pH

值範圍控制極為重要。又如廢水中含有氰、氨等錯合劑（complexing agent）或者使用脫脂劑而含有EDTA檸檬酸及酒石酸等螯合劑（chelating agent）存在時，會與廢水中金屬離子形成穩定錯合物或螯合物，金屬離子不易解離，無法以氫氧化物沉澱法，使其形成金屬氫氧化物，影響處理效果。另外廢水中含有有機物時，亦會增加金屬的溶解度，使廢水中殘餘金屬離子濃度大於理論預測之濃度。理論上，氫氧化銅於pH9.0～10.3之間溶解度最低，但由於工廠之廢水成分依電鍍程序之控制有很大的影響，各工廠廢水中金屬離子的種類、濃度等都有相當的差異，因此各工廠在實際處理廢水時pH值的控制必須依據各自的水質條件進行瓶杯試驗結果或經驗加以確定。處理時因反應速率較慢，廢pH值的調整控制較為困難，因此可採用二段pH值調整的方式，其方法為先加入NaOH將廢水pH值調整為7～8，再加入$Ca(OH)_2$將pH值提高到9～10，經反應凝集沉澱後，綜合廢水中的重金屬離子可有效形成氫氧化物膠羽沉降分離去除，處理後之出流水殘餘金屬濃度可降至0.5～1.0mg/l。

處理流程

一般 IC 構裝廠採 24 小時生產操作，廢水產出係連續性排出，廢水處理適合採用連續式處理流程。而部分工廠因有氰化物排出，其處理方法宜與重金屬部分分開，先行處理後再匯流進行後續處理。以下乃就氰化物、重金屬、研磨、酸鹼廢水之綜合處理流程作一說明，各單元設置目的說明如下：

1. 貯存槽：分別貯存蒐集各類廢液，再平均地泵送至後續處理單元。其中氰廢水及廢液先納入反應槽I進行鹼氯反應；重金屬廢水——廢液及酸鹼廢水、研磨廢水則平均地泵送流入pH值調整槽進行處理。
2. 反應槽 I：以 NaOH 調高 pH 值在 10.5 以上，藉由次氯酸將 CN 氧化成為 CNO，並利用 pH 計及 ORP 計控制酸、鹼藥劑及氧化劑之添加量。

3. 反應槽 II：以 H_2SO_4 調整 pH 至 7.5 左右，再加入 NaOCl 將 CNO 進一步氧化為 N2 及 CO_2，並利用 pH 計及 ORP 計控制反應過程加入酸、鹼氧化劑等之添加量。

4. pH 調整槽：提供 NnOH 或 H_2SO_4 初步調整 pH 值至適於金屬氫氧化物形成之範圍。

5. 化學槽：提供鈣鹽二次調整 pH 值至金屬氫氧化物形成之範圍，並有利於混凝用。

6. 混凝槽：提供鋁鹽或鐵鹽，以凝聚金屬氫氧化物，有利於膠羽形成。

7. 膠凝槽：添加助凝劑、慢速攪拌增加膠羽碰撞，形成較大膠羽，加速沉澱。

8. 沉澱槽：利用重力原理，使固體物與處理水分離。

9. 中間抽水槽：處理水貯槽及後續三級處理泵站。

10. 砂濾槽：利用石英砂或無煙截留作用，進一步去除微細膠羽，以減低活性碳吸附槽負荷。

11. 活性碳吸附槽：利用活性碳吸附處理水中殘餘的有機物，以降低放流水之 COD 污染濃度。

12. 放流槽：放流前監測放流水水質。

13. 污泥貯槽：作為污泥批式水程序之貯存污泥用。

14. 脫水機：壓濾式或帶濾式脫水機，減少污泥含水率，可降低污泥餅產出量。

18-3 廢水分流蒐集及貯存系統

製程中排出之廢水，在廠內予以隔離，分別蒐集，可回收於製程者回收再用，其餘排入廢水處理廠處理。工廠如未能建立良好的分流，排水分類蒐集，由於各製程單元性質迥異，濃度高低懸殊的廢水、廢液混雜在一起後，一則需加大設備容量，另則增加操作困難度，為求有效處理各股不

同特性的廢水、廢液並確保獲得穩定的放流水質，有關廢水分流蒐集貯存之優點如下述：

1. 易於管理及便於減廢工作之實施。
2. 穩定／放流水水質水量。
3. 可回收有用資源。
4. 有效控制處理水的水質濃度。
5. 節省處理費用。
6. 減少處理設備容量及設置費用。

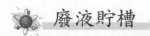 廢液貯槽

各類廢水及廢液經由排水溝及配管送入各個貯槽內，一般貯槽的設計型式可分為地上、地下、埋入及地下雙重貯槽四種。

各型式貯槽之構造、材質依所蒐集之廢水或廢液之發生源及污染特性來考量，其特徵、管理及維護彙整如**表 18-2** 所示。

表 18-2　各型式貯槽特徵、管理及維護

種類	特徵	管理	維護
地上貯槽	廢水發生源在第二層樓時可。材質採用鋼板襯裡、FRP 或 PE 槽。	日常檢查外部狀況。定期檢查（如 6 個月 1 次）內部狀況。	一有腐蝕狀況即予修補或更換新槽。
地下貯槽	構造簡單。多數以筋混凝土襯耐酸或耐鹼材料。	定期實施內部檢查。	注意及早修補。視狀況入槽內以 PVC 片修補內側。
埋入貯槽	構造、施工簡單。材質為鋼板襯裡或 FRP 槽埋入地。	定期實施內部檢查。	注意及早修補。視狀況入槽內以 PVC 片修補內側。
地下雙重貯槽	安全性高、管理修補簡單。放入鋼筋混凝土槽，其內側槽使用鋼板襯裡、FRP 或 PE 槽。	最容易管理，檢查簡單，但定期檢查仍屬需要。	注意及早修補。視狀況入槽內以 PVC 片修補內側。

18-4　處理單元及設備操作維護

調勻槽

廢水處理設施之流入水水質濃度變化過大或流量不穩定，會影響處理效果，處理時不僅影響操作，浪費藥劑、電力，甚至無法達到預期的處理目的。設置調勻槽的主要作用即是藉較大容量的槽體空間，涵容廢水水質的變化，並調整流量，使廢水能均勻而穩定的輸送至後續的處理單元中處理，以獲得穩定的處理成效。

1. 調勻槽功用

一般工廠由於製程槽液更新及水洗槽清槽的機會頻繁，使得廢水水質及水量變化極大，因此必須設置適當容量的調勻槽來均勻水質，調節流量，以期使處理系統能在穩定的操作條件下，獲得最佳的處理效果。

調勻池將水質、水量均勻調整後，以穩定之流量進入後續處理設施，流量控制穩定，後續處理設備才得以發揮功能。一般有下列三種流量控制方法：

(1)泵定量抽送之方法：泵定量抽送方法，必須設置流量測定及控制閥。若未設置，會因調勻池水位之變化導致提水量發生變化。

(2)泵輸送管上設分叉管之方法：本法為於泵之輸送管上設分叉管，則調勻槽之廢水，經泵抽取流經設定一定開口度之固定閥，超過部分之流量則仍迴流至調勻槽，以調節流量之方法。惟本法在閥之裝置部分常有發生阻塞的問題。

(3)分水計量槽分水之方法：本法為藉泵從調勻池提升之廢水送入設有三角堰或矩形堰之分水計量槽，而使一定之廢水自堰溢流入後

續處理設施之方法。為使溢流量保持定量，必須維持計畫槽內固定水位，需設置將超量廢水迴流入調勻槽之堰。

2. 曝氣攪拌設備

調勻槽必須設置攪拌設備以使廢水水質均勻化，可採用曝氣攪拌設備，將空氣打入水中藉著空氣之攪拌作用，使得水質均勻，調勻槽曝氣式攪拌設備之動力約為 $0.004 \sim 0.008 \text{kw/m}^3$ 廢水。

3. 調勻槽之操作管理

(1)廢水流量調整泵是否有故障或異常的現象發生。

(2)備用泵、緊急用泵是否功能正常並且可以隨時起動操作。

(3)流量調整泵和其他備用泵等之啟動及停止水位是否正常。

(4)液位控制器之設置位置及控制高程是否合理。

(5)檢查液位控制器檢測部（如電極棒、浮球開關……等）之清潔狀況。

(6)定期檢視調勻槽內攪拌設備之狀況及設備運轉操作情形。

(7)檢查調勻槽槽壁及底部之附著物、沉積物堆積狀況。

(8)計量槽之分水堰溢流狀況是否均勻。

(9)流量調整泵或計量槽送至後續處理單元之水量是否穩定。

4. 調勻槽之維護管理

調勻槽、計畫槽及液位計等之檢查事項詳列如**表 18-3**。

表 18-3　調勻槽、計畫槽及液位計之日常維護檢查事項

單元	日常檢查項目	週／月檢查項目
調勻槽	1. 廢水泵設定流量是否正確，操作是否正常。 2. 備用泵及緊急用泵之運轉狀況。 3. 有無沉積物。 4. 攪拌狀況。	1. 沉積物之清理。 2. 散氣管等攪拌設備之清理。
計畫槽	1. 液面之波動狀況。 2. 堰是否水平（堰之溢流是否均勻）。 3. 進水用堰及迴流用堰之水位高。 4. 流量校核。 5. 堰上是否有雜物沉積。	1. 堰高度之調整。 2. 堰之清理。
液位計	1. 液位計之設置位置是否正確，淤塞物清理。 2. 液位計之固定栓，有否鬆動。 3. 浮球開關之作業狀況是否正常。	檢測部之清理。

反應槽

反應槽係提供廢水進行中和、氧化、還原等化學反應之場所，半導體製造業廢水處理常用程序主要為中和，以利於氟化鈣形成。而在調整 pH 值時，必須考量廢水內含物質、所需之酸、鹼劑量、混凝藥劑量、反應時間，並考慮污泥之沉降性及污泥產生量，處理時常用之中和劑種類如下：

1. 酸性廢水中和劑

酸性廢水需鹼性中和劑進行中和，實際應用上必須依據廢水酸度、反應速率、處理量及中和生成物等因素選擇適當之中和劑。

(1)蘇打類：如氫氧化鈉（NaOH）或蘇打灰（Na_2CO_3），該中和劑之溶解度高、處理與供給便利、反應速率快及生成污泥量較其他中和劑少之優點。但其價格較高，適用於少量需求時使用。

(2)石灰類：如生石灰（CaO）、消石灰（$Ca(OH)_2$）、氫氧化物之混合物，價格較蘇打類便宜，廣用於酸性廢水的中和。由中和反應而生成鈣鹽，因不溶於水，故會生成大量污泥，且使藥品的利用率

降低，但其除了中和作用以外，亦能進行凝集沉澱，此乃其優點。

(3)石灰石：石灰石使用於中和游離酸時，必產生碳酸氣，此碳酸氣一部分溶入溶液中，使中和後廢水呈弱酸性（pH4.0～4.5），以曝氣攪拌方法可移除，pH 約可回升至 6 左右。另外因其溶解度低，為能有效進行中和反應，在廢水中攪拌時間需較長，此類中和劑之污泥產生量也較多。

2. 鹼性廢水中和劑

普通之河水因含若干酸性，若於流水鹼度不高時，則不會影響河川生態，但排放水鹼性過高時，將無法完全被河水中和，對生物所造成之影響將與酸性廢水一樣。

(1)強酸性中和劑：反應速度快，為使完全中和，則使用強的磺酸最適合，且輸送費低廉，是最經濟的中和劑。

(2)弱酸性中和劑：反應速度慢，不必中和至pH7～8 以下時，則使用碳酸氣最經濟。多量燃燒氣體中所含之碳酸氣，不必精製，通常於廢水中直接吹入碳酸，亦有由反塔的上部將廢水以噴霧狀流下，而由下部吹入碳酸氣，混合調整 pH。

另為獲致良好的反應效果，專責人員掌握操作要領並建立保養檢查體系，按時逐項進行檢查維修。化學反應槽之操作管理包括量測設備、藥液濃度、加藥方法及位置等，各項操作重點說明如下：

1. 量測設備

化學反應槽所使用之量測設備一般有pH計及ORP計，而pH計及 ORP 計皆由檢測、導線及指示三單元所組成。

pH 計之檢測部，通常由玻璃電極、比較電極及固定設備所構成，並藉導線傳達廢水之電壓。ORP 計之檢測部則為白金電極。無論是何種電極，其內部皆填充有飽和氯化鉀溶液，如受污染或液量減少時，即無法獲取正確數據。檢測部基於維護管理之需要必須是可拆卸的，另外為防止廢水之逆滲發生誤差，應使電極填充液之液

面高於反應槽之液面，同時為便於拆卸維修，且為防止破損，應確保操作所需之工作空間，若考慮維修管理之方便性，可設置電極自動清洗裝置。

指示部為接受檢測部電位之變動，藉機械及電機設施之指示或紀錄。一般由擴增器、指示計及紀錄計所組成。由於皆係精密量測器，不宜放置於易受潮濕、高熱、振動或有害氣體之處，並為便於維修管理及作業方便。

2. 藥液濃度

藥液濃度高則藥液注入量少，故可能會因濃度高而有超量之危險，反之，低濃藥劑則對高濃度之廢水有難以適應之問題。因此，應依實驗或依同類廢水之處理經探討其適當濃度，然後予以正確調整後使用之。一般使用之藥液濃度示如表 18-4。

3. 加藥方法及位置

加藥時應以 pH 計或 ORP 計進行量測並控制定量泵自動加藥。為避免攪拌混合不均，藥液注入管口應設置於廢水流入端，且將注入管口設置於較反應槽水面為高之位置。

表 18-4　一般使用廢水處理藥劑濃度

藥液名稱	濃度（%）
硫酸	10～20
鹽酸	10～15
氫氧化鈉	15～20
消石灰	10～15
次氯酸鈉	5～10
重亞硫酸	10～20

使用電磁閥控制加藥量時，常因雜物而導致閥之阻塞，進而發生水頭變化，影響加藥量。故原則上電磁閥儘量不宜採用。但有時為避免加入量

過多而必須設置時，應設置於注入管口附近，且電磁閥之位置應較注入管口為低，並需時常注意維護。

在操作時如發現量測設備有破損、老化或設定控制不良時，應即進行修理調整。簡單之修繕可自行為之，但需有備用品及材料。尤其是玻璃電極，易於破損或劣化，因此宜有備品。有關維護檢查項目彙整於**表 18-5**。

凝集沉澱

凝集沉澱之基本原理，乃在調整廢水中之pH值並加入混凝劑，使廢水中微小之膠體粒子，凝聚成為大顆粒之膠羽物質，而迅速地沉降至池底以去除。而膠羽之形成可分為混凝、膠凝二個過程。

表 18-5 反應槽之維護檢查項目

單元	日常檢查項目	週／月檢查項目
反應槽	攪拌狀態的檢查（是否維持適當的攪拌強度）。	1.有無溢漏。 2.防蝕塗刷或覆層有無剝落或龜裂。 3.流入廢水量之校核。 4.進流水水質分析。 5.槽體有無腐蝕。
量測設備	1.電極之校正與調整。 2.設定值是否適當。	1. pH 計、ORP 計電極棒 KCL 溶液之補充更換。 2.紀錄紙更換。 3.有無漏電。 4.電極有無劣化。 5.絕緣狀況之確認。
藥液槽	1.藥液量之確認、補充及紀錄。 2.加藥管有無龜裂或洩漏情形。 3.加藥泵之操作狀況。 4.加藥管之阻塞狀況。	1.藥液濃度分析。 2.藥品使用量、貯存量之統計。 3.藥液槽有無龜裂。 4.加藥管有無龜裂或洩漏情形。 5.藥液有無外洩。
加藥泵、攪拌及其他設備	1.絕緣狀況。 2.螺絲是否鬆脫。 3.潤滑油有無添加。 4.軸承、主軸有無彎曲。 5.傳動皮帶有無腐蝕、老化或鬆弛。 6.有無異常聲音。	1.絕緣狀況。 2.螺絲是否鬆脫。 3.潤滑油有無添加。 4.軸承、主軸有無彎曲。 5.傳動皮帶有無腐蝕、老化或鬆動。 6.有無異常聲。

混凝

混凝的意義就是要打破膠質的穩定，亦即降低粒子與粒子相斥的電位，使粒子能相互接觸而凝聚。膠質粒子在電雙層的拒斥及凡得瓦力的吸引下，其當淨位能達最低點 Pm 時，達到平衡狀態，此時粒子間的距離幾近於零，即結合在一起。欲達平衡狀態，粒子必須克服一能峰（energy hill）En。若粒子的動能（kinetic energy）大於 En，則可破壞其穩定而混凝。

膠凝（慢混）

一般的砂粒在水中互相碰撞接觸後並不發生凝聚，因此沉澱時仍保持單顆粒狀態。但有機物、混凝膠羽或某些生物體，互撞後均有凝聚成較大的個體而增加沉降速度，此現象為膠凝。當不同粒徑之顆粒由攪拌而發生互撞之次數。

混凝劑及助凝劑種類

混凝沉澱處理程序，使用之混凝劑為鋁鹽、鐵鹽、聚合物及鎂鹽，以前三者較為常用，其性質如表 18-6 所示。至於各種混凝劑添加對處理水水質之影響如表 18-7，而助凝劑之種類及其應用如表 18-8 所示。

表 18-6　混凝劑之性質

混凝劑		硫酸鋁	硫酸鋁溶　液	硫酸亞鐵	硫酸銨鋁	硫酸鉀鋁
形狀		固體	液體	結晶粒狀	塊狀或粉末	塊狀或粉末
溶解度%	0℃	60.8	—	28.7	3.9	5.7
	10℃	65.3	—	37.5	9.5	7.6
	20℃	71	—	48.5	15.1	11.4
	30℃	78.8	—	60.2	20	16.6

表 18-7　各種混凝劑對處理水水質之影響

混凝劑	分子量	混凝劑加 1mg/l 時處理水水質變化				混凝劑 1mg/l 所需要鹼劑		
		鹼度減少	硫酸鹽增加	由氫碳酸鹽放出 CO_2	由碳酸鹽放出 CO_2	Na_2O_3	$Ca(OH)_2$	$NaOH$
硫酸鋁	666	0.45	0.45	0.4	0.2	0.47	0.33	0.36
硫酸鐵	400	0.75	0.75	0.66	0.33	0.8	0.56	0.6
硫酸亞鐵	278	0.36	0.36	0.32	0.16	0.38	0.28	0.29
加氯硫酸亞鐵	563	0.8	0.53	0.7	0.35	0.85	0.59	0.64
硫酸鉀鋁	948	0.32	0.42	0.28	0.14	0.34	0.23	0.25
硫酸銨鋁	908	0.33	0.44	0.29	0.15	0.35	0.24	0.26

表 18-8　助凝劑之種類及其應用

藥品	劑量範圍（mg/l）	pH	備註
陰離子聚合物	2～5	沒有改變	膠體混凝或與金屬一起助凝，應避免惰性化合物的形成。
陽離子與某些非離子聚合物	0.25～1.0	沒有改變	做為助凝劑，加速混凝沉澱並加強膠羽的緊密性以利過濾，如污泥脫水之調理。

混凝沉澱設施

　　混凝沉澱設施係由快混槽、膠凝槽及沉澱池等設備所組成，亦有三者合成一體之裝置即為高速凝集沉澱裝置。

1. 快混槽

　　　快混之目的，在使混凝劑與廢水快速混合，因此注藥位置、流入及流出位置皆需充分注意，以能達到充分攪拌避免發生短流為宜。

一般停留時間 1～5 分鐘（小規模者 10～15 分鐘），槽內流速應維持在 1.5m/sec 以上，攪拌速度為 150～200rpm。

2. 混凝劑之注入設備

(1)藥劑溶解槽作藥劑溶解及貯存之用，若混凝劑溶解不易，溶解時必須予以攪拌，而為避免藥劑貯存過久劣化，槽的大小不宜過大，但最小應有 1 日以上的貯存容積。

(2)注入控制方法有定量注入、與 pH 計連結連續注入及比例注入三種方式。各有其優缺點，為了操作方便一般多採用定量注入法。

(3) pH 調整裝置係為避免因混凝劑消耗鹼度，造成廢水 pH 下降而必須設置者。

3. 膠凝槽

　　膠凝槽之攪拌裝置有機械式、阻流式及水流式等，一般以使用機械式漿板攪拌機較多。其攪拌以橫向為主，上下方向較少。為達充分膠凝效果，其廢水流入位置設置於底部，流出口則設置於水面附近，以避免短流。膠凝所形成的膠羽，通常於流速在 9cm/sec 以下時將發生沉澱，75cm/sec 以上時則膠羽將被破壞，故應維持流速在 10～60cm/sec 之範圍，停留時間以 10～30 分鐘為宜，攪拌速度 20～80rpm，以免因形成之膠羽過度攪拌，導致破壞而呈微細狀態。

4. 連接膠凝槽與沉澱槽間之導水渠

　　導水渠以能使已形成之膠羽不受破壞為原則，導水渠與沉澱槽之水位差儘量小為宜，導水渠內之流速應低於 30cm/sec。

5. 沉澱槽

　　沉澱槽依處理方法可分為分批式及連續式。分批式為在靜止狀態下行固液分離者，惟分離後沉澱污泥之集泥方式必須充分考慮之，以免沉澱污泥再度被擾動而懸浮。連續式沉澱槽之形狀則依一些特定條件以決定之。依水之流入方式又可分為向上流式沉澱槽及水平

流式沉澱槽，其形狀、集泥方式與注意事項如表 18-9。

沉澱槽一般為鋼筋混凝土或鋼板所構成，需具良好水密性，若為鋼板則應注意防蝕處理。置於地面上者，必須檢討其水壓對混凝土或鋼板之強度，而置於地下者則必須檢討土壓之強度。其構造可分為流入部、沉澱部、流出部及污泥沉澱部四大部分。

表 18-9　沉澱槽之種類及操作注意事項

方式	形狀及集泥方式	注意事項	特徵
向上流式沉澱槽	長方形沉澱槽一般附有長方形污泥刮泥機。	短流造成污泥揚起。	凝聚力強的排水，一般使用於活性污泥處理。
	圓形、正方形沉澱槽漏斗型，附污泥刮泥機。	1.短流造成污泥揚起。 2.漏斗壁之傾斜角 60°以上。漏斗型者處理量以 100m³/d 為限。	凝聚力強的排水，一般使用於活性污泥處理。
水平流式沉澱槽	長方形沉澱槽一般機械式污泥刮泥機。	1.槽過寬易發生偏流，長寬比宜 3：1～5：1。 2.底部坡度以 1/100～2/100 為宜。	大小規格皆適用。
	圓形、正方形沉澱槽，一般以中央驅動式污泥刮泥機。	1.流入裝置與溢流堰之距離若太近，處理效率降低，直徑及深度比為 6：1～12：1 為宜。 2.底部坡度以 5/100～10/100 為宜。	中規模以上處理場使用。

(1)流入部

　・流入方法：廢水流入沉澱槽之位置，應依以下決定之：

　　A.水位差：沉澱槽及反應槽間之位差，應儘可能縮小，以防自反應槽流入之水流捲起沉澱槽之污泥。若受用地之限制而有水位差時，應於沉澱槽之流入位置設置承受槽，以避免對沉澱槽之水流發生影響。

　　B.防止因波動而發生影響：反應槽內之攪拌所產生波動的影響，會經由送水管傳達至沉澱槽，因之對於送水管的形狀以及防止因波動造成之影響，應加充分注意。

　　C.流入位置：沉澱槽流入管之流入位置，應位於能避免於槽內發生偏向流之處。

・整流壁：為確保流入水流均勻，可於沉澱槽之流入部之水流直角上設置整流板或阻流板。水平流式沉澱槽之有孔整流板之孔面積合計，應約為整流板面積的 10～20%左右。

(2)沉澱部

・沉澱部內之流速：一般水平流式沉澱池之流速，以不大於沉澱速度之 9～12 倍為宜，亦即應在 0.3～0.4m/min 左右。

・沉澱時間（停留時間）：沉澱時間依粒子之沉澱速度決定之原則上可依粒子之沉降試驗所得數據乘以安全率決定之。沉澱槽實際沉澱時間可以有效容積／處理水量求之。一般沉澱時間依粒子的性質採用 2～6 小時，雖沉澱時間長去除率高，但腐敗性的廢水若太長則常因腐敗而水質發生惡化。

・水深：有效水深一般為 2.5～4m，小規模處理設施有較淺者。有效水深依沉澱槽種類異，其有效水深為垂直部分加漏斗部分深度的二分之一設置有刮泥機之沉澱槽，一般以最淺處之水深視為有效水深。

・水面積負荷（溢流率）：沉澱槽之表面積依下列公式決定之。

$$沉澱槽表面積 = \frac{處理水量（3m/d）}{水面積負荷（m^3/m^2 \cdot d）}$$

水面積負荷為沉澱槽之單位表面積單位時間處理之水量，以表示之，為沉澱槽內處理水之上升速度之近似值。

通常為達到固液分離的安定，水面積負荷應較粒子之沉降速度小為宜。一般有機廢水處理之水面積負荷，初沉槽以 20～50，

最終沉澱槽之 20～30 為宜。

(3)流出部

- ‧溢流設備：溢流堰如同流入部分之整流板等，為均勻沉澱槽出水水流之設備，其目的係用以減緩出水流速，以避免將污泥帶出。
- ‧設備位置：溢流堰之設置減廢出流水流速，以避免將污泥帶出位置依沉澱槽之形狀、方式而異，為避免發生短流以距離流入位置較遠，並可使槽內之流速均勻之處為宜。由中央部流入之圓形槽、方形槽於其邊設置溢流堰。而水平式沉澱槽溢流堰則設於流入位置之另一側，同時為防止因反射上升流致污泥流出，溢流堰宜設置於沉澱槽流出側面之稍內側，或距流入口之槽長的三分之二至四分之三處。
- ‧堰之形狀：圓形或正方沉澱槽之堰，一般常設置於周邊呈圍繞著槽的形狀，長方形槽則與水流成直角方向上設置之，但若 1 支之長度不足時，則可以複數、ㄇ字型或田字型等設置之。
- ‧水平之調整：應有能調整溢流堰維持水平之構造為宜，以避免出水集中低處溢流出之短流現象，造成出水速度過大。
- ‧溢流負荷：溢流負荷為單位長度溢流堰於單位時間內溢流之水量稱之。為避免已沉澱之污泥上浮，應維持在一定值以下。
- ‧浮渣截留設備：浮渣截留設備為防止沉澱槽浮渣流出之設備，通常設置於溢流堰之前，凸出水面 10cm 而沒入水面下 20～40cm 左右。與溢流堰之距離，以不致使溢流速度過快所需之寬度為宜。

(4)污泥沉澱部

- ‧集泥方法：沉澱污泥之集泥方法有藉重力集泥之漏斗式及利用機械設備之集泥方法。規模較小者用漏斗式，大者由於集泥困難而採用機械式。漏斗式之角度依污泥性質而異，以 60°以上為宜，表面呈平滑狀。漏斗底部之排泥井不宜過大，其直徑或邊長以 0.3～0.5m 以下為適。**表 18-10** 為集泥方式之種類及注意事項。
- ‧排泥幫浦：排泥幫浦有離心幫浦、單軸螺施幫浦等。排泥幫浦

設置於沉澱槽之水位最位之處，在可能範圍與排泥井底部及幫浦位置一致為宜。排泥管管徑以 100～150m/m 以上，彎折部應設有清除口，以利淤泥清除。

表 18-10　集泥方法之種類及注意事項

集泥方式	注意事項	使用槽
漏斗式	漏斗角度 60°以上，手動式	正方形槽、圓形槽
鏈帶式	刮集速度 　最初沉澱槽 0.6m/min 　最終沉澱槽 0.3m/min 底部坡度 1/100	長方槽
中央驅動式	刮集速度 　周邊速度 3m/min 　以 1～2 周／小時	正方形槽、圓形槽

6.高速凝集沉澱槽

　　高速凝集沉澱槽係結合混凝、膠凝及沉澱程序於同一槽內的方法，由於觀察不易，一旦設置完成開始操作就不易確認其膠凝狀況，且操作條件也不易變更，因此設計時須充分檢討其設計條件。

(1)膠凝槽：停留時間、原水之流入位置、藥劑之添加位置、原水及膠羽之接觸方法等皆需充分檢討。

(2)攪拌裝置：必須詳細考慮攪拌機之形狀、攪拌方法及攪拌強度等。

(3)沉澱裝置：進水區分水裝置表面積水力負荷、停留時間、容量、有效水深、流速、溢流堰負荷。

(4)污泥之排出：污泥產出量、污泥濃度、排泥量以及排泥方法皆應加以檢討。

7.操作維護管理

　　凝集沉澱效果受進流廢水之濃度、pH 值及膠羽形態等之影響，且與混凝劑、助凝劑之投入方法、添加量、藥劑的性質、濃度等亦

有相當大的關係，為維持在穩定的條件下操作，必須注意該設施的維護管理工作，如**表 18-11**。

過濾設備

過濾設備之主要功能為經由砂層過濾分離以除去在沉澱槽中無法沉降去除之微細膠羽，依過濾壓力可分類為重力式及壓力式，若依過濾水之水流方向分類可分為向上流式、向下流式、雙向流式及水平流式等四種，其概要說明如**表 18-12**。

表 18-11　凝集沉澱設施之維護檢查項目

單元	日常檢查項目	週／月檢查項目
混凝槽	1.混凝劑使用量（消耗量）及藥劑之補充。 2.混凝劑濃度。 3.混凝劑注入量之檢核。 4. pH 值檢查。 5.攪捲狀態的檢查（是否維持適當攪拌強度）。	1.加藥泵、電磁閥之檢查（是否正常操作、洩漏等）。 2.加藥管線阻塞、破壞之檢查、清洗或更換。 3.藥液槽之檢查、清洗。 4.攪拌機翼板之檢查，附著物之去除或補修。 5.漏電之檢查及修護。
膠凝槽	1.助凝劑使用量（消耗量）及藥劑之補充。 2.助凝劑濃度。 3.助凝劑注入量之檢核。 4.膠羽生成狀態的檢查（膠羽之大小及形狀等）。 5.攪拌狀態的檢查（是否維持適當攪拌強度）。	1.加藥泵、電磁閥之檢查（是否正常操作、洩漏等）。 2.加藥管線阻塞、破壞之檢查、清洗或更換。 3.藥液槽之檢查、清洗。 4.攪拌機翼板之檢查，附著物之去除或補修。 5.漏電之檢查及修護。
沉澱槽	1.流入水量之校核。 2.沉澱槽內水流是否有異常現象（如偏向流、捲升流等）。 3.溢流堰之水平狀況（出水是否均勻、污泥有無流出）。 4.有無污泥上浮或流出（水量過大、膠羽形成不良、污泥上浮）。 5.有無污泥異常堆積。 6.刮泥機是否正常運轉（有無異音）。 7.污泥泵有無異常（壓力計及電流值校核）。	1.污泥泵阻塞、磨損之檢查。 2.污泥泵排泥量之校核。 3.刮泥機之磨損、彎折及腐蝕情形。 4.流出渠浮渣及沉積物之清掃。 5.浮渣及浮泥之去除。 6.溢流堰之清掃及水平調整。 7.補注油料（鏈條、軸承、馬達、減速機等）。

表 18-12　過濾設備之分類

類別	概要
向上流式	1. 藉泵抽送之原水，自濾層下部向上部依濾料大小之順序通過礫石→粗砂→砂等過濾之。 2. 粒徑較大的粒子於礫石層或粗砂層被捕捉，其次微細之粒子則於砂層被濾除，而於過濾層去除全體的粒子，過濾持續時間可較長。 3. 當濾層被阻塞，濾層過濾漸不容易時，會因流入水造成濾層的流動化，則所捕捉的粒子有外洩流出之問題。 4. 為防止濾層的流動，可於濾層上部設置格子狀的板或增加濾層粗砂之厚度。
向下流式	1. 水由濾層之上部流入，在濾層內向下流達到過濾。 2. 依過濾壓力可分為重力式及壓力式。 3. 一般粒子的捕捉乃於濾層表面，因過濾阻力會隨過濾處理量而逐漸增大，過濾時間會有拉長之傾向。 4. 為提升粒子的捕捉能力，可採用多層式過濾方式。
雙向流式	1. 水流自濾層的上部及下部兩方向流入，於過濾槽之中央部將過濾水集中。上層部為向下流式，下層部則為向上流式。 2. 本方式為抑制向上流式過濾時濾層之膨脹而發展出者，設計過濾速度較大且不易發生濾材的膨脹。 3. 濾層的上部為無煙煤及砂，下部則為砂或砂及礫石，比向下流式可捕捉粒子量大數倍。 4. 沖洗則以空氣及水，與過濾同方向進行之。
水平流式	1. 水流自過濾槽的中央導管流向圓筒四周部，於其間達到過濾目的。 2. 與向下流或向上流式相比較，濾層整體具捕捉粒子的機制，且捕捉量大。 3. 本方式增加其高度，則可增加過濾面積，以減少設施面積。

過濾設備裝置時應注意事項如下：

1. 過濾水質：過濾設施就是利用物理性的截留作用，將廢水中的不溶性懸浮固形物予以截留去除。而溶解性物質則無法藉過濾方式去除之。採用過濾程序時，將過濾前水質 SS 維持在 50mg/l 以下，以免固體物過多造成反洗頻率太快，則不符合經濟及操作。

2. 損失水頭：於濾層中通過水流，由於濾層內的阻力，會產生流入端與流出端之壓力差稱為損失水頭或過濾阻力。損失水頭依過濾之時

間、粒子之捕捉量的增加而增大，當其達到一定損失水頭時，過濾層就必須進行反沖洗，俟損失水頭降低後，再行過濾之。

3. 濾層：濾層應注意事項包括濾層的構造、濾料之性質、濾層厚度等。一般過濾塔槽之下部為集水裝置，其上置支持濾層的礫石層，再其次為濾層。為防止濾層在短時間內阻塞，致濾程太短，濾料之種類多採複數層 2 層或 3 層，儘可能使各層皆可發揮捕捉粒子的功能，並增長過濾持續時間。

4. 濾層支持層：濾層支持層主要是防止濾料之流出，以礫石（粒徑 2～50mm）分四層（厚度 20～50mm）舖設之。又此支持層之設置以能使反沖洗水及空氣於反沖洗時能均勻分散為宜。

5. 集水裝置：集水裝置的主要功能為蒐集過濾水與均勻入流之反沖洗水，使過濾及反沖洗之損失水頭均勻，集水設備之型式有下列各種：

   (1)韋氏型：濾床上設置支撐，而於其上置混凝土塊形成品字型。

   (2)多孔板型：濾床上設置多孔隔板，以區隔出一集水區間。

   (3)濾器型：濾床上的支持板面或集水管路上設置過濾頭或濾球者。

   (4)多孔管型：濾床上設置多孔的幹管及支管者。

6. 反沖洗：過濾達到一定的損失水頭時或經過一段時間，過濾濾層發生阻塞現象時，必須以水及空氣進行濾層反沖洗，以恢復過濾能力。反沖洗次數以考慮捕捉之粒子的腐敗，以每日一次為宜，反沖洗除可以差壓設定成定時自動控制操作外，亦宜設有手動操作方式。濾層之反沖洗方式依向下流式及向上流式而異。向下流式的反沖洗方法概要列如**表 18-13**。

表 18-13　向下流式過濾設施之反沖洗方法

沖洗名稱	概要
反沖洗	1. 藉由反洗水流將污濁物沖洗挾帶出，並自濾層排出。 2. 自濾層上排出之污濁物由廢水槽排出之。 3. 藉反沖洗水使濾層呈流動化，造成濾料間之摩擦得以去除污濁物。
表面沖洗	1. 阻留於濾層表面的污濁物藉噴射水使其碎裂之同時，並使濾料互相摩擦以洗滌之。 2. 反沖洗效果不佳時使用之。 3. 有旋轉式、固定式。
空氣沖洗	濾層下部空氣管內之氣泡自濾層上升時，使濾層振動之同時達到濾層內污濁物剝離之效果。

　　反沖洗時進流水或空氣使濾層呈流動化，膨脹 20～30%時藉由濾料轉動摩擦，可提升其洗滌效果，故宜控制適宜的反沖洗流速。反沖洗過程係以濾槽排手、表面沖洗、反沖洗、過濾水貯留等順序進行之。反沖洗時間，依濾層的污染程度而異，故應依據實際情況加以確定。經反覆過濾、沖洗後，濾層內會產生軟泥，造成初期損失水頭。為防止軟泥之產生，沖洗時可配合採用加氯方式控制之。反沖洗用水一般都使用過濾水，藉泵從過濾水貯留槽抽水至過濾設施進行反沖洗或將反沖洗水貯留於高架水塔，利用其高度差所產生之差壓進行反沖洗。反沖洗所需水量一般約為過濾水的 5%左右。反沖洗排水由於含多量 SS，經貯留後由泵抽入廢水處理系統之調勻槽與廢水合併處理之。

7. 過濾槽數：過濾槽數以考慮反沖洗、檢查、維修之方便性，設置成複數型式為宜。

8. 操作管理：過濾設施除重力式外，其構造多為密閉式，因其過濾狀況及沖洗狀況無法目視，維修上較為不便。因此應注意經常的過濾狀況及濾層的沖洗狀況，必要時應檢查槽體內部，以避免影響過濾。主要的操作管理項目如**表 18-14**。

表 18-14　過濾設施之操作管理項目

檢查項目	每日一次	每月一次	六個月～一年一次
過濾水質	○		
過濾狀況（重力式）	○		
過濾壓力	○		
反沖洗時間	○		
過濾初期損失水頭	○	○	
反沖洗廢水檢視	○		
過濾槽內檢查			○
泵、閥等	○	○	

污泥脫水設備

為使沉澱分離後之污泥達到減量化及安定化，以利於處置，必須進行污泥脫水處理。目前常用的脫水方法為壓濾式脫水機及帶濾式脫水機：

壓濾式脫水機

1. 設備原理

壓濾式脫水機為廢水處理廠經常使用之脫水設備，可分為隔膜式脫水機與一般無隔膜式脫水機兩種。

典型壓濾式脫水機是在加壓過濾操作時，全部濾板使用動力螺旋、油壓或電動式予以閉合，由離心泵先在濾板間加壓預覆（pre-coat）一層矽藻土或飛灰後，調理過之污泥經由濾板上所開設之孔，藉高壓泵浦（壓力為 7～16kg/cm²G）送入各濾室，當全部濾室充滿污泥（大約 20～30 分鐘），繼續加壓（此時壓力達到最高點）1～4 小時（加壓時間可以時間控制法或壓力控制法，依污泥固體物含量而定），污泥中水分因被擠壓而從濾板滲出，達到固液分離脫水效果，再由壓縮空氣（約 6kg/cm²G）將迴流濾液吹回儲存槽，最後開

啟濾板，成形之污泥餅藉重力落下，清洗濾板後完成一操作循環。

　　隔膜式脫水機之特點是濾室體積因隔膜之擠壓而改變，即當濾室充滿污泥並開始形成污泥餅時，則以壓縮空氣或水，在高壓的情況下（壓力為 7～15kg/cm²G），推擠隔膜，濾室內之污泥餅因隔膜的擠壓，而增加脫水速率，進行獲得乾燥的污泥餅，上述程序經過大約 15～40 分鐘後，放鬆隔膜，打開濾室，使污泥餅墜落，並每隔一定時間，以噴嘴清洗濾布。其操作程序為：關閉濾板→壓入污泥→壓榨→空氣鼓風壓榨→開啟濾板→泥餅剝離→濾布清洗，全機操作用可程式控制器（PLC）操作完成。

　　一般而言，壓濾式脫水機壓榨後之污泥餅含水率低，若進流污泥固體物含量約在 3～5%時，則脫水後泥餅固體物含量約在 30～50%，對於脫水性困難之活性污泥或期望污泥能脫水至固體物含量大於 30%以上時，加壓過濾法特別有效，尤其對於含水分高及纖維素之紙漿廠污泥、含脂之工業廢水污泥的脫水特別有效，此法亦為所有脫水機種中脫水泥餅含水率最低者。

2.操作管理

　　壓濾式脫水機的構造較為複雜，而其脫水程序為間歇性，故操作中有起動、停止以及開閉等頻繁之循環，因此各單元設備應確實動作始能脫水，現已有以定時器及控制開關組合為程序控制之自動操作方式。但在自動操作中若遇異常現象，應即改為人工操作並作適當的對策。加壓過濾之操作良好與否非到一循環無法判斷，故無論是人工操作或自動操作於每一循環終了，應即檢查脫水泥餅之狀況是否合乎所設定之脫水條件。

3.注意事項

　　壓濾式脫水機運轉時應注意事項包括：
(1)污泥進料泵、油壓裝置等附屬設備之操作機能皆應維持正常狀態，任何一項不正常就無法脫水。

(2)濾板的移動是否順暢，油壓是否正常，濾布有否皺摺皆應加以檢查，濾板若未完全緊閉，污泥有散出之慮，應加以注意。

(3)必須注意污泥進料泵壓力計之指示，污泥供給系統之阻塞（壓力上升）或漏失（壓力下降），另吐出壓力之變化及濾液量之變化，皆應依脫水時間之經過加以記錄，對於濾板阻塞及機器操作異常的原因判斷有幫助。

(4)送風機相關之閥是否正常動作，並注意空氣、污泥、濾液有否散出。

(5)確認壓榨壓力是否正常，壓榨時壓榨用閥應完全緊閉，否則污泥會發生逆流，造成管路阻塞。

(6)確認濾液開啟時，各濾室剝離之脫水泥餅剝離狀況是否一樣。

(7)脫水泥餅之惡化，或有過濾室未有脫水泥餅時應即停止操作，並查明其原因。

(8)注意濾板的移動（移動式者）及濾板清洗狀況是否正常。

(9)由於污泥的性質或濃度，或由於藥劑添加量不適當，致脫水泥餅未達要求時，應延長壓榨時間或污泥壓入時間以改善之。

(10)脫水機運轉中，並注意有無異音發生。

(11)濾板由於係高壓緊閉，因此應注意濾板有無裂傷。長期間使用框體會變形，檢查時應加注意。

4.異常時的對策

壓濾式脫水機異常原因及對策如**表 18-15**。

表 18-15　壓濾式脫水機異常主要原因及對策

異常現象	可能原因	對策
污泥自濾板漏出	1.緊閉壓力不足。 2.襯墊損傷。 3.濾板間被異物夾住。	1.調查油壓裝置的壓力並調整之。 2.更換襯墊。 3.去除異物。
脫水泥餅不形成	1.污泥壓入泵阻塞。 2.供泥管阻塞。 3.管內有空氣混入。	1.清理污泥壓入泵。 2.清理供給管。 3.排除空氣。
脫水泥餅過薄	1.污泥壓入泵之壓力降低。 2.濾板阻塞。 3.濾液管阻塞。 4.供給污泥之性質惡化。 5.過濾時間不足。	1.修理污泥壓入泵。 2.清理濾板或更換。 3.清洗濾板或濾液管。 4.檢查供給污泥濃度及注入藥劑濃度並調整。 5.增長過濾時間。
部分濾室形成軟弱泥餅	壓榨紋齒破損。	更換紋齒。
脫水泥餅含水率過高	1.壓榨壓力下降。 2.供給壓力降低。 3.閥類操作不良。 4.濾布阻塞。 5.供給污泥的性質惡化。	1.檢查壓入泵、管之漏失、閥並補修。 2.檢查空氣壓力並調整之。 3.補修閥或更換。 4.清洗濾布或更換。 5.調整供給污泥濃度及注藥量。

帶濾式脫水機

1.設備原理

　　帶濾式脫水機是由單一式兩片粗網目濾帶經滾筒轉動而達到過濾脫水效果的機器，由於性能優良之高分子凝聚劑之開發，加上操作費、電力消耗低，而且產生之泥餅固體物含量較過去使用之真空脫水、離心脫水之泥餅為高，以及附屬設備少、構造簡單、供給污泥濃縮度範圍可較大、連續性操作等，因此此機型迅速廣泛使用，有替代舊式的真空脫水機與離心脫水機之趨勢。

　　任何型式的帶濾式脫水包括三個基本的步驟：一、污泥之化學

調理。二、重力排水。三、壓濾。另外配備有高壓水濾布洗滌、濾布蛇行修正、緊帶裝置、驅動裝置等。污泥調理之良窳為帶濾式脫水成功與否之關鍵,新式帶濾式脫水需比其他脫水方法要較多量高分子助凝劑的原因。

影響帶壓式脫水機性能之因素有污泥調理方法、高分子凝聚劑劑量、滾輪壓力、滾輪布置、滾輪大小及數目。調理劑量之不足或過量為造成處理失敗之主要因素,劑量不足使污泥在重力脫水或壓縮時被擠出濾布,產生濕濘之泥餅,過量之調理劑使膠凝之污泥在濾布上分布不均,造成濾布之扭曲蛇行,並堵塞濾布,污泥餅難以自濾布上剝離。適當的加藥劑量與否,可容易從重力脫水區觀察出污泥膠羽形成狀況及分離情況良好,一般劑量不超過固體物含量0.6%。過濾液及濾布沖洗水之懸浮固體物SS通常在100～1,000mg/1,需迴流至初沉池或終沉池再處理。本機型主要特徵為無急劇之外力,污泥脫水效果可迅速觀察藉以調整脫水狀況,生成安定之污泥餅,為良好之脫水機械。

2. 操作管理

帶壓式脫水機之運轉,首先步驟為使機體空轉並排出濾布上之清洗,其次調整濾布之張力同時設定濾布移行速度。在此期間應避免濾布發生皺摺。然後再少量供給調理後之污泥,注意過濾狀況並增加至標準供給量。注藥率是否適當可視重力區的過濾狀況判斷之。注藥率適當則在重力區很容易看出膠羽形成狀況及水的分離狀況。若分離不良時,污泥會於壓榨脫水區自濾布之兩側溢流出。停止操作時,先停止供給污泥而直至濾布上之污泥全部排出始停止。若長時間停止操作時需放鬆濾布的張力。

3. 注意事項

帶壓式脫水機操作上應注意事項包括:
(1)濾布上供給污泥的厚度應維持均勻,若厚度不均勻,將使污泥較

厚的一側脫水泥餅含水率偏高，同時污泥厚度不均勻也是造成濾布蛇形的原因之一。

(2)污泥濃度變化大時，應減少污泥供給量，以避免污泥自兩測溢出。

(3)脫水泥餅應與濾布妥善分離，操作時應注意泥餅剝離時，上下濾布是否均等，剝離不佳時則大量污泥被濾布清洗水沖出，迴流再處理，徒增污泥循環處理負荷。

(4)適度地增加濾布移行速度可加速過濾速度，惟速度太快，脫水泥餅之含水率將增加，致不易剝離。

(5)通常使用有機性高分子凝聚劑調理污泥較不易造成濾布之阻塞，其效果比使用無機性凝聚劑要佳，另外需注意濾布清況水噴嘴有無堵塞，亦是影響濾布阻塞與否的主因之一，噴嘴必須定期檢查及清理。

(6)一旦濾布破損應立即停止供給污泥並停止脫水機操作。

(7)帶壓式脫水機由於使用轉數較多，對於其旋轉狀態應加以注意，旋轉不良常會導致蛇行及軸折損。

(8)脫水機之集水板容易堆積污泥需加注意。帶壓式脫水機主要異常原因及對策如**表 18-16**。

污泥脫水機之選擇

污泥脫水之影響因素包括：

1. 顆粒的表面電荷與親水性：污泥顆粒的表面帶有負電荷，彼此間有排斥力；另外，污泥顆粒對於水分子有微弱的吸引力，可藉化學調理的方法，破壞其間之鍵價結構，使顆粒能夠膠凝易脫水。

2. 顆粒大小：此為影響污泥脫水性能最重要的因素，若顆粒小則單位質量污泥中之表面電荷排斥變大、水分子摩擦阻力也增大，脫水不易。

3. 壓縮性。

4. 污泥溫度：溫度高時有助於脫水。

5. 污泥的 pH 值。

6.腐化程度愈大，愈難脫水。

7.不揮發性固體物與揮發性固體物之比值，比值增加時，脫水效果較好。

表 18-16　帶壓式脫水機主要異常原因及對策

異常現象	可能原因	對策
軸旋轉不良	1.軸承磨損。 2.給油不充分。 3.軸彎曲。	1.更換。 2.檢查及補給。 3.修正或更換。
污泥自兩側溢流	1.供給污泥量過多。 2.污泥調整不良。 3.藥劑添加率不適當。	1.調整 2.檢查藥劑添加裝置。 3.調整添加率，檢查藥劑濃度，檢查藥劑添加裝置並調節。
濾布蛇行	1.蛇行修正裝置不良。 2.污泥未均勻分布。 3.轉軸磨損。 4.濾布發生皺摺。	1.檢查及調整。 2.檢查污泥分配裝置。 3.修正或更換。 4.修正或更換。
脫水泥餅剝離不良	1.濾布阻塞。 2.刮板磨耗。 3.濾布移行速度過快。 4.脫水泥餅過薄。	1.清理、清洗或更換。 2.更換。 3.調整。 4.調整污泥濃度及濾布移行速度。
集水板阻塞	1.脫水泥餅剝離不良，污泥堆積。 2.集水板上堆積污泥。	1.參考前項。 2.清理。

所以在評估或選擇污泥脫水方法時，必須同時考慮：前處理方法以及後處置方式的影響，故污泥脫水方法之評估，必須全盤性考慮整個污泥處理程序。但因污泥之濃縮、穩定、調理、脫水和最終處置有多種不同單元程序之組合，故評估工作顯得相當複雜。

基本上，初步的篩選脫水方法為相當重要的一項步驟，其方法乃根據所考慮因素中將不適合者先排除，通常考慮項目如下：

1. 種類

廢水處理用泵的種類很多，依泵轉動部分之作用原理可分為離心式、旋轉式、往復式及特殊式等。廢水處理所使用之揚水用泵有沉水式泵、渦輪式泵、豎軸泵等；中和及混凝反應等注藥用泵有定量隔膜泵、離心式渦輪泵等；沉澱污泥抽除用泵則有螺旋泵、隔膜泵、柱塞泵及離心泵等，由於半導體廠廢水具腐蝕性，故須依處理單元之用途採用合適的泵種類及材質，如**表 18-17**。

2. 操作方式

泵之操作方式有自動操作及手動操作。一般連續式廢水處理設施之廢水泵及加藥泵皆採用自動操作。自動操作控制方式中，有關加藥泵之動作是藉 pH 計及 ORP 計等量測裝置所傳出之電流訊號使加藥泵啟閉之方式，而廢水泵等之原水揚水用泵，則是藉貯水槽水位變動感應使泵啟閉之方式。水位變化的感應使泵啟閉之方式有電極棒感應式及浮體感應式。

(1)電極棒感應式：此一方式是應用電極棒端與液面相接觸，使電極間發生短路，傳遞信號閉合泵電磁開關，促成電流流動，以起動泵使之運轉。當液面下降而離開電極棒端時信號即消失，泵即停止操作，運用此一方式以控制泵之啟閉。一台泵起動開始抽水，若水位降至某一高度，則停止運轉，在平常皆以一台如此反覆操作，但當有異常高水位上升達警報水位時，則備用泵（第二台）就起動運轉。電極棒感應式若電極間受污物或浮渣黏住，會造成架橋現象，致發生錯誤動作為其缺點。

(2)浮體感應式：通常應用於 SS 含量較高之有機廢水，為防止如電極棒感應式因浮渣造成架橋致錯誤操作，一般都採用浮體感應式為多。浮體感應式分別於起動水位、停止水位設置浮體開關，當水位上下變化之同時，將 on-off 信號傳遞至泵，使泵反覆起動、停止操作之。

表 18-17　泵用途分類及使用材質

用途	泵型式	主要使用材質
藥液注入用	磁式泵、隔膜泵	SUS 27、SUS 32、合成樹脂、合成橡膠
酸系廢水用	耐酸渦捲泵（自吸式）	SUS 27、SUS 32、硬質 PVC
鹼系廢水用	耐鹼渦捲泵（自吸式）	鑄鐵、SUS 304、硬質 PVC
污泥用	螺旋泵	鑄鐵、SUS 304
一般廢水用	渦捲泵	鑄鐵、SUS 304

3. 維護管理

　(1)開始運轉時應注意事項

　　‧軸承之供油狀況。

　　‧用手試行運轉。

　　‧閥、配管類的校核。

　　‧泵之起動充水。

　　‧試行運轉時之揚水量、壓力計及電流值的校核。

　　‧有無異常噪音及振動。

　　‧水位計等自動控制裝置的操作狀況（沉水泵為避免空轉，而應注意其水位）。

　(2)操作中應注意事項

　　‧校核揚水量、壓力計及電流值。

　　‧有無異常噪音、振動。

　　‧軸承、馬達之溫度。

　　‧水位計等之自動操作狀況（有異常時應即停止操作）。

　(3)停止操作時應注意事項：泵停止運轉時，應將出水閥緩慢關閉，確認至全閉後始停止。

　(4)日常檢查事項

　　‧揚水量、壓力計及電流值的確認及紀錄。

　　·有無異常噪音及振動之確認及紀錄。

　　·軸承、馬達等溫度有無異常之確認及紀錄。

　　·水位控制裝置之操作狀況的確認及紀錄。

(5)年檢查事項

　　·整體檢查。

　　·配管等之狀況、吊掛狀況之檢查。

　　·防腐蝕塗刷、油漆。

4.異常對策

　　泵發生故障原因，除因機種、材質選擇錯誤以外，其他單純異常原因很多，在異常狀況發生時，如未能使正確判斷並迅速採取故障排除的話，不僅會造成泵損毀，甚至會導致槽體溢滿。有關泵異常原因及對策請參見**表 18-18**，一般經由檢查、修理，大體上應可維持正常。

表 18-18　泵之異常原因及對策

狀況	異常原因	對策
無法啟動	1.馬達故障。 2.忘了按熱繼電器回復桿。 3.接線不良（含斷線）。 4.保險絲斷線（含切斷自動斷路器）。 5.馬達發熱或卡住異物。	1.檢查、修理。 2.按下回復桿。 3.對照接線圖予以復舊，自動運轉，檢查液面繼電器壓力開關。 4.更換保險絲（恢復斷路器）。 5.分解、排除原因。
空轉、無法揚水	1.吸入入口外有空氣。 2.沒有灌水即使灌水也洩漏。 3.吸引側配管堵塞。泵內有異物。 4.吐出閥閉塞。 5.逆迴轉。 6.葉片摩擦耗損。	1.檢查、修理配管，接合法蘭、軸封。 2.灌水，檢查渦捲泵底閥、配管是否洩漏。 3.從法蘭處至泵進行清除工作。 4.打開閥。 5.檢查接線。 6.修理或更換。
揚程、吐出量不足	1.吐出管洩漏。 2.迴流管閥忘了關或沒關緊。 3.葉片磨損。 4.迴轉數降低。	1.修理。 2.關閥或調整。 3.更換葉片。 4.檢查輸入電壓。
軸承發熱	1.連結不平衡。 2.長時間超負荷運轉或封閉運轉。 3.填料蓋墊圈過緊。	1.修正聯結狀況。 2.採取迴流或停止封閉運轉。 3.適度鎖緊。

攪拌設備

　　工廠廢水之處理，常設有很多槽體，作為調勻、藥品溶解、pH 調整、氧化、還原及混凝反應之進行等，攪拌即為提供動力促使固、液或液體本身增加接觸機會以達成均勻或促進槽內藥品溶解及反應作用。攪拌方式一般可分為機械攪拌、空氣攪拌及泵循環攪拌等。採用翼片型式的機械攪拌方法有螺旋槳型、丁字型、渦輪型，其他尚有柵型、非型等；藉抽水泵循環攪拌者有離心泵及噴射泵等；藉空氣攪拌者則有散氣管及有孔管等，其他尚有在管路內設置固定之阻流板、孔口板等或設置機械攪拌輪葉進行機械攪拌者。

1. 操作管理

　　(1)攪拌機：採用攪拌機，操作時應確認軸是否彎曲、本體是否固定牢靠、軸承是否有異音及攪拌狀況等，並須定期添加潤滑油及調整傳動皮帶。

　　(2)鼓風機：採空氣攪拌者，應確認鼓風機之吐出量、吐出壓力、溫度等，若為旋轉式鼓風機者，尾端關閉的話，馬達負荷增大，應設洩壓管調節吐出量。

2. 維護管理

　　(1)攪拌機：由於攪拌機多半用於溶解藥品、促進反應等過程，須接觸腐蝕性液體，容易引起本體腐蝕、馬達絕緣不良等故障，應定期進行保養維護，有關保養維護工作項目有：

　　　・主軸及槳葉的腐蝕及變形。

　　　・絕緣電阻的測定。

　　　・軸承的更換及添加潤滑油。

　　　・傳動皮帶張力的調整。

(2)鼓風機：鼓風機壓送空氣進行攪拌之攪拌狀態係為上下攪拌，對
於凝集反應之攪拌不甚合適，但仍可適用於廢水之調勻、pH調整
及藥品溶解等之攪拌。鼓風機攪拌，其機械本體雖不直接與液體
接觸，但仍須進行定期之機械本體及散氣管的保養維護，維護項
目有：

　·添加潤滑油。

　·檢視本體、馬達、消音器等設備的腐蝕狀況。

　·檢視馬達是否有異常發熱現象。

　·定期清潔及更換空氣濾淨器。

　·檢視及修理散氣管及空氣管線之堵塞問題。

藥液槽

藥液槽係作為廢水處理藥劑之溶解及貯存之用，而常用的化學藥劑中
以酸、鹼、氧化劑、還原劑等危險物居多，在配製及使用時應特別小心。

1. 藥液槽之位置

藥液槽以設置於地面上為原則，考慮藥液配製或補充作業之方
便性，其槽緣之高度至少 1.2cm 以上，且設置於反應槽附近為宜。
當藥液槽不得不設置於高處時，應設置操作平台或升降機以利泡藥
及藥劑搬運，槽之周圍地面應平坦，無滑倒之顧慮。藥液之配製應
先用另一容器溶解後，投入藥液槽，但若設置於高處時，則宜先於
地面配製後，再以泵將藥液抽入高處之藥液槽。但為避免因抽送藥
液之管線阻塞，或發生藥液溢流之意外事故，應於藥液槽之周圍設
置防溢堤，以免造成污染。

2. 藥液槽之管理

每日定期檢查藥液槽內藥液貯存量，適時補充之，並作記錄，
同時檢視槽體否腐蝕、洩漏及破裂等異常現象，特別是法蘭部分，

由於與藥液作用，導致墊圈收縮，容易引起藥液洩漏，在檢查時需特別注意。

18-5 控制儀錶

控制盤

控制盤是維持廢水處理場正常運轉之控制中樞。雖然各處理場之設備項目、型式不盡相同，但控制盤通常由促進反應及藥液溶解的攪拌機、控制泵動作的液位計運轉狀況及機械馬達及偵測儀器等組合而成，由於近來處理設備多採行自動控制，對裝入自動控制迴路之控制盤，其維護管理工作與其他設備項目同等重要。使用此種高度技術之控制盤，設備操作者應有充分電氣知識，或者經由承包製造廠商協助解決發生之問題。

控制盤內故障原因及對策如**表 18-19**。

pH 計及 ORP 計

控制盤內故障原因及對策如**表 18-19**。

廢水水質的偵測以及偵測器信號輸出、控制電磁閥及泵動作，以注入必要藥品等，一般以使用 pH 計及 ORP 計居多。pH 及 ORP 電極偵測之機能須靠日常正確之操作維護以管理維持安定狀態，其為廢水處理設備運轉正常之重要儀控設備。主要由受信部、中繼部以及發信部等三個部分所構成。

表 18-19　控制盤內故障原因及對策

位置	故障狀況	可能原因	對策
控制盤	電源無法輸入	1.電源開關故障。 2.保險絲燒斷。 3.電源繼電器（電磁開關）故障。 4.沒有連接、接觸不良或斷線。	1.更換新品。 2.更換新品。 3.更換新品或更換部分零件（線圈燒毀時，更換線圈）。 4.連接及鎖緊。
	自動、手動無法切換	1.切換開關故障。 2.切換繼電器故障。 3.接觸不良或未連結。 4.繼電器接點燒毀或故障。	1.更換新品（指令開關）。 2.更換新品。 3.連結、鎖緊。 4.更換新繼電器。
	手按開關 on、繼電器啟動，但馬達不轉	1.馬達燒毀。 2.單相連轉。 3.電磁開關接點接觸不良或損壞。	1.更換新品。 2.正常連結、更換電磁開關。 3.更換新品。
	手按開關 on，而無法啟動電磁開關	1.電磁開關線圈故障。 2.開關故障。 3.接觸不良或未連結。 4.接線錯誤。 5.繼電器脫離，無法恢復。	1.更換新品。 2.更換新品。 3.連結及鎖緊。 4.修正接線。 5.改為手動操作，無法恢復時，更換新品。
	只有在按 on 鈕時才能啟動電磁開關	1.電磁開關的保持迴路接觸不良或未接線。 2.開關按鈕故障。 3.接線錯誤、斷線。	1.接觸不良時，更換新品，未接線應鎖緊。 2.更換新品。 3.修正接線。
	即使按開關 off 鈕，亦無法切斷電磁開關	1.開關按鈕故障。 2.接線錯誤。	1.更換新品。 2.修正接線。

CHAPTER 19

空氣污染防制技術

本章將彙整奈米半導體業界常使用之無塵室資料，進而則依據勞工安全維護的觀點，說明此行業空氣污染之蒐集系統、空氣污染物處理原則與處理技術。

19-1 空氣污染物蒐集系統

由於半導體製造工業產品之高度精化，因此製程均要求在嚴格控制的無塵室操作，無塵室之構造採層層過濾，以去除微粒存在，並控制室內一定之溫度與濕度。故基本上無塵室為密閉空間，而 IC 製造過程中污染源均發生於無塵室內；為避免大量使用之化學物質於作業環境中影響人員安全，故污染物的蒐集對此行業愈加顯得重要。一般對於空氣污染物之蒐集，大都使用局部排氣系統（local exhaust system）。局部排氣系統基本上包含氣罩、風管、風車、空氣清淨裝置及煙囪等。

無塵室設計

空氣中微粒的存在，經證實對半導體製作某些步驟將造成重大的損失，諸如清洗與載體傳輸操作或在塗敷光阻劑製程時。因此，在半導體重要生產過程操作時，必須努力控制空氣中存在的微粒，使造成之不良率達到最低。

無塵室種類依氣流型式主要分為垂直層流（Vertical Laminar Flow, VLE）、水平層流（Horizontal Laminar Flow, HLE）及混合流（Mixing Flow）無塵室，其中以垂直層流無塵室最受歡迎，尤其是等級為 100 以上之無塵室。近年來，由於產品日益精密，無塵室設計等級亦愈加嚴格，已逐漸發展為 10 或 1 等級；這些無塵室對室內環境品質必須控制的三個主要參數為溫度、濕度與粒子位準（particle level），其中溫度與濕度可由空調設備型式、數量與放置點（set point）來決定，而微粒則必須由高效率微粒

空氣過濾器（HEPA）予以控制。以下說明無塵室作業環境設計要點。

　　一般將無塵室區分為以下不同等級：

　　1. Class 100：係指無塵室中微粒粒徑大於或等於 0.5μm 之塵粒計數 < 100 個粒子/ft。

　　2. Class 10,000：係指無塵室中微粒粒徑大於或等於 0.5μm 之塵粒計數 < 10,000 個粒子/ft，或指粒徑大於或等於 5μm 之塵粒計數 < 65 個粒子/ft。

　　3. Class 100,000：係指無塵室中微粒粒徑大於或等於 0.5μm 之塵粒計數 < 10 個粒子/ft，或指粒徑大於或等於 5μm 之塵粒計數 < 700 個粒子/ft。

　　高效率微粒空氣過濾器（HEPA）對大於 0.3μm 塵粒之蒐集效率需大於 99.97%，才可確保無塵室空氣品質。在風量約 28cmm 條件下，過濾面積為 0.09m² 之過濾網其最初壓損小於 22.86mmH$_2$O，過濾網之阻力隨操作時間增加而漸大，最大可達到 250mmH$_2$O；一般為避免空氣流量降低，最終壓損以不超過 62.5mmH$_2$O 為設計原則，否則需更換新過濾網。另外裝設簡單之過濾網亦可減少 HEPA 過濾網之塵負荷。

　　HEPA 過濾網通常裝置在無塵室天花板或牆壁上，其上游則為補充空氣之充氣室之風管設施，兩者之氣流阻力需配合過濾網阻力設計，使 HEPA 能有均勻之氣流。所需空氣流速視無塵室等級而有所不同，一般計範圍為 15～46m/min，以等級 100 之無塵室而言，其室內空氣流速為 28m/min。等級大於 100 之無塵室屬於非層級氣流，需要每小時 20～100 次換氣率，視各獨立室需求與操作特性而定，一般設計空氣交換率為 0.03～0.30cmm/m³。另外為控制毒性污染物之局部排氣常需增加部分空氣量，補充空氣量約等於 25% 之總空氣流。為防止塵粒入侵無塵室及考慮毒性化學物質在室內逸散問題，無塵室亦設計為正壓力，乃用裝置於排氣口上之重力節氣閥來維持無塵室內具有 2.54mmH$_2$O 之正壓力。

　　表 19-1 所示為不同等級無塵室設計條件之比較，由表 19-1 可知，等級 100 之無塵室其各條件設計值約 10 倍於級數 10,000 之無塵室，故等級愈

小，無塵室造價愈昂貴。**表 19-2** 及**表 19-3** 所示為不同氣流流速下所需消耗之能量及各單元產生之壓損狀況；各無塵室等級分類與所允許之室內微粒濃度標準。

無塵室之作業環境對半導體之製造而言，可說是最佳條件，但是對作業員而言，可能並不算是舒適之作業環境。無塵室中將內部區分為特別之密閉室，一旦有災害發生，避難非常困難，尤其是電源、氣體、藥品等都集中管理，因此安全性應特別注意，其可能發生之災害如**表 19-4** 所示。

另外，製程中所使用之特殊毒性氣體如 Silane 等（來自減壓 CVD）屬燃燒氣體，處理時須格外小心，以免發生事故。為了消除 Mono Silane 之毒性，常將氮氣或空氣通入稀釋之，其間會發生化學反應，產生 SiO_2 粉末，若立刻導入除毒裝置中，同時和未反應物質起反應，有可能發生著火及爆炸情況，故先前有必要裝設集塵過濾設備。

勞工安全作業環境集氣系統相關規定

由於有機溶劑蒸氣對人體健康會產生不良影響，故勞工安全衛生法令第五條規定雇主應依有機溶劑中毒預防規則之規定，設置防止有機溶劑蒸氣引起危害之必要安全衛生設施；為預防有機溶劑中毒所必要之控制設施包括密閉設備、局部排氣裝置（其規定之風速如**表 19-5** 所示）及整體換氣裝置（其規定之換氣能力如**表 19-6** 所示）；亦即勞工作業環境空氣中有害物質容許濃度規定雇主應規劃或改善作業環境措施，使勞工每次曝露作業環境空氣中濃度不超過容許濃度。

表 19-1 不同等級無塵室設計條件之比較

設備條件 \ 等級	Class 10,000	Class 100
天花板上空氣過濾器效率	50%	100%
空氣流速	9 ft/min	90±20ft/min
換氣率（次／小時）	60	600
能源消耗	<6 watts/ft²	<60 watts/ft²
流量控制	不控制	控制

表 19-2 無塵室中不同氣流流速下能量消耗狀況

流速（ft/min）	功率（Watts/ft²）
95	44.8
79	39.8
62	35.2
57	33.9

表 19-3 無塵室空氣環境系統中各單元之壓損

設備型式 \ 流速 壓損	95（ft/min）	57（ft/min）
	壓損（吋水柱）	
冷卻線圈	－ 0.30	－ 0.16
空氣預過濾器	－ 0.35	－ 0.25
風車	2.1	1.17
HEPA 高效率過濾器	－ 0.7	－

表 19-4　半導體製造廠中無塵室災害可能性

區分	特徵	內容	災害的可能性
建築	・密閉構造 ・空氣清淨 ・能源集中	・就清淨度標準來看，建築物內部呈區分化的密閉式構造。 ・空氣清洗室之門為雙層構造。 ・集中電氣、水、瓦斯氣體、配線、配管等能源。	・火災、地震、災害發生時避難困難。 ・同上。 ・爆發、火災、能源損失大。
空調	・循環空氣 ・正壓氣體 ・層流氣體 ・噪音及低濕度	・為了方便計算清淨度標準及其質加減，均採用循環空氣系統，並流通於空調排風管之內。 ・為了維持清淨度，均採用一定的壓力控制，但是如果造成負壓，則會在排氣中產生有毒氣體逆流。 ・由於空氣清淨化使得氣體以層流狀吹送出。不過，因風速均在 0.5m/sec 以上，以至於吹在人體引起體溫調節方面之阻礙。 ・多數的送風機以及迴轉裝置均保持常態運轉，室內常態的相對濕度保持在 RH＝40～60%。	・火災發生時，災害規模擴大。 ・有害氣體在室內擴散。 ・身體異常（冷氣房病症）。 ・身體異常（耳鳴、頭痛、無法體溫調節）。
半導體製造裝置	・使用能量多樣化 ・自動化無人化	・半導體製造裝置可供應各種能源（電氣、瓦斯、藥品等）。然而能源之多元化有可能形成二次災害的起因。 ・從污染控制的方法來看，其自動化、電腦化系統已成為不可或缺的技術以及發現任何異常化現象。	・爆發、火災、有毒氣體發生。 ・爆發、火災、有毒氣體發生。
半體導氣體藥品	・毒性化學物質 ・溶液濃稠 ・乾蝕劑	・隨著新技術之開發，目前均可以處理性質不明確之物質。 ・光阻顯影液最近均使用於毒性強烈或引火性強的物質。 ・對於蝕刻裝置內發生的鹵化氣體及紫外線臭氧要格外注意。	・有毒氣體發生，火傷、爆發。 ・有毒氣體、爆發。 ・有毒氣體。
靜電電氣	・無 ・樹脂性藥品容器 ・漏電	・未含素材者易帶靜電氣。 ・樹脂製藥品藥容器易帶靜電氣。	・火傷、製品破壞。 ・火傷、破壞。 ・感覺、火災。
電射射線	－	－	・火傷、皮膚障害、有毒氣體。

🔵 表 19-5　局部排氣之控制風速

氣罩之型式	有機溶劑或其混存物之分類	控制風速（公尺／每秒）
包圍型單面開口氣罩（booth hood）	第一種有機溶劑或其混存物 第二種有機溶劑或其混存物 第三種有機溶劑或其混存物	0.4 0.3 0.25
包圍型雙面開口氣罩（two sides draught enclosing hood）	第一種有機溶劑或其混存物 第二種有機溶劑或其混存物 第三種有機溶劑或其混存物	0.5 0.4 0.3
側邊型氣罩（lateral hood）	第一種有機溶劑或其混存物 第二種有機溶劑或其混存物 第三種有機溶劑或其混存物	0.5 0.4 0.25
懸吊型三面開口氣罩（three sides draught & suspended hood）	第一種有機溶劑或其混存物 第二種有機溶劑或其混存物 第三種有機溶劑或其混存物	0.6 0.5 0.4
懸吊型三面開口氣罩（open sides draught & duspended hood）	第一種有機溶劑或其混存物 第二種有機溶劑或其混存物 第三種有機溶劑或其混存物	1.0 0.8 0.6
底邊型氣罩（down draught hood）	第一種有機溶劑或其混存物 第二種有機溶劑或其混存物 第三種有機溶劑或其混存物	0.7 0.5 0.3

註：1. 表中之控制風速係指開放全部設置之氣罩時之控制風速。

　　2. 表中之控制風依氣罩型式，包圍型者係指氣罩開口面之最低風速，側邊型、懸吊型、底邊型者係指氣罩吸取有機溶劑蒸氣之範圍內，距離該氣罩最遠距離之作業位置之風速。

🔵 表 19-6　整體換氣裝置規定之換氣能力

有機溶劑或其混存物之種類	每分鐘換氣量
第一種	每分鐘換氣量（立方公尺/分鐘）＝作業時間內一小時有機溶劑或其混存物之消費量（公克／小時）×0.2
第二種	每分鐘換氣量（立方公尺/分鐘）＝作業時間內一小時有機溶劑或其混存物之消費量（公克／小時）×0.03
第三種	每分鐘換氣量（立方公尺/分鐘）＝作業時間內一小時有機溶劑或其混存物之消費量（公克／小時）×0.008

註：表中每分鐘換氣量之單位為立方公尺，作業時間內一小時之有機溶劑或其混存物之消費量之單位為公克。

集氣系統之設置

一般將廢氣蒐集管線區分為兩類，即製程廢氣排氣（Scrubber Exhaust, SEX）及一般排氣（General Exhaust, GEX），製造廢氣排氣係指製程設備中反應槽所剩餘或未反應之原料以真空泵抽出，抽氣時以氮氣來稀釋廢氣濃度以保護真空泵，各個廢氣性質相似之廢氣則合併先經區域性吸附或洗滌處理後，再與其他廢氣合併，最後送至中央洗滌塔（central scrubber）作二次處理後排入大氣中。至於一般排氣系統乃指將自反應槽逸散之空氣污染物，以局部排氣系統捕集，以維護無塵室中空氣品質。

製造廢氣之排放與處理設備，一般均視為製程設備的一部分，其設置依製程作業之不同而異。而一般排氣系統則採用氣罩予以蒐集污染物，因此，氣罩設計之良窳，影響廢氣處理效率甚鉅，設計時應遵循下列各項原則：

1. 氣罩應儘可能將污染源包圍起來，使污染物的逸散在最小範圍內，以便防止橫風氣流干擾，減少抽氣風量。
2. 氣罩抽氣方向儘可能與污染源氣流運動方向一致，充分利用污染氣流的初始動能。
3. 儘量減少氣罩的開口面積，以減少抽氣量。
4. 氣罩的抽氣氣流不允許先經工人的呼吸區再進入氣罩。
5. 氣罩的結構不應妨礙工人操作和設備檢修。

氣罩的形式很多，若依氣罩與污染源的相對位置及適用範圍，可將氣罩分為密閉式氣罩、箱型氣罩、捕氣型氣罩及接受型氣罩等四類。

密閉式氣罩

密閉式氣罩是將污染源局部或整體密閉起來的一種氣罩，其工作原理是使污染物的擴散局限在一個密閉空間內，並利用抽氣使空間內保持負壓，達到防止污染物外逸的目的。其特點是與其他型式氣罩相比所需抽風量最

小，控制效果最好，且不受室內橫向氣流的干擾。所以，在設計中應優先考慮選用。一般 IC 製造廠使用之密閉式氣罩均設於製程設備如金屬濺鍍機、化學氣相沉積（CVD）等之上，即製造設備中反應室（reactor）所剩餘或未反應之原料藉密閉室氣罩以真空泵抽出，抽氣時並以氮氣來稀釋廢氣濃度以保護抽氣泵。

箱型氣罩

由於生產操作的需要，在氣罩上開有較大的操作孔。操作時，通過孔口的氣流來控制污染物外逸。其捕集原理和密閉式氣罩一樣，可視為開有較大孔口的密閉式氣罩，化學實驗室的通風均屬於密閉集氣罩的典型代表。其特點是效果好，所需抽氣風量較密閉式較大，而小於其他型式氣罩，最常用者為層流排氣罩（laminar flow hood）。

捕氣型及接受型氣罩

由於工廠條件的限制，有時無法對污染源進行密閉，則只能在其附近設置捕氣型及接受型氣罩，如溶劑清洗或濕蝕刻製程。捕氣型及接受型氣罩的型式相當多樣，包括頂蓬式氣罩（camopy hood）、下抽式氣罩（down-dwaft hood）、側吸式氣罩（side draft hood）、狹縫式氣罩（slot hood）及推拉式氣罩（push-pull hood）。由於捕氣型氣罩吸氣方向與污染源氣流運動方向不一致，因此捕氣型氣罩比接受型氣罩需要較大抽氣風量，才能控制氣流的擴散，而且容易受室內橫向氣流干擾。

19-2　廢氣處理系統

半導體製造所產生之空氣污染物經蒐集後，需再經妥善處理，始能予以排放。由於半導體製造業可能排放之污染物相當多樣，各項不同特性污染物之處理方法亦不盡相同，因此廢氣處理系統須針對各種不同廢氣特性

分類蒐集處理。

　　半導體製造的生產設備皆在嚴格控制的無塵室中操作，主要有氧化爐、擴散爐、清洗槽、顯影機、離子植入機及金屬濺鍍機等。而各類製程可能產生污染物，依據其處理特性區分，可區分為酸鹼性氣體、有機溶劑及特殊毒性氣體三類，針對此三類廢氣處理，其處理原則如下：

1. 各類污染源所排放之污染物，可能包含多項不同特性廢氣，因此各類廢氣需先依其特性經一次處理後，再進入中央廢氣處理系統處理。中央廢氣處理系統以洗滌塔為主。

2. 擴散、化學蒸著製造中產生之毒性氣體，主要為 Cl_2、PH_3、SiH_3、B_2H_4 等。其中離子植入機、化學蒸著沉積所產生廢氣為常溫，因此需先經燃燒管燃燒可燃毒性氣體，再以乾式吸附塔未完全燃燒之毒性氣體。至於氧化／擴散爐所產生之可燃毒性氣體，大部分已在爐內氧化，因此廢氣經蒐集後，備以乾式吸附（local scrubber）之。

3. 蝕刻、清洗製造程所產生之酸鹼性氣體，如 H_2SO_4、NH_3、HCl、HF、HNO_2、CH_3COOH、H_3PO_4 等，以填充式洗滌塔為預處理設備。

4. 黃光區製程中所產生之廢氣則以有機溶劑蒸氣為主，例如，甲苯、二甲苯、丙酮、三氯乙烷等，因不具特殊毒性，以活性碳吸附之；若廢氣為大風量、低濃度時則以濃縮轉輪處理之。

廢氣濕式洗滌技術

　　半導體製程中酸鹼性廢氣處理，乃至於中央廢氣處理系統，一般均採用濕式洗滌設備，以吸收廢氣中污染物質，吸收法係利用液體（吸收液）之溶解作用以去除排氣中可溶解之成分。當吸收液中氣體濃度低於平衡濃度時，即可對氣體發生吸收作用，這平衡濃度和實際濃度的差值提供了吸收作用之推動力。而吸收速率是決定於此氣體／液體本身的物理與化學特性，及吸收系統的操作條件（如溫度、氣體與液體的流量），通常可藉由

降低溫度、加大接觸面積、提高液體／氣體比值、提高氣流中被去除氣體之濃度等以增進吸收效率。

　　吸收作用包括有物理性及化學性。當被吸收成分溶解於吸收劑，係屬於物理性吸收作用。而當被吸收成分與吸收劑間有反應發生時，則稱為化學性吸收作用。溶劑可為有機性或無機性成分，包括有水、礦油（mineral oils）、非揮發性碳氫油及水溶性液等（如氫氧化鈉）等。

　　在氣體吸收之操作中，選擇吸收劑應注意下列事項：

1. **溶解度大**：氣體溶質在吸收劑中之溶解度愈大，則吸收速率亦愈大，即可減少吸收劑之需要量。

2. **揮發性低**：離開吸收器的氣體中，包含有飽和之吸收劑蒸氣，致使吸收劑流於損失；若吸收劑之揮發性低時，其損失之量亦可減少。

3. **腐蝕性低**：腐蝕性吸收劑儘可能避免，以防損害吸收器。

4. **化學安定性大**：化學穩定性高，意謂不易變質且不輕易起反應。

5. **無毒性**：吸收液的毒性影響吸收液處理或貯置，亦影響操作時安全性。

6. **黏度低**：黏度低之吸收液，除可使吸收速率增大外，亦可降低吸收器內之壓力差降，並提高吸收器中兩相流動之速度及熱傳效果。

7. **比熱小**：當利用加熱法來再生吸收劑時，則必須考慮此一因素。

8. **選擇性大**：當所處理之氣體系統為混合物時，具選擇性之吸收劑不但可收去除之效，並具分離效果。

9. **價格低廉，來源充沛**：目前業界處理酸鹼廢氣方式係將洗滌液散布於裝有隔板、填充料或其他裝置內，使氣體迂迴通過；常用者如隔板式洗滌塔、浮床式洗滌塔及填充式洗滌塔等。這些系統的設計目的在提供氣體／液體間較大的接觸機會以增加其間的質量傳送速率，目前國內業界最常採用填充洗滌吸收污染物質。

　　填充物可隨意倒入塔中，或依某種固定方法所列之規格型式整齊堆積於塔中，隨意倒入填充物可有較高之接觸比表面積，氣流在接觸床之截面上有較高之壓力降。整齊堆置方法之優點為有較低之壓力降及可能較高之

液體流率，但建設費用明顯的較高。以下則彙整半導體製造業各類酸鹼性廢氣濕式洗滌經驗說明：

酸性廢氣處理

對氯化氫、硝酸、硫酸等酸的使用所造成之廢氣與酸霧（除 HF 與 HNO_3 混合產生的 NOx 外），可採用 4%左右的 NaOH 水溶液，作為吸收劑以確保吸收效率。使用的吸收法處理廢氣中 HCl 時，因 HCl 溶於水中會放熱，利用水吸收 HCl 廢氣時，需使用循環水或冷卻水增進吸收效果，由於 HCl 溶解度很高，並與水起快速反應，故其吸收反應為氣體薄膜控制（gas-film control），即可藉氣體吸收係數（overall absorption coefficient）Ka 來設計吸收塔，一般用簡單設備即可達良好處理效果，當採用陶瓷填充塔為處理設備，則其處理效果可達 90%以上。

氟化氫廢氣處理

氟化氫廢氣處理方式可採用與酸性廢氣相同之處理方式，即可使用鹼液洗淨法來處理，一般可達 90%去除率或濃度 1ppm 以下。氟化氫係藉鹼液形成氟化鈉（NaF），所產生之含氟化鈉廢水可加上消石灰形成氟化鈣（CaF_2）沉澱後加以回收。半導體所導致之含氟廢氣主要以 SiF、HF 兩種形式存在，研究報告指出在高溫操作下，氟化物易因熱解形成 HF，在低溫操作下矽氟化物易分解為 SiF，其他亦含少量粒狀氟化物如 NaF、AlF_3。因 HF 與 SiF_4 易溶於水，可視其與水之反應氣體薄膜控制反應。

一般所採用的吸收設備主要為洗滌塔與填充塔，為了避免阻塞與降低壓損，通常採用格子狀填充塔。洗滌塔出水口的水壓約為 15～60psi，其廢氣操作流速不大，約為 1.2～1.5m/s，主要為了避免水滴再揚起現象。使用含氟廢氣處理設備尚須考慮氣體中是否存在粒狀污染物或是否會因反應產生粒狀物，由於含 HF 廢水具毒性與腐蝕性，其建造材料須耐腐蝕，而在廢水可添加石灰將廢水中氟離子沉澱下來。

氨氣處理

可利用氣液接觸裝置，以大量的水或酸洗淨加以處理。所採用之吸收液為鹽酸或硫酸等酸性物質，或利用水予以吸收，吸收液的採用決定於氨氣的濃度及用水情形。

國外學者 Kohl 認為氨極易溶於水，利用水吸收氨之作用主要決定於廢氣量而與供水量無太大關係，即可藉氣體吸收係數來設計吸收塔，以求得各種處理設備以一定水量處理廢氣所需之 $K_G a$。

特殊毒性氣體控制技術

奈米製程單元，可能排放之特殊毒性氣體種類繁多，針對此類廢氣處理需因應各單元所排放廢氣特性，串聯多種不同型廢氣處理設備，階段性地處理各種不同特性污染物質。目前常應用於處理半導體製造程序中特殊毒性氣體之處理技術，大體上可分為乾式吸收或吸附法、濕式洗滌法、熱解法及燃燒法等四種方法。各種控制方法原理及其選擇時之比較，如**表 19-7～19-8** 所示。

1. 乾式吸附法

乾式吸附法主要乃藉附著於載體上的化學物質與廢氣中的毒性物質產生反應，以降低廢氣中污染物濃度之處理裝置，一般使用矽藻土作為載體，而載體上附著之化學物質則隨所欲去除之污染物質而異。目前業界以乾式處理法占大多數，乾式法種類許多，諸如於活性碳中添加中和劑或能吸收金屬氧化物之吸著劑等。乾式法之優點為去除效率高，幾乎可高達 100%，吸著劑之使用可因應氣體種類不同而加以改變，且使用飽和後可丟棄另再更新，甚為方便。以下介紹兩種吸著劑處理原理及其使用特性。

(1) Rikasole（氧化及清除法）：此法於 1941 年發明，用作 C_2H_2 的清

潔器（清除 C_2H_2 內含的 PH_3 及其他物質），在 1956 年改進後，使用至今。Rikasole 法使用矽藻土當為載體，浸漬於 $FeCl_3$ 內，使用時乃 $FeCl_3$ 藉吸收氧化毒性物質。一般可藉吸收氧化之毒性物質包含 AsH_3、PH_3、B_2H_6、H_2S、H_2Se 等氣體。

表 19-7　特殊毒性氣體各種控制方法與原理（包含一些假設狀況下）

控制方法			原理
乾式法	物理吸收劑	在無氧環境下	藉助活性碳的吸收而移去（飽和後的活性碳亦可加以利用）。
		在空氣中	藉飽和後的活性碳與其氧化而移去。
	氧化劑		藉著與銅或鋅等吸附固化而與其氧化。
	鹼基反應劑		藉著與蘇打、石灰的吸附固化而反應以除去毒性。
半乾式法	FeCl（三氯化鐵吸收劑）	在無氧環境下	基於三氯化鐵的固化與吸附能力，並填充矽藻土為氣體流通媒介。
		在空氣中	實際上固化作用是伴隨著反應而達成。
	鹼基反應劑		藉鹼和氧化劑的吸附與固化作用，並填充矽藻土為氣體流通媒介。
溼式法	鹼		與鹼（NaOH）氫氧化鈉反應。
	酸		與酸（H_2SO_4）硫酸反應。
	水		水解反應；溶解。
	氧化劑		藉著將氧化劑（如 $KMnO_4$、NaClO）加入到鹼性溶液中與其反應。
熱解法			在 500℃ 或更高溫度下使其熱分解並在粉末態中將其移去。
燃燒法	自然狀態下燃燒		在空氣中使其自然燃燒成粉末後再行移去。
	強制燃燒		在焚化爐中將廢氣強制燃燒。

表 19-8　各種毒性氣體控制方法之比較

被處理氣體	Rikasole 劑	KS 劑	鹼(氫氧化鈉)	酸(硫酸)	水	熱分解	燃燒	備註
三氫化砷（AsH_3）	◎	◎	×	(×)	×	○		Rikasole 劑可回
三氫化磷（pH_3）	◎	◎	×	(×)	×	○	○	Rikasole 劑可回
六氫化二硼（B_2H_6）	○	◎	○	(×)	○	○	○	
四氫化矽（SiH_4）	○	◎	◎	(×)	×	○	○	
六氫化二矽（Si_2H_6）	(×)	(○)	(○)	(×)	(×)	(○)	(○)	
四氫化鍺（Geh_4）	×	◎	×	×	×	○		
硫化氫（H_2S）	◎	◎	○	(△)	△	○		
硒化氫（H_2Se）	◎	◎				○		當 Rikasole 劑使用時，可用水將其溶解化去
氨（NH_3）	◎	△	△	◎	△	(×)		
二氯二氫化矽（SiH_2Cl_2）	◎	◎	○	(○)	(○)			
三氯一氫化矽（$SiHCl_3$）		◎	(○)					
三氯化硼（BCl_2）		◎	○					
二氯化砷（$AsCl_2$）		◎						
四氯化碳（CCl_4）	×	×				○		
四氯化矽（$SiCl_4$）		◎	◎					
氯化氫（HCl）	△	◎	◎		△			
三氟化硼（BF_3）		◎	○					
四氟化碳（CF_4）	×	×						
四氟化矽（SiF_4）	×	◎						
三氟化氮（NF_3）	×	×	×	×	×	(○)	(○)	
氟化氮（HF）	△		◎					
氯氣（Cl_2）	△	◎	○	(△)	△			
氟氣（F_2）	△	◎	(○)	(△)	△			
三甲基化鋁烷（$Al(CH_3)_3$）	(○)	◎	(○)		(○)	○		
三甲基化錠烷（$Gs(CH_3)_3$）	(○)	◎	(○)		(○)	○		
三乙基化鋅烷（$Zn(C_2H_5)_3$）	(○)	(◎)	(○)		(○)	○		

註：◎：可達到允許排放濃度以下。

　　○：較困難達到排放濃度以下。

　　△：可自水中移去不可溶之物質（飽和狀態下）。

　　×：不可能達到。

括弧表示預測。

　　Rikasole 的特徵是可以藉顏色的變化來決定使用的狀況，同時，它可將有害物質清除到許可的濃度，表 19-9 列出 Rikasole 吸附污染物後顏色的變化。$FeCl_3$ 轉變成 $FeCl_2$ 而逐漸減少，還原便可恢復 Rikasole 的功能。

表 19-9　Rikasole 吸附之污染物種類及顏色變化

污染物	顏色變化
AsH_3	黑
PH_3	乳白
B_2H_6	顏色不變
H_2S	黑
B_2Se	紅
SiH_2Cl_2	一

Rikasole 藉再生而重複使用，僅能用於吸附 AsH_3 及 PH_3。測試證實，Rikasole 不能重複使用來吸附、及。並且，因為 Rikasole 吸附 AsH_3 和 pH_3 的性能也會隨再生次數而降低，所以重複使用 5 至 6 次後也須更換。此外，如果 Rikasole 被乾燥時，吸附性能會降低，因此需要在 Rikasole 塔前安裝一個增溼塔來使 Rikasole 潮溼。Rikasole 在正常速度時壓力的損失約為 400mmAq/m。

(2) KS 吸附劑法（反應和吸收法）：KS 吸附劑發展於 1982 年，是對有害氣體的一種多功能吸收劑，亦使用矽藻土做載體，並如鹼（NaOH）和 $KMnO_4$ 等氧化劑浸漬在一起。因為 $KMnO_4$ 的關係，顏色呈紫色。Rikasole 有酸性的性質，而 KS 吸收劑則是呈鹼性。因為含有 $KMnO_4$ 這種強力氧化劑，因此 KS 除了能去除 AsH_3、PH_3 等物質，更能去除 $Al(CH_3)$、$Ca(CH_3)_3$ 等有機金屬化合物，以及 HCl 等酸性氣體和 SiH_4、B_2H_6 等水解氣體。為了保護 KS 吸收劑避免乾燥，如同 Rikasole 一樣，必須在 KS 吸收劑塔前安裝一個增溼塔。表 19-10 列出 KS 吸附污染物的種類及其顏色變化。

表 19-10　KS 吸附污染物種類及顏色變化

污染物	顏色變化	污染物	顏色變化
AsH_3	棕	SiH_2Cl_2	乳白
pH_3	棕	$AsCl_2$	乳白
GeH_4	乳白	BCl_3	乳白
H_2S	黃	BF_3	乳白
SiH_4	乳白	SiF_4	乳白
B_2H_6	乳白	H_2Se	乳白
HCl	乳白		

2.濕式洗滌法

　　濕式洗滌法處理原理乃藉水溶液洗滌廢氣，以吸收污染物質，由於欲去除之污染物質毒性高，因此，洗滌塔型式一般採用填充式洗滌塔，以加大液氣接觸面積，至於洗滌溶液之選擇，則應視污染之特性，使用不同吸收劑或氧化劑，以吸收或氧化分解污染物。濕式洗滌法主要優點在於比乾式吸附法處理量要大，可同時處理多個污染源所排放廢氣，然而處理含多種不同污染物廢氣時，可考慮串聯使用不同洗滌液之洗滌塔，以多段洗滌確保不同特性污染物去除效率。以下介紹數種不同污染物洗滌時常用之洗滌溶液。

(1)含 PH_3 及 AsH_3 廢氣處理：含磷化氫或砷化氫廢氣，可使用次氯酸鈉（NaClO）或過錳酸鉀溶液洗淨，使其氧化而加以去除，其處理設備稱之為氧化塔。處理上如使用次氯酸鈉為氧化劑，則會產生次氯酸等酸性氣體，因此，氧化塔需再串聯洗滌塔，以鹼液洗淨之；若為小規模的處理設備可採用含氯化亞鐵吸附劑之吸附法處理。

(2)含硼族廢氣處理：硼族氣體如硼化氫氣（B_2B_6）、硼丁烷（B_4H_{10}）可用水或鹼液洗淨法處理。而硼化氫可當做硼酸加以除去，氟化硼砂（BF_3）、氯化硼（BCl_3）則利用氧化劑（次氯酸鈉

等）洗淨或用鹼液洗淨處理。

(3)含矽化氫（SiH_4）、二氯矽化氫（SiH_2Cl_2）等廢氣處理：可用水或鹼液洗淨來處理，對於矽烷類廢氣，可用氮氣稀釋，經空氣氧化後，再用水或鹼液洗淨法處理。

3.熱解法

許多有害氣體能輕易地被熱分解，例如，將 AsH_3 加熱至 700℃以上即可分解毒性，但仍有部分不反應的 AsH_3 固體，能以 Rikasole 去除。所以此種方法適用於小型設備，在熱反應區內填充金屬觸媒更能提高效率。必須注意的事，如果熱解氣體是 B_3，可能在加熱區加熱至燃點時會產生粉末，以致於堵塞管路，造成空氣不能進入等困擾。

4.燃燒法

燃燒法包含利用具自燃性氣體自燃及使用燃油生火焰燃燒有害氣體等二種方法，分別說明如下：

(1) SiH_4 自燃法：SiH_4 與氧接觸後，被氧化成粉末狀 SiO_2，因此，導入大量的氧到排放氣體內，將 SiH_4 轉換成 SiO_2，然後利用濾網、洗滌塔或文氏洗滌塔清除 SiO_2。

(2)強迫燃料燃燒法：此法是將煙道氣體導引至燃燒器火焰，將氣體燃燒並轉換成有害的粉末而蒐集之。此法也適合大量處理使用，但因使用燃料，所以運轉成本高。

揮發性有機物控制技術

揮發性有機物（Volatile Organic Compounds, VOCs）係奈米級製造工業於黃光區製程使用大量之光阻液、顯影液，這些溶液均由種類繁多之有機溶劑組成，另於晶圓之清洗及機台之清潔工作也使用大量之有機溶劑，較常見者如二甲苯、三氯乙烷、丙酮、苯等，因而造成有機溶劑蒸氣逸散於

作業環境中，影響員工身體健康甚鉅，係指有機化合物成分之總稱，但不包括甲烷、一氧化碳、二氧化碳、碳酸、碳化物、碳酸鹽碳酸銨等化合物。

　　VOCs 處理系統，就是利用沸石轉輪吸附及脫附揮發性的碳氫化合物的特性達到濃縮的效果，再送進焚化爐燒掉，轉輪濃縮技術，主要是利用吸附的方法將廢氣中的 VOCs 分子吸附於轉輪內，然後再以較高的溫度將轉輪內的 VOCs 以較高的濃度脫附出來。一般工業有機溶劑廢氣的處理方法計有吸附、焚化及冷凝法等三種，分別介紹如下：

1. 吸附法

　　　　吸附作用係藉由流體和固體（吸附劑）表面之接觸而去除有機物或其他物質。氣流中之氣狀、液狀或固狀微粒被吸附劑吸附者，稱為被吸附物質（adsorbate）。

　　　　常用的吸附劑包括有活性碳、矽膠粒（silica gel）或活性鋁。吸附程度決定於接觸面及吸附氣體物理性質，吸附劑具有較大的表面積／體積比，及只對吸附成分具有較大的親和力時，則能具有較良好的吸附能力。活性碳為最常用的吸附劑，對於揮發性有機物，若具備較大的分子量，較低的蒸氣壓反環狀結構（cyclical compound）者，將有利於吸附作用，在較低的操作溫度及較高的濃度狀態下，亦可增強吸附容量。活性碳吸附可應用於製造廠的污染控制及溶劑回收，而通常是採用多床式分批操作。在執行吸附操作時，包括有吸附及再生兩大步驟，對於連續式排氣，應該最少有一床以上進行吸附作業，而另一床做再生工作。

　　　　活性碳吸附床型式可採用固定床、流動床或浮動床等。充滿VOCs的廢氣在經過碳床後，將VOCs吸附在床面上，當吸附容量接近飽和時，少量的 VOCs 可在排氣中出現，這表示碳床已達到貫穿點，此時應將排氣通往再生床，而已飽和的碳床則通以熱而低壓的惰性氣體，以脫附碳床上的VOCs，一般的脫附技術很難達到完全的脫附而殘餘部分的 VOCs。若以蒸氣做為再生劑時，通常將脫附的

VOCs冷卻下來，若VOCs屬非水溶性時，可以直接傾倒的方式將之再生，若所再生之VOCs屬水溶性，則須採用蒸餾方式，將之再生，若欲回收較高純度的 VOCs 時，可能需具備一複雜的蒸餾系統，尤其在 VOCs 中包括有多種溶劑之混合物時。

以流動床吸附時，可以採連續式操作。廢氣係從吸附床底部進入而從頂端流出，已飽和的吸附劑可連續從碳床底部移除，再送往再生處再生後送回吸附系統。對一活性碳吸附塔的操作效能決定於：一、活性碳對特定 VOCs 的吸附能力；二、操作溫度；三、吸附及脫附循環時間；四、再生劑的用量與種類；五、污染物特性。活性碳吸附塔設計上應考慮以下因素：

(1)活性碳對不同種類有機成分之吸附有競爭作用，當廢氣成分中有機溶劑種類不只一種時，應考慮活性碳對不同成分之吸附能力，可裝設多層活性碳吸附塔，內裝不同之活性碳以吸附不同成分之臭氣體。

(2)進入吸附塔前廢氣溫度不宜超過 40℃，因此若由烤箱烘乾之廢氣應檢測其排氣溫度，若溫度過高，應加裝冷卻器以降低廢氣溫度。

(3)活性碳塔槽之設計，其斷面流速一般介於 0.25～0.6m/s 範圍，塔高一般介於 0.45～0.9m，以確保吸附效果。

(4)活性碳吸附飽和時，須更換新鮮活性碳，廢活性碳可再生使用。

若廢氣為大風量、低濃度時則以濃縮轉輪處理之，經由濃縮裝置可濃縮大部分廢氣，其處理 VOCs 之效率一般可達95%以上。濃縮裝置之材質主要為活性碳（charcoal）及沸石（zeolite）兩種。兩者之特性比較如表 19-11 所示。一般而言，發展技術以活性碳較成熟，而設備安全性則以沸石較佳，設計要點為介質之吸附、脫附能力、強度及脫落性、廢氣流速、濃縮裝置轉速等。

表 19-11　活性碳與沸石轉輪之特性比較

項目　　　　種類	活性碳轉輪	沸石轉輪
燃燒	易	難
水分	敏感度高	敏感度低
孔隙度	不均勻	均勻
結構	不定型	結晶狀
高沸點分子	敏感度高	敏感度低
脫附後殘存負荷	高	低
適合之廢氣濃度	較高	較低
耐溫性	低	高

2.焚化法

在空氣汙染控制領域中，廢棄焚化設備主要包括有直燃式焚化（thermal incineration）及觸媒焚化（catalytic incineration）兩種。

(1)直燃式焚化：直燃式焚化系統在高溫下可氧化VOCs，在設計時主要考慮之因素包括燃燒溫度及時間停留，因為它可影響焚化時之迫害去除效率。另外焚化爐中之擾動程度（turbulence）及混合效果亦可影響去除效率。目前直燃式焚化爐之處理效果可達到 90% 到 99%。焚化爐中所產生高溫之煙道氣，具有較高之熱能，因此可在煙道氣（或燃燒空氣）之間裝置熱交換器以作為熱交換，利用這些熱能產生熱蒸氣而作為熱能回收。

(2)觸媒焚化：觸媒焚化控制技術，乃藉由觸媒作用以氧化廢棄中之 VOCs。觸媒在焚化時僅加速系統反應速率，但在反應過程中，本身並未發生改變。在 VOCs 焚化時，較常用的觸媒包括有鉑等。在焚化器中的觸媒床結構較常採用金屬製網墊（metal mesh-mat）或陶製蜂巢式（ceramic honeycomb），這些結構設計可加大觸媒之接觸面積。觸媒可分為球狀或粒狀式，而廢氣在進入觸媒床之前須預先加熱。影響觸媒焚化爐操作效能之因素，主要包括：一、

操作溫度；二、空間速度（space velocity, 停留時間的倒數）；三、VOCs的組成與濃度；四、觸媒特性；五、在進氣中是否有對觸媒產生毒害性之物質。空間速度可定義為進氣（包括：進流廢氣、輔助燃料及燃燒空氣等）之體積流率÷觸媒床之體積。

3.冷凝法

冷凝處理常和其他空氣污染控制系統合併使用，通常冷凝器置於較昂貴控制設備（如焚化處理設備、活性碳吸附床及吸收塔）之後。冷凝處理係利用廢氣成分中凝結溫度之不同而將較易冷凝之成分分離出來。冷凝作用可包括兩種方式：一、在定溫下增加系統之壓力；二、在定壓下降低系統之溫度。而做為控制廢氣排放用之冷凝器可藉由使用冷凝劑來達成。最常用的冷凝器型式包括有表面式及接觸式冷凝器（surface & contact condensers）。管殼式（shell & tube）熱交換器為常用之冷凝器，冷凝劑從管中流過，而凝結下來之蒸氣附著管外殼下。蒸氣可在管外凝結成一層薄膜後，再排至儲存槽，或排出後做適當之處置。在接觸式冷凝器中，噴灑冷的液體以冷凝廢氣中之揮發性成分。

在設計冷凝器時應考慮：一、所需之冷凝溫度；二、冷凝劑選擇；三、決定冷凝器之大小。表 19-12 為一般有機性空氣污染物防制技術之優缺點說明，通常燃燒法用以處理有機性氣體，較適合於小風量、高濃度高溫之廢氣，其可達高效率，幾乎完全除去 VOCs 成分，需注意的是含塵濃度高者須先處理，且會造成觸媒毒化之物質需先處理掉。吸附法適用於小風量、低溫、低濃度之廢氣，在處理低濃度氣體時有甚佳效率，但對含大量粉塵、水分之氣體需先處理。

表 19-12　一般有機性空氣污染防制技術特性

		風量	溫度	VOCs成分	成分濃度	就臭性能	設備費	維持費	起動停車難易	二次公告	實例
吸附法	蒸氣再生型	小～大	常溫(Max40℃)	碳氫化合物有機溶劑	適用高濃度處理	高	高	低	中	凝縮水的處理有必要	中
	Honeyconb活性碳觸媒氧化法	小～大	常溫(Max40℃)	碳氫化合物有機溶劑	高濃度	高	高	低	易	無	少
	球狀活性碳連續再生式	小～大	常溫(Max40℃)	碳氫化合物有機溶劑	高濃度	高	高	低	中	無	少
	纖維狀活性碳連續再生式	小～大	常溫(Max40℃)	碳氫化合物有機溶劑	高濃度	高	高	低	易	無	少
燃燒法	直燃式	小～大	700～800℃	惡臭物質全部、碳氫化合物有機溶劑	適於高濃度	臭氣濃度500ppm程度	高	高	難	有害氣體發生須留意	少
	觸媒燃燒法	小～大	700～800℃	碳氫化合物有機溶劑	25%LEL以下	高	高	高	難	無	中
冷凝法		小	低溫(露點以下)	碳氫化合物有機溶劑	高濃度	高沸化合物較適合	高	高	易	無	少

19-3　空氣污染防制設備操作維護

　　半導體製造業因應各種不同污染，所採用之空氣污染控制設備相當多樣，且處理系統中常串聯多種處理設備多段處理，然製程上產生之毒性氣體，一般均採小型處理設備，其處理技術層次高，大都為半導體製程設備製造廠商所提供，此類處理設備在操作維護上均有其獨特之處，業界於使用此類設備時，需遵循設備供應商所提供之操作維護準則，以確保設備之長期使用。除此之外，半導體製造業大都設有填充式洗滌塔，作為中央廢氣處理裝置；而活性碳吸附塔則常被應用於有機性廢氣。

填充式洗滌塔之操作維護

　　填充式洗滌塔應用於半導體製造業，主要在於處理吸收氣狀污染物，在使用上填充式洗滌塔常發生的問題不外乎腐蝕、固體顆粒的堆積、機件磨損以及噴嘴的堵塞等，此外，在半導體製造業中常見洗滌塔排放白煙問題，此均與處理設備之操作狀況有密切關聯。

　　以下就填充式洗滌塔之操作前檢查、啟動與停機、正常操作、定期檢查維護與故障排除等項目分述如下：

1. 操作前檢查

　　填充式洗滌塔安裝完成運轉前，各單元設備應進行下列各項檢查。

(1)洗滌塔內應先注滿清水後再予以排放，以清除洗滌塔內的髒物或其他雜物。

(2)清除管線及風車內部的積垢或雜物。

(3)用手撥動風車的葉片，以確定葉片可正常轉動，且不會觸及風車進口或機殼。

(4)檢查風車皮帶的張力，若太鬆弛應立即調整至適當的緊度。

(5)啟動風車電源開關，以確定風車葉片轉動正常。

(6)檢查泵循環是否順暢及泵馬達的對心準確度。

(7)若泵具有填料箱封函，應檢查其確實已安裝密封函。

(8)用手轉動泵的轉軸，確定所有轉動部分皆可正常轉動。

(9)拆除泵的連接套筒，並輕觸按鈕短暫啟動泵以確定葉片可以正常轉動，若轉動方向相反，泵可能造成嚴重損壞。當確定一切轉動正常後，重新接回連接套筒。

(10)檢查泵軸承以確定已加注潤滑油。

(11)若泵使用機械軸封，需加潤滑劑，或連續的以清水沖洗。故水量

需調整至適當需要量。

⑿關閉洗滌塔的排放閥，並於洗滌塔內注滿清水，直至注入水開始自溢流連接管流出。

⒀調整連續進入洗滌塔的補充水量。

⒁開啟循環管線上的所有閥門，並開啟循環泵。此時洗滌塔內的水量會稍微下降，因為部分水會流入管線內或填充料內。這是正常現象，當操作幾分鐘後水位又會回升至溢流位置。

⒂利用循環管線上的節流閥設定循環水量。

⒃若有洩漏應檢查循環管上及法蘭迫緊處是否有洩漏處。

⒄觀察洗滌塔內的噴霧嘴或分流板，以確定水量能均勻分布，若有分布不平均的現象，應予以調整。

⒅關閉洗滌塔的維修門，並打開系統上所有的閥門，但風車進口端的擋板仍應保持關閉，啟動風車然後逐漸打開進口擋板至設計的需求風量。

⒆調整系統擋板使系統風量符合設計的需求風量。

⒇檢查風車的過量噪音與振動原因，並予以調整維護，以避免造成對心偏離。

㉑檢查所有儀器並記錄系統的功能。

㉒啟動循環泵及風車運轉 2 小時後停機，並排放洗滌塔內的洗滌水。

㉓重新檢查噴霧嘴及過濾器有無堵塞，並予以清除。

2. 啟動與停機

填充式洗滌塔之功能在於吸收去除氣狀污染物，其啟動與停機的程序分別如下所述。

(1)吸收功能之正常啟動程序

・關閉水槽排水閥並注滿水至溢流位置為止。

・打開補注閥。其水量已於事先定好。啟動泵；預先設定好節流閥。泵轉動 2～3 分鐘後開動風扇。一般均先開動泵再開風扇。

系統關閉時則先關風扇再關泵。
- 化學注料系統，注意藥桶要有藥品。
- 檢查所有的液體流量、氣體流量、壓力及壓力之減降大小。

(2)正常停機的程序
- 關掉風扇及風扇冷卻系統並自滌氣系統分離出來。
- 維持液體系統運轉一陣子，以冷卻滌氣器並可藉以降低污泥濃度。
- 關閉補充水系統，然後讓系統內的水正常地洩漏。
- 當液面降至最小水位時（泵會有噪音發生），立即關閉泵，然後關閉泵封軸水。
- 打開系統的入孔、洩氣閥及其他排水孔口。若有爆炸之慮時需先以惰性氣體淋洗一次。在任何狀況下，進入內部檢查前均須以空氣淋洗。

3. 正常操作

　　填充式洗滌塔與其他洗滌塔最大的不同是其設備壓損較高，當洗滌水量增加時，設備的壓力降漸升高直到洗滌水達溢流點，且洗滌液將在填充物的表面形成一層薄膜，典型的填充式洗滌塔一般都設計低於溢流點操作；許多洗滌塔使用噴霧嘴，但其受水量控制的限制很難超負載運轉。

　　為防止洗滌塔溢流首先得量測進出口的流量，檢測高水量最迅速的方法是暫時關閉進水流，若洗滌塔的壓降立即回復正常壓力，表示進水量太大；若洗滌塔仍維持很高，表示洗滌塔有阻塞等現象。

　　欲檢測氣量可用皮氏管等儀器檢測煙囪的氣流速度，再換算總廢氣量，而排出的廢氣量可能與進氣量不同，故每次應檢測進口風量以確定其不超過設計風量，且溫度太高或進水量改變，都應考慮改變進氣風量，以控制處理效率。由設計值改變廢氣的組成，可以同時改變填充洗滌塔的壓力損失，當廢氣的密度增大時，壓損也相

對提高。若填充式洗滌塔的廢氣量與水量不適當時，且廢氣中含有粉塵，則需謹慎處理。粒狀物於洗滌塔內產生沉澱時，將引起排放口阻塞、填充物或支撐架損壞，這些現象可以很明顯地檢查出。通常填充物都置於洗滌塔的上方或下方，阻塞是由於粉塵積聚於填充物底部，或因循環水所含有懸浮粒附著於表面。

　　填充式洗滌塔的處理風量範圍相當大，一般設計時大都以最大處理量為設計基準，操作時當處理量下降，使得系統的液氣比提高，其處理效率將維持不變或稍微提高。但當廢氣量低於設計風量的30%時，系統的壓損降低，且廢氣無法均勻地通過填充床，而使洗滌塔處理效率下降。

4.定期檢查維護與故障排除

　　為排除空氣污染控制設備所發生的故障，應採用下列建議的程序，以期適當的解決問題。

(1)問題的認定：首先要詳細地檢查整個系統，列出發現到的問題，提出看法意見，最後列出解決的可行方案及改進的方法。

(2)執行：經過了完整的分析研究及討論後所提出的建議，接下來要付諸執行。可能包括設計上的修正、組成及附屬設備的更換或製作新的設備，緊接著程序就是一步一步地完成換裝及製作的工作。最後，再次的起動並再偵測一次。

(3)測試及採樣：完成修復後必須再作一次操作試驗，內容包括煙道採樣以及以連續操作方式來測量系統的狀況。

(4)預防性的維護保養：當修改調整過的系統能正常運轉後，須擬定預防性的維護計畫，作好機件系統的保養工作以保持系統有效及可靠的操作；一般濕式洗滌塔的檢查維護包括有堵塞管線、噴嘴、泵及更換泵損壞零件、管線腐蝕維修、儀錶維護等。下列項目係針對一般濕式洗滌塔檢查所發現之典型問題來源，除需定期檢查外，並得依手冊上之建議作適當的保養工作。

至於故障排除方面，一般填充式洗滌塔常見之問題與改善方案歸納如
表 19-13：

表 19-13　一般填充式洗滌塔常見之問題與改善方案

常見問題	改善方案
1. 洗滌塔壓損增加並維持一段時間	1. 檢查液體分配系統之水量是否過量，並調整進水量。 2. 不規則排列的填充料可能被固體沉澱物阻塞，應清洗後使用。 3. 氣液分離器可能被阻塞，需要清除。 4. 檢查填充料支撐盤架有無阻塞，並清除。 5. 檢查填充料有無腐蝕或被固體沉澱物阻塞，需予以清除或更換。 6. 檢查系統風量是否增加，並重新調整擋板控制風量。
2. 洗滌塔壓損逐漸或迅速降低	1. 檢查進口風量是否減少，並調查風車或擋板控制正常操作風量。 2. 檢查噴霧嘴或液體分流器是否部分堵塞，並予以清除使其完全暢通。 3. 檢查液體分配系統之水量是否減少，並調整進水量。 4. 檢查填充物支撐盤架是否破損，或掉入洗滌塔底部，並進行維修或更換。
3. 循環水的壓力或流量降低	1. 循環管線之過濾器阻塞，應立即清除。 2. 噴霧嘴阻塞，予以清除。 3. 管線被沉澱物阻塞，需清除。 4. 泵急轉造成旋渦而降低洗滌塔內水位，停機並檢查泵。 5. 檢查泵葉片是否過度摩損，應更換。 6. 泵前後閥門是否因不注意而關閉，重新調整。
4. 洗滌液流量太多	1. 內部分流系統管線破裂，應予以更換。 2. 噴霧嘴因不注意而未設置，應重新裝置。 3. 噴霧嘴鬆脫或腐蝕，重新鎖緊或更換。 4. 泵出口節流閥改變，使水量變大；檢查並重新調整。
5. 水滴逸散出洗滌塔外	1. 氣液分溝器阻塞；應予以清洗。 2. 檢查廢氣量是否超過設計值；並調整風車或擋板。 3. 檢查填充物是否被氣流帶出洗滌塔外或被吹離而集中於局部；並予以加網蓋或重新調整固定。 4. 檢查填充物安裝是否保持均勻的高度，並重新安排填充物的排列並保持均勻。 5. 檢查氣液分離器的支撐盤架是否因損壞而掉落，並進行維修。 6. 檢查氣液通過洗滌塔的速度是否太低，使吸收效果不良，去除效率降低，應調整進口擋板並調查適當開度。 7. 冬天使用洗滌塔時，溫度太低水氣會凝結。

（續）表 19-13　一般填充式洗滌塔常見之問題與改善方案

常見問題	改善方案
6.風量太低	1.檢查填充物是否阻塞並清除沉澱物。 2.檢查是否因洗滌水量增加，引起較大阻力而提高壓損，降低風量，應調查泵量。 3.風車皮帶磨損或鬆弛，降低風量，應更換或調整風車皮帶緊度。 4.風車葉片磨損，效率降低，應更換或修護葉片。 5.系統風管阻塞，應清除。 6.檢查系統擋板是否因不注意而關閉或開度改變，應調查規定開度。 7.檢查風管是否因腐蝕而造成破損或洩漏，應修護。
7.風量突然增加	1.檢查擋板開度是否異常，宜重新調整。 2.洗滌液量降低，宜檢查泵並調整。 3.填充物損壞或掉落底部，宜修護。
8.吸收效率降低	1.檢查補充水操作是否正常，並清除管線或調整泵。 2.檢查加藥桶是否用盡，應立即補充。 3.檢查 pH 控制的精確度，並調整正確控制操作。 4.檢查加藥泵、控制閥或管線有無阻塞，並予暢通。 5.檢查洗滌水量是否太低，並調整泵輸出量。 6.檢查洗滌水分配系統及填充物有無阻塞或附著固形物，並予以清除。
9.氣體分散不良	1.使用噴射型的支撐鋼網。 2.加高垂直進入網格之高度。 3.垂直進流速度減至 2.5m/sec 以下。
10.液體分散不良	1.每 1.2～1.8m 填料增加一組再分散器。 2.重新安排噴霧分布管及進液裝置。 3.使用再分散型網格。
11.填料之尺寸不適當	向填料製造商詢問（不要向滌氣器承商洽詢），因為很多廠商均忽略了填料商的意見。
12.速度太高	1.增設另外一座洗滌塔與現有的平行使用。 2.改變調整流量。
13.速度太低	1.限制底部的網子。 2.使用小的填料。 3.使用再分散裝置。 4.提高用水量。

活性碳吸附塔之操作維護

活性碳吸附塔應用於半導體製造業，主要在於處理吸附揮發性有機污染物，在使用上活性碳吸附塔常發生的問題包括廢氣入口溫度太高、廢氣含水量太高、吸附塔壓降及溫度升高情形，以及再生系統設計不當等項目，另外吸附塔廢氣入口部分常發生腐蝕現象；故如何正確設計活性碳吸附塔，並定期檢查維護乃確保設備處理效率之良好。

以下就活性碳吸附塔之操作前檢查、正常操作、停車程序、定期檢查、維護與安全注意事項等分述如下：

1. 操作前檢查

(1)檢查所有墊圈是否緊密，所有窗口是否已關好，吸附塔與整個系統連接妥當否，並做好開機前準備工作。

(2)如果是多塔並聯的系統，則通往正進行再生操作之吸附塔的旁路閥（bypass valve）須關妥，以防止氣體進入再生中的吸收塔內。

(3)控制系統通常包括有手動式與自動式兩類。使用手動控制時，風車（blower）由定時器（clock timer）啟動；同時檢查與蒸汽輸送管線連通之閥是否已關好。

(4)設定吸附塔之操作、再生循環時間。此一設定值隨系統設計、裝置大小及操作程序而有所不同，設備製造商應提供使用者此一數據資料。

(5)通常設計良好的吸附塔可操作 24 小時，而另一個再生之吸附塔則有 2 小時蒸氣吹除（將吸附於活性碳之上之揮發性有機物吹出），10～17 小時用熱氣烘乾及 5 個小時的冷卻時間。

(6)定時器的設計只能逆時鐘方向旋轉，同時只有在關機後，定時器才會停止。

(7)開始將廢氣送入吸附塔並注意系統內之壓降及溫度升高的情形。

如果溫度超過吸附操作範圍，則須補入稀釋空氣，使其保持在操作溫度範圍內。至於通過吸附塔的壓降亦不能超出設計值，最大設計值通常為 30 英吋水柱高。

(8)當吸附塔欲進行脫冬操作時，必須將廢氣進流閥關住，並檢查再生氣處理（disposal）系統是否已連接妥當。脫附後之廢氣若用冷凝器蒐集，冷凝水需確保足夠，同時吸附塔、冷凝器及傾析器之間的管應保持暢通。如果使用焚化爐做為廢氣之最終處理裝置，應遵守有關焚化爐的操作規範避免二次空氣污染。

(9)當開始脫冬時，應先打開脫附流體（stripping fluid，如惰性氣體等）進流閥；並檢查回收系統是否操作正常。若使用冷凝器，冷凝水的出口溫度不能超過 140°F，若冷凝水進口溫度太高、熱傳效果不良或再生時吸附劑過熱，都可能導致冷凝水出口溫度過高，應立即改進。

(10)處理後之氣體應以手提式碳氫化合物偵測儀器檢測，以瞭解吸附操作是否已達貫穿點（break point）。適當的吸附循環時間通常定在發生貫穿時間的 99%。

2. 正常操作

(1)檢查操作溫度，不能超過設計值。

(2)檢查壓降情形，不能變動得太厲害，若設有前過濾器（pre-filter），更應注意其壓降變化，以確保氣體流量維持穩定，當壓降變化低於正常操作值 1 英吋水柱（錶壓力）時，即表示前過濾器可能發生阻塞、在風管中有阻礙物、風門開度設定不當、吸附塔或出口管線有破洞等。當壓降變化超過正常操作值 1 英吋水柱以上，可能之發生原因是風門開至定位，吸附塔管路或附床發生阻塞，或入口至風車的風管中有破洞。

(3)當吸附塔要進行再生時，應檢查各管線、閥是否確實連接並處於正確開關狀態。

(4)脫附操作並不能把所有的吸附物去除，一般約有 3%～5%的有機物殘留。

(5)吸附塔出口排氣適當的監測／檢測是必要的。若吸附劑已遭受污染，則貫穿點會比預期的時間提早發生。

3.停車程序

在連續操作系統中，吸附塔的吸收與再生過程，均由控制系統自動操作；包括調整廢氣及再生蒸汽的進流閥及風門。若需將系統完全關機，須先停止廢氣進入；再預留足夠時間清洗管線、容器後，再切斷電源。

4.定期檢查

活性碳吸附塔依每天、每週、每月及每半年所需之定期檢查如下所示。

(1)每天檢查項目
- ·進氣溫度（℃）。
- ·排氣溫度（℃）。
- ·吸附床溫度（℃）。
- ·冷凝水進口溫度（℃）。
- ·冷凝水出口溫度（℃）。
- ·總壓降（in H_2O）。
- ·前過濾器壓降（in H_2O）。
- ·吸附塔壓降（in H_2O）。
- ·排氣濃度監測／檢測（ppm）。

(2)每週檢查項目
- ·墊圈緊密程度。
- ·控制筒潤滑油液面。
- ·安全裝置──檢查火焰捕捉器及安全閥。
- ·吸附塔管線通路。

　・冷凝器管線通路。

　・傾析器管線通路。

　・風扇及其軸承——檢查振動程度、潤滑油液面、潤滑油顏色、
　　潤滑油溫度、風扇馬達軸承及潤滑狀況等。

　・泵浦軸承——檢查振動程度、潤滑油液面及軸封洩漏狀況等。

　・泵浦馬達軸承——檢查潤滑狀況。

　・空氣清洗系統。

　・操作難易狀況。

(3)每月檢查項目

　・吸附塔——外殼腐蝕情況及吸附床遮蔽清形。

　・前過濾器——檢查有無破洞及阻塞。

　・冷凝回收系統——檢查冷凝器之結垢情形，熱傳效率及控制器。

　・閥、風門、接頭墊圈。

　・風扇軸承——檢查破漏、裂斷、鬆脫情形。

　・牽引鍊驅動裝置——檢查溫度、齒輪磨損、鏈條張力及潤滑油
　　液面之情形。

　・馬達軸承——檢查破漏、裂斷及鬆脫情形。

　・管線——檢查破漏、過度彈性或彎曲性及阻塞情形。

　・壓力錶之準確度。

(4)每半年檢查項目

　・管線之清洗、去垢情形

　・風扇軸承——檢查磨損、裂斷情形並清洗。

　・泵浦軸承——檢查破漏、裂斷、鬆脫、磨損及清洗等。

　・牽引鏈軸承和齒輪減速器——檢查潤滑油高度、磨損、裂斷及
　　破漏、鬆脫等並清洗。

　・馬達軸承——清洗並檢查磨損、裂斷。

　・調節閘——檢查封阻的磨損及操作狀況。

　・軸承輪葉風扇——檢查磨損及破漏。

．流量計之準確度。

．回收系統中的泵浦或轉動機械均應檢視，若有需要可加潤滑劑
予以潤滑。

．檢查風車是否轉動平衡，葉片是否被侵蝕；若有，應立即更換。

．所有閥、風門、接頭等處之墊圈每月檢視一次。若每日循環操
作一次之系統，每年至少要更換墊圈一次。若是連續操作的系
統，則更應經常更換這些墊圈。

．每月檢查回收系統控制器一次。包括冷凝水溫度、冷凝器溫度、
焚化爐溫度⋯⋯等。

．每週檢查各個安全裝置，如火焰捕捉器、安全閥（relief valves）
等。

．檢查回收系統之冷凝器是否有結垢問題，或其他可導致減低熱
傳效率的問題。

5. 維護

(1)吸附系統的維修相當簡單，所有部分需定期檢視是否有腐蝕或被
侵蝕。腐蝕通常發生在吸附塔蒸汽導入的部位，因此這些部位應
經常檢視。

(2)過濾器應經常用目測檢視是否仍然有效。如果有破洞，必須立即
修護或更換。如果被阻塞，必須清除或更換。有些濾袋可清洗和
再使用，清洗的方式可用刷子刷，亦可用肥皂和水清洗。如果有
溶劑存在，可用相同溶劑清洗袋子。

(3)潤滑油控制筒（control cylinder）的液面應保持在底線以上。視窗
則應用媒油或清潔劑清洗乾淨。

(4)若吸附塔塗有保護漆，應定期檢查是否有剝蝕的情況。

(5)吸附塔應定期檢視是否因過熱或摩擦而損壞。

6. 安全注意事項

(1)吸附系統內若有毒性或爆炸性氣體存在，工作人員不可入內。

(2)當吸附系統在清洗或冷卻時，不可使爆炸性氣體排出。

(3)不要吸入或使所回收之有機物接觸到皮膚。

(4)在有機物未被脫附前不可通入空氣，以免造成破床的燃燒而發生危險。

(5)在操作時，避免在前過濾器上沾附棉絨（lint）等物，或其他可能著火之有機物。

(6)所有的系統均應接地，以避免因靜電造成爆炸。

(7)任何在壓力狀態下操作的系統均應裝設釋壓閥，或安全排放裝置。

毒性氣體檢知器設置

　　奈米級產業用特殊氣體材料亦應接受一般高壓氣體同等規範，但強調其特異性，因其製造過程大部分在密閉的無塵室內進行，故無一處不是逸出的毒性氣容易滯留的場所。為避免毒性氣體逸出，輸送管路規定必須使用無縫不鏽鋼管，而管路接續必須以焊接之，即非不得已不用接頭或其他連接器。氣體可能洩漏之處是管路與供應氣瓶及其控制閥、製程設備進口或排氣口之間的連接器。由於氣瓶需要更換，其管路接頭最可能發生洩漏，因此規定氣瓶及其控制閥必須牢固地安置在氣瓶櫃內，而氣瓶櫃必須不停地強制排氣。為避免因停電或其他事故使警報系統失效，必須備有保安（或稱不斷電）電力。再者緊急發電亦必須供應到排氣系統。

　　依據上述，對於檢知器設置位置的考慮，首先必須檢討局部場所的問題。亦即歸納出預測氣體可能洩漏的部位。就某一設施，如果考慮所有的個別裝置、控制閥、連接器、儀表等部位的氣體進出口皆儘可能予以設置檢知器，則數量極為龐大，不僅費用高，管理亦不易。因此必須檢討在所有預測氣體可能洩漏的部位，在哪些位置設置多少數量的檢知器最為有效。

廢棄物處理

奈米產業製造廠產生之廢棄物種類相當多，主要有包裝器材廢料、廢玻璃瓶、廢塑膠容器、廢溶劑、廢光阻劑、廢顯影劑、廢酸、鹼、廢晶片、廢濾料、含氟化鈣污泥、廢棄手套、口罩、鞋套及員工生活廢棄物，事業廢棄物處理之程序可分為貯存、清除、減量、處理等步驟，本章就此處理程序作一說明。

廢棄物貯存

廢棄物依有害事業廢棄物認定標準先確認是否屬法規或環保署公告範圍內之有害性廢棄物，其判定流程如圖 20-1，如經判定為有害性廢棄物，應特別注意貯存以二年為限，若有超過，須先報經地方政府核准，才能繼續貯存。

有害性事業廢棄物與一般事業廢棄物應分開貯存，若混合在一起，則全部廢棄物均會被認定為有害性事業廢棄物，增加清除、處理負荷。所有的貯存設施需有明顯標示，貯存容器與廢棄物須具相容性，而且要有防止地表水流入的設備及可蒐集產生之廢水、廢氣、惡臭，以防止污染水體及空氣。目前許多工廠將廢棄之空玻璃瓶、包裝廢材等一般事業棄物於廠房周邊露天堆放，遭受環保單位處罰，所違反之法規為廢棄物清理法第十五條，該條例係引申事業廢棄物貯存清除處理方法及設施標準第九條，規定一般事業廢棄物之貯存設施應有防止地表水流入之設備，且由貯存設施產生之廢水、廢氣、惡臭等，應有蒐集或防止其污染地面水、地下水、空氣之設備或措施。

廢棄物應依其性質及資源回收與清理方法而決定分類及貯存方式，最常用之貯存方式為儲槽及容器，於積體電路製造廠中廢溶劑、廢酸鹼、廢光阻、廢顯影劑及廢氫氟酸都需要使用密閉容器或密閉貯槽，在選擇或設計時，材質及其襯裡之材料必須與廢棄物具相容性，大型貯槽尚需考慮周圍環境及所受風力、地震力等外力與容積，以決定材質。此外，溢漏之防

止為貯存之重要課題，大型貯槽應設有液位量測及液位顯示裝置，並於超過液位警戒線時發出警訊，同時自動切斷廢液繼續流入。貯槽發生滲漏另一重要因素為安裝不良所造成破損或裂縫，尤其如 FRP 等較脆弱性材質貯槽之安裝過程中，襯墊及填土選用不當常引致槽體洩漏。為了防止貯槽或容器溢漏而造成污染，必須有溢液蒐集及超過總容量 10%以上暫存系統，必要時須備有緊急處理設備。

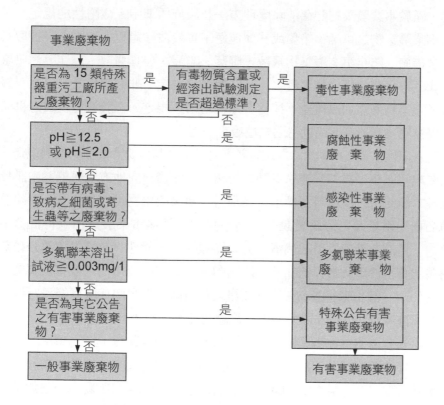

圖 20-1　有害事業廢棄物認定流程

20-2 廢棄物清除

半導體製造廠產生之廢棄物清除過程，依所清運之廢棄物種類而有極大的區別。目前國內對一般事業廢棄物的運送、標示及分類沒有統一的規定，僅於事業廢棄物貯存清除處理方法及設施標準中，概略性地規定「清除事業廢棄物之車輛、船隻或其他運送工具於清除過程中，應事先採取必要之措施，防止事業廢棄物飛散、濺落、溢漏、惡臭擴散、爆炸等污染環境或危害人體健康之情事發生。」針對前述規定，非液體性及惡臭性一般事業廢棄物僅需加以覆蓋不掉落，即符合清運規定。至於液體及具惡臭者需以密閉式容器盛裝或以密閉式垃圾車清運。

有害性事業廢棄物清除之規定較多且部分法規條文亦屬概略性的規定。主要規定之事項為：「清除車輛之規格及性能資料向地方環保機關申請核准後才能使用，清運時需標示，區別有害事業廢棄物特性之標誌，清除機構名稱、電話及緊急應變說明，而不具相容性之事業廢棄物不得混合清除。」目前工廠若以委託代清除方式辦理者，一般性事業廢棄物部分較無問題，有害性事業廢棄物部分，因國內雖有數家有資格代處理有害事業廢棄物公司，但北部地區未有符合資格之代清除公司，由代處理業逕行清運於法不符，而部分代清除公司則有逾越營運範圍現象。

此外，清運有害事業廢棄物時應填寫六聯遞送聯單，以為事業單位及環保主管機關瞭解及追蹤有害廢棄物之流向，避免危害性物質流布散失。六聯遞送聯單之管制流程如圖 20-2 所示，圖中數目為各號聯單應送達指定機構之期限。

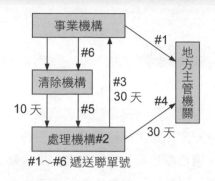

事業機構

清除機構

處理機構#2

地方主管機關

#1

#6

#3
30 天

#5

#4
30 天

10 天

#1～#6 遞送聯單號

圖 20-2　遞送聯單管制流程

20-3　廢棄物減量

　　為進行廢棄物減量或資源化，在廠內就必須嚴格分類蒐集貯存，依廢棄物性質及再利用與處理方法而分類貯存。資源回收方式常見的有：直接再利用、熱能回收、溶劑回收、金屬、塑膠、紙報、玻璃等物質回收，廢棄物除少數種類可直接利用外，大多需要經中間處理程序以製造或純化為可再利用之商品，以半導體製造業而言，可供資源回收之廢棄物很多，如包裝材料之木材、塑膠、保麗龍、紙箱及屬高純度之廢硫酸，前述物質均可直接再利用；廢溶劑、廢光阻劑、顯影劑等經分餾程序可予以純化回收異丙醇、甲苯、丙酮、異丙酮、三氯乙烷等溶劑；廢玻璃瓶、塑膠容器亦可由原料製造廠回收再用，製造不良之晶片可研磨後供次級品或教學使用；此外，廢棄物減量方式如含氟廢水處理產生之污泥，可採較長沉澱時間方式及改良混凝條件以減少污泥產量，而污泥含氟化鈣濃度增加，可利用專門技術回收氟化鈣製造氟化鈉或氫氟酸。

20-4 廢棄物處理

　　無法再資源化之廢棄物可直接最終處置或經適當之中間處理,使廢棄物無害化、減量化或安定化,再最終處置。在半導體工廠此類廢棄物主要有廢水處理之污泥、廢橡膠手套、廢不織布口罩、鞋套、無塵衣、廢潤滑油、廢空氣過濾濾料、廢晶片及餐廳與辦公室廢棄物。國內事業廢棄物處理方法及通路示意圖分別如圖 20-3 及圖 20-4。

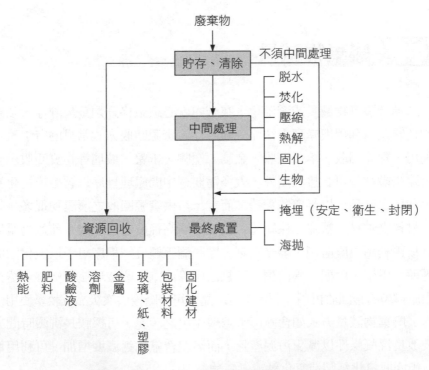

圖 20-3　國內事業廢棄物處理方法示意圖

廢棄物中間處理

半導體製造廠之廢棄物需中間處理者有氟化鈣污泥、廢溶劑、廢潤滑油、廢酸等。

1. 廢水處理之含氟化鈣污泥需脫水使含水率小於 85%才能進行衛生掩埋，由於氟化鈣粒子很細小，污泥脫水較困難，需前處理以促使污泥粗粒化，增大凝聚力，提高脫水效率，污泥脫水機種類一般採用加壓過濾脫水機可獲得良好處理效果，但操作維護較繁雜，消耗能量多，噪音大。

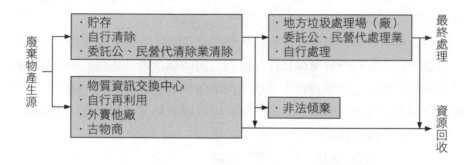

圖 20-4　國內事業廢棄物處理通路示意圖

2. 廢溶劑、光阻劑、顯影劑可先經分餾法，回收用量較多之異丙醇、二甲苯、甲苯、丙酮、異丙酮、三氯乙烷等多種溶劑，在蒸餾塔底殘留之廢液需以焚化方式處理。

3. 廢潤滑油若能純化回收則應予蒸餾處理，但因經濟效益不佳，則需採用焚化處理。

4. 廢酸除了清洗晶片之廢硫酸純度甚高可直接外賣再利用外，其他廢酸則應予以中和處理後，才可排出。

5. 一般性事業廢棄物如員工生活垃圾、廢棄口罩、手套、衣物等，為了貯存及清除處理方便，可先行壓縮處理以減少體積。

廢棄物最終處置

IC 製造廠之廢棄物中，一般事業廢棄物部分如廢溶劑、廢顯影劑、廢油、廢污泥需先中間處理，其餘皆可採衛生掩埋法處置。另有毒性事業廢棄物，部分廢酸鹼於廠內或外賣再利用，無法再利用之廢酸、廢液則委託民營代處理公司清理，至於少量代處理公司尚無法處置之廢棄物，如 AsH、pH 等毒性氣體以乾式吸附塔吸附後之廢料，均運回日本等吸附劑原產國處理或暫存於廠內尚待妥善處理。以下對於半導體製造業產生之事業廢棄物處理情況作一說明。

有害事業廢棄物先用二層聚乙烯塑膠袋包裝後，捆緊並蒐集至 201 圓桶容器貯存，廢料貯桶應儲於在工場內之臨時儲存區。當臨時儲存區達飽和後，製造業者需電話通知事業廢棄物清除機構轉運廢棄物，並通知具有專業許可證之處理機構船運日期，以便接收廢棄物並予以處理，附送書面須詳細記載下列資料：

1. 廢棄物名稱（如污泥、廢酸、廢鹼）。
2. 廢棄物數量。
3. 吸附劑吸附氣體種類。
4. 寄送日期。

（注意：請確定筒蓋沒有打開且其容器內物質沒有逸散到環境外。）

當專業處理機構接受廢棄物後，會先對其廢料抽取樣品並測試硬度及溶出試驗，之後再依據實際情形選擇最適當之處理方法並進行估價，最後將廢棄物以混凝土固化，並再次測試強度與溶出試驗，證實不會釋出毒性特質後才可實施最終處置，例如，衛生掩埋等。若沒有通過檢驗，得須重新送回處理。廢棄物之處理程序與處理技術如圖 20-5、圖 20-6。

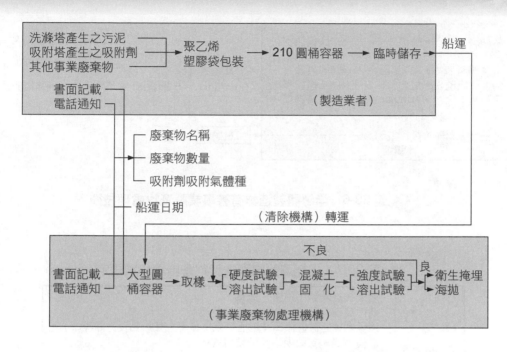

🎱 **圖 20-5　半導體製造業有害事業廢棄物處理程序**

　　由於半導體製造業絕大多數採取委託公民營廢棄物代處理業處理廢棄
物，我國現行委託代清除廢棄物契約書之相關規定如**表 20-1** 所示。其中應
特別注意清除、處理機構無法自行清除、處理之廢棄物之處置及突發事件
之應變措施及停業或破產時尚未清除、處理完竣之廢棄物之處置，以防止
代處理公司之失誤而影響正常生產作業，因代處理公司雖接受委託，負有
妥善處理廢棄物之責任，但未能妥善處理之情況發生時，依廢棄物清理法
第 34 條規定，委託之事業仍需負擔清除、處理廢棄物之責任。

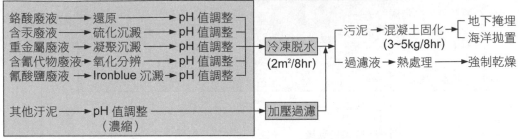

圖 20-6　半導體製造業有害事業廢棄物處理技術

表 20-1　委託清除廢棄物契約書申請核准規定

契約書內容	・廢棄物之種類、性質、數量。 ・清除處理之工具、方法、設備及場所。 ・清除處理之最低標準（包括：蒐集頻率、蒐集點及分類標準）。 ・計價方式、有效期限及調整方式。 ・對無法自行清除、處理之廢棄物之處置。 ・對突發事件之應變措施。 ・停業或破產時尚未清除、處理完竣之廢棄物之處置。 ・其他經主管機關公告指定事項。
提送日期	・契約書訂定之翌日起 15 日內提送。
提送對象	・直轄市主管機關／縣（市）主管機關。
目　的	・申請核准。
備　註	・變更或終止契約之申請同上。

　　過去，部分廠商之毒性氣體處理乾式滌氣器所使用之吸附／吸收劑由國外進口，使用後具毒性之廢料亦由原生產公司收回，但自有害事業廢棄物輸入輸出許可管理辦法公告後，上述作法即須加以修正，為嚴密有害廢棄物輸出之管理，避免有害物質任意散布，依前項辦法規定，需取得接受國家認可之處理機構同意處理該有害事業廢棄物書面同意文件後，向地方主管機關提出申請；另於本國境內之清運階段應填具四聯遞送聯單，裝船

出境時，再填具六聯遞送聯單，裨利全程追蹤。

　　在科學工業園區內之半導體製造廠含氟廢水處理所產生之含氟化鈣污泥，目前共同暫存於園區污水處理廠內，由於已積存龐大數量，急需予以最終處置；依現行法令，含氟化鈣污泥並不屬於有害性事業廢棄物，只要污泥含水率低於 85%，即不需要中間處理，可採衛生掩埋方式進行最終處置。

CHAPTER 21

奈米級產業工業安全衛生環保

奈米級產業集合了物理、電子、電機、化學、機械、光學、材料及管理科學等高科技工業，製程複雜，其製程中使用了五、六十種以上的化學物質，包括酸鹼、有機溶液、光阻劑及有毒的特殊材料氣體。在矽晶片表面加工，經過擴散、顯影、蝕刻、薄膜各種主要流程，在矽晶片上塗上多層而複雜的積體電路。其製造流程中所產生之廢水、廢氣及化學品廢棄物不但污染強度強，且特性也複雜；全自動的密閉製程，獨特的排風系統，毒性氣體使用及排放，化學物質的貯存及防漏系統安全，全廠的偵測監控系統，機械人的使用安全，各種能源之使用及各種廢水、廢氣、廢液及廢棄物之處理，都顯示出半導體工業之安全衛生環保問題，也與一般工廠不盡相同。

21-1　工業安全衛生環保概述

工業安全衛生環保意義及重要性

推行安全衛生，在於防止災害事故之發生。而環保之推動，則是防止環境污染；事故之發生可帶來勞工的傷害、設備之損毀、生產停頓，不但對勞工本人及工廠有切身之痛，甚至使勞工家庭及社會、國家均將蒙受嚴重之損失。而污染帶來惡臭，或危害員工及鄰近社區居民，更甚而破壞生態環境。政府乃訂定各種有關法令規則，作為各公司、工廠推行安全衛生環保最起碼的準則，建立合理舒適之作業環境，並且加強作業之安全管理及設備安全檢查，以確保勞工之安全與健康。

工業安全

工業災害均由事故引起，而 98%的事故由人為因素所引起，天災的因

素只占了 2%；在人為因素中，不安全行為及不安全環境更為引起事故的主因，凡不知、不顧、不理、不能、粗心、遲頓、疲勞、失檢、情緒各種內在、外在之行為，以及人的看錯、聽錯、不注意、不小心、抄近路、偷懶、賭氣等天生缺點，及隨時受外面影響而有各種情緒及意識形態變化，都屬於不安全行為。而工作場所中，工作環境、設備設施對人所產生之危險因素，都屬於不安全環境。

　　工業安全主要是防止職業災害之發生，發掘並改善作業環境中不安全的潛在因素，修正任何人員之不安全行為，而減少職業災害之發生。

工業衛生

　　凡工作場所中一切使身體易疲勞、刺激感官，而對人體健康有任何影響及危害之環境因素均為工業衛生管理的範疇。工業衛生的內容包括下列四大類：

> 1. 化學性──粉塵、燻煙、霧沫、氣體及蒸氣等。
> 2. 物理性──溫度、濕度、照明、噪音、輻射、缺氧、壓力。
> 3. 生物性──致病之微生物、細菌或動植物。
> 4. 人體功學──姿式不當、搬運不妥、單調工作及一切人體工學上之改善工作。

　　工業衛生主要是防止職業病之發生，發掘並改善作業環境中影響身心健康之因素，建立舒適合理的工作環境，進而使員工身心健康。

工業環保

　　工業污染包括：水污染、空氣污染、地下水污染、土壤污染、廢棄物污染及有毒物質的散布與噪音污染，威脅員工及社區人們健康，破壞生態環境，甚至造成溫室效應、臭氧層遭破壞的全球性效應。

　　工業環保主要是將工廠排放出之所有廢棄物均予以管理與處理，防止

污染水體與地下水源、空氣、土壤，也防止毒性物質之擴充與散布，而使社區人員中毒。

21-2 半導體工業之危害

人們常誤以為半導體工業即是安全工業。殊不知半導體工業使用種類繁多的化學物質及特殊有毒氣體，且有雷射、輻射、射頻、微波及高壓電之高能量的使用，排放出大量工業廢水、廢氣及有毒物質。由於近年來半導體工業蓬勃的發展，也發生一些工業災害，使人們警示到半導體工業並非完全安全及乾淨，而有其獨特之安全衛生及環保問題。

一般工業危害

一般工業所發生的災（傷）害，如跌倒、摔跤、墜落、被切、被割、被夾、火災……等災害，在半導體工業也同樣會發生。鍋爐、壓力容器、泵、機械、電力供應等的問題也同樣存在；只是因半導體工業之設備先進精密、產品輕薄精細且昂貴、廠房整潔乾淨，故除火災及交通事故外，這方面的事故災害較少，一般小傷害均以此類為多。

輻射危害

半導體的離子植入作業，及測量用的 X 射線機台，均可能發生微量 X 射線的輻射；X 射線會破壞身體內部細胞組織。每年暴露在 0.5 侖琴以上的輻射線量，則可能造成身體的傷害。

在非游離輻射中，雷射是一種單一波長的電磁波，有著高密度的能量。工業上用其高能量的特性，可以切割很硬且細的物質，且其沿直線進行，

可以用作測量及校正等用途。在半導體工業上用以在晶片上刻劃號碼記號，及對準校正與測量檢驗之用，有多處機台使用，其高能量之光線若與眼睛、皮膚接觸，則能使眼睛及皮膚受傷，嚴重者導致失明。

RF 為高電壓、高週波之電磁波，半導體工業利用 RF 為熱源的來源，來加熱化學物質或氣體分子蒸氣，為一種非游離輻射。由於其高電壓，人可能因不慎而觸電休克或因受其高頻電波而使組織產生熱效應而受傷，尤其對戴心律調整器人員產生致命傷害，而距離是防止射頻危害之最佳方法。

化學物質危害

半導體工業所使用之化學物質非常多，晶片之沉積、清除、蝕刻、成型均以化學物質完成，所以半導體業又稱為「化學製程的金屬表面製造業」，化學物質災害是半導體工業最嚴重的災害。

化學品被區分為五類：腐蝕性、氧化物、有毒物、易燃物及一般的化學物質，每種化學物質對人體均有一定程度的毒害，不論皮膚接觸、吸入、吞食或濺到眼睛，都會使人受傷、中毒，甚至致癌。半導體工業也使用很多氫氟酸，氫氟酸看起來與水相同，但其警示性及傷害程度與一般的濃硫酸或硝酸、鹽酸不同，使人碰到不自覺，但其腐蝕可到骨頭裡面。使一些不小心的人深受其害。在半導體工業中，又使用很多易燃性的溶性的溶劑，如異丙醇、丙醇、丙酮及很多易燃光阻劑，都很容易會發生火災。故所有人員必須接受危害通識訓練，由物質安全資料表瞭解使用之化學物質的特性、危害性及防護措施，並遵守其使用規定及使用防護具，才能確保安全。

在半導體工廠內使用化學物質，若稍不小心，則可以使人灼傷、中毒或發生火災與爆炸，甚至使人致癌、敏感與失明。化學物質在空氣中之形態可分為粉塵、霧滴、燻煙、蒸氣、氣體；而進入身體之途徑可經由吸入、食入或皮膚接觸而進入體內；進入體內後可影響生理系統及器官機能，對人之健康影響很大。半導體工業使用之化學物質多到四、五十種，故對化學災害預防十分重視，被列為第一優先的安全考慮。

有害氣體危害

半導體所用之有害氣體依其危險性分為四類，第一類刺激性低，TLV值很低，在到達作業環境容許濃度之前仍然嗅不到高毒性氣體，如 PH_3、B_2H_6、CO 等；第二類之毒性氣體，刺激性高，TLV 值也較高，在到達作業環境容許濃度有適當的警告或使人撤離污染空氣現場，如氯氣、氫氯酸氣等毒性氣體；第三類之毒性氣體具有窒息性，不小心或不當使用會使人有窒息的危險；第四類之毒性氣體遇到空氣則反應激烈，甚至有引燃爆炸的可能，如 SiH_4、H_2 等。所以在半導體廠不論操作、保養都必須十分謹慎，不但不能弄錯氣體，也絕不能不小心弄斷管子，否則後果不堪設想。有毒氣體設備所可能產生之危害如下：

　　1. 氣體洩漏可使人中毒或產生異味。

　　2. 排氣洩漏可使人中毒或產生異味。

　　3. 腐蝕氣體洩漏可使設備及管路腐蝕，人員中毒。

　　4. 可燃氣體洩漏可發生火災。

環保問題

半導體工業使用之化學物質及有毒氣體量少而種類多，所產生之廢氣，可能產生臭味及毒性；使用大量的化學品清洗晶片，而產生之廢化學物質也非常多，為了保持高度的潔淨度，要使用大量的純水清洗而排出大量廢水；還有很多的廢光阻劑，都是一些毒性高的污染物。廢氣包括：酸鹼性氣體、有機溶劑氣體、有毒性及可燃性氣體與反應後生成的氣體。製程廢水包括：含酸鹼廢水、含氟廢水、研磨廢水及生活污水等；並有各式各樣的化學廢液、廢溶劑、廢光阻劑、廢晶片、廢燈管及垃圾的清除處理，廢紙、廢罐的處理都是半導體的環保問題。

21-3　半導體安全衛生管理

工業災害之防止

據統計，330 件相似事故中，有 300 件是不會發生任何傷害，29 件輕傷害事故，必有 1 件產生重傷害。

故防止災害發生，必須先改善任何不安全環境及不安全行為，並要瞭解，做任何工作前，先要想到安全；沒有做好預防工作，則可能會發生事故。意外是事先可想得到的，如果不去作好改善工作，將所有危險因素事先排除，則意外事件必然發生。為了預防災害發生，我們必須做到下列事項：

1. 工程管理——事前設計、材料必須注意安全，施工中要注意安全，事後之維護保養要注意安全，並要做到防愚設計及故障也安全（fail safe）之考慮及措施。
2. 教育訓練——提昇人之安全知識、技能、態度及意識。
3. 政策管理——有組織、有制度、有標準並且要去執行，以獎勵及開導方式推行災害防止工作。

工業衛生的改善，在於認知作業環境的各種危害，並瞭解其對人類健康的影響。然後依憑經驗及各種定量定性的技術，做好作業環境取樣分析及測量來評估這些危害；如此，認知評估及管制成為工業衛生管理最佳方法。

半導體工廠安全衛生管理特性

半導體工廠具有潔淨無塵、工作場所穿著無塵衣、設備及產品昂貴精

密、全密閉的空間及高架地板等特性，由於這些特性，致使半導體的安全衛生管理與一般工廠有許多不同之處。以下列出其一般的特性：

1. 乾淨、清潔及無塵。
2. 進入無塵室之器具嚴格清潔乾淨。
3. 設備精密、昂貴。
4. 穿著無塵工作衣，工作鞋及眼鏡。
5. 所有人員進入無塵室需要經過風浴及洗手。
6. 工作場所為高架地板。
7. 化學品種類多而量少。
8. 化學品毒性強。
9. 可燃性化學品多。
10. 使用很多類高壓材料氣體但量少。
11. 使用很多高壓氣瓶。
12. 使用之氣體毒性強且種類多。
13. 製造週期特別長。
14. 自動化操作。
15. 電腦化作業。
16. 沒有窗戶，工作場所為大密閉室。
17. 中央空調系統。
18. 工作場所溫濕度控制精密。
19. 全面靜電防止。
20. 安全警報系統監控嚴密。
21. 黃色燈光的工作區。
22. 無塵室內禁止快走或跑步。
23. 無塵室內操作動作不得粗魯。
24. 抽排氣供應中央供應系統。
25. 無塵室之空氣一般上下垂直吹。
26. 有特設回風室或配管室。

27.清洗槽為密閉抽風式。

28.在無塵室嚴禁動火。

29.在無塵室嚴禁敲打或鑽孔。

30.空氣最乾淨濾網裝在天花板上。

31.任何物件絕對不可以碰觸天花板濾網。

32.化學品及氣體多為中央系統供應。

33.能源使用特別大。

34.純水均使用超純水。

35.化學品及氣體原料之使用絕對要到 PPB 級。

36.金屬管路均為不鏽鋼管。

37.機械人（手臂）使用很多。

無塵室作業一般行為規範

為了維護無塵室最起碼的潔淨及安全，下列提出二十項無塵室作業一般行為規範，為所有進入無塵室工作同仁必須遵守之事項：

1.材料入室要徹底清潔（要以 5%IPA 擦拭）。

2.不跑步、不疾行、不倒著走。

3.行走時注意腳下安全，看清障礙物或空地板與周遭動態。

4.動作規律、不突然轉身、停止或激烈動作。

5.不坐在椅子上滑行。

6.不多人坐一張椅子。

7.不坐在機台上。

8.不置物阻擋通道。

9.不擋住安全出口。

10.不亂放化學品及空瓶。

11.不擋住消防箱、滅火器及灑水系統等消防設備。

12.不擋住配電箱。

13.掀開高架地板必須立即圍上警示圍籬。

14.依操作使用標準方法及規定使用化學品。

15.聽到警報必須停下工作去觀察與瞭解，必要時立即疏散。

16.聽到廣播要注意聆聽廣播內容。

17.未戴適當之防護手套，不隨便用手碰觸任何不知名液體。

18.與化學品接觸，立即以大量水沖 15 分鐘以上再求治。

19.發現異常或危險應立即報告。

20.發生意外必須立即做緊急處理，並作通報與報告。

安全衛生管理組織

　　安全衛生的管理主要目的是要預防工業災害之發生，預防災害是全體人員的責任，必須結合全廠之人力，通力合作，才能做好安全衛生工作；半導體工業之安全衛生管理組織包括安全衛生專責人員組成之推動管理單位，以行政系統之架構去執行安全衛生之工作之施行單位，及組織安全衛生委員會以監督安全衛生工作之推行。其組織架構：依法規定安全衛生管理單位為公司之一級單位，並設置安衛管理專業安全衛生管理人員；安全衛生委員會法定上至少每三個月召開一次會議。

化學品安全管理

　　在半導體工廠，使用之化學品可分為易燃物的有機溶劑、腐蝕物的酸鹼、氧化物的雙氧水等及毒性化學品。要預防化學物質的災害，主要是防止人員暴露在化學物質中及消除所有可能產生火災的因素；在操作使用上，必須要注意的是防止有害物洩漏，有機溶劑的可燃、酸鹼等物質的腐蝕及化學品的暴露問題。貯存與使用化學品，首先要注意的是通風良好、防漏、防止不相容的化學物質相接觸而反應，防火、防爆及防腐蝕措施。

　　化學品管路與設備之材質，在酸鹼等腐蝕物質使用時用非金屬之 PE、

PP、PVC 或塗上防腐蝕劑之金屬材料，以防腐蝕；而用在如異丙醇、丙酮、苯類及多類之光阻劑等容易燃燒的有機溶劑；則使用不鏽鋼等金屬材料，除不易被溶解外，亦有防火及防靜電火花之產生之功能。

　　為了防止化學物質洩漏到無塵室地面或地下回風室，所有化學物質設備機台必須在設備底部安裝洩漏盤（leak pan），在設備盤上安裝洩漏偵測器，有任何洩漏均流在洩漏盤內，當洩漏液觸及偵測器時，即發出警報。為了防止化學物質噴出傷人，則將所有有壓力之化學物質及其管路均包在或將其有壓力——外套管內或箱櫃內，而且在外套管的最低處都裝有洩漏偵測警報裝置。其系統或配件置於箱內或櫃內，而在箱或櫃的門上都安裝有連鎖（interlock）裝置及警報設備，以防止因疏忽而開著門運轉。

　　防止化學物質洩漏及暴露，整體換氣及局部排氣系統非常重要；在正常操作下，局部排氣之氣罩必須使化學物質不能洩出，或不應使其氣罩周遭超過 1%的 TLV 值。而任何放置化學品之庫房，箱或櫃也應有抽風排氣裝置，以防化學物質累積而使濃度增高或使可燃蒸氣到達爆炸範圍。局部排氣之控制風速，視化學品之類別而定，為了排氣安全，在氣罩排氣出口通常安裝排氣流量連鎖裝置，當排氣失降至一定設定點下，則發生警報及停機。

設備安全管理

　　工欲善其事，必先利其器。設備本身，無可否認的是一切生產的利器，產品品質的好壞，必須靠適切且精良的設備。為了減少損失、減少意外事件災害，注重設備安全是不容忽視的事實。首先設備本身必須是安全的，不要使設備本身成為傷人害人的物件。半導體設備一般是非常昂貴及精密，不要因為不安全的設備措施而使設備損壞或造成人員受傷等意外事件的發生。

　　設備安全要在設備安裝前要求設備廠商按照 SEMI-S2.93 之準則設計，在安裝設備前，讓所有設備及生產人員認識設備的安全，共同安裝好安全

的設備；在安裝後作好安全測試、檢查及維護工作，則可以得到更安全的保護，而減少 FAB 內因設備而產生的意外。在設備修改或遷移重裝也一樣要慎重，對於舊設備，設備人員及工安人員定期檢查及測試，而保持設備上的安全措施仍有效用。

設備本身，不應該是一件對人有害的物體；設備的外表，除了符合所謂的美觀外，必須符合基本的安全原則；其表面光滑，沒有粗糙刮手的部分，也沒有尖銳的角或銳利的邊，使人不致一碰即可能受傷。設備的材質，也不會散發出有害或有毒物質，使人中毒或受害。熱與燙的表面，均加一層防熱層，以防他人不慎被燙傷。設備之設計均具備於裝置及在失效中也安全的考量，不會因為設備某單一零件之失效或操作失誤，而使人員或環境暴露在危害中，或直接產生傷害、死亡或設備損失之危險意外事件。

凡可能對人發生危害之處都貼上標示，如高溫處，可能被夾、被割或被切之處，有輻射或化學物質存在之處，有電氣危害或可能中毒與粉塵危害之處，有機械手臂或其他能源危害之處等，以防不瞭解的人員進入或誤觸而受傷。所有的管路除了標示內容物外，方向標示均清楚。對於任何自動升降或開與關的門，都安裝受壓自動停機裝置，以避免人員受傷。

電氣安全管理

所有電氣裝置，所要注意且防止的是避免人員觸電。故要注意漏電及人員可能與電氣設備碰觸問題。避免人員在無意中碰觸帶電電氣設備而觸電，必須將所有裸露的接線頭用絕緣膠帶包紮起來，所有大於 24 伏特之接線端子及裸露電路，必須用不導電的壓克力板將其蓋住，以防止人體與裸露的接頭接觸，或因小零件掉落而造成短路之危險。為防止高電壓的危險，凡大於 250 伏特電壓以上之配電開關箱，其箱門必須安裝連鎖裝置，否則以固定螺絲鎖上，必須用工具才能打開，並且貼上高壓危險的標誌；為防止漏電而產生危險，電氣設備外殼均安裝合格的接地線，並測量接地電阻；有些機台則安裝漏電斷路器，更能進一步防止觸電危險。有些機台，如離

子植入機，停機後機台表面可能產生強大的感應電流，則在門外安裝放電接地棒，並標示開門前放電之注意警告事項。

供電之電纜線不得有破皮或割破受傷傷痕，線頭不得生鏽，不使用中途相接的電線。而且電線接線要接牢，設備電氣開關之額定容量，必須比設備用電量大，並且要有過負載跳脫保護裝置。電線有統一且一定的識別顏色，相位要接對。所有不同電壓的接點或插座都必須標示所使用之電壓，以免因使用時接錯壓而使裝置損壞。

每一動力設備機台，必須安裝電氣緊急停機按鈕（EMO），每當緊急事故，如洩漏，被夾到，或過熱失火，或需緊急停機時，可按下此按鈕，使設備機台立即停機，EMO 按鈕做成直徑至少為 1.25 英吋，紅色磨菇頭的樣子，而且要突出設備表面，EMO 不能用蓋子蓋住，且按下去以後必須要手動按復歸按鈕才能復歸，才能運轉機台。

電氣上鎖及標籤制度（lock-out/tag-out）是電氣安全管理上非常重要的措施。為了防止在修理設備時觸電發生危險，凡使用 30 安培以上之電力者，則在設備總電源支線電源開關上安裝上鎖裝置，使設備在修理時，關上電氣開關的同時並用鎖鎖上，並掛上如「危險，請勿供電！」等標籤，保證在修理設備時，不會因疏忽打開電門而產生電擊危險。但不斷電系統（UPS）供電處，也要標示清楚，以免停電時因誤觸而觸電。

輻射安全管理

在半導體工廠，有些設備有輻射能，其輻射源可能為非游離輻射的紅外線、紫外線（UV）、微波、射頻（RF）、雷射或游離輻射的 X 射線。其中射頻為極高電壓的能量，若與之接觸，則可能使人強烈灼傷，而其所發射之電磁波，有干擾心律調整器的問題，戴有心律調整器的人，絕對不可以靠近射頻，射頻又可使皮膚深層振動而發熱受損。故對射頻發生器設備，都加上保護蓋，蓋上裝有連鎖停機裝置，並在保護蓋上標示「危險！」字樣。

雷射的使用在半導體很普遍，雷射可以灼傷皮膚及眼睛，故雷射機台

均設有保護蓋，並有連鎖裝置，且註明眼睛不得直視雷射光束以防不慎灼傷眼睛。皮膚也不得與雷射接觸。雷射可以全面反射，故雷射修理機台必須裝設於密閉之修理間內，而修理間之牆壁不得為光滑面，以防雷射光暴露反射傷人。雷射依能量之強弱有 1、2、3、4 等級之分，每一等級之安全防護會有些不同，雷射機台維修均使用防雷射護目鏡，也一定要遵守安全作業程序。

紫外線、紅外線及微波對人之主要傷害為眼睛及皮膚。有紫外線或紅外線微波發生之機台必須註明及警告，要加上屏蔽，以防止人員直接暴露而受傷。

輻射防護三原則，為善用「時間、距離、屏蔽」。保持距離以策安全，接觸輻射時間愈短愈佳，並且利用屏蔽。

有毒氣體安全管理

半導體所使用之毒性氣體種類多、量少但很多氣體毒性很強；有些氣體為材料的一部分，稱之為特殊材料氣體，與化學品一樣，可分為腐蝕性、易燃性、氧化性、毒性、窒息性等類。依其危害性，我們可將毒性氣體分為四大類，第一類毒性很強的氣體，恕限量低，刺激性很低，濃度到達了恕限量時還幾乎不到，如 B_2H_6、PH_3 及 As_2O_3 等氣體。第二類類氣體毒性沒第一類氣體高，恕限量較高，並且有強烈的刺激性味道，如 Hbr、Cl_2 等氣體。第三類氣體為幾乎沒有毒性的惰性氣體，如 N_2、He、Ar 等氣體。而第四類氣體如 SiH_4、H_2 等，遇氧能激烈反應之氣體。故氣體供應及使用系統因使用之氣體不同而需要不同之安全裝置。

為了應付緊急狀況，以處理火災、化學品及毒性氣體外洩，半導體工廠均組織緊急處理小組及完善的聯絡系統，平時定期集訓演練以熟知緊急處理知識與作業方法，並模擬化學品事故處理；全廠各處遇有任何緊急火災、化學品洩漏，及人員受傷與中毒事件，均能迅速與控制中心聯絡，而能立即採取必要之緊急處理措施，立即發揮最佳效能。

附　錄

NFPA318

無塵室防護標準

（Standard for the Protection of Cleanrooms）

 第一章 概述

1-1 範圍

此標準適用於所有本篇所定義之無塵室及潔淨區之半導體廠。

1-2 目的

本標準旨在提供無塵室避免火災及相關危害合理的安全防護，而這些防護措施可避免或減少人員及財產之損害。

1-3 應用

此標準所考慮是以合理的預防火災及爆炸，避免造成人員傷亡及財產之損害，此時所需考慮之環境狀況及活動狀態為本標準所討論之重點；除非其它地方有所規範，否則本標準不用於要求已經安裝完成設備，除非在該狀態下已造成生命危害或鄰近地區之財產損失。

1-4 名詞定義

1-4.1 高架地板系統（Access Floor System）

配電盤架設於基座上以提供地面下空間供安裝機械通訊或作為供風或回風空間。

1-4.2 管轄權（Authority Having Jurisdiction）

組織部門或個人負責對設備安裝或製程之認可，在 NFPA，管轄權會隨區域有所變化，可能是聯邦、州、地區或地區部門，或個人可能是消防首長、副首長、州消防局長機動小組或衛生局營建部門及其它經法律授權的單位。

保險公司亦有檢查權，原設計或擁有者亦有此權利。

1-4.3 潔淨區（Clean Zone）

定義為區間內之空氣中之灰塵粒子濃度控制在一定的範圍內。

1-4.4 無塵室（Clean Room）

定義為房間內之空氣中之灰塵粒子濃度控制在一定的範圍內。

1-4.5 壓縮氣體（Compressed Gas）

於容器中之任何氣體或混合氣體其在 70℉（21.1℃）時，絕對壓力大於 40psi（275.8Kpa）；或在 70℉時絕對壓力小於 40psi，但在 130℉（54.4℃）時其壓力大於 104psi；或易燃性氣體在 100℉（37.8℃）時，其蒸氣壓大於 40psi 稱為壓縮氣體。

1-4.6 爆炸（Explosion）

氣體體積突然的擴增，可能為化學性質（如氧化）的改變或物理性質（壓力筒破裂）的變化。

1-4.7 易燃性蒸氣（Flammable Vapors）

易燃性物質之蒸氣在空氣中的蒸氣濃度大於其最低燃燒限制（LFL）的 10% 稱為易燃性蒸氣。

1-4.8 危害性化學品（Hazardous Chemical）

任何固液氣體其具有深度危害健康等級、易燃性及反應性經 NFPA704（Standard System for the Identification of the Fire Hazards of Materials）評定為 Class 3, 4 者稱為危害性化學品。

1-4.9 介面（Interface）

數個獨立系統會合於此，並經此互相運作或聯絡。

1-4.10 互鎖（Interlock）

當機器操作一動作時會自動引起其它動作或暫停執行其它動作。

1-4.11 液體（Liquid）

可燃性液體（Combustible Liquid）

液體之閃點大（等）於 100℉可分為以下幾類：

(1) Class II Liquids：閃點介於 100℉和 140℉之間。

(2) Class IIIA Liquids：閃點介於 140℉和 200℉之間。

(3) Class IIIB Liquids：閃點大於 200℉。

1-4.12 易燃性液體（Flammable Liquids）

為 Class I Liquids，閃點低於 100℉，且在 100℉時蒸氣壓小於 40psi，可分為以下幾類：

(1) Class IA Liquids，閃點低於 73℉，沸點低於 100℉。

(3) Class IB Liquids，閃點低於 73℉，沸點高於 100℉。

(3) Class IC Liquids，閃點介於 73℉～100℉之間。

1-4.13 檢驗合格（Listed）

設備或材質經具管轄權的單位評估認可。

1-4.14 非可燃物（Noncombustible）

通過 ASTME136（Standard Test Method for Behavior of Materials in a Vertical Tube Furnace at 750 Degrees C）測試通過，於正常狀況下以火燄或高溫測試不會自燃，助燃或釋放可燃性蒸氣者稱之為非可燃物。

1-4.15 傳遞窗（Pass-through）

在牆邊做一密閉圍籬（enclosure）兩邊開門用以傳送化學品材料設備。

1-4.16 自燃物（Pyrophoric）

在空氣中其自燃溫度低於 130℉（54.4℃）之化學物質。

1-4.17 限制流量的節流器（Restricted Flow Orifice）

在氣體鋼瓶閥體限制最大流率在 30 L/min（1.06 ft³/min）。

1-4.18 煙霧（Smoke）

當物質和空氣進行高溫分解或燃燒所產生傳播於空氣中的固體及液體粒子和空氣的混合物。

1-4.19 待機模式（Standy by Mode）

當易燃之氣體或液體因受熱產生危險而將電源關閉（除了控制電源外）之模式稱為待機模式。

1-4.20 非當事雙方之顧問（Third Party）

為一專業並受過訓練合格有經驗之人士能針對製程設備依標準進行危害分析。

1-4.21 工具（Tools）

在無塵室中使用之機件、儲存容器、工作站或製程設備。

1-4.22 工作站（Work Station）

在無塵室中使用危害性化學物品的特定空間，或獨立設備配置有抽風設備、火災保護設備、氣體及其他危害物的偵測器電力裝置及其它製程設備。

第二章　火災之保護

2-1 自動滅火系統（Automatic Fire Extinguishing System）

2-1.1 概述

在無塵室及無塵區需裝設自動撒水系統。

2-1.2 自動撒水系統（Automatic Sprinkler System）

2-1.2.1　　無塵室或無塵區之自動撒水系統

依 NFPA13（Standard for the Installation of Sprinkler System）安裝，若設計面積大於 3000ft^2（278.8m^2），水力設計之密度為 0.2gpm/ft^2（8.15 Lpm/m^2）設計。

2-1.2.2　　無塵室之氣流為向下流式（downflow）設計，則撒水系統選用快速反應式撒水頭。

2-1.2.3　　氣瓶櫃內裝有易燃性氣體應設撒水頭。

2-1.2.4　　自動撒水防護需涵蓋 silane 圓筒之開放分散系統，如 6-4.3（b）所描述，該防護經由紫外線／紅外線偵測器控制動作。

2-1.2.5　　無塵室或無塵區之回風區及天花板之間隙需安裝自動撒水系統依 NFPA13 安裝，面積大於 3000ft^2 水力設計依 0.2gpm/ft^2 設計。

2-1.2.6　　所有可燃性排氣管路其截面基積直徑大於 10 英吋（254mm）管內需安裝自動灑水系統，除非該風管經認可不需安裝撒水系統。如下說明：

2-1.2.6.1　風管內安裝撒水系統，水力設計依撒水頭之間距乘風管之寬度面積

下，平均撒水密度 0.5gpm（1.9Lpm），但對最末端的五個撒水頭最小排放量 20gpm（76Lpm），撒水頭最大距離水平距離為 20ft，垂直距離為 12ft。

2-1.2.6.2　風管內設置撒水頭該風管應安裝個別的指示控制閥。

2-1.2.6.3　需有移除風管中所有撒水之排放管路。

2-1.2.6.4　當風管中存有腐蝕性氣體，風管及撒水系統及其連接處應為抗腐蝕材質或披覆一層 抗腐蝕材質。

2-1.2.6.5　撒水系統應定期保養維護。

2-1.2.7　在化學品傳遞通道應安裝撒水頭。

2-1.2.8　可燃式機械設備（combustible tools）

2-1.2.8.1　可燃式機械設備上之天花板應安裝自動撒水設備，自動撒水設備應能覆蓋可燃式機 械設備之水平表面；若使用自動氣體滅火系統，可取代自動撒水系統，該系統應採用 UV 或 UV/IR 偵測器，偵測器須每月測試一次。

2-1.2.8.2　若工作站為可燃性材質構成，在排風處應設自動撒水。

2-1.2.8.3　若排氣風管之支管為可燃性材質構成，則在工作站排出口或在支管處應設撒水頭。

2-1.2.8.4　當排氣風管之支管容易有可燃性物質累積，則不論風管是否為易燃材質，均應設置自動撒水頭。

2-2 警報系統（Alarm System）

2-2.1　自動滅火系統排放前應先啟動火警警報系統，且其應可發出聲音並安裝於固定明顯處。

2-2.2　若某處有易燃性氣體濃度超過最低燃燒限制（LFL）之 20%的可能，則該處須安裝連續氣體偵測系統。

2-2.3　警報訊號傳送處之傳送位址超過一處之火災訊號，則每次測試需辨別每個警報訊號之位置。

2-2.4　火災之手動告知系統應可啟動聲音的警報，如 2-2.1 規定。

2-3 偵測系統（Detection System）

2-3.1　空氣取樣偵煙系統應安裝於無塵室回風區空氣混合稀釋前，此系統應有靈敏度 0.03%/ft 以上，並能偵測 10u 以下之粒子，當系統為 Cloud Chamber Type 應有最小 50000 pts/mm 之靈敏度。

2-3.2　無塵室偵煙警報訊號應有別於公用或製程設備等非火警警報訊號。

2-3.3　在矽甲烷氣瓶開啟使用處應安裝偵測器，該偵測器並能自動啟動氣瓶關斷閥。

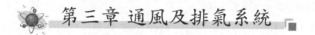 第三章 通風及排氣系統

3-1 供風及循環系統

3-1.1　空氣吸入口設置，應注意避免吸入由建築物本身，或其它地方而來的有害性化學物質，或燃燒物質。

3-1.2　高效率濾網（HEPA）及超高效率濾網（ULPA）應符合 UL586（High Efficiency, Particulate, Air Filter Units）燃燒性之規範。

3-1.3　供風及循環系統風管接頭及其它配件需使用不可燃材質或依照 UL181（Standard for Safety Factory-made Air Ducts and Air Connectors）測試為 Class 0 或 Class 1 之材質。

3-1.4　供風風管須符合 NFPA225（Standard Method of Test of Surface Burning Characteristics of Building Materials ）方法測試，其火燄延散指標<25；煙霧擴散指標<50。

3-2 區域排氣系統（Local Exhaust System）

3-2.1　無塵室廢氣不可循環再使用，排氣風管應直接排放至屋頂，並注意排放口之位置高度及足夠的排放速度，以防止有害性化學物質再進入無塵室。

3-2.2　在煙霧排氣系統不可安裝節能裝置以避免污染無塵室。

3-2.3　以風管傳送有害性化學物質風管須維持負壓，除非在風車或 Scrubber

等處理設備的後段之風管。

3-2.4　工作站的排氣通風設計，應能捕捉並排放工作站中所產生的污染物。

3-3 區域性排氣系統結構（Local Exhaust System Construction）

3-3.1　可燃性工作站或處理可燃性化學物質之工作站均不可使用橡膠彈性接頭連接排氣風管。

3-3.2　整個排氣風管系統應為獨立系統，建築物中不應有連接補充此系統。

3-3.3　當兩種或多種的排氣支管所排入物質混合後會引起火災爆炸或有害的化學反應則不應排入同一風管系統。

3-3.4　排氣風管材質防火性應包含在設備之防火性中整體考量。

3-3.5　排氣風管中不可安裝防火風門。

3-3.6　排氣風管系統應使用非可燃材質或依 2-1.2.6 安裝撒水頭，除非風管經認證不需裝撒水頭。

3-3.7　當風管內部或外部暴露於火源中時，風管外部非金屬表面煙形成速率需≦25（依 NFPA255 測試標準）。

3-4 風管排氣速度（Duct Velocities）

在無塵室中之排氣系統排氣速率設計，需足夠稀釋使風管中不會累積可燃蒸氣。

3-5 控制（Controls）

3-5.1　通風排氣系統應有一自動切換緊急備用電源，緊急備用電源依據 NFPA70（National Electrical Code）設計安裝。

3-5.2　排氣系統之緊急電力供應應能處理大於平時負載 50%之排風量。

3-5.3　火警偵測警報系統不可與排氣系統互鎖而將其自動關閉。

3-5.4　排氣系統用來平衡或控制風量的風門應選用可上鎖的型式。

3-5.5　空調系統應設計提供排煙風管或另設火警排煙控制系統以下三例除外：

(1)無塵室中污染可局限於部分區域，且空調循環不會影響連接區

域。

　　(2) Class1,000 以上之區域。

　　(3)煙霧排放系統可使煙霧移除或防止煙之擴散移動。

3-5.6　　　於適當位置需有手動遙控切換開關，其可關閉無塵室內受影響之空氣循環系統。

第四章 建築結構

4-1 無塵室潔淨度為 Class100 以上之區域需安裝不可燃材質之牆天花板及隔間。

4-2 無塵室與臨近區域需有抗火一小時以上之不燃性防火結構。

4-3 位於地震帶之無塵室高架地板，需能抗 0.5G 地震能力。

第五章 化學品儲存及取用

5-1 有害性化學品

5-1.1　　　儲存及取用有害性化學品應符合下列 NFPA 標準要求：

NFPA30 可燃及易燃性液體。

NFPA33 可燃性及易燃材質之水霧系統。

NFPA43A 固體及液體氧化物的儲存標準。

NFPA43B 有機過氧化物的儲存標準。

NFPA70 國家電力標準。

NFPA385 可燃及易燃性液體槽之運輸標準。

NFPA386 可燃性及易燃性化學品盛裝槽的手提運輸標準。

5-1.1.1　　有害性化學品的儲存及供應室與無塵室之間至少需有一小時以上之防火性結構分格。

5-1.1.2　　有害性化學品的儲存及供應室應有排水系統接至被許可之地點，或有一蒐集空間足以容納洩漏之化學品及使用 20 分鐘之消防排水量。

5-1.1.3　儲存於無塵室中之有害化學品僅供操作及維護使用，其最高儲存量以當日（24 小時）使用量為限。

5-1.1.4　有害性化學品的儲存及供應室應有機械排氣通風；規格如下：

(1)機械排氣通風量最小為 1 cfm/ft²。

(2)排氣及進氣開放口應避免蒸氣之累積。

(3)在化學品供應室之排氣通風系統應連接緊急備用電源。

5-1.1.5　會產生意外之混合（accidental mixing）

5-1.1.5.1　除非有有害性化學品的儲存及供應室外，有害性化學品應儲存於密閉儲存櫃或工作站。

5-1.1.5.2　不相容的化學品不應儲存於同一櫃內。

5-1.1.5.3　儲存櫃應採用厚 18 gauge 以上之鋼板建構，門應有自動關閉設計及閂鎖裝置。

5-1.1.6　易燃性液體應使用認證過之安全容器來儲存。

5-1.1.7　化學品容器應標示其組成百分比。

5-2 易燃性及可燃性液體之傳送系統

5-2.1　不應採用重力方式將槽中 Class 1、Class 2 液體傳送出去，應採用經認可之方法來進行易燃及可燃性液體之供應。

5-2.2　使用壓力系統傳送，則所使用的所有材質需與傳送之化學品相容。

5-2.3　壓力系統需符合以下安全需求：

(1)當火災發生需有自動洩壓閥排放至安全區域。

(2)用手動排放口將容器排放至安全之場所。

(3)排放使用點需有手動切斷閥供使用。

(4)僅可使用惰性氣體作為加壓氣體。

5-2.4　壓力系統之傳送量需不大於 10 gal（38.8 L），惰性氣體壓力不大於 15 psi（1 bar）。

5-2.5　易燃可燃性液體傳送系統使用前需以 1.5 倍工作壓力試壓 2 小時而無洩漏狀況方可使用， 若殘存之水會對系統有損害時，則以惰性氣體

試壓。

5-2.6　壓力傳送系統傳送易燃、可燃材質需使用含鐵金屬材質製造。

5-2.7　設備之傳送壓力不超過 15psi（103kPa）。

5-2.8　大型傳送系統應符合以下安全需求：

(1)過流量保護裝置。

(2)防止外洩之防漏槽。

(3)使用及供應處需有手動關斷閥。

(4)高液位偵測及自動切斷開關。

(5)自動傳送系統需有調整裝置（preset meter）。

5-3 桶槽傳送

5-3.1　在新建建築物中有害性化學物質不應置放於逃生走道中，若在已存在之建築物中傳送有害性物質則要在經允許之化學品推車中傳送。

5-3.2　有害性化學物質不應供應或存放於安全走道中。

5-3.3　有害性化學品傳送，應使用全密閉式手推車，其容積應可容納單一容器最大洩漏量 5 gal，手推車最大傳送量不大於 55 gal（208 L）。

5-3.4　不相容化學品不應同時放在同一有害化學品推車中傳送。

5-4 廢棄物之處置

5-4.1　對不相容的物質應有分開的排放系統。

5-4.2　排放系統應採用經認可之標示方式標明其內含成分。

5-4.3　化學品之蒐集桶應與所蒐集之化學品相容。

5-4.4　可燃性液體應使用經認可之蒐集桶。

5-4.5　蒐集易燃性液體之蒐集桶應設有防漏槽。

5-4.6　化學品之容器應採用經認可之標示方式標明其內含成分。

5-4.7　不相容化學品不應同時放在同一有害化學品推車中傳送。

5-5 洩漏保護

5-5.1　有害性化學藥液於接頭或設備洩漏時需有防護措施。

5-5.2　　　洩漏保護裝置應包含防漏槽及洩漏偵測。

 第六章 危險氣體鋼瓶儲存及輸送

6-1 包裝（Packaging）

6-1.1　　　容器資料：供應商應蒐集並提供下列資料：

(1)鋼瓶內填充物組成。

(2)鋼瓶序號製造材料及製造測試標準。

(3)鋼瓶應有關斷閥及限流孔裝置時間、限流孔之製造日期、材質
　　及限流器流量曲線。

(4)最後一次水試之紀錄及時間。

6-1.2　　　儲放自燃性氣體之鋼瓶應裝設常閉性自動關斷閥並與限流孔連鎖動
　　　　　　作。

6-2 運輸至半導體設備

　　操作危險性壓縮及液化氣體之人員，應被訓練如何操作鋼瓶及使用手提滅
火器，操作人員需熟悉廠內氣體傳送程序。

6-2.1　　　鋼瓶於運輸工具卸下之前須先行做洩漏測試。

6-2.2　　　須有一緊急反應程序處理運送氣體時產生之意外事件。

6-3 分散系統（Distribution System）

6-3.1　　　用於分散壓縮及液化氣體之配管材料，應可與傳輸之氣體共存；整
　　　　　　個系統之測試壓力最少須大於最大使用壓力之 120%，但不得低於 80
　　　　　　psi 且於二小時內無可見之壓力降。

6-3.2　　　配管材料需為非可燃材質若為可燃材質需外覆不可燃之保護套。

　　　　　　例外：若為儲存高度腐蝕性之雙層容器，則可允許使用可燃性材
　　　　　　　　　質配管材料。

6-3.3　　　管件及接頭等須使用焊接方式接合。

例外：若儲存於具排氣功能之空間或外部空間則可使用非焊接方式。

6-3.4　分配管之洩漏測試需依 SEMI FI-90（Specification for Leak Test Toxic Gas Piping System）。

6-3.5　焊接及配管施工人員需有良好訓練及資格。

6-3.6　使用壓縮危險氣體時須有排氣（purge）控制盤。

6-3.7　氣體儲放室（gas cabinet）或不是位於氣體儲放室之排氣控制盤需標註其供應之設備氣體種類及排氣之種類。

6-3.8　排氣控制盤之材質需能與氣體相容，降低其洩漏可能提供溢流之控制，並裝置適當的緊急切斷開關。

6-3.9　排氣控制盤應設計防止逆流及與排氣或其它製程氣體交叉污染。

6-3.10　若鋼瓶壓力大於 80psi 則檢查閥不得直接與高壓之氣體接觸。

6-3.11　需有手動關斷隔離閥隔離排氣控制盤以利維修。

6-3.12　不相容之製程器體不可置於同一氣瓶櫃內。

6-3.13　危險性氣體之排氣應為專用，若為相容性氣體則可共用排氣氣瓶。

6-3.14　大排氣系統不可作為危險氣體排氣來源。

6-4 silane ／無毒混合物儲存及分散區

6-4.1　鋼瓶應儲放於建築物之外。

6-4.1.1　未置放於掩體之鋼瓶應有安全開放式圍籬，鋼瓶應與鄰近建築分開，且距圍籬至少距離 9 ft 以上。

6-4.1.2　儲放區域至少三邊開口，且鋼瓶必須固定於鋼架上，遮雨蓬高度至少 12ft 以上。

6-4.2　氣體應自開放式之分散架（open dispensing）中分散。

6-4.3　分散區應提供下列安全保護設施：

(1)分散架應位於建築物外。例外：若天候不允許，分散架應置於適當遮蔽之下。

(2)鋼瓶間以 1/4"厚之鋼板隔開，並延伸至鋼瓶底座上 3" 鋼瓶板由

排氣板之頂部延伸至鋼瓶閥下 12"。

(3)儲存及分散區須有 1 cfm 之自然或機械通風量。

(4)鋼瓶之保護及偵測措施應依 2-1,2-5 及 2-3.3 施作。

(5)旁邊應設製程氣體之「手動切斷開關」。

(6)外部分散區應設置至少有三邊有開口,鋼瓶需固定於鋼架上,若有設置雨棚其高度至少 12ft 以上。

(7)排氣頭或各別排氣板之管線,應有 N_2 流動為防止空氣擴散進入;排氣管線應採用 N_2,N_2 應於第一個排氣孔或排氣連接之前銜接入頭。

(8)非位於地下之鋼瓶應有一安全開放之鏈條,圍籬鋼瓶需與鄰近建築物分開,且圍籬應至少有 9 ft。

(9)若提供機械通風則應提供一自動緊急備用電源,其能力需能負荷全載運轉。

(10) Silane 及其混合物需配備自動排氣板。

6-5 Silane／有毒混合物儲存及分散區

6-5.1　　　儲存區須位於建築物之外

6-5.1.1　　同 6-4-3（h）。

6-5.1.2　　同 6-4-3（f）。

6-5.1.3　　當使用氣瓶櫃時僅能使用單瓶氣瓶櫃（single-cylinder cabinets）。

6-5.2　　　Silane／有毒混合物須至單瓶氣瓶櫃分配。

6-5.3　　　分散區應提供下列保護措施:

(1)分配區應位於建築物之外,若天候不允許分配區可位於地下。

(2) Silane／有毒混合物若位於氣瓶櫃內需提供最少 200fpm 之機械通風量通過鋼瓶頸(cylinder neck)及排氣板,此通風系統應提供緊急備分電源,其能力須能負荷全載運轉。

(3)每個氣瓶櫃需提供手動緊急切斷開關。

(4)同 6-4-3（g）。

(5)同 6-4-3（f）。

(6)同 6-4-3（h）鏈條距離為 12 ft。

6-6 可燃或毒性氣體（Flammable or Toxic Gases）

6-6.1　毒性或可燃性氣體應被置於氣瓶櫃內，並提供排氣通風設施，氣瓶櫃應提供氣體偵測器及自動氣體供應切斷裝置，排氣通風系統需連續或由氣體自動偵測啟動。

6-6.2　在含有閥、接頭連接點、轉運站或真空泵浦等有氣體洩漏可能之地點需設置通風排氣裝置，毒性及可燃性氣體之偵測應有現場警報及切斷氣體供應之功能應持續監視警報點。

6-6.3　通風排氣偵測及關斷系統應提供自動緊急備分電源。

6-6.4　在可燃性氣體可能洩漏之處，應避免使用焊接或其他可能引發火源之動作，上述動作需至內部特殊程序允許下，連續監視其濃度低於低爆炸極限（LEL）之 20%，並有專人實施警戒及通風措施以減少發生爆炸之潛在危險。

6-6.5　於可燃性氣體儲存區需有「不可吸煙」標示，若該區有可燃性氣體洩漏之可能（且包含 25 ft 範圍內）。

6-6.6　可燃性氣體儲存或分散區不可有明火（open fire），所有電源需依 NFPA70 規格作壓縮及液化氣體之儲存或分散，應防範無法預先控制（uncontrolled）的熱源。

6-7 排氣頭（header）

6-7.1　排氣頭應設計防止不相容氣體間之混合及 Silane 與空氣之混合排氣筒應被監視，且若其流量低於設定值時需有 local alarm。

6-7.2　同 6-4-3（g）。

6-7.3　排氣最終位置應於安全位置或於處理系統中。

6-7.4　危險性氣體之傳輸管線應為專用。

6-8 訓練

操作人員若有與危險性氣體接觸或處理危險性壓縮及液化氣體容器,應有適當之訓練每年應受訓一次。

第七章　生產及支援設備

7-1 通則

生產及支援設備之設計及安裝依 7-2～7-8 辦理。

7-2 互鎖裝置（Interlocks）

7-2.1　可自動將機器切換為待機模式之硬體連鎖裝置應與機器之操作系統有介面。

7-2.2　若有任何連鎖裝置動作時需有現場可目視或耳聞之警報。例外:控制盤之連鎖。

7-2.3　任何連鎖裝置及動作應記載於機器之操作及維修手冊。

7-2.4　使用危險性化學品之設備應設計可接受來自監視設備之訊號;若監視系統有警報訊號應可自動停止危險性化學品之傳輸。

7-2.5　連鎖裝置應設計為手動 reset,且需錯誤更正後才可重新啟動。

7-3 電氣設計（Electrical Design）

7-3.1　電氣元件及配線應依 NFPA70 section 90-7 之規定。

7-3.2　電氣設備或元件距離,可燃性液體或氣體工作站之距離若在 5 ft 以內應依 NFPA70、Class 1、DIV 2 之規定辦理。

7-3.3　使用可燃性化學品之工作站若無適當的排氣通風應不可被激發。

7-4 製程液體加熱設備（Process Liquid Heating Equipment）

可燃性機台或使用可燃性液體之機台不可使用沉浸式電熱器或電熱板。

7-4.1　獨立之電熱器用於加熱水時應有下列設備:

(1)接地漏電斷路裝置。

⑵過電流保護裝置。

⑶電源切斷裝置。

⑷手動復歸功能。

⑸溫度控制器。

⑹過液位感應器。

⑺過溫度保護裝置。

7-4.2　電熱池應有上列連鎖裝置啟動警報或關斷電流同 7-4.1。

7-4.3　用於加熱可燃性液體之加熱池應有高溫限制器。

7-4.4　液位偵測器於維修後需進行測試至少每月一次。

7-5 材料（Materials of Construction）

應由不可燃材料組成。例外：若設備之部分材料會接觸腐蝕性物質時可使用可燃性材料。

7-6 真空泵浦（Vacuum Pumps）

7-6.1　使用可燃性油類之真空泵浦，應有在可燃性油脂進入排氣管道前即將之除去之機構。

7-6.2　排氣狀況。

7-6.2.1　若可燃性氣體之濃度超過低爆炸極限（LEL）之 20% ；應有一套控制系統可在注入排氣系統之前即將可燃性氣體去除。

7-6.2.2　處理可燃或自燃性化學品或高濃度氧氣時不可使用可燃性泵浦軟體。

7-6.2.3　處理可燃性或自燃性氣體之真空泵浦應配備 N_2 排氣並與製程操作系統連鎖控制。

7-7 危險氣體傳送系統（Hazardous Gas Delivery System）

7-7.1　連接至使用危險性氣體之機台的管路，控制器及閥類應有不可燃材質外殼保護且至少有 100 cfm/m^2 之平均通風量。

7-7.2　流量控制旁通閥應被設計可防止過量之 silane，且避免將之帶至開放空間。

7-8 使用可燃性化學品之機台

使用可燃性化學品之機台,應提供排氣系統使其可燃性氣體及蒸氣之濃度小於低爆炸極限(LEL)之 20%。

參考書目

一、中文

Beranek（1975）。《噪音與振動控制》。協志工業叢書。

工研院材料所（1992）。電子構裝技術與材料講習資料。工研院材料所。

工業局（1997）。《無塵室之實務》。工業局電子技術人才培訓講義。

工業技術研究所化學工業研所（1998）。《南部科學工業園區環境背景調查與環境先期策略規劃》，工業技術研究所化學工業研所。

中國勞工安全衛生管理學會（2003）。勞工安全管理師訓練教材。中國勞工安全衛生管理學會。

中野有朋（1985）。《噪音工學的基礎》。復漢出版社。

中華民國氣膠研究學會（1996）。潔淨室污染監控技術研討會。中華民國氣膠研究學會。

台灣大學潔淨空調技術培訓班（1997）。《潔淨室技術概論》。台灣大學潔淨空調技術培訓班講義。

竹人譯（1996）。超潔淨室用高性能送風機組。《電子月刊》。

行政院國科會科學園區管理局（1999）。《八十八年度新竹科學園區環境保護白皮書》。行政院國科會科學園區管理局。

何斌明譯（1996）。電子產業之環境、廢棄物問題。《電子月刊》。

李文錦譯（1996）。深次微米技術半導體製程用潔淨室之動向。《電子月刊》。

李文錦譯（1996）。電子工業潔淨室技術。《電子月刊》。

李文錦譯（1996）。潔淨室之安全管理與災害預防。《電子月刊》。

林金雀等（2002）。奈米科技市場與發展現況。經濟部科專成果報告。

施敏原著，張俊彥譯著（1996）。《半導體元件物理及製造技術》。高立。

國家奈米元件實驗室（2003）。半導體技術人才養成訓練班講習資料。國家奈米元件實驗室。

莊達人（1995）。《VLSI 製造技術》。高立。

陳永祥（1991）。《振動與噪音》。台灣營建研究中心。

陳希立（1996）。《半導體廠務技術》。

黃乾全（1988）。《噪音振動防制政策與執行評估》。行政院環保署。

楊致行（1998）。ISO 14000 之推動經驗與環保法規之互動關係。工研院化工所。

經濟部工業局（1995）。半導體製造業污染防治技術講習資料。經濟部工業局。

鄭顯榮（1997）。《毒性化學物質管理概論》。行政院環境保護署。

戴寶通（1996）。《工業材料》，113，65-71。

二、英文

ASHRAE (1993). *ASHRAE HANDBOOK*.

Chang, C. Y. & Sze, S. M. (1996). *ULSI Technology. McGraw Hill*.

Grove, A. S. (1967). "Physics and Technology of Semiconductor Devices." Chap3, John Willy & Sons, Inc.

Sze, S. M. (1983). *VLSI Technology*. McGraw Hill.

三、網站

Argonide Filtration and Nano Metal Power Products 2003. http://www.argonide.com.

http://www.nano-pac.com/en/defdult.asp.

Nanocs International. http://www.nanocs.com/.

NanoLab. http://www.nano-lab.com.

Nanotechnology Industries. http://www.nanoindustries.com/.

Nanotherapeutics Inc. http://www.nanotherapeutics.com/.

National Nanotechnology Initiative. http://www.nano.gov/.

石育賢（1998）。半導體製造廠安衛技術應用現況。http://it is dom.itri.org.tw/。工研院電子所。

奈米學習網。http://mrl.hilearning.hinet.net/main.htm.

國家奈米元件實驗室。http://www.ndl.gov.tw/.

經濟部工業局（1999）。十大新興產業網站。http://www.moeaidb.gov.tw.

廠務科技與管理　　　　　　　　　　工業管理叢書 1

著　　者／馬榮華

出 版 者／揚智文化事業股份有限公司

發 行 人／葉忠賢

總 編 輯／林新倫

執行編輯／吳曉芳

登 記 證／局版北市業字第 1117 號

地　　址／台北縣深坑鄉北深路三段260號8樓

電　　話／(02)8662-6826

傳　　真／(02)2664-7633

郵政劃撥／19735365　戶名：葉忠賢

法律顧問／北辰著作權事務所　蕭雄淋律師

印　　刷／鼎易印刷事業股份有限公司

E-mail ／service@ycrc.com.tw

網　　址／http://www.ycrc.com.tw

初版二刷／2010 年 2 月

定　　價／新台幣 550 元

ＩＳＢＮ／957-818-647-9

本書如有缺頁、破損、裝訂錯誤，請寄回更換。

版權所有　翻印必究

國家圖書館出版品預行編目資料

廠務科技與管理／馬榮華著. -- 初版.
　-- 臺北市：揚智文化, 2004[民 93]
　面；　公分. --（工業管理叢書；1）

ISBN　957-818-647-9（平裝）

1.工商管理　2.奈米技術

555.6　　　　　　　　　　　　93011790